छायावाद का देश

उत्तर-मानवतावाद के युग में

प्रसाद, निराला, पंत और महादेवी का पुनर्मूल्यांकन

छायावाद का देश

उत्तर-मानवतावाद के युग में
प्रसाद, निराला, पंत और महादेवी का पुनर्मूल्यांकन

शंभुनाथ

वाणी
प्रकाशन

प्रकाशन के उत्कृष्टतम 63 वर्ष

पेपरबैक प्रथम संस्करण : 2026

vaniprakashan.com

वाणी प्रकाशन

4695, 21-ए, दरियागंज, नयी दिल्ली-110 002

फ़ोन : + 91 11 23273167, 23275710

शाखाएँ

अशोक राजपथ, पटना-800 004, बिहार

कॉफ़ी हाउस कैम्पस, महात्मा गांधी मार्ग, प्रयागराज-211 001, उत्तर प्रदेश

महात्मा गांधी अन्तरराष्ट्रीय हिन्दी विश्वविद्यालय, वर्धा-442 001, महाराष्ट्र

sales@vaniprakashan.in
vaniprakashan@gmail.com

Chhayavad Ka Desh
by Shambhunath

ISBN : 978-93-7348-071-8

Criticism

मूल्य : ₹ 395

जी.एस. ऑफ़सेट, दिल्ली-110 095 में मुद्रित

वाणी प्रकाशन का लोगो मक़बूल फ़िदा हुसैन की कूची से

जिनमें अभी बहुत कुछ बचा है
ऐसे तरुणों को

विषय सूची

खंड–1

खंड–2

खंड–3

खंड–4

खंड–5

भूमिका

यदि भारतीय नवजागरण सामाजिक सुधार की एक असमाप्त परियोजना है तो छायावाद भारतीय राष्ट्र और विश्व मानवता का एक अपूर्ण स्वप्न। आज छायावाद को नए सिरे से समझने की जरूरत बढ़ गई है, हालांकि हम एक विपरीत ध्रुव पर खड़े हैं। यह उत्तर–मानवतावाद का युग है, जब हम एक विभाजित मानवता के साथ जी रहे हैं।

'छायावाद का देश' पुस्तक छायावादी कवियों प्रसाद, निराला, पंत और महादेवी के साहित्य का पुनर्मूल्यांकन है। इसके साथ ही यह सभ्यता के मलबे से दबते गए 20वीं सदी के एक महान सांस्कृतिक आंदोलन का पुनःउद्घाटन है। आज पर्यावरणीय विनाश के साथ दुनिया में बढ़े सामुदायिक भेदभाव, उपभोक्तावाद और हिंसा के दौर में यह पुस्तक दिखाती है कि छायावाद किस तरह देशप्रेम और प्रकृति प्रेम के साथ 'अ–पर' की एक विश्वमानवतावादी आवाज रहा है।

छायावाद को जानना एक खोए देश को फिर पाना है। यह पुस्तक एक आलोचनात्मक आत्मनिरीक्षण है, क्या उत्तर–मानवतावाद से लड़कर हम फिर 'मनुष्य' हो सकते हैं?

कहना न होगा कि प्रसाद, निराला, पंत और महादेवी छायावाद के ही बड़े कवि नहीं हैं, ये हिंदी की दीर्घ साहित्यिक परंपरा में सबसे महान कवियों में हैं। इन्होंने हिंदी जनमानस को सौंदर्य के एक ऐसे संसार से परिचित कराना चाहा जिसमें प्रेम, स्वतंत्रता और न्याय चरम मूल्य हैं। कहने की जरूरत नहीं है कि आज ये मूल्य गहरे संकट में हैं।

छायावाद के मूल्यांकन में कभी रहस्यवाद एक बड़ा मुद्दा था। छायावाद को पुनरुत्थानवाद, स्वाधीनता आंदोलन की सांस्कृतिक प्रतिध्वनि, बुद्धि के विरुद्ध कल्पना के विद्रोह, प्रकृति के मानवीकरण, लाक्षणिक अभिव्यक्ति आदि में सीमित करके देखा गया। यह भी घटित हुआ कि कहीं प्रसाद का महत्व गिराकर निराला को उठाया गया तो कहीं निराला का महत्व कम करके प्रसाद को ऊंचे स्थान पर बैठाया गया। कहीं महादेवी हाशिए पर रह गईं। इसमें संदेह नहीं कि

छायावाद को आलोचनात्मक समग्रता में समझा जाना जरूरी है।

उपभोक्तावाद ने फिलहाल लोगों के रोमांटिसिज्म को हाशिए पर ठेल दिया है। वह मानवीय इच्छाओं के उदात्त संसार को मिटाकर कृत्रिम इच्छाएं निर्मित कर रहा है। यह एक बिलकुल गैर-रोमांटिक समय है जब लोग अपनी वैयक्तिकता खोकर एक न एक झुंड में हैं। हम देख सकते हैं कि छायावाद ने किस तरह व्यक्ति के उदार 'मैं' का उद्घोष किया था, उसने 'मनुष्य' होने को प्रधानता दी थी। 20वीं सदी के उन आरंभिक दशकों में एक बहुआयामी भारतीय जागरण घटित हुआ था जिसे नए सिरे से समझना जरूरी है।

विश्व में जहां भी ज्ञानोदय आया और औद्योगिक बुद्धिवाद फैला, वहां रोमांटिसिज्म ने इनके अतिवादी रूपों को चुनौती दी। इसने 'कृत्रिम भिन्नता' का विरोध करके उदारवाद, प्रकृति के प्रति सहृदयता और अखंडित मानवता का पक्ष चुना। इसके अलावा, अतीत को आतंक के हथियार के रूप में न देखकर प्रेम की जमीन से देखा, उसका कल्पनाशील पुनःसृजन किया। देखा जा सकता है कि दुनिया के देशों में जहां भी नवजागरण और ज्ञानोदय आया, इनके बाद रोमांटिसिज्म भी आया।

छायावाद पश्चिमी रोमांटिसिज्म से कुछ मामलों में समानता रखते हुए भी, औपनिवेशिक स्थितियों में उदय के कारण, कई मामलों में विशिष्ट है। यहां तक कि छायावादी आंदोलन में सामान्य साझेदारी के बावजूद प्रसाद, निराला, पंत और महादेवी में से हर कवि विशिष्ट है। सभी कवियों ने अपने-अपने ढंग से देश, मनुष्य और प्रकृति का नया अर्थ बताया है। इस पुस्तक में छायावाद की महान सांस्कृतिक भूमिका को उजागर करने के साथ हर छायावादी कवि के विशिष्ट साहित्यिक गुणों की आलोचनात्मक विवेचना है।

नवजागरण काल का बुद्धिवाद यांत्रिक बुद्धिवाद में सीमित होते हुए आज 'आर्टिफिशियल इंटेलिजेंस' के दौर में है। मनुष्य द्वारा निर्मित होकर भी इसका सबसे बड़ा आक्रमण मानव बुद्धि पर है, मनुष्य की कल्पना शक्ति पर है और वैयक्तिकता पर है। आज डेटा ही राजा है और मनुष्य जाति उसकी प्रजा। नए दौर में यह देखना जरूरी लग सकता है कि छायावादी कवियों ने आखिर किस उद्देश्य से 'ह्यूमन सफरिंग' और दुख को अपने साहित्य का एक प्रमुख विषय बनाया। वे क्यों मनुष्य की गरिमा और कल्पना की स्वतंत्रता के लिए लड़ रहे थे? उन्होंने 'बुद्धि' से संबंध न तोड़ते हुए आखिर क्यों 'संवेदना का युग' प्रस्तावित किया?

उनकी सौंदर्यानुभूति किस तरह सामंती रूढ़ियों से विद्रोह है? उनका कलाओं से कैसा संबंध है? वे धर्म को किस दृष्टि से देखते हैं? उन्होंने 'अ-पर' के बोध को किस तरह विश्वमानवतावादी ऊंचाइयां दीं। वे अपनी मानवता में स्त्री, दलित और अन्य वंचितों को कहां रखते हैं और उनके स्वानुभव में कितना स्पेस है? इस पुस्तक के केंद्र में ये प्रश्न हैं।

अतीत कभी भी वर्तमान का उत्तर नहीं है। वह वर्तमान का आईना नहीं है। फिर भी कई बार यह देखना जरूरी होता है कि प्रेम, स्वतंत्रता और न्याय के लिए हमारी सभ्यता के सैकड़ों साल के संघर्ष ने आखिर हमें किस चौराहे पर ला खड़ा किया है। हम उपर्युक्त दीर्घ संघर्ष से अर्जित अपनी बौद्धिक-सामाजिक पूंजी को खोते जा रहे हैं या बचा पा रहे हैं? आज की एक बड़ी विडंबना यह है कि हममें कुछ खो देने का बोध, 'सेंस ऑफ लॉस' बच नहीं पा रहा है!

हिंदी क्षेत्र में छायावाद का आंदोलन नवजागरण की तरह ऊपर ही ऊपर से गुजर गया। इसके बावजूद समाज में जब तक सामंती अहंकार है, जाति-भेदभाव है, हिंसा है और औपनिवेशिक आधुनिकता के अवशेष हैं, छायावाद मानवीय स्वच्छंदता और गरिमा की एक अमर आवाज बनकर गूंजता रहेगा।

एक ऐसे देश की कल्पना कीजिए जो छोटे स्वार्थों से नहीं प्रेम, स्वतंत्रता और न्याय के सपनों से बना है। वह छायावादी कवियों का देश है। इन्होंने बताया कि भारतीय मूल्य क्या हैं और मनुष्यजाति ही नहीं संपूर्ण प्रकृति से हमारा क्या नाता है। यह भी बताया कि मनुष्य में संवेदना, कल्पनाशीलता, विवेक, कलाओं से प्रेम और जिज्ञासा की ऐसी अनोखी प्राकृतिक शक्तियां हैं जिन्हें कभी मिटाया नहीं जा सकता। जीवन के लिए तात्कालिक स्वार्थों की पूर्ति कभी काफी नहीं है, एक सुंदर भविष्य कल्पना भी चाहिए।

भक्ति आंदोलन और भारतीय नवजागरण पर लिखने के बाद मैंने 'छायावाद का देश' लिखने की जरूरत महसूस की। इसका उद्देश्य भी सांस्कृतिक आत्मविस्मृति से बाहर निकलना और ध्वंस पर पुनर्निर्माण की आशा जगाना है। इन तीनों भारतीय आंदोलनों की अपनी-अपनी सीमाएं हैं, पर यदि हमें अपने देश की सांस्कृतिक मिट्टी को समझना है, इस साहित्यिक त्रिभुज को जानना होगा। उत्तर-आधुनिकताओं की आंधी में यह त्रिभुज छिप जरूर गया है, अस्तित्वहीन नहीं है।

शंभुनाथ

भारतीय ज्ञान परंपरा में स्वच्छंदताबोध

भारतीय ज्ञान परंपरा में वेदांत, बौद्ध दर्शन, भक्ति आंदोलन और नवजागरण के अलावा 20वीं सदी के शुरू के दशकों के छायावाद का एक बड़ा योगदान है। पिछली दो सदियां ज्ञान की सदियां थीं। ये प्राचीन युगों की क्लासिकल ज्ञान परंपरा की खोज की ही नहीं, कठोर धारणाओं से विद्रोह कर ज्ञान के नवोन्मेष की भी सदियां थीं। ये सुधार, परिवर्तन और स्वतंत्रता की सदियां थीं।

भारतीय ज्ञान परंपरा की जानकारी तब तक अधूरी है जब तक भारतीय संवेदना परंपरा की समझ न हो। यह तब संभव है जब प्राचीन क्लासिकल साहित्य के साथ देश की जन भाषाओं के साहित्य भंडार, मूर्ति-स्थापत्य - चित्र कलाओं और आदिवासियों की ज्ञान परंपराओं को भी समझा जाए। भारतीय ज्ञान परंपरा का नाता आधुनिक साहित्य से है। स्त्रियों, दलितों और अन्य वंचितों ने भी अपने-अपने ज्ञान को समय-समय पर आकार दिया है। इनका चिंतन भी भारतीय ज्ञान परंपरा का अंग है।

हम देख सकते हैं कि प्राचीन क्लासिकल परंपराओं में सुधार और स्वच्छंदता की कई प्रतिध्वनियां हैं जो पिछली सदियों के सामाजिक-साहित्यिक आंदोलनों को प्रेरित करती रही हैं। निश्चय ही किसी भी ज्ञान परंपरा में यदि नवीनता के प्रति जिज्ञासा थम गई तो वह तालाब है।

भारतीय 'आत्म' में असीमता के लिए स्पेस

भारतीय ज्ञान परंपरा में सबसे अधिक महत्व संवाद का है जो प्राचीन काल से है। संवाद विभिन्न विचारों और मतों की उपस्थिति का बोध कराता है। आजकल समाज में संवाद कम बचा है। फिर भी प्राचीन काल के याज्ञवल्क्य और मैत्रेयी के बीच एक संवाद (बृहदारण्यक उपनिषद) को देखें। याज्ञवल्क्य ने जब अपनी सारी संपत्ति मैत्रेयी को देने की इच्छा व्यक्त की, मैत्रेयी ने कहा,

'जिन चीजों से मेरी आत्मा में समृद्धि और असीमता नहीं आएगी, उन्हें लेकर मैं क्या करूंगी!' आज की गैर-रोमांटिक दुनिया ने इसके विपरीत 'भौतिक समृद्धि और संवेदना की गरीबी का युग्म' चुना है।

यह प्रेमचंद और छायावादी कवियों का समय नहीं है। प्रेमचंद ने 'धन से दुश्मनी' की घोषणा की थी। छायावादी कवियों ने भी भौतिक ऐश्वर्य को ठुकराया था। प्रसाद की 'सालवती' कहानी की सालवती राजसत्ता से पुरस्कार में मिली सोने की गेंद तालाब में फेंक देती है। ठीक है, आदमी को धन चाहिए पर कितना चाहिए?

याज्ञवल्क्य और मैत्रेयी के बीच संवाद में एक दूसरी चीज है। मैत्रेयी कहती है, 'प्रेम मनुष्य की आत्मा का सबसे बड़ा गुण है।' इसका अर्थ है, आत्मज्ञान विश्व और शेष सृष्टि से प्रेम की अनुभूति के सिवाय कुछ नहीं है। छायावाद ने प्रेम को मुख्य विषय बनाया और इसके लिए वेदना को चुना। उस युग में विश्व नीड़ की भावना थी, 'मानव कह रे यह मैं हूँ, यह विश्व नीड़ बन जाता।' 21वीं सदी में बड़े परिवर्तन आ चुके हैं। विश्व नीड़ की भावना वैश्वीकरण युग के 'ग्लोबल विलेज' की भूल-भुलैया में खो गई। 'मैं' व्यक्तिवाद में ढल गया या उन्मत्त भीड़ में खो गया। प्रेम की जगह घृणा ने ले ली। विश्व मानवता की जगह विश्व बाजार आ गया, जिसमें ज्ञानी क्रीतदास होने लगे।

वैदिक साहित्य में शुनःशेप और नचिकेता खास चरित्र हैं। इनमें शुनःशेप गरीब पिता का और नचिकेता अमीर राजा का बेटा है। दोनों अपने लोभी पिता का साथ छोड़ देते हैं। वे अंध-भौतिकवाद से विद्रोह करते हैं। कठोपनिषद का नचिकेता मृत्यु के दरवाजे पर खड़ा रहता है, भूखा-प्यासा और नींदें गंवाकर। उसकी जिज्ञासा ही उसका सहाय है। वह भौतिक सुखों की उपेक्षा करके बड़े प्रश्नों के साथ जीना चाहता है। बड़े प्रश्न उसी के जेहन में पैदा हो सकते हैं जिसके पास वैयक्तिकता हो, जिसका 'मैं' व्यक्तिवाद और भीड़-सोच दोनों से बचा हो तथा जिसने अपने हर रिश्ते में, चाहे वह बाजार से हो या किसी व्यक्ति से, अपने 'स्व' को बचा रखा हो!

शास्त्रवाद और स्वच्छंदता एक चिरंतन उठापटक है

भारतीय ज्ञान परंपरा गें शास्त्र और स्वच्छंदताबोध के बीच 'आत्मीय टकराव' प्राचीन काल से है। इसका अर्थ है, जिस ज्ञान से कहीं आत्मीयता

है, उससे कहीं टकराव भी है। शास्त्रवादियों ने ज्ञान को हमेशा एक कठोर व्यवस्था से बांधना चाहा, जबकि स्वच्छंद वृत्ति के ऋषियों-कवियों-चिंतकों ने आत्मज्ञान और अनुभव को महत्व दिया। अनुभव को महत्व देना एक टकराव है, यह यथार्थ के सामने खड़ा होना है। उल्लेखनीय है कि मनुष्य का 'स्व' जितना बड़ा होगा, अनुभव उतना ही विस्तृत होगा पर इसमें जोखिम भी अधिक होगा!

गौतम बुद्ध ने एक दिन कपिलवस्तु की सैर करते समय वृद्ध, बीमार, मृत व्यक्ति और संन्यासी को देखा। उन्हें नया अनुभव हुआ और राजसुख छोड़कर वे ज्ञान की खोज में निकल पड़े। उनमें स्वच्छंदता की इच्छा जगी।

महाभारत में नल-दमयंती की प्रेमकथा है। युधिष्ठिर जब जुए में राज-पाट हार जाते हैं, वन में एक ऋषि उन्हें नल-दमयंती की लोककथा सुनाकर दुख-अवसाद से बाहर निकालना चाहते हैं। दरअसल नल भी जुए में राज-पाट हार गया था, पर कठिनाइयों को पार कर अंततः फिर सबकुछ पा जाता है। युधिष्ठिर और नल में फर्क यह है कि नल ने युधिष्ठिर की तरह जुए में अपनी पत्नी को दांव पर नहीं लगाया था। यह स्वच्छंद लोक जीवन में स्त्री के स्वत्व को मिले महत्व का उदाहरण है। जो ज्ञान पांडवों के राजमहल में नहीं था, वह लोक जीवन में था।

कालिदास के 'अभिज्ञान शाकुंतलम्' और भवभूति के 'उत्तररामचरितम्' में शास्त्रवाद की जगह स्वच्छंदता है। दोनों कृतियों में स्त्री के आत्मसम्मान की प्रतिष्ठा है। शकुंतला आत्मसम्मान के लिए संघर्ष करती है। भवभूति सीता को पृथ्वी के भीतर से वापस लाकर राम से पुनः मिला देते हैं। वे रामायण की सीता के पृथ्वी में समाकर आत्महत्या करने की कथा को नहीं मानते!

शूद्रक के नाटक 'मृच्छकटिकम्' में गरीब ब्राह्मण, नाई, गणिका, चोर, दासी जैसे व्यक्ति मिलकर शास्त्र और सत्ता दोनों को चुनौती देते हैं। किसी समय वर्ण व्यवस्था, लैंगिक भेदभाव, संन्यास, पुनर्जन्म आदि भारतीय ज्ञान परंपरा के प्रमुख तत्व थे। भारत के सांस्कृतिक इतिहास के कई मोड़ों पर इन चीजों को गंभीर चुनौती मिली।

हमारे देश का 1200 सालों का भक्ति आंदोलन स्वच्छंदताबोध का एक बड़ा उदाहरण है। भक्त कवियों ने जाति-भेदभाव, संन्यास, पुनर्जन्म और बाह्याडंबर को चुनौती दी। उन्होंने पुरोहित चक्र को परे हटाकर सीधे ईश्वरीय

अनुभूति को प्रधानता दी। उन्होंने आध्यात्मिक 'मैं' की सृष्टि की और धर्मशास्त्रीय बंधनों को तोड़कर स्वच्छंदता का उद्घोष किया। किसी भी भक्त कवि ने ज्ञान का अहंकार या दिखावा नहीं किया, बल्कि सूफी कवि जायसी ने कहा, 'पढ़े बहुत पर नेह न जाना'!

भारतीय साहित्य में आमतौर पर पुरानी रूढ़ियों को तोड़कर कल्पना की स्वतंत्रता रही है। हम यदि भारत के विभिन्न प्रांतों की भाषाओं और ज्ञान भंडार पर नजर दौड़ाएं, पता चलेगा कि भारतीय ज्ञान परंपरा कभी स्थिर व्यवस्था नहीं है। ज्ञान एक अनंत यात्रा है, इसमें विचारों की स्वतंत्रता है। दुनिया के सांस्कृतिक इतिहास गवाह हैं, ज्ञानी को कैद किया जा सका है ज्ञान को नहीं!

समुद्र का कोई देश नहीं है

फ्रेंच भारतविद एंक्वेटिल दुपेरां (1731–1805) ने उपनिषदों के कुछ अंशों का फारसी (दाराशिकोह) से लैटिन में अनुवाद किया था। एक अनुमान है, उसका प्रभाव यूरोप के रोमांटिसिज्म पर पड़ा था। गेटे (1749–1832) ने पश्चिमी रोमांटिसिज्म के युग में कालिदास की कृति 'अभिज्ञान शाकुंतलम्' का अनुवाद पढ़ा था और इसकी जबर्दस्त प्रशंसा की थी। अनुकरण और प्रभाव में फर्क है। सैकड़ों साल से दुनिया की सभ्यताएं, कलाएं और साहित्यिक कृतियां एक-दूसरे को प्रभावित करती रही हैं।

रोमांटिसिज्म यूरोप का एक ऐसा आंदोलन है, जिसे नवजागरण और ज्ञानोदय के बाद वहां की एक बड़ी घटना माना जाता है। उसका यूरोपीय साहित्य ही नहीं पश्चिमी समाज पर भी लंबे काल तक असर रहा है। अंग्रेजी कवियों का यह आंदोलन अपने युग की अंध-भौतिकवादी, अति-बुद्धिवादी और उपयोगितावादी प्रवृत्तियों से विद्रोह था। यह एक खास स्थान की नहीं समूची विश्व मानवता की देन है। पश्चिम का रोमांटिसिज्म फ्रांस की लोकतांत्रिक क्रांति (1789) से प्रभावित है। फ्रांसीसी क्रांति के तीन प्रमुख नारे थे – बंधुत्व, स्वतंत्रता और समानता। ये केवल फ्रांस में नहीं बल्कि विश्व भर में एक बड़ी प्रेरणा के रूप में काम करते रहे हैं। इसका अर्थ है, बड़े विचार समुद्र की तरह एक ही देश तक सीमित नहीं रहते।

अंग्रेजी के प्रसिद्ध रोमांटिक कवि शेली ने अपने देश की सरहद से न बंधकर 'द रिवोल्ट ऑफ इस्लाम' लिखा था। ऐसी कविताओं में वे 'ओरियंटलिज्म'

के पूर्वग्रह से, अर्थात यूरोपीय बुद्धिजीवियों द्वारा पूर्व के देशों को असभ्य समझने की दृष्टि से बाहर निकलते हैं। वे इंग्लैंड का होते हुए भी अपनी एक रचना में भारत में ब्रिटिश उपनिवेशवाद की आलोचना करते हैं। विस्मय हो सकता है कि शेली ने अंग्रेजों के अत्याचारों के शिकार भारतीय किसानों की दुर्दशा का चित्र खींचा था (पोएटिक एस्से)। उन्होंने छद्मनाम से यह किया, लेकिन पकड़ में आ गए। शेली को आक्सफोर्ड यूनिवर्सिटी से बहिष्कृत कर दिया गया। प्रसिद्ध अंग्रेजी कवि शेली भारत के लिए तब बहिष्कृत हुए, जब 20 साल के नौजवान थे और एम.ए. के विद्यार्थी थे!

इसे शेली की दृष्टि की व्यापकता कहना चाहिए कि उनकी संवेदना या उनका ज्ञान इंग्लैंड की भू-राजनीति तक सीमित न था। उनकी भारत के दुख-कष्ट को लेकर चिंता और इसके लिए दंड पाना एक नौजवान अंग्रेज के रोमांटिसिज्म का ज्वलंत उदाहरण है। रोमांटिसिज्म या स्वच्छंदता हमेशा भय, सरहद और स्वार्थ के पार ले जाती है। यह मानवीय संवेदना को व्यापक बनाती है, जिससे हम आज एक दूरी पर खड़े हैं।

छायावादी कवियों की स्वच्छंदता

यूरोप में रोमांटिसिज्म लगभग 19वीं सदी के आरंभिक दशकों में आया, जबकि हिंदी में छायावाद 20वीं सदी के आरंभिक दशकों में। उन युगों में ऐसे अनगिनत लोग थे जो अपनी सोच के प्रति ईमानदार थे, विचार और कर्म से एक थे। सभी छायावादी कवि ही बौद्धिक स्वतंत्रता के दीवाने थे।

छायावाद निश्चय ही पश्चिमी रोमांटिसिज्म का प्रतिरूप नहीं है। वह ऐसा हो नहीं सकता था, क्योंकि पश्चिम के स्वतंत्र परिवेश की जगह वह औपनिवेशिक स्थितियों में आया था। राष्ट्रीय जागरण उसका एक प्रमुख तत्व था। देखा जा सकता है कि छायावाद का भारत की प्राचीन ज्ञान परंपराओं से संबंध है, जिस तरह 19वीं सदी में नवजागरण काल के समाज सुधारक भी प्राचीन क्लासिकल परंपराओं के संपर्क में थे। नवजागरण काल के ईश्वरचंद्र विद्यासागर ने विधवा पुनर्विवाह के पक्ष में रूढ़िवादियों को चुनौती देते हुए प्राचीन ग्रंथ 'पराशर संहिता' से पुनर्विवाह के उदाहरण रखे थे। रानाडे ब्राह्मण ग्रंथों के आलोचक थे, पर वेदांत के प्रशंसक थे। छायावादी कवियों ने वेदांत का बार-बार उल्लेख किया है। उनका उद्देश्य भारतीय ज्ञान परंपरा के इस उज्ज्वल तत्व को विश्व

मानवता की दार्शनिक प्रेरणा बनाना था। रवींद्रनाथ ने वेदांत के अलावा संत कवि कबीर तथा लोक परंपरा के बाउलों से भी प्रेरणा ली थी। इस तरह हमारे देश के स्वच्छंदतावाद का संबंध एक नहीं कई ज्ञान परंपराओं से है।

छायावाद को कई बार पश्चिम के 'रोमांटिसिज्म' या 'मिस्टिसिज्म' की रोशनी में देखा गया है। कई बार उसे कठोर भारतीय ज्ञान व्यवस्था में सीमित करके सांस्कृतिक पुनरुत्थान कहा गया है। कुछ व्यक्ति तट से दो-चार सीपियां उठाकर उन्हें ही समुद्र की संपूर्ण संपदा घोषित कर देते हैं, जबकि न कोई महान साहित्यिक आंदोलन और न ही कोई महान ज्ञान परंपरा कभी एकरेखीय हो सकती है।

छायावाद के संदर्भ में देखें, निराला वेदांत को चुनते हैं तो प्रसाद कश्मीरी शैव दर्शन को। प्रसाद के काव्य में वैदिक साहित्य के मनु-श्रद्धा के अलावा बुद्ध हैं, शिव हैं। वे 'कामायनी' में शिव का बिंब रखते हैं, 'नील गरल से भरा हुआ यह चंद्र कपाल लिए हो/ इन्हीं निमीलित ताराओं में कितनी शांति पिए हो।' महादेवी स्पष्ट कर देती हैं, 'छायावाद का कवि, धर्म के अध्यात्म से अधिक दर्शन के ब्रह्म का ऋणी है।' वह 'धर्मगत संकीर्णता' से मुक्ति की घोषणा करते हुए कहती हैं, 'छायावादी कवि ने बुद्धि के सूक्ष्म धरातल पर अखंडता का भावन किया।' यह सामाजिक भेदभाव पर टिके शास्त्रवाद के विरुद्ध स्वच्छंदता का उद्घोष है और भारतीय ज्ञान परंपरा की एक महत्वपूर्ण घटना है।

ज्ञान के बारे में जो बात सही है, वही सौंदर्य के मामले में भी सही है। महादेवी ने लिखा है, 'कलाकार सौंदर्य की खंडित और विकलांग प्रतिमाओं को समय के प्रवाह में छोड़कर उनके स्थान पर पूर्ण और अखंड को प्रतिबिंबित करता है। सौंदर्य के मंदिर में ऐसा कुछ नहीं है, जो पैरों के नीचे कुचला जा सके।' (छायावाद)। छायावाद कभी एक बंद दरवाजा नहीं था। वह ज्ञान, सौंदर्य और उच्च मूल्यों के लिए सदा खुला हुआ था। वह उदारता का एक अनोखा मानवतावादी विस्तार था जिसमें 'हम और अन्य' की जगह 'अ-पर' या अखंडता का बोध महत्वपूर्ण था।

भारतीय ज्ञान परंपरा अतीत की कैदी नहीं है

भारत, भारतीय संस्कृति और दर्शन पर पहले भी चर्चा होती थी। लेकिन भारतीय ज्ञान परंपरा पर चर्चा कई बार अपने दरवाजे-खिड़कियां बंद करके होती है। निश्चय ही भारतीय मस्तिष्क का 'डि-कोलोनाइजेशन' जरूरी है,

क्योंकि हमारे देश के अधिकांश बुद्धिजीवियों पर यूरोपीय बौद्धिक फैसलों का कुछ ज्यादा असर रहा है। फिर भी भारतीय ज्ञान परंपरा पर चर्चा का अर्थ न अतीत का कैदी होना है और पश्चिमी, लैटिन अमरीकी और अफ्रीकी देशों की कला-साहित्यिक और सांस्कृतिक उपलब्धियों की तरफ से आंखें फेर लेना है।

अश्वघोष ने 'बुद्धचरित' में ज्ञान को 'वर्धमान वृक्ष' कहा है। जो परम ज्ञानी दो-चार पुस्तकें पढ़कर ज्ञान बघारने लगते हैं, उन्हें ज्यादा छलकने वाली अधजल गगरी समझना चाहिए। ऐसे बुद्धिजीवियों के लिए भारतीय ज्ञान परंपरा प्राचीन अतीत में एक ठहरी हुई परंपरा है जिसमें नवजागरण, छायावाद और बाद के हिंदी साहित्य के लिए ही नहीं, 1200 सालों के भक्ति आंदोलन के लिए भी जगह नहीं है क्योंकि इन जगहों पर स्वच्छंदताबोध है, नवोन्मेष है।

अत: इन प्रश्नों पर सोचने की जरूरत है, क्या भारत की एक ही ज्ञान परंपरा है? क्या भारत की ज्ञान परंपरा का अन्य देशों की ज्ञान परंपराओं से आदान-प्रदान का कोई संबंध नहीं है? क्या दुनिया में सिर्फ वस्तुओं का आना-जाना रहा है, विचारों का नहीं?

यदि हम भारत के सांस्कृतिक इतिहास पर गौर करें, जिस पहले तथ्य से हमारा सामना होता है वह है, हमारे देश में एक या दो ज्ञान परंपराएं नहीं हैं। शास्त्र और लोक दोनों स्तरों पर अनगिनत ज्ञान परंपराएं हैं, इस तथ्य को ध्यान में रखे बिना भारत को समझने का दावा व्यर्थ है।

छायावाद युग में पंत एक भिन्न रास्ता चुनते हैं। उन्हें अतीत आकर्षित नहीं करता। वे कहते हैं, 'जला दो जीर्ण-शीर्ण प्राचीन'! छायावाद युग में ही महाराष्ट्र में अंबेडकर का दलित चिंतन उभरता है जिसकी प्रेरणा बुद्ध हैं। यहां एक भिन्न ज्ञान परंपरा से 'कनेक्शन' है। हमारे देश में आदिवासियों की ज्ञान परंपरा में प्रकृति का महत्व है, और छायावाद भी प्रकृति से राग स्थापित करता है।

भारतीय ज्ञान परंपरा आर्यावर्त्त-केंद्रित नहीं है, क्योंकि हमारे देश में दक्षिण भारत भी है। कहना न होगा कि दक्षिण भारत में ज्ञान परंपरा के कई अलग स्रोत हैं, बल्कि उत्तर भारत में फैला भक्ति आंदोलन एक द्रविड़ उपज है।

भारत की ज्ञान परंपराओं से संपर्क के बावजूद पिछले लगभग दो सौ सालों के आधुनिक भारतीय साहित्य को अतीत की अनुकृति नहीं कहा जा सकता, जिस तरह उसे पश्चिम की अनुकृति भी नहीं कहा जा सकता। नवजागरण और छायावाद का समय नवोन्मेषों और स्वतंत्रता की आवाजों से गूंज रहा था। हम

जिसे प्रेमचंद या छायावाद युग कहते हैं, वह अतीत की सैकड़ों जंजीरों के टूटने का युग है।

निराला लिखते हैं, 'शेली की तरह भारतीय कवि भी अपने शब्दों की हिलोर में विश्व वेदना के तार झंकृत कर देना चाहते हैं।' (कवि और कविता, 1924)। वे यह भी कहते हैं 'ज्ञान का शिखर वेदांत है, विश्व मैत्री इसकी शिक्षा है।' (साहित्य की समतल भूमि, 1926)। वे पश्चिम और भारत के सांस्कृतिक अतीत दोनों के प्रति बौद्धिक खुलेपन का परिचय देते हैं।

20वीं सदी का पूर्वार्ध हमारे देश का सबसे अधिक आंदोलित समय है। ऐसे दौर के कुछ संकीर्ण विचारों से उद्वेलित होकर निराला ने कहा था, 'जब कोई एकदेशीय दृष्टि से किसी गंभीर प्रश्न पर रायजनी करता है, तब हृदय को कड़ी चोट पहुंचती है। ...एकदेशीयता स्वरूपत: संकीर्णता है।' (वही)। निराला का आक्रमण एकरेखीय राष्ट्रीय सोच पर है जो दीवारें खड़ी करती है। ज्ञान दीवारें नहीं बनाता, शुद्धतावाद और ज्ञान दोनों एक साथ संभव नहीं है!

ज्ञान की परिधि को नए युग के स्वार्थों ने संकुचित किया है

आज भारत सहित हर देश दूसरे देशों से विकसित टेक्नोलॉजी चाहता है, विकसित संहारक हथियार चाहता है, अंतरिक्ष-संबंधी नया ज्ञान हासिल कर लेना चाहता है और उपभोक्ता वस्तुएं चाहता है। सभी देश दूसरे देशों में अपना बाजार बढ़ाना चाहते हैं। लेकिन किसी की दिलचस्पी दुनिया की मानवता को जोड़ने में नहीं है। दूसरे प्रांतों की कलाओं-संस्कृतियों तथा दूसरी भाषाओं की पुस्तकों में लोगों की रुचि घटती जा रही है। इधर लोगों के ज्ञान की परिधि घनघोर स्वार्थ के कारण संकुचित हुई है।

निराला ने एक समय आशा व्यक्त की थी, '20वीं सदी में सभ्यताओं के साथ मनुष्यों की ज्ञान-लिप्सा भी सीमा-बंधनों को उत्तरोत्तर पार करती जा रही है। ...इस तरह विस्तृत संसार संपूर्ण क्षुद्रताओं को लिए हुए भी विभिन्न भाषा-भाषियों के लिए बृहद मित्र-मंडल हो जाएगा।' (वही)। पिछले सौ सालों में दुनिया काफी बदल चुकी है, मित्र मंडल से ज्यादा शत्रु मंडल हैं। हमारे देश में क्षुद्रताओं का टिड्डियों-सा हमला हुआ है, महानताएं अंधेरे में चली गई हैं!

एक और घटना है, हिंदी क्षेत्र में नवजागरण की तरह ही छायावाद का भी व्यापक सामाजिक प्रभाव नहीं पड़ सका था। छायावाद के सभी कवि उत्तर

प्रदेश के हैं। आगे चलकर फिल्म में राजकपूर हुए, जिन्हें अपने दौर का रोमांटिसिज्म से भरा एक सशक्त हीरो कहा जा सकता है, हालांकि दर्शकों ने उनसे सिर्फ मजा लिया।

उपभोक्तावाद ने रोमांटिसिज्म को अब बहुत संकुचित कर दिया है। आज लोग घुमक्कड़ नहीं हैं, पैकेज टूर वाले टूरिस्ट हैं। लोगों में गांधी जैसा 'अकेले का साहस' कम है। वस्तुएं भावनाओं तथा विचारों को विस्थापित कर रही हैं। लोग अधिक आरामतलब और लोभी होते जा रहे हैं। वे अपनी स्वतंत्रता भौतिक वस्तुओं में खोजते हैं। हर रोज अधिक डिजिटल होती जा रही दुनिया झूठ, हिंसा और कृत्रिमताओं की ओर बढ़ रही है। मनुष्य आत्मनिरीक्षण नहीं कर पा रहा है, क्योंकि उसका 'मैं' अब छोटे स्वार्थों से भरकर एक 'हिंसक हम' बन चुका है।

आज जब भारतीय ज्ञान परंपरा पर जगह-जगह चर्चा हो रही है, हम यह भी महसूस कर सकते हैं कि हमने अपने देश के ज्ञान संसार की कई महान चीजों को वस्तुतः खो दिया है!

एक समय था जब ज्ञानी राज दरबार में आते थे और राजा सिंहासन से उठ खड़े होते थे। आज एक मंत्री या मामूली सरकारी अफसर आ जाए, सारे शिक्षक-प्रोफेसर या ज्ञानी खड़े हो जाएंगे। अब ज्ञानियों से ज्यादा सम्मान अरबपति व्यापारियों, म्यूजिक कंसर्ट के कलाकारों और राजनेताओं का है। ज्ञान से ज्यादा हुनर की कीमत है। ऐसे समय में ज्ञान पर खुली बहस का स्वागत करना चाहिए। यदि हम इसे सचमुच गंभीरता से लेते हैं, यह हमारे लिए आत्मनिरीक्षण और पुनर्निर्माण के दरवाजे खोल सकती है।

एक वैदिक उक्ति है, 'आ नो भद्राः क्रतवो यंतु विश्वतः', अर्थात सभी दिशाओं से विचारों को आने दो! हर युग की अपनी ऐतिहासिक सीमा में तर्कसम्मत विचारों की खोज हुई है। उनका संबंध मानव-स्मृतियों के अलावा नए-नए स्वप्नों से रहा है।

भारतीय ज्ञानियों का आम विश्वास रहा है, 'वादे वादे जायते तत्त्वबोधः', अर्थात विभिन्न मत वालों के बीच संवाद ही सत्य का बोध कराता है। एक और महत्वपूर्ण कथन है, 'सत्य का मुख स्वर्ण पात्र से ढका है' (ईशावास्योपनिषद)। उपर्युक्त दोनों कथनों को जोड़ने से निष्कर्ष निकलता है कि ज्ञान और अहंकार विपरीत मामले हैं। इन सबका संकेत यह है कि ज्ञान के भीतर कई बार अज्ञान ज्यादा

भरा होता है और वह सच पर पर्दा डालता है। वह निरंकुश सत्ता का हथियार होता है। प्रसाद ने 'कामायनी' में कहा है, 'आवरण स्वयं बनते जाते, है भीड़ लग रही दर्शन की'!

ज्ञान के साथ सहृदयता भी चाहिए

प्राचीन ज्ञानी तर्क करते थे, जो दो या दो से अधिक के बीच संवाद के जरिए ही संभव है। भारत में अंधविश्वासों के समानांतर तर्क की दीर्घ परंपरा है। हम जानते हैं, तर्क करने के लिए 'दूसरे' का अस्तित्व जरूरी है।

जनक के दरबार से जुड़ी तर्क-वितर्क की कई कथाएं हैं। उनके दरबार में एक बार एक दिव्यांग ब्राह्मण अष्टावक्र आते हैं। वे शास्त्रार्थ-वीर बंदी से बहस करते हैं। बंदी एक निष्ठुर ब्राह्मण था। उसकी शर्त थी कि वाग्युद्ध में उनसे जो हारेगा उसे जल में डूबकर मरना होगा। उसने अष्टावक्र के गरीब पिता सहित कई ब्राह्मणों को इसी तरह मरवा दिया था। अष्टावक्र ने बंदी को अपने ज्ञान के बल पर शास्त्रार्थ में पराजित कर दिया। अब बंदी की हालत देखने लायक थी। फिर भी अष्टावक्र ने यह कहकर उसे क्षमा किया कि तर्क में दूसरे का असम्मान नहीं करना चाहिए। ज्ञानी होने का अर्थ निर्मम होना नहीं है। तपोबल से जल में डुबाकर मारे गए सभी ब्राह्मण जीवित कर दिए गए। यह एक कथा है, पर इसमें 'ज्ञान के साथ सहृदयता' का जो संदेश है, भावनात्मक बुद्धि की ओर जो संकेत है उसपर गौर किया जा सकता है।

स्वच्छंदता की प्राचीन भारतीय परंपराओं को इसलिए भी याद किया जाना चाहिए कि इन्होंने ज्ञान को कट्टरता की तरफ बढ़ने से यथाशक्ति रोका तथा 'ज्ञान के साथ सहृदयता' का महत्व बताया।

सियारामशरण गुप्त ने नवजागरण के औजार तर्क की महत्ता इस तरह बताई थी, 'तर्क और बहस ही वह वस्तु है, जो हमारे मन में अनजाने ही सही, यह बोध उत्पन्न करती है कि हमें छोड़कर भी किसी को होना चाहिए।' (झूठ सच)। ज्ञान 'दूसरे' के प्रति निर्मम होने की जगह संवाद के लिए प्रेरित करता है। प्रसाद की 'कामायनी' में बुद्धि के प्रतिरूप इड़ा का एक बिंब है, 'बिखरी अलकें ज्यों तर्क जाल'। यदि सहृदयता न हो तो कई बार तर्क महज तर्कजाल होता है जो यांत्रिक बुद्धिवाद की देन है। समाज में तर्क और बहस ऐसी चीजें हैं जिनमें 'दूसरे' की लोकतांत्रिक महत्ता स्वतः निहित है।

कहना न होगा कि तर्क और लोकतंत्र में गहरा संबंध है। जब समाज में तर्क कमजोर पड़ने लगे और खोखले शब्द बढ़ने लगें, समझ जाना चाहिए कि लोकतंत्र जा रहा है। इसपर आज गंभीरता से सोचने की जरूरत है कि विचार और आचरण की कैसी दूरियों, कैसे भटकावों और बिखरावों से समाज में इन दिनों तर्क विस्थापित है, क्योंकि तर्क के विस्थापन का एक ही नतीजा है बहुरंगी स्वेच्छाचारिताओं का उदय!

भारत की ज्ञान परंपरा क्या है, यह बताने से पहले तय करना होगा कि इसे हम कहां से देखना चाहते हैं। सत्ता की जगहों से देखी जा रही ज्ञान परंपरा हमेशा एक खंडित और निर्मम ज्ञान व्यवस्था होगी, जबकि लोक से जुड़ी ज्ञान परंपरा का हर मोड़ पर तर्क के अलावा संवेदना और सहृदयता से गहरा संबंध होगा। छायावाद का संबंध भारतीय ज्ञान परंपरा के अलावा मानवीय संवेदना और सहृदयता से बहुत अधिक रहा है।

कहना न होगा, सहृदयता रहित ज्ञान एक अत्याचार है!

छायावाद का महत्व

छायावाद (1918-36) हिंदी साहित्य संसार का एक गौरवशाली साहित्यिक आंदोलन है। इसके अभ्युदय काल में प्रसाद के 'झरना' (1918) तथा 'आंसू' (1925), पंत के 'पल्लव' (1926) और निराला के 'परिमल' (1929) ने एक नए युग की सूचना दी थी। छायावाद 19वीं सदी के नवजागरण के परिणामस्वरूप आई सामाजिक गतिशीलता की देन है। इसे एक नई काव्य दृष्टि ही नहीं, एक नई जीवन दृष्टि के रूप में भी देखा जाना चाहिए, हालांकि आज उस युग के छल-छद्म से मुक्त प्रेम, सौंदर्य और स्वतंत्रता की कल्पना करना थोड़ा कठिन है।

वह प्रथम विश्वयुद्ध का समय था, जब छायावाद पराधीन भारत में स्वतंत्रता और मानवता के महान संदेश लेकर आया था। इसने न सिर्फ प्रकृति की अनोखी सुंदरता से परिचित कराया, बल्कि मनुष्य को दुख में भी सिर उठाकर जीने की प्रेरणा दी। संन्यास और भोगवाद के दो ध्रुवों के बीच इसने पहली बार मानवीय इच्छाओं का एक उदात्त संसार प्रस्तावित किया। इसकी एक परिणति राष्ट्रीय इच्छाशक्ति के उदय के रूप में हुई, 'आज कितनी शताब्दियों बाद उठी ध्वंसों में वह झंकार/ अरी वरुणा की शांत कछार' (प्रसाद)। अंग्रेजी राज के भय को चीरकर भारत के लोगों का यह विश्वास मजबूत हुआ कि वे अपने देश को न सिर्फ साम्राज्यवाद से मुक्त कर सकते हैं, बल्कि औपनिवेशिक ध्वंसावशेषों पर पुनर्निर्माण संभव है।

छायावाद ने प्रसाद, निराला, पंत और महादेवी जैसे बड़े कवि दिए। आज के उत्तर-मानवतावादी दौर में उनका महत्व बढ़ गया है। आज जिस तरह की स्थितियां हैं, भक्ति आंदोलन और नवजागरण की तरह छायावाद पर भी पुनर्विचार जरूरी हो उठा है, क्योंकि ये तीनों भारत की लगभग 1500 सालों की महान आकांक्षाओं की सूचना देते हैं।

छायावादी आंदोलन से जुड़े हर कवि की अपनी कुछ खास विशेषताएं हैं तो सामान्य खूबियाँ भी हैं। हर कवि अपनी विशिष्टताओं की वजह से जहां एक स्वतंत्र पहचान रखता है, कुछ सामान्यताओं की वजह से वह एक समवेत आंदोलन का भी बोध कराता है। छायावाद को समझने का अर्थ है, हम इस आंदोलन से जुड़े हर कवि-लेखक की विशिष्टता के साथ उसके सामान्य सरोकारों को भी समझें।

छायावाद का अभ्युदय

हमारे देश में छायावाद या रोमांटिसिज्म यूरोप से भिन्न स्थितियों में आया था। दोनों जगहों की भिन्नताएं इस प्रकार हैं : 1. भारतीय नवजागरण औपनिवेशिक अवरोधों के कारण यूरोपीय 'रिनेसां' और 'इंलाइटेन्मेंट' की तुलना में कम विकसित था। 20वीं सदी के हिंदी समाज को सामंती-धार्मिक रूढ़ियाँ अधिक कठोरता से जकड़ी हुई थीं। 2. 1857 के दौर में बंधुत्व, स्वतंत्रता और समानता की जो शुरुआती भावनाएं पैदा हुई थीं, वे क्रूर औपनिवेशिक दमन की वजह से पनप नहीं पाई थीं। 3. यूरोपीय नवजागरण की पृष्ठभूमि में औद्योगिक क्रांति थी, जबकि ब्रिटिश साम्राज्यवाद ने भारत की औद्योगिक प्रगति रोक रखी थी। 4. भारत में नगरीकरण तुलनात्मक रूप से सीमित था और औपनिवेशिक आधुनिकता के प्रभाव में था। 5. हिंदी शिक्षित मध्यवर्ग आधुनिक जीवन शैली की ओर बढ़ते हुए भी जीवन दृष्टि के स्तर पर आमतौर पर दकियानूसीपन से भरा था और पिछड़ा था।

छायावाद भारत के कठोर औपनिवेशिक-सामंती वातावरण में आया था। यह वर्ड्सवर्थ, कीट्स, कॉलरिज, शेली, बायरन, विलियम ब्लैक आदि अंग्रेजी कवियों के समाज की तरह विकसित और स्वतंत्र वातावरण में नहीं आया था। दूसरी बात, स्वच्छंदतावादी तेवर के बावजूद इसमें भारतीय परंपराओं का पूर्ण निषेध न था। गांधी के नेतृत्व में शुरू हुए आंदोलनों, खासकर प्रथम सत्याग्रह (1920-22) के इस आंदोलन पर असर को ध्यान में रखते हुए कहा जा सकता है कि छायावाद यूरोप के रोमांटिसिज्म से कुछ मामलों में समानता रखते हुए भी विशिष्ट है।

छायावाद का संबंध पश्चिम के 'रोमांटिसिज्म' से मानकर उसे नकारने के प्रयास हुए हैं, जबकि छायावाद उसका अनुकरण नहीं है। अनुकरण और प्रभाव

दो भिन्न चीजें हैं। प्रसाद को अहसास है, 'हमारी चिंतनधारा के विकास में पाश्चात्य प्रभाव ओतप्रोत है।' इसके साथ वे 'पूर्व और पश्चिम का सांस्कृतिक रुचिभेद' भी लक्षित करते हैं। वे पश्चिमी रोमांटिसिज्म के प्रति अस्पृश्यता का भाव न रखते हुए खुले मन से मानते हैं, 'संसार की विचारधारा से कोई अपने को अछूता नहीं रख सकता।' निश्चय ही छायावाद नए देश-काल में जन्मा था। उसे पश्चिम के रोमांटिसिज्म से कुछ मामलों में समानता रखते हुए भी कई मामलों में भिन्न होना था।

भारत में रोमांटिसिज्म पश्चिमी प्रेरणाओं के अलावा वेदांत, बौद्ध दर्शन, शैव दर्शन, कालिदास और कबीर से अपना संबंध जोड़ता है। छायावाद पर भारतीय परंपराओं का स्वाभाविक रूप से कुछ अधिक बोझ रहा है। वह कहीं-कहीं इस बोझ से दबा दिखता है। फिर भी छायावादी कवियों ने आधुनिक प्रवृत्तियों की कीमत पर अतीत से समझौता नहीं किया, जिस तरह पश्चिमी रोमांटिसिज्म का भी अंधानुकरण नहीं किया।

छायावाद को बांग्ला में 'भावावेग और कल्पना पर आधारित रोमांटिक शैली', कन्नड़ में 'नवोदय', तेलुगु में 'भाव कविता' ओड़िया में 'सबुज युग', मराठी में 'स्वच्छंदता', 'प्रणयवाद' आदि कहा गया है। हिंदी में वह एक बहुआयामी सौंदर्यबोध के रूप में उपस्थित है।

एक महत्वपूर्ण तथ्य यह है, पश्चिम में रोमांटिसिज्म को विकसित होने के लिए साठ से अधिक साल मिले (1798-1860), जबकि छायावाद की भूमिका बीस से भी कम सालों (1918-36) में सिमट गई। यह अलग बात है कि हिंदी कविता में रोमांटिसिज्म का असर लंबे काल तक बना रहा है और जब तक समाज में सामंतवाद और उपभोक्तावाद हैं, रोमांटिसिज्म की विद्रोही भूमिका बनी रहेगी।

छायावाद जितना सामंती व्यवस्था से विद्रोह है, उतना ही साम्राज्यवाद से भी। यह औपनिवेशिक आधुनिकता में नहीं फंसता। छायावादी कवियों के बारे में यह भी कहा जा सकता है कि वे सामान्यत: सीधी राजनीतिक टिप्पणियों से बचते हैं। वस्तुत: उनकी अंतर्दृष्टि ही उनकी राजनीति है। इसे भी ध्यान में रखना चाहिए, वे अंतरराष्ट्रीयतावादी होते हुए भी रवींद्रनाथ जैसे नहीं हैं कि राष्ट्रीय आंदोलनों से उदासीन हों।

छायावाद ने एक बड़ा काम किया, काव्यानुभूति को जीवनानुभूति से जोड़ा।

छायावादी कवि समाज के नहीं सामाजिक बुराइयों के विरोधी थे। इसलिए उन्होंने देश और विश्व को देखने का एक नया विजन देना चाहा। यह भी ध्यान में रखने की जरूरत है कि छायावादी कवि एक जैसे नहीं हैं। इसलिए छायावाद को इकहरे और सरलीकृत रूप से समझा नहीं जा सकता।

छायावाद को अपने युग में सहज स्वीकृति नहीं मिली, बल्कि 'छायावाद' नाम तिरस्कार में मिला था। इस शब्द का वस्तुतः कोई मतलब नहीं है। छायावाद को शुरू में सहज स्वीकृति न मिलने की मुख्य वजह यह है कि इसने लोकप्रियतावाद का रास्ता नहीं पकड़ा। प्रसाद, निराला, पंत और महादेवी युवा थे। उन्होंने कठिन मार्ग चुना जो वैयक्तिकता की खोज का था हालांकि इसका देश, विश्व और संपूर्ण सृष्टि से संबंध था। छायावाद ने अनुभूति और कल्पना को सर्वोपरि स्थान दिया। आइंस्टीन और रवींद्रनाथ के बीच एक संवाद है। आइंस्टीन ने कहा, 'मैं मानता हूँ कि चांद जहां है वहां रहेगा, भले मैं न देखूं।' रवींद्रनाथ ने जवाब दिया, 'कोई देख रहा है, तभी चांद आकाश में है और वह सुंदर है!'

छायावाद विश्वचेतना से भरा एक ऐसा साहित्यिक आंदोलन है जो नवजागरण की कोख से जन्मा था और राष्ट्रीय आंदोलनों की गोद में पला था। नवजागरण और छायावाद का काल एक तरह से भारत के आदर्शवादी पुनर्निर्माण का काल है, जब हिंदी साहित्य भी गौरव के उच्च शिखर पर पहुंच रहा था। लंबे समय तक द्विवेदी युग और छायावाद को व्यर्थ ही लड़ाकर देखा गया। छायावाद वस्तुतः भारतेंदु और द्विवेदी युग के नवजागरण का स्वाभाविक विकास है।

छायावाद को नवजागरण का उत्तराधिकारी समझना चाहिए। वह समस्त रूढ़ियों और भेदभावों से मुक्ति का एक उदारवादी आंदोलन था। छायावादी कवियों की स्वतःस्फूर्त आत्माभिव्यक्ति में मनुष्य-मनुष्य के बीच खड़ी सारी दीवारों को तोड़ डालने की आकांक्षा है। उन्होंने सौंदर्यबोध को ही नहीं नैतिकता को भी पुराने बंधनों से मुक्त किया। यही वजह है कि वह उदार आधुनिक समाज के नागरिकों की एक मुख्य प्रेरणा बना।

छायावाद पर निर्बुद्धिपरकता का आरोप लगा है। उसे 'बुद्धि के विरुद्ध कल्पना का विद्रोह' कहा गया है जो सही नहीं है। छायावाद की बुद्धि औद्योगिक बुद्धिवाद से प्रेरित न होकर वस्तुतः आदर्शवादी मानवता से प्रेरित है। वह भावनात्मक बुद्धि है, सद्बुद्धि है!

भारत में नवजागरण और छायावाद के बीच वैसा संघर्ष नहीं था, जैसा यूरोप में 'इंलाइटेन्मेंट' और रोमांटिसिज्म के बीच माना जाता है। इसके बावजूद छायावाद को कई बार नवजागरण के विरोध में रखकर देखा गया है। इसका एक सुपरिचित रूप इसे द्विवेदीयुगीन स्थूल के विरुद्ध 'सूक्ष्म का विद्रोह' बताना रहा है। वास्तविकता यह है कि भारतीय नवजागरण ने देश को असहिष्णुता, पूर्वग्रहों और अज्ञानता के अंधकार से बाहर निकालने में एक बड़ी भूमिका निभाई थी। इसने जो नई दृष्टि दी, छायावाद उसे लेकर आगे बढ़ा। छायावादी कवियों ने अनुभूति को जरूर अधिक महत्व दिया पर बुद्धि से नाता नहीं तोड़ा। 'कामायनी' में श्रद्धा अपनी संतान मानव को बुद्धि और नगरीकरण के प्रतीक इड़ा के पास छोड़कर कैलाशलोक की यात्रा पर जाती है। वह कहती है, 'यह तर्कमयी तू श्रद्धामय... मानव कर ले सब भूल ठीक।' इसके अलावा, छायावाद धार्मिक निर्देशों की उपेक्षा करके स्त्री और दलित के पास खड़ा होता है और नवजागरण के सुधारवादी आंदोलन को आगे बढ़ाता है।

नवजागरण भारतीय लोगों के चित्त को बड़ा बनाने का आंदोलन था। वह बौद्धिक स्वतंत्रता, लौकिकता, राष्ट्रीय जागरण, मानवतावाद तथा देश की व्यापारिक वृद्धि के पक्ष में था। 19वीं सदी में सामाजिक भेदभावों और कुप्रथाओं के विरोध में आंदोलन हुए। वह महानताओं के उदय का दौर था जब प्रतिस्पर्धी के गुणों को भी आदर से देखा जाता था। छायावाद ने औपनिवेशिक आधुनिकता, औद्योगिक बुद्धिवाद और उपयोगितावाद की आलोचना करते हुए भी 19वीं सदी के नवजागरणकालीन महान आदर्शों से संपर्क रखा था।

भारत ने सैकड़ों सालों में अपने सपनों का जो 'आनंदपूर्ण स्वर्ग' खो दिया था, छायावाद उसे अपने 'दुखदग्ध जगत' में नई भावनाओं से पुनः रचने का काल था। प्रसाद कहते हैं, 'दुखदग्ध जगत और आनंदपूर्ण स्वर्ग का एकीकरण साहित्य है।'

नवजागरण और छायावाद के उन लगभग सवा सौ सालों में भारतीय मानस का जो सांस्कृतिक पुनर्निर्माण हो रहा था, वह अभूतपूर्व है। यह पुरानी सामंती-धार्मिक व्यवस्था के साथ-साथ उपनिवेशवाद के लिए एक बड़ी चुनौती था। स्वाभाविक है कि उपनिवेशवाद की वजह से छायावाद के विश्वबोध में राष्ट्रीय खिड़कियाँ हों। छायावादी कवियों की इस खूबी की ओर ध्यान जाना चाहिए कि उनके काव्य में विश्व मानवता की मुक्ति के साथ देशमुक्ति की भी तीव्र

आकांक्षा है। वे बौद्धिक स्वतंत्रता की बहुत परवाह करते हैं।

छायावादी साहित्य में प्रेम, स्वतंत्रता और सामंजस्य केंद्रीय मूल्य हैं। ये तरह-तरह से व्यक्त हुए। छायावादी कवि बड़े साहस से इन मूल्यों के साथ खड़े थे। वे वैयक्तिकता का उद्‌घोष करते हुए भी देशमुक्ति और समाज में सामंजस्य की सदिच्छाओं से भरे थे। उनके दृष्टिपथ में स्वतंत्रता के कुछ अन्य रूप भी थे, खासकर स्त्रियों और दलितों की स्वतंत्रता से संबंधित। उन्हें स्वतंत्रता प्रेम करने के लिए चाहिए थी, जो अच्छा लगता है उसके साथ आनंदपूर्वक जीने और अपनी भावनाओं की अभिव्यक्ति के लिए भी। स्वतंत्रता के बारे में सोचने का हमेशा अर्थ है किसी अत्याचारी के सामने खड़ा होना। कई बार आदमी स्वतंत्रता से डरता है। उसे स्वतंत्रता नहीं, ऐश्वर्य और सुरक्षा चाहिए जो एक न एक सत्ता के आश्रय में ही संभव है (देखें प्रसाद की 'प्रलय की छाया')।

छायावादी कवि अंग्रेजी राज के विरुद्ध थे। उन्होंने सुखवाद और धन-दौलत की प्रचुरता में स्वाधीनता न देखकर स्वाधीनता का संबंध न्याय से स्थापित किया। यह उनके गद्य में अधिक स्पष्ट है। काव्य में यह प्रत्यक्ष उतना नहीं है, जितना अप्रत्यक्ष और प्रतीकात्मक। छायावादी साहित्य में 'हिमाद्रि तुंग शृंग से प्रबुद्ध शुद्ध भारती/स्वयं प्रभा समुज्ज्वला स्वतंत्रता पुकारती' या 'जागो फिर एक बार' जैसे मुखर रूप कम हैं। स्वाधीनता की उच्चतर खोज के मामले वस्तुतः ऐसे कल्पनाशील बिंबों में ज्यादा हैं, जो अमूर्त हैं।

ध्यान में रखना होगा कि पश्चिमी रोमांटिसिज्म की पृष्ठभूमि में सिर्फ फ्रेंच क्रांति (1879) थी, जबकि छायावाद की पृष्ठभूमि में फ्रेंच क्रांति के अलावा रूस की समाजवादी क्रांति (1917), प्रथम विश्व युद्ध (1914-1918) और राष्ट्रीय आंदोलन (1920,1929) की घटनाएं भी हैं। इसका अर्थ है, हिंदी में छायावाद ने एक बड़ी बौद्धिक पृष्ठभूमि में आकार लिया। छायावादी साहित्यकारों का भावना संसार किसी बिंदु पर अमूर्त, विस्मय-भरा और रहस्यमय लग सकता है, पर वह मुख्यतः सामंती-साम्राज्यवादी बंधनों को तोड़कर जीवन की उदात्त आधुनिक इच्छाओं से निर्मित हुआ था।

छायावाद के बारे में बंधी समझ उसके मूल्यांकन में बाधक है

छायावाद के बारे में बहुत कुछ लिखा गया है, कई पुस्तकें हैं। हम दावा कर सकते हैं कि उसके बारे में हमारे पास विपुल जानकारियां हैं। कई बार किसी

चीज के बारे में बहुत ज्यादा जानकारियां उसको जानने के मार्ग में बाधक होती हैं। हमें तब उन जानकारियों के पार जाना पड़ता है और एक विस्तृत आलोचनात्मक परिप्रेक्ष्य की तलाश करनी पड़ती है।

छायावाद के मूल्यांकन की एक बड़ी सीमा है अत्यधिक नायक पूजा। एक समय शीतयुद्ध के प्रभाव में ज्यादा चर्चा निराला पर केंद्रित होती गई। इसने छायावाद के उन आयामों को सामने आने से रोका जो प्रसाद, पंत और महादेवी से जुड़े थे। नायक पूजा एक सामंती तत्व है जो लोकतांत्रिक सोच को क्षतिग्रस्त करता है। भारत में 'विचार' की जगह 'नायक' की प्रधानता ने व्यक्ति-छवियों, बड़े-बड़े कट आउट और इमेज मैनेजमेंट का ऐसा जाल बिछा दिया कि पब्लिक भी विचार की जगह नायक पसंद करने लगी। इस जगह जोर देकर कहना होगा कि किसी भी छायावादी कवि को अलगाव में नहीं समझा जा सकता। उसकी विशिष्टता को उसकी संपूर्ण साहित्यिक परंपरा में रखकर ही देखा जाना चाहिए।

छायावाद पर अभिव्यंजनावाद, अमूर्तता, बिंबवाद जैसे आरोप लगे हैं। छायावादी कवियों ने अपनी स्वच्छंद अनुभूतियों को व्यक्त करने के लिए प्रतीकात्मक भाषा चुनी थी। छायावादी काव्य की प्रतीकात्मक संरचना जितनी भी अंतर्मुखी हो, उसमें सामाजिक आशय का अभाव नहीं है। छायावादी कवियों ने अलग से कोई स्वर्ग निर्मित नहीं किया, बल्कि सभी सपने इस धरती के लोगों के लिए देखे।

उन्होंने निश्चय ही अनोखे बिंब रचे हैं, जो अमूर्त हैं। इसका यह अर्थ नहीं है कि छायावाद को एक अभिव्यंजना प्रणाली में सीमित कर दिया जाए। उसपर आभिजात्यवाद और संस्कृतनिष्ठता का भी आरोप लगा है। ऐसी छुआछूत वाली दृष्टियां छायावाद के आशय को समझने में बाधक रही हैं।

छायावाद को कुछ प्रगतिवादी आलोचकों ने 'पलायनवाद' कहा था। शिवदान सिंह चौहान इस अतिवादी बिंदु पर पहुंच गए थे, 'छायावाद की धारा ने हिंदी साहित्य को जितना धक्का पहुंचाया है, उतना शायद ही भारत को हिंदू महासभा या मुस्लिम लीग ने पहुंचाया हो'! (विशाल भारत, 1937)।

अज्ञेय जैसे आधुनिकतावादी लेखक छायावाद के तीव्र विरोधी थे। वे प्रसाद के बारे में कहते हैं, 'प्रसाद की कविता की– कविता ही क्यों उनकी सब रचनाओं की जांच करते समय हम अनुभव करेंगे कि... प्रसाद किसी भिन्न

लोक की कल्पना करते हैं। वे भी गाते हैं, 'ले चल वहां भुलावा देकर मेरे नाविक धीरे-धीरे'।... प्रसाद के उपर्युक्त उदाहरण में किसी कल्पित देश की ओर जाने की लालसा दिखती है... कवि आधुनिक रुचियों या मन:स्थितियों को ही छोड़कर एक सरल और सुखद जीवन प्रणाली की ओर जाना चाह रहा है जिसमें व्यक्ति की आवश्यकताएँ कम और उनकी पूर्ति अपेक्षाकृत सुगम हो।' (परिस्थिति और साहित्यकार)। जाहिर है, अज्ञेय जिस कविता का खास संदर्भ लेकर अपनी प्रतिक्रिया देते हैं, वस्तुत: उसमें मुख्य संदेश निश्छल प्रेम, विरुद्धों में सामंजस्य और राष्ट्रीय जागरण का है। अज्ञेय यह समझ नहीं पाते और 'पलायनवाद' के प्रचार में आ जाते हैं। कल्पना यथार्थ से पलायन नहीं है बल्कि उसका अतिक्रमण है। वह एक जरूरी बिंदु पर यथार्थ से आवश्यक मुक्ति है।

प्रसाद अपनी प्रसिद्ध कविता 'ले चल मुझे भुलावा देकर' में कहते हैं, 'श्रम-विश्राम क्षितिज-वेला से/ जहां सृजन करते मेला से/ अमर जागरण उषा नयन से-/ बिखराती हो ज्योति घनी रे।' वे ऐसे जन जागरण का स्वप्न देखते हैं जो दुनिया के लोगों के श्रम-विश्राम में बराबरी ला दे। यहां नाविक कवि की 'सांस्कृतिक आंख' है जो व्यक्ति को बाजार के प्रलोभनों में फंसने से बचाकर जीवन के सही पथ पर ला सकती है। नाव और नाविक के स्थूल अर्थ से बाहर आना चाहिए।

उपर्युक्त कविता में है 'जहां सांझ सी जीवन छाया/ढीले अपनी कोमल काया/नील नयन से ढुलकाती हो/ताराओं की पांति घनी रे।' यहां सांझ से जीवन का आशय है एक सामंजस्यपूर्ण जीवन, अर्थात जीवन में न अधिक सुख हो न अधिक दुख। प्रसाद ने इसे स्पष्ट करते हुए कहना चाहा है- जिस तरह आकाश में ताराओं की ज्योति सुंदर लगती है वैसा ही सौंदर्य लोगों के सुख-दुख के सामंजस्य से भरे जीवन में हो। छायावादी कवियों ने बार-बार बताया कि जीवन का सौंदर्य कहां है।

छायावाद पर आमतौर पर पलायनवाद का आरोप लगा है, जबकि छायावाद की केंद्रीय चिंता यह है कि हम एक प्रतिस्पर्धी विश्व से परस्पर सहयोगपरक विश्व की ओर कैसे बढ़ें। प्रसाद पर अतीतपरायणता के अलावा राष्ट्रीय बूर्जुआजी के प्रभाव का आरोप लगा। यह भी कहा गया कि प्रसाद स्मृतियों में जीते हैं, वे संस्कृतिवादी हैं। इसमें संदेह नहीं कि निराला को प्रसाद की तुलना में ज्यादा लंबा जीवन मिला। उनकी कविता पर प्रगतिशील आंदोलन

का भी असर है। निराला में साहित्यिक विविधता ज्यादा है, जबकि प्रसाद छायावाद के थे, उनका कृतित्व छायावाद में ही बसा हुआ था। इसके बावजूद, उन्होंने छायावाद को राष्ट्रीय भावनाओं के साथ प्रकृति प्रेम और विश्व मानवतावाद से जोड़ा। उन्होंने शैव दर्शन के साथ-साथ बुद्ध को महत्व दिया।

यह दुर्भाग्यजनक है कि नई कविता के कई रचनाकारों ने छायावाद का महत्व नहीं समझा। उनपर 'न्यू क्रिटिसिज्म' के रोमांटिकता-विरोधी विचारों का, खासकर टी.एस. इलियट का असर था। मुक्तिबोध छायावाद को नहीं समझ पाए, जबकि खुद उनमें क्रांतिकारी ही सही भरपूर रोमांटिसिज्म है। अज्ञेय को छायावादी कवियों से ज्यादा केशव और मैथिलीशरण गुप्त अच्छे लगे। उन्होंने रोमांटिसिज्म से प्रभावित अपनी कृति 'शेखर एक जीवनी' को 'डिनाउंस' कर दिया था, जबकि उनकी ख्याति यदि बनी रहेगी तो मुख्यत: इसी कृति से!

छायावाद के सकारात्मक मूल्यांकन में नंददुलारे वाजपेयी, रामविलास शर्मा और नामवर सिंह की महत्वपूर्ण भूमिका है। इन आलोचकों ने विभिन्न कोण से छायावाद का अभिप्राय स्पष्ट किया है। नंददुलारे वाजपेयी ने सकारात्मक दृष्टिकोण से लिखा, 'सूक्ष्म किंतु व्यक्त सौंदर्य में आध्यात्मिक छाया का भान मेरे विचार से छायावाद की सर्वमान्य परिभाषा हो सकती है।' उन्होंने छायावाद को 'एक नई मानववादी विश्वचेतना का भारतीय रूप' कहा। वे मानववाद और मानवतावाद के बीच फर्क नहीं कर पाते, छायावाद में आध्यात्मिक छाया को प्रधानता देते हैं और प्रसाद को 'प्रेमचंद से एक श्रेणी आगे का कलाकार' कहकर अनावश्यक मापतौल करते हैं। वे छायावाद की 'वृहत्त्रयी' बनाकर महादेवी वर्मा की उपेक्षा करते हैं। फिर भी उनकी दृष्टि में छायावाद का महत्व स्पष्ट है। वे आगे चलकर इसे 'नूतन सांस्कृतिक भावना का उद्‌गम' और 'राष्ट्रीय जागरण की प्रभाती ध्वनि' कहते हैं। उन्होंने यह भी दावा किया, 'जिस प्रकार काव्य के सभी नए उत्थान अपनी सीमा पर पहुंचकर नई शैलियों के लिए राह खोल देते हैं, उसी प्रकार छायावादी काव्य ने भी नई शैलियों और भावधाराओं के लिए उर्वर भूमि बना दी।' (नया काव्य चिंतन)।

दरअसल छायावाद ने कविता की विषयवस्तु में अभूतपूर्व विविधता ला दी थी और वैयक्तिकता तथा मानवता दोनों की महत्ता स्थापित की थी। वैयक्तिकता तथा मानवता नि:संदेह भावी काव्यधाराओं के लिए भी महत्वपूर्ण पाथेय बनीं।

रामविलास शर्मा छायावाद की अपनी व्याख्या में भौतिक संसार से उसके

गहरे संबंध और साम्राज्यवाद-सामंतवाद से संघर्ष को खास महत्व देते हैं। उन्होंने मुख्यतः निराला को अपने मूल्यांकन का विषय बनाया है, पर वे प्रसाद की भी काफी प्रशंसा करते हैं, 'प्रसाद साहित्य में जिस सत्य का उद्घाटन किया गया है, उसका सामना करने का साहस आज निहित स्वार्थों के प्रतिनिधियों में नहीं है।' (परंपरा का मूल्यांकन)। वे 'कामायनी' के बारे में कहते हैं, इसमें 'भौतिक जगत के मानव की ही संस्कृति है।' (वही)। वे आगे कहते हैं, 'प्रसाद साहित्य हिंदी भाषी जनता की मूल्यवान विरासत है।' (वही)।

निराला पर विशेष रूप से लिखते हुए भी रामविलास शर्मा छायावाद के कवियों को जोड़कर देखते थे, 'पंत कोमल, सुकुमार, शालीनता की मूर्ति। निराला- क्षुब्ध, आक्रामक, ओज और पुरुषत्व के अवतार। फिर भी दोनों छायावादी कवि थे, मित्र थे, सूक्ष्म तंतुओं से परस्पर यों बंधे हुए थे जैसे हिंदी साहित्य में दूसरे दो साहित्यकार बंधे हुए दिखाई नहीं देते। इनमें से एक को जाने बिना दूसरे का ज्ञान असंभव है।' (निराला की साहित्य साधना-1)। रामविलास शर्मा महादेवी वर्मा के प्रति भी सराहनापरक लिखते हैं, 'महादेवी जी और उनकी कविता का परिचय केवल 'नीर भरी दुख की बदली' या 'एकाकिनी बरसात' कहकर नहीं दिया जा सकता। उन्हीं के शब्दों में उनका परिचय देना हो तो मैं यह पंक्ति उद्धृत करूंगा, 'रात के उर में दिवस की चाह कर शर हूँ।'' उन्होंने कहना चाहा कि महादेवी वर्मा में जीवन की गहरी भूख है, वे जीवन से विमुख नहीं हैं। वे 'निराला की साहित्य साधना' लिखने के बावजूद चारों छायावादी कवियों को रचनात्मक मर्यादा देते हैं, उन्हें अनावश्यक रूप से लड़ाते नहीं हैं। उनकी मुख्य बात यह है कि 'एक को जाने बिना दूसरे का ज्ञान असंभव है'!

छायावाद के गंभीर मूल्यांकन का अभाव है। इसे कई जगहों पर बूर्जुआ साहित्यिक आंदोलन, रुग्ण मानसिकता की देन और जीवन यथार्थ से दूर बताया गया है। नए लेखक लंबे समय तक छायावाद-विरोधी होने में ही श्रेष्ठता देखते रहे हैं। फिर भी इनके विद्रोह, क्रांतिकारिता या आधुनिकता में सारवान वही है जिसपर रोमांटिसिज्म का थोड़ा-बहुत असर है। नई कविता के सभी कवि चाहे वे प्रगतिशील अधिक हों या आधुनिकतावादी अधिक हों, वे वस्तुतः रोमांटिक भी हैं।

आधुनिकतावादी अंग्रेजी लेखक टी. एस. इलियट एक समय रोमांटिसिज्म का विरोध कर रहे थे। उन्होंने इस विरासत के महत्व को बाद में माना। एजरा

पाउंड जैसे आधुनिकतावादी कवि ने उस दौर में वर्ड्सवर्थ की तारीफ़ की, जब हिंदी के आधुनिकतावादियों के बीच छायावाद का विरोध ही फैशन में था। ऐसे सभी लेखक छायावादी साहित्य को उसके सामाजिक–सांस्कृतिक परिप्रेक्ष्य से विच्छिन्न करके और भावुकता में संकुचित करके देख रहे थे।

पश्चिम के 'न्यू क्रिटिसिज्म' में रोमांटिसिज्म का विरोध है, जबकि हिंदी में नामवर सिंह 'नए प्रतिमान' की तरफ उन्मुख होते हुए भी छायावाद के प्रति नकारात्मक रुख नहीं अपनाते। उनकी शुरू की एक पुस्तक 'छायावाद' है। वे 'छायावाद की कविता में राष्ट्रीय जागरण का पर्याप्त आभास' पाते हैं, हालांकि छायावाद में उन्हें 'वास्तविकता की कमी', 'व्यापकता की कमी' और 'व्यक्तिवाद' भी दिखता है।

मुक्तिबोध ने 'कामायनी' के संदर्भ में प्रसाद की उपलब्धियों और सीमाओं की छानबीन की है। दरअसल छायावाद की सराहना या निंदा से ज्यादा महत्वपूर्ण यह जानना है कि एक कठोर औपनिवेशिक–सामंती समाज में तमाम अवरोधों के बीच छायावाद किस तरह सामने आया, इसके भीतर से जीवन की वास्तविकताएं किस तरह व्यक्त हुईं और छायावाद क्या कहना चाहता है।

छायावादी लेखक केवल काव्य तक सीमित न थे। उन्होंने कविताओं के अलावा नाटक, कहानियाँ, उपन्यास, निबंध, रेखाचित्र आदि भी लिखे थे। इतनी विधागत विविधता अंग्रेजी के प्रमुख रोमांटिक कवियों में भी नहीं है। छायावाद युग की पृष्ठभूमि में 'गद्य का युग' था, तर्क का युग था। गद्य की विधाएं उत्कर्ष पर थीं। हिंदी समृद्ध हो रही थी। इसके अलावा, छायावादी साहित्य मनुष्य को प्राकृतिक पर्यावरण और अपने देश के साथ संपूर्ण विश्व से प्रेम करना सिखा रहा था। उसकी दृष्टि में प्रेम हमेशा एक बड़ी चीज है, यह मानवीय संवेदना का विस्तार करता है।

छायावादी कवि धर्म–जाति की पहचान से ऊपर उठकर 'मानवीय पहचान' पर जोर देते थे। वे भाषा के स्तर पर आभिजात्य तोड़ नहीं सके, पर उदारवादी कवि–लेखक के रूप में उन्होंने दलित, स्त्री, कृषक जीवन और हर 'लघुता' को अपना विषय बनाया। वे एक बदला विश्व देखना चाहते थे। उल्लेखनीय है कि सभी छायावादी कवि–लेखक एक तरह के नहीं थे और उनके विचार विकसित होते रहे हैं। इसलिए छायावाद के सार को कभी इकहरे और सरलीकृत ढंग से नहीं समझा जा सकता।

रहस्यवाद तक सीमित नहीं है छायावाद

छायावाद को लंबे समय से रहस्यवाद से जोड़कर देखने की प्रवृत्ति रही है। इसकी शुरुआत रामचंद्र शुक्ल ने 'काव्य में रहस्यवाद' लिखकर की थी। छायावाद के पुनर्मूल्यांकन के मार्ग में सबसे बड़ी बाधा उसे रहस्यवाद के रूप में देखना है। खुद छायावादी कवियों ने रवींद्रनाथ के प्रभाव में एक समय यह भ्रम फैलाया था। प्रसाद ने छायावाद को 'रहस्यवाद की सौंदर्यमयी अभिव्यंजना' कहा था, हालांकि उन्होंने इसे 'युग की वेदना' से भी जोड़ा। उन्होंने स्पष्ट कर दिया कि छायावाद में अपरोक्ष अनुभूति, समरसता के विचार तथा प्राकृतिक सौंदर्य वस्तुतः अहं का इदं से समन्वय के सुंदर प्रयत्न हैं (रहस्यवाद)।

रामचंद्र शुक्ल की छायावाद के बारे में मुख्य समझ यह है, 'छायावाद का चलन द्विवेदी काल की रूखी इतिवृत्तात्मकता की प्रतिक्रिया में हुआ था।' यही वजह है कि छायावाद को एक बड़े परिप्रेक्ष्य में न देखकर उसपर 'सुसंगत और नूतन भावना का अभाव', 'सच्चाई का अभाव', 'वैचित्र्य का लोभ', 'कृत्रिमता' आदि के आरोप मढ़े गए। उसे रहस्यवादी भटकाव घोषित किया गया, हालांकि 'काव्य में रहस्यवाद' निबंध लिखने का कारण बताते हुए आचार्य शुक्ल ने कहा है, 'विलायत की अंधाधुंध नकल से घबराकर ही यह सारा निबंध लिखा गया है।' यहां 'घबराकर' शब्द पर ध्यान देने की जरूरत है।

निराला ने भी एक समय छायावाद और रहस्यवाद को एक बताते हुए 'मतवाला' के 'चाबुक' स्तंभ में रामचंद्र शुक्ल का जवाब दिया था, 'रामचंद्र शुक्ल की 'काव्य में रहस्यवाद' पुस्तक उनकी आलोचना से पहले उनके हठ, मिथ्याभिमान, गुरुडम तथा रहस्यवादी या छायावादी कवि कहलाने वालों के प्रति उनकी अपार घृणा को सूचित करती है। ऐसे दुर्वासा समालोचक कभी भी किसी कृति शकुंतला का कुछ बिगाड़ नहीं सके, अपने शाप से उसे और चमका दिया।' एक समय तक निराला खुद मानकर चल रहे थे कि छायावाद और रहस्यवाद एक हैं।

उन्होंने छायावाद-विरोधियों को 'साहित्य की नवीन प्रगति पर' लिखकर जवाब दिया था। इसमें वे रोमांटिसिज्म का समर्थन करते हुए इसकी केंद्रीय विषयवस्तु प्रेम के संबंध में कहते हैं, 'प्रेम ही यथार्थ ईश्वर है'। वे स्पष्ट करते हैं, 'मेरी दृष्टि में रहस्यवाद एक अच्छी कविता, मनुष्य मन की उत्तम कृति के

सिवा कुछ नहीं। ...रहस्यवाद का रहस्य समझ लेने पर फिर वह रहस्य नहीं रह जाता, सत्य के रूप में वहां एक अच्छी कविता ही रहती है।' निराला यहां किसी आध्यात्मिक शरण में जाने की जगह काव्यमयता पर ध्यान देने का आग्रह करते हैं।

छायावाद के बारे में कहा जा सकता है कि जिस तरह कबीर में आध्यात्मिकता के अलावा बहुत कुछ है, उसी तरह छायावाद में भी आध्यात्मिकता के अलावा ऐसा बहुत कुछ है जो लौकिक, राष्ट्रीय और मानवीय है और निश्चय ही इसके आध्यात्मिक आभासों में भी जीवन के लिए संदेश है। दूसरे, छायावादी साहित्य के एक छोटे हिस्से में मौजूद रहस्यमयता को पारंपरिक अर्थ में न लेते हुए उसे अभिव्यक्ति की एक शैली कहा जा सकता है।

रहस्यवाद वस्तुत: इतिहास से कालातीत में छलांग है। यदि छायावाद का संबंध इतिहास से है, जैसा कि 'स्कंदगुप्त', 'चंद्रगुप्त' (प्रसाद), 'तुलसीदास', 'कुल्ली भाट', 'बिल्लेसुर बकरिहा' (निराला) जैसे चरित्रों से स्पष्ट है और यदि छायावाद का संबंध उस समय के जन आंदोलनों से भी है तो उसे रहस्यवाद में सीमित करके नहीं देखा जा सकता।

रहस्यवाद के बारे में एक धारणा यह है कि इसने पाखंड और भेदभाव से भरे कठोर धार्मिक माहौल में हमेशा प्रेम का संदेश दिया है। इसने कठिन समय में लोगों के अंत:करण के उच्च ईश्वरीय भावों को बुझने नहीं दिया। प्रसाद का कथन है, 'मानव ईश्वर से भिन्न नहीं है।' (काव्य और कला तथा अन्य निबंध)। इस तरह छायावाद में रहस्यवाद की एक लोकभूमि है।

रहस्यवाद के पक्ष में एक महत्वपूर्ण तथ्य है, इसने इतिहास के कई अवसरों पर क्रूर सत्ताओं को निर्भय होकर चुनौती दी, जो सूफी और संत साहित्य से स्पष्ट है। उसकी सबके प्रति प्रेम से भरी आध्यात्मिक अनुभूति में धुंधलापन भले हो, वह हर युग में उच्च मूल्यों की खोज रहा है। उपनिषद रचने वाले ऋषि हों, कबीर, रवींद्रनाथ या महादेवी हों– ऐसे सभी व्यक्ति दुनिया से भागने वाले नहीं थे, बल्कि वे इसे भीतर से बदलने की उद्दाम लालसा रखने वाले, भेदभावों से ऊपर उठे हुए, कलाप्रेमी और भावप्रवण विद्रोही थे। उन्होंने अपने समय के सत्ता विमर्शों को चुनौती देते हुए अपनी उदार भावनाओं को कहने का जोखिम उठाया।

छायावाद में रहस्य भावना अमूर्त्त जिज्ञासा न होकर ऐसे मानवीय जीवन की कामना है जो वर्चस्व और बंधनों से मुक्त हो। वर्तमान दुनिया असह्य है, एक

नया विश्व चाहिए। वर्तमान विश्व में बंधन हैं, सरहदें हैं, प्रभुत्व और वंचनाएं हैं, भेदभाव हैं। इसलिए एक नई दुनिया चाहिए, 'जहां सपने हों पहरेदार/ अनोखा एक नया संसार' (महादेवी)। ऐसा विश्व बन नहीं पा रहा है। इसलिए वेदना है, उदासी है, विलगाव की चीख है, पर एक नई दुनिया की आकांक्षा भी है।

छायावाद का आगमन 'दर्पण' की जगह 'आलोक' के रूप में हुआ था जो विश्व की नई संभावनाओं को और अंधेरे में दबी चीजों को उजागर करने के लिए था। दर्पण संभावनाओं को उजागर नहीं करता। रोमांटिकों के पास एक खास कला थी जो परिचित चीजों के बीच से एक बिलकुल अपरिचित, अनोखे और आत्मीय लगने वाले सौंदर्य संसार को दिखा देती थी। सृष्टि के सौंदर्य को आधुनिक जीवन का हिस्सा होना चाहिए, पर किसी क्रूरता या विषमता की वजह से ऐसा नहीं हो पा रहा था। कबीर का एक कथन है, 'नैया बीच नदिया डूबी जाए'!

निराला विलियम ब्लैक की एक कविता का उदाहरण देते हैं, 'संसार है देखो बालू के एक दाने में/और समूचा स्वर्ग एक जंगली फूल में/हथेली पर है अनंत/और कालातीत है एक छोटे से काल में!'

कविताओं में बिलकुल संभव है कि एक नाव में पूरी नदी हो, बालू के दाने जैसी एक साधारण चीज में विश्व का सौंदर्य दिख रहा हो, एक जंगली फूल में स्वर्ग का सौंदर्य उतर आए, कोई समूचे संसार के दुख-दर्द को ऐसा महसूस करे कि जैसे यह उसकी हथेली पर रखी चीज है और एक छोटे से कालखंड में भी कालातीत का अनुभव करना संभव है। इसी तर्ज पर शंख में समुद्र की और आंख में नीले आसमान की खोज होती है। ऐसी चीजों को समझने के लिए रचनाकारों में जिस तरह विधायक कल्पना होती है, उसी तरह पाठक-श्रोता में ग्राहक कल्पना शक्ति होनी चाहिए।

प्रसाद की इन अर्थधूसर पंक्तियों में भौतिकवादी युग के सभ्यतागत विध्वंस से छायावाद की टक्कर लक्षित की जा सकती है :

चढ़कर मेरे जीवन रथ पर
प्रलय चल रहा अपने पथ पर
मैंने निज दुर्बल पद-बल पर
उससे हारी-होड़ लगाई।
आह वेदना मिली विदाई।

इसका अभिप्राय है, हारने की स्थिति होने पर भी संघर्ष से पीछे नहीं हटना मनुष्य होने का लक्षण है। कठिन परिस्थितियों का मुकाबला करना मानव प्रकृति का एक प्रमुख गुण है।

छायावाद को रहस्यवाद बताना धान के खेत को धतूरा कहना है। इस साहित्यिक धारा की कृतियों में कहीं-कहीं विरोधाभास कुछ और नहीं बल्कि कलहपूर्ण विश्व में मनुष्य-मनुष्य के बीच प्रेम की संभावनाओं की खोज है। संगीत शोर में बदल जाए, तब भी शोर में संगीत की वापसी की आशा बहुतों में होती है। गौर किया जा सकता है, छायावादी या रोमांटिक साहित्य में 'दर्पण' में देखने की जगह 'आलोक' में देखने पर जो बल है, वह यथार्थ का अतिक्रमण करके शोर में संगीत की संभावनाएं खोजने के कारण है।

छायावादी कवियों के लिए अपने अनुभव का संसार बहुत महत्वपूर्ण है, हालांकि वे कल्पना करते हैं, स्वप्न देखते हैं। वे अनुभव का अतिक्रमण करते हैं, क्योंकि यथार्थ के पार भी देखना चाहते हैं। छायावादी साहित्य बताता है कि कल्पना किस तरह मनुष्य की एक विस्मयकारी रचनात्मक ताकत है। इसका वही महत्व है, जो व्यक्तिगत स्वतंत्रता का है। आखिरकार कल्पना वह जमीन है जहां मनुष्य अपनी सीमाओं, बंधनों और तुच्छताओं के बाहर देख पाता है और कुछ सोच पाता है।

छायावादी इतिहास दृष्टि

छायावाद एक खास ऐतिहासिक दौर की सांस्कृतिक और राजनीतिक उथल-पुथल की देन है। इस युग में इतिहास की अवधारणा वंश विवरण से हटकर खोजे गए तथ्यों और प्रश्नों की तरफ मुड़ गई थी, लेकिन वह औपनिवेशिक तोड़फोड़ से मुक्त नहीं थी। 'ओरियंटलिज्म' भारतीय इतिहास लेखन पर हावी था। छायावाद ने औपनिवेशिक इतिहासवाद को नहीं माना, क्योंकि वह आलोक से ज्यादा अंधकारपात कर रहा था। छायावाद ने एक ऐसे इतिहास दर्शन की ओर संकेत किया, जिसमें वैयक्तिक भावनाओं, स्मृतियों तथा समाजों-राष्ट्रों-सभ्यताओं के साझा आंगिक विकास की झलकियां हैं। औपनिवेशिक इतिहासलेखन के कुछ उदाहरण जेम्स मिल, एल्फिंस्टोन, विंसेंट स्मिथ आदि के इतिहास ग्रंथों के हैं। जेम्स मिल ने भारत के इतिहास को हिंदू, मुस्लिम और ब्रिटिश काल में विभाजित किया था। इन्होंने स्वाभाविक कारणों

से इस देश के अतीत की उपलब्धियों की उपेक्षा की, समाज को 'परिवर्तनविहीन' कहा, सभी राजाओं को निरंकुश बताया और ब्रिटिश शासन को 'सभ्यता के मिशन' के रूप में देखा। उपनिवेशक 'हिंदू इंडिया' और 'मुस्लिम इंडिया' की अवधारणा के प्रचारक थे। वे राष्ट्रीय एकता की संभावना से ही इंकार करते थे और इस देश को 'काठ के टुकड़ों के बंडल' के रूप में देखते थे।

उपनिवेशक भारत का अतीत खोजने की जगह उसे निर्मित कर रहे थे। इसे 'ओरियंटलिज्म' कहा जाता है। छायावादियों ने इसका विरोध किया। अंग्रेज आर्य आक्रमण और आर्य-द्रविड़ संघर्ष जैसी राष्ट्रीय स्मृतियों का निर्माण कर रहे थे और इन्हें दक्षिण भारतीय मानस में बसा रहे थे। वे ब्राह्मण-बौद्ध संघर्ष, वर्ण व्यवस्था-आधारित समाज में ब्राह्मणों के अत्याचार, मुस्लिमों के अत्याचार तथा उनके मंदिर तोड़ने जैसी 'भिन्नता' पैदा करने वाली घटनाओं को ही भारत के इतिहास की प्रमुख घटनाओं के रूप में उपस्थित करते थे। औपनिवेशिक इतिहास दृष्टि का प्रमुख तत्व 'भिन्नता' है जो पिछले लगभग चार दशकों में फिर लोकप्रिय है और अतीत पर कब्जे की दृष्टि से लिखे जा रहे 'लोकप्रियतावादी इतिहास' की प्रमुख आधारशिला है। रोमांटिक विचारधारा से जुड़े, देश के कवि-लेखकों ने भिन्नता को उभारने की औपनिवेशिक इतिहास दृष्टि की उपेक्षा की।

छायावाद इतिहास की औपनिवेशिक तोड़फोड़ के विरोध में है। रोमांटिक इतिहास दृष्टि ने कोई स्वतंत्र इतिहास-ग्रंथ नहीं दिया, पर वह जवाहरलाल नेहरू के 'डिस्कवरी ऑफ इंडिया' जैसे ग्रंथों की प्रेरणा बनी। इनमें राष्ट्रीय भावना और विश्वमानवता का परिप्रेक्ष्य दोनों प्रमुख रूप से हैं।

छायावादी साहित्यकारों में प्रसाद ने इतिहासबोध की जरूरत सबसे अधिक महसूस की है। उन्होंने 'चंद्रगुप्त', 'स्कंदगुप्त', 'ध्रुवस्वामिनी' जैसे ऐतिहासिक नाटकों की रचना की। वे अपनी एक कविता 'ओ री मानस की गहराई' में एक खास संकेत देते हैं, 'नाविक अतीत की उतराई'। नाविक ऐसे इतिहास में ले जाता है जो वस्तुतः स्मृतियों से परिपूर्ण मानस की गहराई में है। वे आगे कहते हैं, 'यह विश्व बना है परछाईं', अर्थात इन स्मृतियों में सरहदें नहीं हैं। प्रसाद कामना करते हैं, इस विश्व में 'हँस बिखरें मधु मरंद के कन/ बनकर संसृति के नव श्रम कन'। इस मंजिल तक पहुंचने के लिए नाविक को 'उतराई' देनी होगी, अर्थात नए इतिहास की रचना के लिए कीमत चुकानी होगी। रोमांटिक इतिहास दृष्टि में अधूरे ऐतिहासिक तथ्यों से अधिक महत्व स्मृतियों का है। इन

चीजों को ध्यान में रखकर 'ले चल मुझे भुलावा देकर' कविता पढ़ी जाए तो इस कविता का एक नया अर्थ खुलेगा। यह छायावादी इतिहास दृष्टि को उद्घाटित करेगा, जो स्मृतियों को ज्यादा महत्व देती है।

प्रसाद इतिहास में कहां ले जाना चाहते हैं? उनके लिए इतिहास राज सत्ताओं के युद्ध और घृणा के विवरणों से एक भिन्न मामला है। उनकी दृष्टि में प्रेम, स्वतंत्रता और सामंजस्य का सांस्कृतिक इतिहास ही भारत का सच्चा इतिहास है। इसका संबंध सुंदर भावनाओं से है, 'वे कुछ दिन कितने सुंदर थे'! वे वस्तुतः बताना चाहते थे कि क्या याद करना चाहिए और क्या याद नहीं करना चाहिए। वे इतिहास को सत्ता विमर्श से एक भिन्न मामला मानते थे।

जर्मन इतिहासकार जोहान हर्डर (1744-1803) का मत था कि इतिहास को देश-काल और सांस्कृतिक समन्वय की दृष्टि से देखा जाना चाहिए और किसी भी इतिहास को औपनिवेशिक दृष्टि से निम्न नहीं समझा जाना चाहिए। हर्डर की रोमांटिक इतिहास दृष्टि में मनुष्यजाति की सामूहिक प्रगति पर बल है और इतिहास लेखन की एकरेखीय कठोरता की आलोचना है। हर्डर अपना जर्मन रोमांटिसिज्म तब प्रस्तावित कर रहे थे, जब जर्मनी बुरी आर्थिक दशा में थी और राजनीतिक तौर पर बिखरी हुई थी। वह यूरोप का अकेला बड़ा देश है, जो उपनिवेशक न बन सका। हर्डर ने भारत की सभ्यता को निष्कलंक शिशुता से जोड़ा था। जर्मनी को हर्डर के जर्मन रोमांटिसिज्म की जरूरत थी और हीगेल के द्वंद्वात्मक आदर्शवाद की भी, ताकि वह राजनीतिक तौर पर एक हो सके और मानवता के उच्च पथ पर बढ़ सके। छायावाद युग में भारत हर्डर और हीगेल की जर्मनी की तरह ही कलह से भरा और बिखरा हुआ था, हालांकि स्वतंत्रता की आवाजें उठ रही थीं।

यूरोप के कई देशों में फ्रांसीसी लोकतांत्रिक क्रांति (1789) की उपलब्धियां— बंधुत्व, स्वाधीनता और समानता जब यथार्थ बन रही थीं, गृह कलह से जर्जरित जर्मनी में वे आदर्श भर थीं। वे हीगेल के आदर्शवाद का अंग थीं। छायावाद की तुलना बहुत कुछ हीगेल के आदर्शवाद से की जा सकती है, क्योंकि बंधुत्व, स्वाधीनता और समानता पराधीन भारत में अभी स्वप्न थे।

इस आलोक में 'ले चल मुझे भुलावा देकर' कविता को पढ़ा जाए तो यह भारत के सांस्कृतिक मानस में यात्रा करते हुए प्रेम, स्वतंत्रता और सामंजस्य की कथा सुनाती हुई दिखेगी। प्रसाद नाविक को भुलावा देकर ले जाने के लिए

इसलिए कहते हैं कि उस युग के धर्म, बाजार और राजनीति में मिथ्या अंतर्विरोध छाए हुए थे। हर तरफ लोभ था, कोलाहल था जहां से प्रेम के आलोकमय संगीत की ओर बढ़ना था :

जिस निर्जन में सागर लहरी
अंबर के कानों में गहरी
निश्छल प्रेम कथा कहती है
तज कोलाहल की अवनी रे।
जहां सांझ सी जीवन छाया
ढीले अपनी कोमल काया
नील नयन से ढुलकाती हो
ताराओं की पांति घनी रे।...
अमर जागरण उषा नयन से
बिखराती हो ज्योति घनी रे।

प्रसाद सांझ–से जीवन की कल्पना करते हैं, जब न सुख की तेज दोपहर हो और न दुख की अंधेरी रात हो। उनके शब्दों का अभिप्राय समझने के लिए देखना होगा कि वे अपनी भाषा में प्रतीकों और संकेतों का किस तरह निर्माण करते हैं। प्रसाद बड़ी सहजता से विराट आकाश को नीली आंख बना लेते हैं। वे ताराओं की घनी पांति और घनी ज्योति की बात करते हैं ताकि केवल एक व्यक्ति नहीं, दो–चार व्यक्ति नहीं बल्कि संपूर्ण मनुष्यजाति आलोकित हो। यह कविता एक 'अमर जागरण' की कल्पना है, अर्थात जनजागरण एक न थमने वाला अनंत सिलसिला है और स्वतंत्रता के लिए संघर्ष का कोई अंतिम बिंदु नहीं है!

छायावादी कवियों के गद्य से गुजरे बिना छायावाद को समझा नहीं जा सकता। उनके काव्य में राग की प्रधानता है तो गद्य में क्षोभ की प्रधानता है। वे उदात्त नूतनता से राग स्थापित करते हैं तो जीर्ण पुरातनता के प्रति क्षोभ व्यक्त करते हैं।

प्रसाद ने जो ऐतिहासिक नाटक लिखे हैं उनमें राष्ट्रीय जागरण के साथ एक उदात्त विश्व भावना भी है, अर्थात इतिहास वस्तुतः स्वतंत्रता की एक वैश्विक आवाज है। इन नाटकों से राष्ट्र की उदारवादी धारणा झलकती है और छायावादी लेखकों का देश के गौरवशाली अतीत से लगाव प्रतिध्वनित होता

है। ब्रिटिश उपनिवेशवाद के दौर में यह स्वाभाविक है।

राष्ट्रवाद के तीन रूप हैं- अंध-राष्ट्रवाद, खंडित राष्ट्रवाद और समावेशी राष्ट्रवाद। अंध और खंडित राष्ट्रवाद बहिष्कारपरक है। दोनों 'हम-वे', 'भीतरी-बाहरी' के आधार पर घृणा निर्मित करते हैं, शत्रुता फैलाते हैं। इस तरह वे लोकबुद्धि के नहीं स्वेच्छाचारी सत्ता के हथियार बनते हैं। 20वीं सदी के आरंभिक दशकों में समावेशी राष्ट्रवाद की एक धारणा बनने ही नहीं राष्ट्रीय आंदोलनों के उभार के दौर में जनप्रिय भी होने लगी थी, हालांकि उसे बहुतरफा टकराव से गुजरना पड़ रहा था। उसका एक टकराव 'एक भाषा-एक संस्कृति-एक राष्ट्र' की यूरोपीय अवधारणा से था।

प्रसाद समावेशी मानवीय राष्ट्रवाद के पक्षधर थे, हालांकि अंध-राष्ट्रवाद के स्वर उनके युग में हिंदू और मुस्लिम कट्टरवाद के रूप में मौजूद थे। उन्होंने इतिहास से जो चरित्र लिए, उन्हें छायावादी दृष्टि से जोड़ा। स्पष्ट है कि छायावादी साहित्यकारों ने एक वि-उपनिवेशित स्वच्छंद इतिहास दृष्टि की जरूरत महसूस की।

यह ध्यान में रखना चाहिए कि छायावादी लेखक अंतरराष्ट्रीयतावादी होते हुए भी रवींद्रनाथ जैसे नहीं हैं कि राष्ट्रीय आंदोलनों से बिलकुल अप्रभावित हों। उस दौर में अंतरराष्ट्रीयतावाद के विभिन्न कोणों से राष्ट्रीय जागरण पर संदेह व्यक्त किया जा रहा था। समावेशी राष्ट्रवाद का मार्ग देश की भाषिक-सांस्कृतिक विविधता के बीच कठिन था।

प्रसाद के ऐतिहासिक नाटकों में इतिहास राष्ट्रीय स्मृति का ऐसा द्वार है जो उदार और लोकतांत्रिक भावनाओं की तरफ खुलता है। उनमें राष्ट्रीय स्मृतियों का उपयोग विद्वेषपूर्ण विभाजन के लिए न होकर राष्ट्रीय एकता और मानवीय आदर्शों के उत्थान के लिए है। प्रसाद के नाटक अतीत के पुनरुत्पादन की जगह उसके कल्पनाशील पुन:सृजन हैं जो उनके समय की चिंताओं और संकल्पों को व्यक्त करते हैं।

'विशाख' में न्यायविमुख राजसत्ता और दृष्टिविहीन धर्मसत्ता दोनों का विरोध करके प्रसाद अपना राष्ट्रीय रुझान स्पष्ट कर देते हैं। नाटक में राजा जनता का अभियुक्त है। प्रेमानंद राजशक्ति को सचेत करते हुए कहता है, 'सत्ता का अपव्यय मत करो'। एक स्त्री पात्र कहती है, 'अन्याय का राज्य बालू की भीत है।' 'अजातशत्रु' नाटक में पद्मावती छलना से पूछती है, 'क्या कठोर और क्रूर

हाथों से राज्य सुशासित होता है?' ऐसे कथन अंग्रेजी शासन के चरित्र को प्रतिबिंबित करते हुए स्वतंत्रता की लोकतांत्रिक जनाकांक्षाओं को भी व्यक्त कर देते हैं।

प्रसाद ने अन्य छायावादी लेखकों की तुलना में इतिहास का ज्यादा साहित्यिक उपयोग किया। उनकी अतीत में रुचि को पुनरुत्थानवाद नहीं कहा जा सकता। वह उपनिवेशवाद से मुठभेड़ की एक विशिष्ट राष्ट्रीय मनोभूमि की देन है। उन्होंने जो ऐतिहासिक नाटक लिखे, उनमें प्राचीन ऐतिहासिक तथ्य की जगह कल्पना की प्रधानता है। उन्होंने 'प्रख्यात' को चुनकर भी युगानुरूप नई उद्भावनाएं कीं। यही वजह है कि वे ढांचे से ऐतिहासिक हैं और अंतर्वस्तु से जातीय आधुनिकताबोध के वाहक। प्रसाद 'विशाख' नाटक की भूमिका में लिखते हैं, 'मेरी इच्छा भारतीय इतिहास के अप्रकाशित अंश में से उन प्राचीन घटनाओं का दिग्दर्शन कराने की है जिन्होंने वर्तमान स्थितियों को बनाने का बहुत कुछ प्रयत्न किया है।' वे अतीत से केवल युगानुसार प्रसंग चुनते हैं। गौर करने की चीज है, वे भारतीय अतीत की स्वार्थलिप्सा, भोगवाद, भेदभाव और क्रूरता की घटनाओं पर आपत्ति व्यक्त करते हैं। इस तरह वे राष्ट्रवाद का एक गैर-यूरोपीय और भारतीय संस्करण तैयार करने की कोशिश करते हैं।

छायावादी साहित्य की एक बड़ी भूमिका अपने देश के लोगों को अधिकाधिक कल्पनाशील बनाने की है। इसने एक समय लोगों के मन से अंग्रेजी राज का भय निकाला था। उसका लक्ष्य स्वतंत्रता का भाव पैदा करना था। छायावाद को साहसिकता में सौंदर्य देखने के लिए भी याद करना चाहिए जो 'स्कंदगुप्त' में है, 'चंद्रगुप्त' और 'ध्रुवस्वामिनी' में भी।

प्रसाद अपने कथा साहित्य के जरिए यदि सामाजिक खाइयों पर चिंता व्यक्त करते हैं तो अपने ऐतिहासिक नाटकों के जरिए अंग्रेजी राज के जुल्मों को अनावृत्त करते हैं। वे अतीतजीवी न थे। वे वर्तमान को ही इतिहासबोध-संपन्न कल्पना की भूमि पर व्यक्त कर रहे थे। वे गांधी युग के औपनिवेशिक-सामंती अत्याचारों के विरुद्ध जन्मे जनविक्षोभ को व्यक्त कर रहे थे। वे यौवन के विद्रोह के चित्र दे रहे थे। प्रसाद 'लहर' कविता संग्रह में कह रहे थे, 'आह रे वह अधीर यौवन/ अरे अभिलाषा के यौवन।' उनके नाटकों के युवा चरित्र स्कंदगुप्त और ध्रुवस्वामिनी ऐसे ही अधीर यौवन हैं। प्रसाद ने अपने साहित्य में अपने युग की इच्छाओं को मौन से बाहर निकाला।

प्रसाद का 'जनमेजय का नागयज्ञ' इतिहास की जगह पौराणिक कथा पर आधारित है। इसमें उन्होंने घृणा से दबाई गई नाग जाति के आक्रोश के जरिए अपने युग के राष्ट्रीय जन आक्रोश को प्रतिबिंबित किया है। 'ध्रुवस्वामिनी' में स्त्री स्वाधीनता का समर्थन करते हुए वे निरंकुश राज्य के अन्याय, उसकी सामंती व्यवस्था को मूर्त करती राजा की विलासिता और स्वार्थांधता के चित्र रखते हैं। इसका अर्थ है, प्रसाद के नाटकों में क्षोभ का प्रेम से कम महत्व नहीं है। निःसंदेह प्रेम के साथ-साथ क्षोभ में भी एक सौंदर्य है, जो निराला के साहित्य में भी प्रचुरता से है।

प्रसाद का सर्वाधिक महत्वपूर्ण नाटक 'स्कंदगुप्त' (1928) है जो प्रथम सत्याग्रह की विफलता के फलस्वरूप देश में छाई निराशा के वातावरण में रचा गया था। राष्ट्रवादी लोगों में बढ़ रही सत्तालोलुपता के कारण सुखवाद की ओर आकर्षण बढ़ रहा था, अंतर्कलह भी कम न था। इसके बावजूद देश धीरे-धीरे फिर गरम होने लगा था। प्रसाद ने उपर्युक्त नाटक की शुरुआत में ही देश के तत्युगीन नेताओं की सत्तालोलुपता पर गहरी चोट की है। स्कंदगुप्त सोचता है, 'अधिकार सुख कितना मादक और सारहीन होता है!'

प्रसाद चाहते हैं कि राष्ट्रनीति क्षुद्रताओं और वाग्जाल से संचालित न हो। वह उच्च दार्शनिकता और कल्पनाशीलता से समन्वित हो। प्रसाद के युग का यथार्थ इसके विपरीत था। वे राजनीति को रोमांटिक आदर्शवादी दृष्टिकोण से देख रहे थे। उनका नायक स्कंदगुप्त विदेशी शक्तियों से राज्य की रक्षा में लगा रहता है, पर अपने राज्याधिकार से उदासीन है। वह अपने विरुद्ध चल रहे षड्यंत्र की परवाह नहीं करता, बिना स्वार्थ अपना कर्तव्य करता है। इस नाटक में एक कर्तव्यरत इतिहास-नायक के अकेलेपन और वेदना की अभिव्यक्ति है। यह प्रसाद युग के स्वतंत्रता सेनानियों के अकेलेपन और वेदना की अभिव्यक्ति भी हो सकती है।

'स्कंदगुप्त' के दो स्त्री चरित्र विजया और देवसेना वस्तुतः सौंदर्य की पश्चिमी भौतिकवादी और भारतीय आदर्शवादी दो भिन्न दृष्टियों का प्रतिनिधित्व करती हैं। विजया रूप, वैभव और कृत्रिमता में सौंदर्य देखती है जबकि देवसेना सादे जीवन, मानवीय मूल्यों और संगीत से प्रेम में। विजया में 'कामायनी' की इड़ा का पूर्वरूप है तो देवसेना में श्रद्धा का!

'स्कंदगुप्त' नाटक में युद्ध बनाम शांति, उपयोगितावाद बनाम मानवतावाद,

छल-कपट बनाम सच्चा प्रेम जैसे टकराव हैं। प्रसाद अपने युग के स्वार्थपरता और कलह के वातावरण में अतीत का गौरव गाते हैं, जिसमें कहीं-कहीं पुनरुत्थानवाद के तत्व हैं। खासकर उनके नाटक 'स्कंदगुप्त' का गीत 'जगे हम, लगे जगाने विश्व-लोक में फैला फिर आलोक' जैसे कथन में पुनरुत्थानवादी दंभ है, पर इसे अंग्रेजी राज में पराधीनता और गरीबी के कारण छाए शोक का एक उत्प्रेरक प्रति-ध्रुव कहा जा सकता है।

प्रसाद बुनियादी रूप से पुनरुत्थानवादी न थे। वे न उग्र-राष्ट्रवाद के प्रवाह में अतीत की वापसी चाहते हैं और न आधुनिक विकास और बुद्धि के विरोधी हैं। उन्हें अतीत आकर्षित करता है जो औपनिवेशिक दमन के दौर में राष्ट्रीय जागरण का एक स्वाभाविक तत्व है। भारत में रोमांटिसिज्म की विचारधारा एक और काम कर रही थी। वह मानव जीवन को 'बिजनेस' का पर्याय बना देने, धन-दौलत के अधीन कर देने और अति-भौतिकवाद के विरोध में थी।

'स्कंदगुप्त' नाटक में सर्वत्र वेदना है। जीवन का संगीत बिखर गया है, मानो हर कोई हार्मोनियम का अपना पसंदीदा एक ही रीड दबा कर बैठ गया हो और हर तरफ बेसुरापन हो! ऐसे दौर में देवसेना एक संगीत प्रेमी के रूप में सामने आती है।

'कामायनी' में श्रद्धा को श्रेष्ठ कलाओं से प्रेम था, पर मनु को इन चीजों से मतलब न था। छायावाद कलाओं से प्रेम का भी आंदोलन था, क्योंकि छायावादी कवियों को जीवन से प्रेम था। देवसेना स्कंदगुप्त से प्रेम करती है, स्कंदगुप्त भी उससे प्रेम करता है। वह जानती है कि यह एक कभी पूरा न होने वाला स्वप्न है। प्रसाद ने प्रेम के ऐसे ही रहस्यों के बीच लिखा होगा, 'पागल रे वह मिलता है कब/ उसको तो देते ही हैं सब'! छायावाद युग के सुधार आंदोलनों और राष्ट्रीय स्वतंत्रता संग्राम में सक्रिय न जाने कितने व्यक्ति अविवाहित रह गए थे। कर्तव्य ने उनके प्रेम को भावना की जमीन तक सीमित कर रखा था। यह सब आज के स्मार्ट लोग नहीं समझ पाएंगे!

स्कंदगुप्त एक ट्रैजिक रोमांटिक हीरो है जो अशांति में जीता है। वह इच्छाहीन हो जाता है। दूसरी तरफ, अकेली देवसेना के लिए संगीत ही उसका सबकुछ है- 'सर्वात्मा के स्वर में, आत्मसमर्पण के प्रत्येक ताल में अपने विशिष्ट व्यक्तिवाद का विस्मृत हो जाना एक मनोहर संगीत है।' प्रसाद इस नाटक में कहते हैं, 'विश्व प्रेम, सर्वभूत-हित कामना परम धर्म है।'

'स्कंदगुप्त' में अंध-राष्ट्रवाद के समानांतर एक सच्चे विश्व प्रेम का आह्वान है। इसमें भारत के स्वभाव का एक सुंदर चित्र है, 'भारत समग्र विश्व का है, और संपूर्ण वसुंधरा इसके प्रेमपाश में आबद्ध है।' नाटक का बौद्ध चरित्र प्रख्यातकीर्ति एक हिंदू कट्टरवादी से कहता है, 'धर्म के अंधभक्तो! मनुष्य अपूर्ण है। इसलिए सत्य का विकास जो उसके द्वारा होता है, अपूर्ण होता है। यही विकास का रहस्य है।' प्रसाद नाटक में धार्मिक संघर्ष तीव्र करने की जगह उसे रोकते हैं और 'पूर्ण सत्य' जैसी चीज नहीं मानते। ये प्रसंग प्रसाद के साहित्य में पुनरुत्थानवाद को नगण्य बना देते हैं।

'स्कंदगुप्त' नाटक में प्रेम की वैयक्तिक भावनाएं कम महत्वपूर्ण नहीं हैं। वे राष्ट्रीय जागरण में गुंथी हुई हैं। नाटक के अंत में स्कंदगुप्त, देवसेना, विजया सभी प्रेमियों की वेदना एक उज्ज्वल रंग पकड़ती है। विजया का हृदय परिवर्तन होता है। स्कंदगुप्त अपनी नकारात्मक मनोव्यथा से उबरता है। वह अपनी भग्न मनोदशा से मुक्त होकर कहता है, 'इस संसार का कोई उद्देश्य है। इस पृथ्वी को स्वर्ग होना है।' देवसेना कहती है, 'कष्ट हृदय की कसौटी है और तपस्या अग्नि है।' यहां तपस्या का अर्थ है कर्म को चुनना। यह 'पैसिव रोमांटिसिज्म' की जगह 'एक्टिव रोमांटिसिज्म' है। नाटक के चरित्रों की सुखों से उदासीनता का अर्थ जीवन से उदासीनता नहीं है, क्योंकि छायावाद प्राचीन भारतीय आलस्य की जगह कर्मठता और निष्क्रिय वेदना की जगह सकारात्मक वेदना का साहित्य है। इसमें राष्ट्रीय भावना के साथ जो विश्व प्रेम है, वह पुनरुत्थानवाद का स्वतः खंडन है।

प्रसाद ने अपने नाटकों में इतिहास के तथ्य को महत्व देते हुए भी नाटक को केवल तथ्य तक सीमित नहीं रखा, बल्कि उन्होंने कई बार तथ्यों की परवाह नहीं की। 'चंद्रगुप्त' नाटक ही नहीं अपने सभी नाटकों से वे स्पष्ट कर देते हैं कि वे अपने देश को अंग्रेज शासकों से क्यों मुक्त देखना चाहते हैं। गौर करने की चीज है, उन्होंने अपने नाटक के चरित्र प्राचीन इतिहास से उठाए। उन्होंने एक भी चरित्र मुस्लिम शासकों के काल से नहीं चुना। फिर भी उन्होंने इतिहास और कल्पना का मेल न पुनरुत्थानवाद के लिए किया और न कृत्रिम राष्ट्रीय विभाजन पैदा करने के लिए। उनके नाटक राष्ट्रीय मुक्ति, मानवता के प्रसार और विश्व प्रेम के लिए हैं।

'स्कंदगुप्त' और 'ध्रुवस्वामिनी' को छोड़कर सामान्यतः उनके नाटक रंगमंच

पर न आ सके। प्रसाद रंगमंच से विमुख थे, पर साहित्यिक कृतियों के रूप में उनके नाटकों ने छायावाद के विचारों को अच्छी तरह प्रकाशित किया।

छायावाद में प्रेम की महत्ता

प्राचीन काल से महानों की प्रेम कथाएं हैं। आम स्त्री-पुरुष की प्रेमानुभूति और उनकी वेदना की प्रतिष्ठा छायावाद की देन है। इसने प्रेम को अलौकिकता से ही मुक्त नहीं किया, रीतिकालीन सामंती शृंगारिकता की दलदल से भी बाहर निकाला। इस साहित्यिक आंदोलन ने प्रेम को एक सहज और स्वच्छंद जीवनानुभूति के रूप में देखा। स्त्री-पुरुष का प्रेम रोमांटिक साहित्य का एक सार्वभौम विषय है।

प्रसाद और निराला ने सामाजिक रूढ़ियों और बंधनों से विद्रोह करते हुए प्रेम कविताएं लिखीं, जिनसे एक नई परंपरा की शुरुआत हुई। इन कवियों ने प्रेम को जीवन की सृजनात्मक शक्ति माना, बल्कि प्रेम को आत्मा की उज्ज्वलता के रूप में देखा।

छायावाद की प्रेम भावना ने स्त्री को नैसर्गिक ज्योति और भोग की वस्तु दोनों छलावों से मुक्त किया। इसने नारी को नारी के रूप में देखा। पंत ने उसे 'अकेली सुंदरता कल्याणि' कहा था। रोचक तथ्य यह है कि पंत ने अपनी एक कविता में हिंदी क्षेत्र की सामाजिक कठोरताओं के संदर्भ में एक जरूरी सवाल उठाया था, 'क्या मिल न सकेंगे प्राणों से प्रेमार्त प्राण?' उन्होंने अपनी एक अचर्चित कविता 'तुम प्रेम प्रकट करते हो नारी से' में दिखाया है कि 20वीं सदी में भी प्रेम करना कितना कठिन है। समाज के ऐसे निर्मम अंकुश हैं कि व्यक्ति को छिपकर प्रेम करना पड़ता है। छायावाद स्त्री और पुरुष के बीच जातिवाद से ऊपर उठे प्रेम का उत्प्रेरक बनकर आता है, यह उसका साहस है। पंत अपनी उपर्युक्त अचर्चित कविता में समाज को धिक्कारते हैं :

धिक रे मनुष्य, तुम स्वच्छ, स्वस्थ, निश्छल चुंबन
अंकित कर सकते नहीं प्रिया के अधरों पर?
मन में लज्जित, जन से शंकित, चुपके गोपन
तुम प्रेम प्रकट करते हो नारी से, कायर!

छायावाद मध्यवर्ग का अनावश्यक सामाजिक नियमों, जड़ धार्मिक बंधनों और बौद्धिक स्थिरता से मुक्ति के लिए एक उदारवादी साहित्यिक आंदोलन रहा

है। यह कट्टरवादियों को विचलित करता रहा है। निश्चय ही छायावादी आंदोलन कठोर हिंदी क्षेत्र में सामाजिक जड़ें नहीं फैला सका और साहित्यिक स्तर तक रह गया, पर वह एक नया बीज बो गया। छायावादी कवि दमनकारी सामंती व्यवस्था की वकालत न करके उससे विद्रोह करते हैं। मनुष्यजाति के लिए जो कुछ मूल्यवान है, वह समय-समय पर उनके अंत:करण से मधुर ज्वालामुखी की तरह निकला है। छायावाद की हर कविता संवेदनशील हृदय से प्रस्फुटित प्रेम की एक अनंत गूंज है, भले वह एक वेदना या 'ह्यूमन सफरिंग' के रूप में हो।

प्रसाद ने प्रेम को उदात्त धरातल पर देखा था जिसे अशरीरी कहा जा सकता है। रोमांटिक प्रेम अशरीरी प्रेम है, फिर भी पूरी सच्चाई के साथ एक गहन प्रेम है। प्रसाद ने अपनी एक आरंभिक कविता 'प्रेम पथिक' में लिखा है, 'इस पथ का उद्देश्य नहीं है/ श्रांत भवन में टिक रहना/ किंतु पहुंचना उस सीमा पर/ जिसके आगे राह नहीं।'

महादेवी मूक मिलन की बात करती हैं, 'अलि, उस मूक मिलन की बात?/ भरे हुए अब तक फूलों में/ मेरे आंसू उनके हास।' यहां एक सूनापन देता 'पीड़ा का साम्राज्य बस गया।' भारत में प्रेम का अर्थ है 'सफरिंग'!

हमारे देश में सामंती रूढ़ियों खासकर जाति बंधन के कारण प्रेम एक कठिन मामला रहा है, वैसा ही बहुत कुछ आज भी है। स्त्री-पुरुष गैर-बराबरी भी एक समस्या है। छायावाद स्त्री के प्रति परंपरागत दृष्टि बदल रहा था। इसने कई तरह से प्रेम के लिए स्पेस बनाया, हालांकि कठोर यथार्थ के दबाव के कारण वह अंतत: पीड़ा का सहचर बना रह गया। छायावादी साहित्य में प्रेम एक ऐसी पीड़ा है, जो मनुष्य की आत्मा में उज्ज्वलता लाती है। प्रसाद की कविताओं में ही नहीं कहानियों, उपन्यासों और नाटकों में भी प्रेम की अनुभूतियों का प्रमुख स्थान है।

सामान्यत: छायावादी काव्य का निचोड़ वेदना है जो प्रकाश फैलाती है। 'कामायनी' में श्रद्धा प्रेम के आंतरिक तत्वों से परिचय कराती है– 'दया, माया, ममता लो आज, मधुरिमा लो, अगाध विश्वास। हमारा हृदय-रत्न निधि स्वच्छ तुम्हारे लिए खुला है पास'। प्रेम एक अगाध विश्वास के अलावा मधुरिमा और सामाजिक करुणा है। प्रेम का एक अर्थ चित्त का बड़ा होना है।

छायावाद के दौर में दुख ही प्रेम की पहली और अंतिम मंजिल है, जो

सामाजिक कठोरता की ओर संकेत करती है। इसकी छवियां गद्य में भी हैं। निराला की 'जुही की कली' एक प्रेम कविता है। वे अपने जीवन में प्रेम का अभाव इस रूप में सामने लाते हैं :

स्नेह निर्झर बह गया है
रेत ज्यों तन रह गया है
आम की यह डाल जो सूखी दिखी
कह रही है– 'अब यहां पिक या शिखी
नहीं आते, पंक्ति मैं वह हूँ लिखी
नहीं जिसका अर्थ–
जीवन दह गया है

छायावादी लेखक जीवन की समस्याओं का समाधान प्रेम और सौंदर्य में खोजते हैं। वे स्त्री को समानता का दर्जा देते हैं। उनकी दृष्टि से प्रेम व्यक्ति को व्यक्तिवाद से मुक्त करता है, उसे सृजनात्मकता की ओर ले जाता है और उसके अंतर्जगत का सौंदर्यात्मक पुनर्निर्माण करता है। छायावाद का प्रेम स्त्री–पुरुष का मामला होते हुए भी सिर्फ स्त्री–पुरुष तक सीमित नहीं है। वह प्रकृति प्रेम, देश के लोगों से प्रेम और विश्व प्रेम तक विस्तृत है। प्रसाद के शब्दों में प्रेम की आम नियति यह है :

अभिलाषाओं की करवट
फिर सुप्त व्यथा का जगना
सुख का सपना हो जाना
भीगी पलकों का लगना।

उस जमाने के प्रेम की सबसे बड़ी शक्ति पीड़ा थी, आज भले नए–नए कानून बन गए हों। वर्तमान दौर में युवक–युवतियों का प्रेम एक आम घटना है, हालांकि जाति–कठोरता फिर बढ़ी है। दूसरी तरफ, प्रेम का अर्थ अब कई जगहों पर सिकुड़ कर सेलेब्रेशन हो चुका है।

भारत की आत्मा का हाहाकार

छायावादी कवि पश्चिम के कुछ रोमांटिक कवियों की तरह एकांतप्रिय और अंतर्मुखी नहीं थे। प्रसाद ने 'आंसू' में लिखा है, 'इस करुणा कलित हृदय में/ क्यों विकल रागिनी बजती/ क्यों हाहाकार स्वरों में/ वेदना असीम गरजती।'

छायावाद में वेदना ही नहीं, वेदना का गर्जन भी है। यह निजी वेदना नहीं है। यह भारत की आत्मा का हाहाकार है। उल्लेखनीय है कि छायावादी वेदना का हाहाकार सरहदें नहीं बनाता। यह विश्व के दुख को उभारता है। यह एक सृजनात्मक वेदना है जो करुणा में बदल जाता है। करुणा परिवर्तन की एक प्रमुख प्रेरणा है। प्रसाद, निराला, महादेवी ऐसे कवि हैं जो करुणा को चुनते हैं।

कहा जा सकता है कि छायावादी कवियों ने जो कुछ रचा, वह उनकी अप्रत्यक्ष आत्मकथा होते हुए भी संपूर्ण मनुष्यजाति की आत्मा का वृत्तांत है। उसमें स्वप्न और स्वप्नभंग दोनों हैं। उसमें आनंदानुभूति और ट्रैजडी दोनों हैं, दुख में भी आनंद! इसके लिए आत्मा में जोर होना चाहिए।

दुनिया के साहित्य का चिर काल से ही सबसे बड़ा विषय दुख है। छायावाद के केंद्र में दुख है। निराला ने लिखा था, 'दुख ही जीवन की कथा रही'। उन कवियों का दुख जितना निजी था, उससे अधिक जातीय था, समाज का था। उस ज़माने के लोगों में दूसरों के दुख को महसूस करने की क्षमता थी। निराला ने 'अधिवास' में लिखा है, 'देखा दुखी एक निज भाई/ दुख की छाया पड़ी हृदय में मेरे/ झट उमड़ वेदना आई।' यह स्वानुभव से संवेदना की ओर बढ़ना है। अधिक सुख आदमी को अमानवीय बनाता है, दुख मानवीय बनाता है। हम पाते हैं कि छायावाद युग के लोगों का दुख में भी सिर उठा रहता था।

छायावाद की वेदना मानवीय आकांक्षा और कठोर सामंती-औपनिवेशिक यथार्थ के बीच टकराव का नतीजा है। इस युग के कवियों की 'सफरिंग' केवल प्रेम को लेकर नहीं थी, समाज में स्वतंत्रता और सामंजस्य के अभाव की वजह से भी थी। छायावाद के तीन केंद्रीय मूल्य हैं— प्रेम, स्वतंत्रता और सामंजस्य। आज भी देखें तो ये तीनों खतरे में हैं। भूमंडलीकरण, आर्टिफिशियल इंटेलिजेंस और नव-सामंती उभारों के युग में पुराने युगों के उच्च मूल्यों पर संकट लक्षित किया जा सकता है। इन दिनों प्रेम कई बार 'तात्कालिक सेलिब्रेशन' में, स्वतंत्रता लोभ में और सामंजस्य घृणा में बदल जाता है। ये मनुष्यता के शेष दिन लग रहे हैं।

छायावादियों की वेदना 'ह्यूमन सफरिंग' है जो अपने युग सत्य से गहन साझेदारी का नतीजा है, हालांकि छायावादी काव्य में दुख और आनंद दोनों के सौंदर्य बिंब हैं। दुख सामंती प्रथाओं के बंधन, ब्रिटिश शासन में पराधीनता और आततायी आधुनिक परिवेश में विलगाव की वजह से है और यह एक

बड़ा यथार्थ है। छायावादी कवि दुख के तल्ख अनुभवों से गुजरते हुए अभावों और बुराइयों से मुक्ति की आनंददायक कल्पना की ओर भी बढ़ता है। मनुष्य में यह क्षमता है कि वह दुख को जीवन की क्रांतिकारी शक्ति बना ले, सुंदरताओं की कल्पना करे और विपरीत स्थितियों में भी कुछ आदर्शों के साथ जिए।

प्रसाद की 'लहर' में एक कविता है- 'हे सागर संगम अरुण नील'। गंगा सागर में गंगा अरुणिमा से ओतप्रोत है और सागर नीला है। प्रसाद को अरुण (जागरण) और नील रंग (वेदना) बेहद पसंद थे। उन्होंने अपनी कई कविताओं में दोनों रंगों का प्रतीकात्मक इस्तेमाल किया है। कवि को लगता है कि गंगा जब सागर से मिलती है, 'युग-युग की मधुर कामना के/बंधन को देता जहां ढील'। युग-युग की मानवीय इच्छाएं तब अपनी बेड़ियां तोड़ डालती हैं।

अंग्रेजों के राज में छायावादी कवि मानवता को जंजीरों से बंधी देख रहे थे। धर्म, जाति, प्रांतीयता, राष्ट्र आदि अनगिनत बंधन थे। गंगा का सागर में आकर मिलना अपने बंधनों से स्वच्छंद होकर विश्व और सृष्टि की निस्सीमता से जुड़ना है।

समुद्र का कोई एक देश नहीं है। गंगा का सागर से मिलना विश्व चेतना का प्रतीक बनकर आता है। इसे कोई गंगा सागर के तीर्थयात्रियों की तरह मोक्ष की धारणा से जोड़े तो यह कविता के अर्थ का सत्यानाश है। कविता के अंत में प्रसाद गंगा-सागर के संगम में अरुण और नील रंगों की अंतर्क्रीड़ा पर अपनी सौंदर्य दृष्टि केंद्रित कर लेते हैं। 'वेदना में जागरण' का छायावादी तात्पर्य स्पष्ट हो जाता है– 'निस्सीम व्योम तल नील अंक में अरुण ज्योति की झील बनेगी कब सलील/ हे सागर संगम अरुण नील!' कहा जा सकता है कि छायावादी सौंदर्यबोध एक अंतर्मुखी खोज होते हुए भी सामाजिक यथार्थों और लोकमानस के स्वप्नों से तटस्थ नहीं है।

छायावाद उदात्त मानवीय वेदना का संसार है जो तर्ककेंद्रित न होते हुए भी तर्क के विरुद्ध नहीं है। छायावाद को तर्क के विरुद्ध कल्पना की उड़ान मानना सही नहीं है। वह किसी प्राचीन रहस्यवाद की जगह नवजागरण के नजदीक है। मानव प्रगति के लिए कल्पनाशील होना और हमेशा कल्पनाओं के संसार में बसे रहना दो भिन्न चीजें हैं। छायावादी कवियों की आँखों में संपूर्ण मनुष्यजाति के जागरण और उत्थान का स्वप्न था। प्रसाद कहते हैं, 'अब जागो जीवन के प्रभात/वसुधा पर ओस बने बिखरे/हिमकन आँसू जो क्षोभ भरे/ ऊषा बटोरती अरुण गात'! छायावादियों का भारतीय जागरण का स्वप्न वेदना

से भरा था, क्योंकि वह भीषण औपनिवेशिक-सामंती दमन का दौर था।

धर्म और छायावाद

छायावादी साहित्य में आम मध्यवर्गीय नागरिक नायक है, जिसकी रुचि अभी भ्रष्ट नहीं हुई थी। इस साहित्य में 'साधारण की विशिष्टता' का उद्घाटन है। ऐसे सभी चरित्र किसी धर्म से जुड़े होकर भी 'सेकुलर' हैं। छायावाद पर पुनरुत्थानवाद का आरोप लगाया जाता है, जबकि वह नवजागरण युग के धार्मिक सुधारों से प्रभावित रहा है। वह धार्मिक सहिष्णुता का पक्षधर और किसी भी तरह के 'बौद्धिक रेजिमेंटेशन' का विरोधी है। वह उदारवाद से प्रेरित है। पंत सर्वाधिक उग्रता से पुनरुत्थानवाद का विरोध करते हैं, 'उस पुरानी गुदड़ी में असंख्य छिद्र, अपार संकीर्णताएं हैं।' ('पल्लव' की भूमिका)। निराला की 'राम की शक्तिपूजा' का राम एक सेकुलर काव्यात्मक चरित्र है।

प्रसाद ने 'यथार्थवाद और छायावाद' निबंध में लिखा है, 'धार्मिक और सांप्रदायिक परिवर्तन के जो आवरण बन जाते हैं, उन्हें हटाकर अपनी प्राचीन वास्तविकता को खोजने की चेष्टा भी साहित्य में तथ्यवाद की सहायता करती है।' इसका अर्थ है, काशी में रहने वाले जयशंकर प्रसाद तथ्यवाद (यथार्थवाद) को बल प्रदान करने के लिए धार्मिक और सांप्रदायिक आडंबरों से मुक्ति जरूरी मानते हैं। इस उद्देश्य की पूर्ति के लिए प्राचीन पौराणिक और ऐतिहासिक चरित्र आधुनिक परिवर्तनों से गुजरते हैं। इस काम में दर्शन विशेष रूप से सहायक हुए हैं। अतीत से प्रसाद मनु-श्रद्धा को और निराला राम और तुलसीदास को ले आते हैं। हम देख सकते हैं कि ऐसे चरित्र अपने 'धार्मिक सेल्फ' की जगह 'रोमांटिक सेल्फ' लेकर आए हैं। छायावाद ने मनुष्य के ऐसे 'मैं' या 'स्व' की कल्पना की जो किसी संकीर्ण विभाजन से नहीं बना है। उसने वस्तुतः 'फूट डालो-राज करो' की नीति वाले ब्रिटिश उपनिवेशवाद को चुनौती दी है।

आधुनिक दुनिया के सामने प्रश्न रहा है कि विभिन्न धार्मिक विश्वास के लोग कैसे एक साथ शांतिपूर्वक जिएं और विकास करें। विवेकानंद ने 1893 में अमेरिका की धर्म संसद में भाषण देते हुए 'विभिन्न धार्मिक विश्वास के लोगों के बीच भाईचारा' का आदर्शवादी मनोरथ व्यक्त किया था जो बार-बार आहत होते हुए भी साहित्य में व्यक्त होता रहा है। यह प्रसाद के 'कंकाल' और 'तितली' उपन्यासों और निराला के 'कुल्ली भाट' और 'कुकुरमुत्ता'

कृतियों में देखा जा सकता है। यह धर्म के प्रति आदर्शवादी दृष्टिकोण है कि 'ईश्वर एक है' या 'सत्य ही ईश्वर है'। छायावाद में ये चीजें प्रतिबिंबित हुईं। उसने यह संदेश दिया कि सभी धर्मों का सम्मान करो।

प्रेमचंद की तरह प्रसाद भी धार्मिक जड़ता और धन की वीभत्स लीला से परिचित थे। वे जीवन के मूल्यों में उत्थान चाहते थे। उनकी ब्रजभाषा में लिखी गई एक आरंभिक कविता की पंक्तियां हैं, 'ऐसो ब्रह्म लेइ का करिहैं/ जो नहीं करत, सुनत नहीं जो कछु, जो जनपीर न हरिहैं।' और 'छिपि के झगड़ा क्यों फैलायो?/मंदिर मसजिद गिरजा सबमें खोजत, सब भरमायो।' (चित्राधार)। ये प्रसाद की अनोखी पंक्तियाँ हैं!

छायावादी कवियों के पास एक उदात्त भविष्य दृष्टि है। वे अतीत की धार्मिक रूढ़ियों, बाह्याडंबरों और हर 'जीर्ण-शीर्ण' के विरोध में खड़े होकर नव-मानवता का संदेश दे रहे थे। वे कह रहे थे, 'नष्ट भ्रष्ट हो जीर्ण पुरातन', ताकि 'हो पल्लवित नवल मानवपन'(पंत)! वर्तमान युग में जीर्ण-शीर्ण विचार फिर से लोगों के जीवन के अंग हैं, लोग बाहर से जितने आधुनिक दिखें।

छायावादी साहित्य में अतीत के प्रति रोमांटिक रुझान मिलना स्वाभाविक है, लेकिन उसमें धार्मिक भावावेग नहीं मिलेगा। उसमें आध्यात्मिक क्रांति जैसी धारणा भी नहीं है। छायावादी कवियों ने अंधानुकरण का हमेशा विरोध किया और भावनात्मक नवोन्मेष चाहा। उस दौर में धार्मिक पूर्वग्रह के स्थान पर 'नागरिक समाज' की धारणा आकार ले रही थी। कई लोग अब अपने को सबसे पहले 'मनुष्य' या 'भारतीय' समझने लगे थे, हालांकि उस युग में कई रंगों की धार्मिक कट्टरता अभी भी दुर्गम पहाड़ों की तरह खड़ी थी।

निराला लिखते हैं, 'समाज के विवेक की तुला टूट गई है। बड़े से बड़े और छोटे से छोटे सब मनुष्य, सब संप्रदाय अंधानुकरण को ही सनातन धर्म या अपना सच्चा मजहब समझ रहे हैं। ...जब-तब अनेक प्रकार के वितंडावाद भारतवर्ष में चक्कर काट रहे हैं।' वे 'यथार्थ धार्मिक शिक्षा' के साथ 'मैत्री' की बात करते हैं।

यह भूलना नहीं चाहिए कि छायावाद एक संक्रमण का दौर था, जब नई चीजें पूरी तरह आई नहीं थीं तथा पूर्वग्रह और पुराने विश्वास पूरी तरह मिटे नहीं थे। फिर भी छायावादी कवि-लेखक इतना जरूर देख रहे थे कि इस देश को किस-किस तरह से विद्वेष की पाठशाला में बदलने की कोशिश हो रही है।

वे चुप नहीं थे। किसी भी युग में चुप रहने से सबसे अधिक क्षति संवेदना की होती है, अनुभव की क्षमता ही खत्म होने लगती है!

छायावादी कवियों के विचार हमेशा एक ही धरातल पर नहीं रहे हैं। वे भाव, विचार और शिल्प के स्तर पर विकसित होते रहे हैं। वे बदले हैं। उनके विचारों को स्वाधीनता आंदोलन में आ रहे मोड़ों से जोड़कर देखना चाहिए। छायावादी आधुनिकता में निःसंदेह संरक्षणशीलता के तत्व हैं, किसी कवि में ज्यादा और किसी में कम। यह हिंदी नगरों में आधुनिकीकरण की कमी और प्राचीनता के बोझ के कारण स्वाभाविक है। इसके बावजूद, छायावाद की संरक्षणशील आधुनिकता पर पुनरुत्थानवाद कभी हावी न हो सका, उसमें राष्ट्रीय मुक्ति का स्वर और मानवतावाद हमेशा प्रबल रहा। हमें संरक्षणशीलता और संरक्षणवाद के बीच फर्क करना चाहिए।

हम 'राम की शक्तिपूजा' या 'कामायनी' जैसी प्राचीन वृत्तांतों पर आधारित कृतियों में आधुनिक बदलाव देख सकते हैं। 'कुकुरमुत्ता' में यह भी लक्षित कर सकते हैं कि निराला 'संध्या सुंदरी' के अपने पुराने सौंदर्यबोध को तोड़कर कैसे बाहर निकलते हैं और उपेक्षितों के सौंदर्यबोध की ओर बढ़ते हैं।

आज का मनुष्य 'वस्तुओं' के बाहर बहुत कम बचा है, जबकि छायावाद 'वस्तुओं' की कैद में नहीं है। इसके अलावा, वह किसी सामुदायिक उन्माद में नहीं बहता। वह समाज में मनुष्य और मनुष्य के संबंध को तथा मनुष्य के शेष सृष्टि से संबंध को बदलना चाहता है। कहा जा सकता है कि मनुष्य की नूतन, कल्पनाशील, स्वच्छंद और सामंजस्यपरक दृष्टि ही छायावादी दृष्टि है।

छायावाद में स्त्री

छायावाद एक नई काव्य दृष्टि ही नहीं, एक नई जीवन दृष्टि भी है। उसने स्त्री के संबंध में परंपरागत भोगवादी, शृंगारिक और धार्मिक दृष्टियों को चुनौती दी। इस तरह नवजागरण के काम को आगे बढ़ाया। आम धारणा यही है कि स्त्रियां कमजोर होती हैं और उनकी कोमलता तथा लज्जा ही उनका सौंदर्य है। छायावादी साहित्य में इस दृष्टि का प्रतिवाद है। दिखाया गया है कि स्त्रियों का सौंदर्य उनकी संवेदनशीलता और प्रतिवाद में है। वे नए युग में केवल प्रेयसी और प्रेरणाशक्ति भर नहीं हैं, वे सभ्यतागत बदलावों का संदेश लेकर आती हैं। वे उच्च मूल्यों की प्रवक्ता हैं। वे दृढ़ता से संघर्ष करती हैं और मानवता के लिए

खड़ी होती हैं।

छायावादी साहित्य में स्त्री के रूप सौंदर्य की जगह भाव सौंदर्य को महत्वपूर्ण माना गया है। बल्कि प्रसाद की लंबी कविता 'प्रलय की छाया' का लक्ष्य रूप गर्व के खोखलेपन को उजागर करना तथा इस संदर्भ में पश्चिमी मानदंडों की आलोचना करना था। पंत ने स्त्री को 'देवी, माँ, सहचरि, प्राण' कहकर स्त्री की परंपरागत धारणा में 'सहचरि' शब्द जोड़ा था।

महादेवी वर्मा की क्रांतिकारी पुस्तक 'शृंखला की कड़ियां' 1942 में छपी थी, पर वे 1931 से ही स्त्री की पर-अधीनता को लेकर मुखर हो गई थीं। वे बौद्ध धर्म की ओर आकर्षित होकर भी उसके ज्यादा नजदीक इसलिए नहीं गईं कि उसमें स्त्रियों का सम्मान न था। महादेवी वर्मा की मुख्य आपत्ति स्त्री को वस्तु समझने की दृष्टि को लेकर है, 'भारतीय नारी जिस दिन अपने संपूर्ण प्राण आवेग से जाग सकेगी, उस दिन उसकी गति रोकना किसी के लिए संभव नहीं होगा। उसके अधिकारों के संबंध में यह सत्य है कि वे भिक्षावृत्ति से न मिले हैं और न मिलेंगे, क्योंकि उनकी स्थिति आदान-प्रदान योग्य वस्तुओं से भिन्न है।' (शृंखला की कड़ियां)। यह कम महत्वपूर्ण नहीं है कि छायावाद की एक महत्वपूर्ण हस्ती स्त्री है।

छायावाद में स्त्री को लेकर एक रैडिकल दृष्टिकोण था। दरअसल इस आंदोलन में उदात्त दृष्टि की जरूरत जिन दो जगहों पर खासतौर पर देखी गई, वे हैं प्रकृति और स्त्री। प्रसाद की 'कामायनी' की श्रद्धा के अलावा, उनके नाटकों और कहानियों में देवसेना, मधूलिका, चंपा जैसी स्त्रियां हैं जो उदात्त चरित्र के साथ हैं। वे पुरुष सत्ता के आगे नहीं झुकतीं। छायावाद में उदात्तता वस्तुतः एक प्रतिवाद है!

छायावाद के स्त्री-संदर्भ की विशिष्टता को समझना जरूरी है। छायावादी कवियों में महादेवी ऐसी थीं जिन्होंने स्त्री होने के दर्द का तीखा अनुभव किया था। उन्होंने लिखा है, 'मैं किसी कर्मकांड में विश्वास नहीं करती।' उनकी स्त्री कैसी है? 'आंसू का तन विद्युत का मन / प्राणों में वरदानों का प्रण'! स्त्री के आंसू में विद्युत गर्जन एक विद्रोह है।

भूलना न होगा कि स्त्री प्रश्न पर नवजागरण और छायावाद के बीच एक गहरा संबंध है। प्रसाद की नायिका ध्रुवस्वामिनी शास्त्र, सामाजिक प्रथाओं और राज्य के सामने साहसपूर्वक सवाल खड़ा करती है, 'आज यह निर्णय हो जाना

चाहिए कि मैं कौन हूँ?' छायावाद में स्त्री को 'जीवन के सुंदर समतल' पर, अर्थात समानता-भूमि पर प्रतिष्ठित करने की जो परियोजना है, वह द्विवेदी युग की चेतना का खंडन नहीं है बल्कि उसका विकास है।

कविता में जो स्त्री 'पीयूष धार सी' और 'नीर भरी दुख की बदली' है, वह गद्य में क्या है? वह स्वतंत्रता के लिए किस तरह मुखर है, यह देखा जाना चाहिए क्योंकि कविता और गद्य मिलकर छायावादी अंतर्दृष्टि का निर्माण करते हैं।

प्रसाद की एक अल्पपरिचित गद्य कविता 'उर्वशी' में अप्सरा कहती है, 'मैं तो पहले ही कह चुकी हूँ कि मैं स्वतंत्र हूँ। इसी स्वतंत्रता को छीनने के लिए आगे चल कर अनेक कठोर नियम बनेंगे, बड़े-बड़े प्रलोभन और बड़ी-बड़ी धमकियां होंगी, फिर भी हमारा दल बना रहेगा और स्वतंत्र रहेगा।' पितृसत्तात्मकता से छायावाद के विद्रोह का आज भी महत्व है।

निराला 'वह तोड़ती पत्थर' में कहते हैं, 'देखते देखा मुझे जो एक बार / उस भवन की ओर देखा छिन्न तार।' स्त्री हमेशा देखने की वस्तु समझी गई है, लेकिन इस कविता में स्त्री एक दृश्य भर नहीं है। वह खुद देखती है, वह निराला को देखते हुए देखती है! स्त्री को महज दृश्य होने से इंकार है! यहां भवन और हथौड़े से पत्थर तोड़ती स्त्री का एक कंट्रास्ट खड़ा होता है। निराला उसे 'सहज सजा सितार' कहते हैं। हथौड़ा और सितार— यह विरुद्धों का एक सुंदर युग्म है!

प्रकृति से मनुष्य का प्रेम

पंत ने लिखा है, 'सुंदर है विहग, सुमन सुंदर/ मानव तुम सबसे सुंदरतम'। छायावाद ने मनुष्य को महत्ता देते हुए भी उसे सृष्टि के केंद्र में नहीं रखा। इसने भू-सौंदर्य को एक महत्वपूर्ण विषय बनाया तथा मनुष्य के चारों तरफ फैली प्रकृति नदी-पर्वत, उषा-संध्या, किसलय-फूल, सूर्य-तारे, जल-वायु सभी से उसके रिश्ते को पुनःपरिभाषित किया। यह उच्च मानवीय भावनाओं का दौर था जो भावोन्माद कतई न था।

महादेवी प्रकृति से मानवीय सरोकार को विस्तार देते हुए लिखती हैं, 'न जाने कितनी बार सर्दी में ठिठुरते पिल्लों की टिमटिमाती आंखों के अनुनय ने मुझे उन्हें घर उठा ले आने पर बाध्य किया है। पानी से निकाले हुए, जाल में मछलियों की तड़प, पक्षियों के व्यापारी के संकीर्ण पिंजड़े में पंखों की फड़फड़ाहट, लोहे की काले कटघरे-जैसी गाड़ी में बंदी और हांफते हुए कुत्तों की करुण विवशता

ने मुझे न जाने कितने विचित्र कामों के लिए प्रेरणा दी है।' (स्मृति की रेखाएं) इस कथन में समस्त जीवों के प्रति उनका प्रेम व्यक्त हुआ है और पशुओं के प्रति क्रूरता से तीव्र असहमति है। छायावाद बताता है कि पशु को पाशविकता से जोड़ना ठीक नहीं है। यह छायावादी आंदोलन में 'जीवन से प्रेम' के अर्थ का विस्तार है।

छायावाद का प्रकृति प्रेम उसे लोक जीवन से जोड़ता है। प्रसाद की दृष्टि एक बड़े जागरण का चित्र खींचते हुए पनघट पर जाती है, 'बीती विभावरी जाग री/ अंबर पनघट में डुबो रही तारा घट ऊषा नागरी!' निराला का गीत है, 'बांधो न नाव इस ठांव, बंधु! /पूछेगा सारा गांव बंधु!' छायावाद की एक बड़ी भूमिका लोक संस्कृति के राष्ट्रीय पुनर्निर्माण और उसे आधुनिक संवेदना से जोड़ने के मामले में है। छायावाद आदि जीवन की नैसर्गिकता की ओर आकर्षित होता है जो 'प्रिमिटिविज्म' नहीं है। ये चीजें छायावाद को एक बहुआयामी सांस्कृतिक आंदोलन का रूप देती हैं।

छायावाद को पुराने ढंग से देखने की एक सीमा यह है कि प्रकृति प्रेम को 'प्रकृति के मानवीकरण' में सीमित करके देखा गया। पंत ने 'प्रकृति में चेतना के आरोप' को छायावाद कहा और यह उक्ति प्रचारित हो गई। प्रसाद जब झरना, वरुणा की लहरों, सागर संगम, ऊषा नागरी या खुद पंत जब अल्मोड़ा के पर्वतों के सौंदर्य का वर्णन करते हैं तो उनका मुख्य मकसद प्रकृति पर चेतना का आरोप करना नहीं बल्कि उसके प्रति मनुष्य के चिरंतन राग का उद्घाटन है।

इसपर भी गौर करना चाहिए कि आधुनिक युग में उद्योगीकरण मनुष्य के विलगाव का ही नहीं प्राकृतिक विनाश का भी एक उपकरण बन रहा था। यंत्र युग में विकास के नाम पर विनाश के लिए जल, जंगल, खेत, पहाड़ जैसे कई भौतिक क्षेत्र थे। पर यंत्रों के एक अन्य हमले की बड़ी सूक्ष्म पहचान प्रसाद ने की थी। वह मनुष्य के मानसिक जगत पर हुआ था— बुद्धि और कल्पना शक्ति पर हमला।

आर्टिफिशियल इंटेलिजेंस के युग में यंत्र मानव बुद्धि का स्थानापन्न बनता जा रहा है। प्रसाद ने 'कामायनी' में एक बड़ा संकेत दिया है, 'प्रकृत शक्ति तुमने यंत्रों से सबकी छीनी/शोषण कर जीवनी बना दी जर्जर झीनी'। मनुष्य की बुद्धि उसकी सबसे बड़ी प्राकृतिक शक्ति है जिसपर खतरा पैदा हो चुका था।

रिनेसां और विज्ञान ने मनुष्य को प्रकृति से द्वंद्व की शिक्षा दी थी। प्रकृति पर

विजय का दंभ पैदा हो रहा था। छायावाद ने प्रकृति से राग का संदेश दिया। इस बिंदु पर छायावाद नवजागरण से टकराता है, वह प्रकृति पर विजय तक अपने को सीमित नहीं करता।

छायावादी कवि आधुनिक औद्योगिक समाज में बढ़ते उपयोगितावाद की आलोचना करते हैं, क्योंकि उपयोगितावाद के बढ़ने का अर्थ है स्वार्थपूर्ति में सहायक न होने पर कई मानव संबंधों, स्मृतियों, कलाओं और उच्च उद्देश्यों का बेकार लगना और प्रकृति को महज उपभोग की चीज मानना। रोमांटिसिज्म विज्ञान और आधुनिक विकास का विरोधी नहीं है, वह इनके मानवता-विरोधी अवतारों का विरोधी है। हम देखते हैं कि वह नए युग के पर्यावरणविदों के आंदोलन की एक प्रमुख प्रेरणा है।

हमारी स्मृति में हैं आशा की जड़ें

छायावादी कवियों के लिए स्मृति उनकी एक सकारात्मक शक्ति है। महादेवी एक कविता में कहती हैं, 'कहीं से आई हूं कुछ भूल'। निराला ने 'यमुना के प्रति' कविता में 'अतीत के नीरव गान' को सुनना चाहा था। प्रसाद कह रहे थे, 'वे कुछ दिन कितने सुंदर थे'। प्रसाद का 'निजी' ऐतिहासिक में तथा 'ऐतिहासिक' निजी में ढलता रहा है। उनका ही नहीं, सभी छायावादी कवियों के लिए स्मृति का अभिप्राय है परिवर्तन की इच्छा, पराधीनता से मुक्ति! इन कवियों ने इतिहास ही नहीं प्रकृति (यमुना और वरुणा नदियों) को भी स्मृति और कल्पना की शक्तियों से एक नई भावभूमि पर देखा। महादेवी कहती हैं कि उनके वे भूले हुए मधुर दिन 'चमक उठेंगे इंद्रधनुष से/ मेरे विस्मृति के घन में'। छायावादियों के साहित्य में अतीत इकहरा न होकर इंद्रधनुषीय है।

कवियों-लेखकों-कलाकारों के लिए अतीत की स्मृतियां राजनीतिक विभाजन और घृणा फैलाने के लिए न होकर प्रेम की मधुरता या सौंदर्य का प्रसार करने के लिए हैं, जबकि स्मृतियों का लोकप्रियतावादी नकारात्मक उपयोग सत्ताधारियों द्वारा हुआ है, वे उपनिवेशक हों या देश के व्यक्ति हों। वे जनता की स्मृतियों को अपने बारूदखाने में बदलते रहे हैं।

छायावादी कवि स्मृति को महत्व देते थे जिसका संबंध अतीत से है तो आशा को कम महत्व नहीं देते थे, जिसका संबंध भविष्य से है। उनका स्मृति को महत्व देना अतीत का पुनरुत्थान नहीं है और आशा को महत्व देना भविष्य

में पलायन नहीं है। वे निश्चय ही ऐसी नकारात्मक स्मृतियों से दूर रहे हैं जो अंध-राष्ट्रवाद की ओर ले जाती हैं।

प्रसाद के 'आंसू' की प्रसिद्ध पंक्तियां हैं, 'जो घनीभूत पीड़ा थी/ मस्तक में स्मृति-सी छाई/ दुर्दिन में आंसू बन कर/ वह आज बरसने आई।' यह निजी प्रेम की स्मृति हो सकती है, राष्ट्रीय और विश्व इतिहास की भी। संभव है, मनुष्य किसी घटना पर मौन रोता हो क्योंकि संवेदनहीन व्यवस्था में उसकी बात सुनने वाला कोई न हो, 'आती है शून्य क्षितिज से/ क्यों लौट प्रतिध्वनि मेरी/ टकराती बिलखाती-सी/पगली-सी देती फेरी।'

छायावाद का केंद्रीय विषय जीवन का दुख है। वह मानवीय दुख-कष्टों के बीच नई संभावनाओं की खोज बनकर आया था। प्रसाद का 'आंसू' ऐसे दुखी हृदय के ऐसे स्वप्न के रूप में आता है, जो संभावनाओं से भरा है। इस शून्य में अनगिनत तारे हैं। प्रसाद 'मन के निस्सीम गगन में' अपनी हर पीड़ा को सृजनात्मक ऊर्जा में बदलते हैं, क्योंकि दुख मनुष्य को तोड़ दे- यह उनको मंजूर नहीं है। वे एक व्यापक हाहाकार की खोज करते हैं जिसमें संसार की वेदना गरज सके। उनकी अश्रु बूंदें अंततः विश्व के आंगन में प्रभात के हिमकण में, यानी जागरण और परिवर्तन की कामना में बदल जाती हैं। 'आंसू' की अंतिम पंक्तियों में वेदना का उदात्तीकरण है जो छायावादी 'सफरिंग' का अर्थ खोल देता है :

सबका निचोड़ लेकर तुम
सुख से सूखे जीवन में
बरसो प्रभात हिमकण सा
आंसू इस विश्व सदन में।

'आंसू' को शिक्षा जगत में एक समय विरह काव्य के रूप में देखा गया था, जबकि इसका उपर्युक्त अंत काव्य का आदर्शवादी मर्म उद्‌घाटित कर देता है। प्रसाद इसमें निजी और वैश्विक का भेद मिटा देते हैं। वे सिर्फ हिंदी प्रांत या सिर्फ भारत की बात नहीं करते, बल्कि विश्व मानवता को अपने दृष्टिपथ में लाते हैं। वे 'आंसू' में दिखाते हैं कि व्यक्ति का दुख किस तरह वेदना की भूमि पर ऊर्जावान होकर विश्व करुणा में बदल सकता है और किसी घनीभूत पीड़ा की स्मृति किस तरह एक बड़ी प्रेरणा बन सकती है।

छायावादी कवियों का लेखन व्यक्ति-व्यक्ति को और समाज को इस तरह

बदलने के लिए है कि न केवल मनुष्य के द्वारा मनुष्य का दमन खत्म हो, बल्कि हर व्यक्ति की अपनी गरिमा हो। व्यक्ति समाज या बाजार में नगण्य न हो जाए। यह सब निश्चय ही आदर्श के धरातल पर है, क्योंकि विश्व युद्ध के काल में ही क्यों, आज वैश्वीकरण के दौर में भी विश्वबंधुत्व और मनुष्य की गरिमा दोनों चीजें ही वस्तुत: स्वप्न हैं।

देशप्रेम और छायावाद

भारत जैसे एक बड़े बहुभाषिक देश में देशप्रेम महज चुटकी में अवतरित हो जाने वाली भावना नहीं है। यह एक गहरे आत्मसंघर्ष से गुजरने पर ही संभव है। कम आबादी वाले छोटे देशों में देशप्रेम सहज है, क्योंकि 'एक भाषा-एक जाति' वाले देश में साझी भावना आसानी से पैदा हो जाती है। जिस देश की आबादी बड़ी है, कई जातीयताएं और कई जातियां (कास्ट) हैं वहां देशप्रेम कठिनाई से पैदा होता है। देशप्रेम के लिए सबसे पहले देश को जानना जरूरी है। छायावादी कवियों ने अपने देश को बौद्धिक उपनिवेशवाद से प्रभावित इतिहास ग्रंथों की जगह इस देश के कला-साहित्य की महान परंपराओं से जाना था। इसलिए प्रसाद ने देश को विरुद्धों के एक मधुर क्षितिज के रूप में देखा था-

अरुण यह मधुमय देश हमारा
जहां पहुंच अनजान क्षितिज को मिलता एक सहारा।

देश को जानने के मार्ग में मुख्य बाधाएं हैं— इतिहास की तोड़फोड़ वाली औपनिवेशिक समझ, बहिष्कारपरक राष्ट्रवाद और एकायामी आधुनिकता। आज हमारे सामने इतिहास नहीं इतिहास के टुकड़े हैं- 'फ्रैग्मेंटेड पास्ट'! इन दिनों सभी के अपने-अपने अतीत हैं। कोई साझा अतीत नहीं है, साझी भावना नहीं है और साझा लक्ष्य नहीं है। छायावाद के दौर में अतीत लड़ रहा था, आज वह लड़ा रहा है।

छायावादी कवियों में प्रसाद की दृष्टि इतिहास की तरफ ज्यादा गई। अमेरिका के पास प्राचीन इतिहास नहीं है, वहां के देशप्रेम में अतीत शामिल नहीं है। इंग्लैंड, फ्रांस जैसे देशों में देशप्रेम की भावना जगाने के लिए अतीत के प्रसंग आते हैं। इंग्लैंड में शेली, कॉलरिज, यहां तक कि टी.एस. इलियट की दृष्टि इतिहास की तरफ गई है। फ्रांस में देशप्रेम के लिए रोमन गणतंत्र के अलावा

स्त्री संत जॉन ऑफ आर्क प्रेरणा बनी हैं। ये सभी स्वतंत्र देश रहे हैं।

प्रसाद ने 'अशोक की चिंता' में कलिंग विजय के बाद अशोक को हुई ग्लानि को विषय बनाया। उन्होंने अशोक की कलिंग हिंसा की रोशनी में अपने समाज को चेतावनी देनी चाही, 'वैभव की यह मधुशाला/जग पागल होने वाला'! वे इतिहास के नायकों के भीतर से देश के उच्चतर अर्थ की खोज़ में थे। देश का एक अर्थ उनके नाटक 'स्कंदगुप्त' में इस क्रांतिकारी बोध का स्पर्श करता है, 'अन्न पर स्वत्व है भूखों का और धन पर देशवासियों का'! उनके देशप्रेम में देश का एक अनोखा रूप है, 'भारत समग्र विश्व का है और संपूर्ण वसुंधरा इसके प्रेमपाश में आबद्ध है। यह अनादि काल से ज्ञान की, मानवता की ज्योति विकीर्ण कर रहा है।' (वही)। इसका अर्थ है देशप्रेम को किसी के लिए भयोत्पादक नहीं होना है।

प्रसाद जानते थे कि भारत जैसे देश में अपनी मानवता को व्यापक बनाए बिना देशप्रेम की कल्पना नहीं की जा सकती। भारत में शिक्षा बढ़ती गई है, मानवता घटती गई है। 'स्कंदगुप्त' नाटक में देवसेना कहती है, 'प्रत्येक परमाणु के मिलने में एक सम है। प्रत्येक हरी-हरी पत्ती के हिलने में एक लय है। मनुष्य ने अपना स्वर विकृत कर रखा है। इसी से तो उसका स्वर विश्व-वीणा में शीघ्र नहीं मिलता। पांडित्य के मारे जब जहां देखो, बेसुरा-बेताल बोलेगा। यहां 'पांडित्य के मारे' पर दृष्टि जानी चाहिए। कई बार ज्यादा ज्ञान सत्य के आगे कोहरा का काम करता है। पश्चिम का औपनिवेशिक ज्ञान और भारतीय अतीत की जर्जर पुरातन सोच भारत को जानने के मार्ग में पहले भी बाधक थे, अब भी बाधक हैं।

भारतवासियों का स्वर, विश्व-वीणा छोड़ दें, खुद अपने देश की वीणा से नहीं मिल पा रहा है, पांडित्य के मारे कई लोग इतना बेसुर-बेताल बोलने लगे हैं। महादेवी वर्मा ने एक दीक्षांत समारोह में कहा था, 'हमारा वर्तमान समाज जाति-उपजाति, समता-विषमता में विभाजित है। हमारा धर्म अंधविश्वास से ग्रसित है। हमारी राजनीति स्वार्थों में विभाजित है। हम केवल विभाजित ही विभाजित हैं। तब भी यह विश्वास करती हूँ कि किसी भी युग का सबसे बड़ा वसंत उसका तारुण्य है। 1947 में मिली स्वाधीनता ने उन्हें आत्मविश्वास दिया था, तभी वे कह सकी थीं, 'भारत सभी विविधताओं को संभाल लेगा, उसी प्रकार जैसे एक सूत्र अनेक वर्ण के फूलों को संभाल लेता है।' तारुण्य पर डाका

पड़ा, अनेक वर्ण के फूलों को संभालने वाला 'एक सूत्र' आर्थिक उदारवाद के युग में सड़ता गया और देश में अनगिनत रंग के अंध-राष्ट्रवाद का उदय हुआ। 'आर्थिक उदारता-सामाजिक अनुदारता' की जोड़ी बन-ठनकर खड़ी हो गई।

जब बंगाल में अकाल पड़ा था, महादेवी वर्मा ने 'अकाल दर्शन' (1943) शीर्षक से एक छोटी पुस्तिका छपाई थी और इसे खुद बेचकर एक राशि अकाल-पीड़ितों के पास भेजी थी। उन्होंने अपने प्रदेश के बाहर देखा। प्रेमचंद अंध-राष्ट्रवाद के विरोधी थे, राष्ट्रीय भावना के नहीं। उनका कथन है, 'जब यह प्रवृत्ति (राष्ट्रीय भावना) प्रबल हो जाती है, प्रांत के निवासियों में एक नए जीवन का संचार हो जाता है। एक नगर में बाढ़ आ जाती है, तो सारे देश में हाहाकार मच जाता है और पीड़ितों की रक्षा के लिए धन और जन की वर्षा होने लगती है। एक स्त्री का अपमान होता है तो सारे देश को ताव आ जाता है।' एक समय हम लोगों ने अन्य राज्य में आई बाढ़ के अवसर पर अपने शहर में लॉरियों पर जरूरी सामान और धन संग्रह करते मध्यवर्गीय लोगों को देखा है। हमने दिल्ली का 'निर्भया' कांड देखा है, अन्य कई अवसरों पर देश का ताव देखा है।

धीरे-धीरे संवेदनशीलता इतनी घटती गई कि किसी की हत्या या उत्पीड़न को मुद्दा बनाने से पहले अब यह देखा जाने लगा है कि आदमी किस धर्म, किस जाति या किस राज्य का है। कोई प्रभावशाली 'क्रिमिनल' यदि अपनी जाति का हो तो वह अब 'जन नायक' होता है!

19वीं और 20वीं सदी के भारतीय आंदोलनों ने, जिनमें छायावाद भी है, हमारे चित्त को कुएं से बाहर निकालकर बड़ा बनाने का काम किया था। उन आंदोलनों ने न यूरोपीय अभिप्राय के बुद्धिवाद का अनुकरण किया और न इस अभिप्राय के धर्मनिरपेक्षता और राष्ट्रवाद का। भारत में जिस बुद्धिवाद को ग्रहण किया गया, उसका संबंध भारतीय परंपराओं के प्रति आलोचनात्मक समावेशी दृष्टिकोण से है। भारतीय बुद्धिवाद का अपनी परंपराओं से आत्मीय टकराव है। हमारे देश में वह धर्मनिरपेक्षता लोकप्रिय हुई जो धर्म से निरपेक्ष न थी, वह केवल धर्म के आधार पर भेदभाव से दूर थी। इसी तरह जो राष्ट्रीय भावना लोकप्रिय हुई वह पश्चिम के अंध-राष्ट्रवाद से भिन्न थी।

छायावाद युग के देशप्रेम में विश्व युद्धकालीन पश्चिमी राष्ट्रवाद की कोई छाया नहीं है और न वह निर्बुद्धिपरक भावोन्माद है। वह देश के सभी प्रदेशों के नागरिकों के बीच परस्पर सहयोग, सहिष्णुता और न्याय पर आधारित एक बुद्धिसम्मत

देशप्रेम है। उस दौर का देशप्रेम रूढ़ियों और भेदभावों के प्रति क्रिटिकल बनाता था। वह न पश्चिम के भौतिक सुखवाद की तरफ झुकने देता था और न जातिवादी-प्रांतीय संकीर्णताओं की तरफ। एक सांप्रदायिक, जातिवादी और संकीर्ण प्रांतीयतावादी व्यक्ति कभी सच्चा देशप्रेमी नहीं हो सकता। छायावादी दौर में सामने आए कवि माखनलाल चतुर्वेदी के देशप्रेम का एक उदाहरण है-

जब चांद मुझे नहलाता है
सूरज रोशनी पिन्हाता है
क्यों दीपक लेकर कहते हो
यह तेरा है यह मेरा है
हो मुकुट हिमालय पहनाता
सागर जिसके पग धुलवाता
वह बंधा बेड़ियों से मंदिर
मस्जिद गुरुद्वारा मेरा है।

हम जब भी छायावाद युग की राष्ट्रीय भावना पर चर्चा करें, रवींद्रनाथ की राष्ट्रवाद की उन अवधारणाओं से उसे अलग रखकर देखें जिनका संबंध विश्व युद्धकालीन पश्चिमी राष्ट्रवाद से था। गांधी कभी रवींद्रनाथ को समझा न सके कि हमारे देश की औपनिवेशिक स्थितियों में क्यों अंतरराष्ट्रीयता के साथ-साथ एक उदार राष्ट्रीय भावना भी जरूरी है।

इधर राष्ट्र, राष्ट्रीयता और राष्ट्रवाद पर पश्चिमी अवधारणाओं की रोशनी में ज्यादा विचार हुआ है। वस्तुतः अंध-राष्ट्रवाद एक पश्चिमी देन है। भारतीय राष्ट्र एक भिन्न ऐतिहासिक-सांस्कृतिक प्रक्रिया में अस्तित्व में आया है। वह 'कल्पित समुदाय' न होकर हमारे देश के मिश्रित समाज का यथार्थ है। भारत में राष्ट्र, राष्ट्रीयता या राष्ट्रवाद को किसी संकुचित जगह या शुद्धतावादी नजरिये से देखना और इसको यूरोपीय अर्थ में ग्रहण करते हुए फूंक मारकर उड़ा देना दोनों तरीके गलत हैं। भारतीय राष्ट्र को इस देश की जमीनी वास्तविकताओं को समझते हुए एक ऐसे लिबरल और उदात्त धरातल से देखना होगा जिसका निर्माण भक्ति आंदोलन, नवजागरण और छायावाद के सांस्कृतिक त्रिभुज ने किया है। वस्तुतः हमारा देश आज भी एक अधजन्मा राष्ट्र है, इसकी प्रसव पीड़ा का अंत नहीं हुआ है।

वैयक्तिकता, राष्ट्रीयता और अंतरराष्ट्रीयता

छायावाद भारतीय शैली का रोमांटिसिज्म है जिसे स्वच्छंदतावाद भी कहा गया है। स्वच्छंदता हर व्यक्ति की एक सकारात्मक, सृजनात्मक और क्रांतिकारी शक्ति है जो सामंतवाद और इसकी संकीर्णताओं से टकराती रही है। इस आंदोलन ने मनुष्य को सामंती झुंड से बाहर निकाल कर उसमें वैयक्तिकता की प्रतिष्ठा की, फिर उसके 'मैं' को उच्चतर बनाते हुए इसे भारतीय राष्ट्रीयता के बोध और विश्व मानवतावाद से जोड़ा।

निराला ने जब कहा था, 'मैंने मैं शैली अपनाई', यह सिर्फ एक काव्य शैली की बात नहीं थी। यह मनुष्य जाति की सांस्कृतिक मुक्ति का आह्वान था। आज आम आदमी का 'मैं' सांप्रदायिक, जातिवादी और उपभोक्तावादी झुंडों में विलुप्त होता जा रहा है। छायावाद युग में वह अहंकार से बाहर निकाल रहा चौहद्दियां तोड़ रहा था। वह विद्रोह का एक रूप था। आज कई लोग अपनी देह के बाहर 'मैं' को नहीं देखते, जबकि छायावाद का 'मैं' एक उच्च मनोभूमि है। वह 'मैं' आज नहीं है, उसका अपहरण हो गया है। अब चुनाव में व्यक्ति का 'मैं' वोट नहीं देता बल्कि धर्म, जातिवाद और संकीर्ण प्रांतीयता के बोरे में भर कर वोट डाले जाते हैं।

छायावाद को 19वीं सदी के भारतीय नवजागरण की निरंतरता में समझने की जरूरत है। भारतीय नवजागरण एक खास बिंदु पर राष्ट्रीय आत्मपहचान का संघर्ष है जो शुद्धतावाद को छोड़े बिना संभव नहीं है। यही वजह है कि छायावादी मिजाज धर्म, जाति, प्रांतीयता आदि के संकीर्ण बंधनों को नहीं मानता। वह देशप्रेम और 'वसुधैव कुटुंबकम्' को अपनी भाव सरिता के दो तटों की तरह देखता है।

छायावाद में राष्ट्रीय जागरण पश्चिम से 'पृथकता' का बोध है जो भारत की औपनिवेशिक स्थितियों में स्वाभाविक है। इसके अलावा उसमें विश्वबोध है, अर्थात पश्चिम से अ-पृथकता भी है। छायावादी साहित्य में विरुद्धों का मानवतावादी सामंजस्य एक प्रमुख तत्व है जो 'संध्या', 'उषा', 'क्षितिज' जैसे बार-बार प्रयोग में लाए गए शब्दों से स्पष्ट है।

यदि निराला कहते हैं, 'प्रिय स्वतंत्र रव अमृत मंत्र नव/ भारत में भर दे' तो अगले ही क्षण वे यह कहना नहीं भूलते, 'जगमग जग कर दे'! वे सिर्फ हिंदी क्षेत्र या भारत की बात नहीं करते। वर्तमान दौर में छायावाद का विश्वबोध और

सामाजिक भेदभाव से ऊपर उठने का राष्ट्रीय आह्वान दोनों ही प्रेरणादायक हैं।

प्रसाद की कहानियों, उपन्यास और नाटक में जिस तरह राष्ट्रीय जागरण के साथ विश्वदृष्टि है, उसी तरह उनकी कविताओं में भी है। प्रसाद, निराला हों या महादेवी, उनके काव्य में छायावाद है और गद्य में छायावाद नहीं है, यह कहना गलत होगा। वे विभाजित व्यक्तित्व नहीं थे। देखने की जरूरत है कि सभी छायावादी रचनाकार अपने युग यथार्थ से जुड़कर सामान्यत: क्या कहना चाहते हैं और वे कैसे भारत की कल्पना करते हैं। वे अपने 'मैं' के भीतर से विश्व के दुख-सुख को किस तरह देखते हैं।

प्रसाद के साहित्य में एक उदार भारतीय संस्कृति है जिसे उन्होंने अपने साहित्य में पूरी रचनात्मकता से पिरोया है। उन्होंने विश्वमानवता की ओर बढ़ते हुए भी न कभी राष्ट्रीय इतिहास को छोड़ा (अशोक की चिंता) और न अपनी स्थानीयता को (अरी ओ वरुणा की शांत कछार) हमें सामान्यत: छायावादी साहित्य में स्थानीयता, भारतीय राष्ट्रीय जागरण और विश्वमानवता का त्रिभुज मिलेगा। इस त्रिभुज का कोई कोण बड़ा और कोई छोटा हो सकता है, पर इस त्रिभुज के बिना हर भारतीय अधूरा है।

चिंताजनक है कि वैश्वीकरण की शक्तियों ने इस त्रिभुज को तोड़ दिया है। इस समय लोकप्रियतावादी वाग्जाल इतना शक्तिशाली है कि अब धार्मिक राष्ट्रवाद और लोकल राष्ट्रवाद ही सबकुछ है या फिर अधिक शिक्षित-संपन्न आदमी ग्लोबल है। कहा जा सकता है कि किसी भी क्षेत्र में लोकप्रियतावाद को चुनना बौद्धिक आत्मविसर्जन है।

अंग्रेजी राज में प्रलुब्धकारी विचार कम नहीं थे। उस दौर में भी धार्मिक राष्ट्रवाद था, किसिम-किसिम का अंध-राष्ट्रवाद था। लेकिन सभी भारतीय भाषाओं के स्वच्छंदतावादी कवियों ने भारतबोध को महत्त्व दिया। तमिल कवि सुब्रह्मण्य भारती ने 'इंडिया' शीर्षक से एक लंबी कविता लिखी जो प्रसिद्ध है। यदि किसी में भारतबोध ही नहीं होगा तो देशप्रेम कहां से पैदा होगा।

वैश्वीकरण के नए दौर में देश का महत्व बढ़ा है। छायावादी साहित्यकारों का लेखन बताता है कि हमारा देश कैसा हो, उसका स्थानीयता और विश्व से कैसा संबंध हो। भारत के लोग आपस में कैसे घृणा को छोड़कर प्रेम से रहें। निराला कहते हैं, 'हम भिन्न वर्ण भिन्न जाति भिन्न रूप/ भिन्न धर्म भाव पर/ केवल अपनाव से प्राणों से एक थे।' (अनामिका)।

सभी छायावादी लेखक देशप्रेमी थे पर वे ज्ञान, संवेदना और सौंदर्य को वैश्विक चीजों के रूप में देखते थे। प्रसाद कहते हैं, 'सब भेदभाव भुलवाकर दुख-सुख को दृश्य बनाता / मानव कह रे! यह मैं हूँ, यह विश्व नीड़ बन जाता' (कामायनी)। यह एक आदर्श 'विश्व गांव' की कल्पना है। कहना न होगा कि ऐसे कथन के साथ छायावादी लेखक स्वतंत्रता को भी महत्व देते थे। निराला कहते हैं, 'तोड़ो तोड़ो तोड़ो कारा पत्थर की'!

छायावाद मनुष्य को व्यक्ति से जातीय, स्थानीय-जातीय से भारतीय और भारतीय से विश्व मानवतावादी बनाने का आंदोलन था। वह मानव मन को बड़ा करने वाला आंदोलन था। अपने को विश्व मानव समझने से विश्व मानवतावादी होना एक भिन्न मामला है। छायावाद वस्तुत: व्यक्ति, जातीयता, भारतीय राष्ट्र और विश्व के बीच अंतर्क्रीड़ा का एक महादृश्य था। वह मानवीय विश्व का स्वप्न लेकर आया था, जबकि आज हमलोग सभ्यता की संकरी गलियों में हैं।

हम व्यापारिक युद्ध से घिरे हैं जिसके बीच हर आम व्यक्ति की निस्सहायता बढ़ती जा रही है। बड़े बहुराष्ट्रीय व्यापारी अब जीवन के मूल्यों और नियमों के एकमात्र निर्धारक बन चुके हैं। 'अमेरिका फर्स्ट' की रणनीति से एक तरफ वैश्वीकरण फेल है। दूसरी तरफ दुनिया के देशों में अंध-राष्ट्रवाद, उपयोगितावाद और स्थानीयतावाद के कई नकारात्मक परिणामों के संकेत हैं। हमें लग सकता है कि हम छायावाद युग से, बल्कि जीवन की सभी प्राचीन और आधुनिक सुंदरताओं से बहुत दूर चले आए हैं।

बुद्धि और सहृदयता का युग्म

छायावाद का उदारवाद बुद्धि और सहृदयता के मेल से बना है। उसके लक्ष्य हैं– (1) बुद्धि की क्षमता से सामाजिक रूढ़ियों और कट्टरताओं का खंडन और (2) सहृदयता की क्षमता से व्यक्तिवाद, जाति, धर्म और राष्ट्र का अतिक्रमण करते हुए मानवीय संवेदना का प्रसार। रामचंद्र शुक्ल ने ज्ञान प्रसार के साथ भाव प्रसार की बात कही थी। आज का जमाना बड़े पैमाने पर 'डिसइन्फ़ार्मेशन' और अज्ञानता-निर्माण का है। जिन चीजों के बारे में कभी कहा गया, 'द्रुत झरो जगत के जीर्ण पत्र', अब वे ज्ञान की दुनिया में सोने और चांदी के फूल बन गए हैं और बटोरने वालों की भीड़ है। कहा जा सकता है, ज्ञान के ह्रास से संवेदना का ह्रास होता है और संवेदना के ह्रास से कल्पना का।

इस युग में मनुष्यता के सिकुड़ने की सबसे बड़ी वजह यही है।

इधर आर्टिफिशियल इंटेलिजेंस आया है जो रोबोट से इस अर्थ में भिन्न बताया जा रहा है कि बुद्धि के अलावा उसके पास भावना है, अर्थात अब भावना भी एक यांत्रिक उत्पादन बनती जा रही है। वह इमोजी जैसे चिह्नों से भी सिकुड़ी है। मानवीय अंतर्जगत में एक अनजाना अंधेरा फैल रहा है।

यह कम बड़ी विडंबना नहीं है कि वर्तमान युग में 'एलीट' और 'लोक' के बीच भारी विभाजन है। एलीट वर्ग के लोग सहृदयता से तो आम लोग बुद्धिपरकता से दूर हैं। छायावाद ने बुद्धिपरक सहृदयता और सहृदय बुद्धिपरकता का मार्ग दिखाया था। महादेवी ने 'मस्तिष्क को हृदयमय और हृदय को मस्तिष्कमय' बनाने की बात कही थी जिसे मुक्तिबोध ने 'संवेदनात्मक ज्ञान' और 'ज्ञानात्मक संवेदना' कहा। ऐसी साहित्यिक बातों की तात्कालिक स्वार्थों के कारण भीषण उपेक्षा हुई।

छायावाद बुद्धि और विश्वास को उच्च मूल्यों से जोड़ने का युग था। वह मानवीय संवेदना का प्रसार चाहता था, जो बुद्धि के उत्कर्ष के बिना संभव नहीं था। भारतीय जनमानस को कूपमंडूकता से बाहर निकालने के लिए बुद्धि की जरूरत है। इसलिए छायावाद ने अपना प्रतिवाद अति-बुद्धिवाद के विरोध तक सीमित रखा। इसने सहृदयता-विहीन बुद्धिवाद का विरोध किया। छायावाद युग में तर्क, मशीन और टेक्नोलॉजी के महत्व को स्वीकार करते हुए व्यक्ति के हृदय के प्रसार, प्रकृति प्रेम और मानवता की बात कही गई। उस युग में धार्मिक नियमों की जगह बुद्धिपरकता, स्वतंत्रता और मानवता को नैतिकता का स्रोत बनाया गया।

छायावादी कवि जितने भावप्रवण थे, उतने ही मूल्यबोध-संपन्न भी थे। वे यदि किसी बिंदु पर दार्शनिक थे तो उनमें कोमलता भी थी, सहजता और ईमानदारी भी। वे जुझारू थे तो उनमें मधुरता भी थी। वे अपनी इन महान शक्तियों के बल पर ही अपने युग की कट्टरताओं से टकराते थे।

दरअसल उपनिवेशवाद स्वच्छंदतावादी प्रवृत्तियों के उदय को रोक नहीं पाया। मानव आत्मा में ऐसी शक्तियों का उदय हो गया जो नई बुराइयों के विरुद्ध सक्रिय हुईं। आज सतही चीजों को लेकर झूम रहे कई देशवासियों को छायावादी साहित्यकारों की विद्रोही भावनाएं बेमानी लग सकती हैं। रोमांटिक कवि कइयों को पागल या पिछड़े प्रतीत होंगे। जबकि हम देख सकते हैं कि

उन कवियों ने सहृदयता का विस्तार स्त्री-पुरुष प्रेम से होते हुए जातीय भाषा से प्रेम, देशप्रेम और संपूर्ण सृष्टि से प्रेम तक किया। आज यह सब फिर से समझने की जरूरत है जब प्रेम और चतुराई के बीच दूरी बहुत कम रह गई है!

धनलोलुपता, उपभोक्तावाद और छायावाद

छायावादी लेखकों की एक खास विलक्षणता के बारे में महादेवी ने लिखा है, 'हमारे युग में अर्थ का कोई प्रश्न ही नहीं था। जिस युग में हम लोगों ने लिखा- निराला जी ने या पंत जी ने या हमने— तब अर्थ का कोई प्रश्न ही नहीं था और यश के लिए भी हम कोई आकुल नहीं थे।' आज पैसे और यश की भूख का अंत नहीं है, क्योंकि लोगों के भीतर रोमांटिसिज्म कम बचा है। मनुष्य अब उत्पादक से अधिक मिडिल मैन है!

एक बार किसी आदमी से पूछा गया, यदि घर में आग लगने से एक कमरे में एक बच्चा आग से घिरा हो और दूसरे कमरे में पिकासो का चित्र हो और किसी एक को ही बचाने की स्थिति हो, तुम क्या बचाओगे? आदमी ने उत्तर दिया— पिकासो के चित्र को! पूछा गया, क्यों? आदमी ने जवाब दिया— पिकासो के चित्र को बेचकर मिली करोड़ों की रकम से बच्चों का अनाथालय खोल दिया जाएगा और सैकड़ों बच्चों को मरने से बचाया जा सकेगा। यदि मनुष्य के भीतर 'रोमांटिसिज्म' होगा, वह इतने उपयोगितावादी ढंग से कभी नहीं सोच सकता।

छायावाद युग की विश्व मानवता आज के मुनाफाकेंद्रिक विश्व बाजार की विचारधारा से एक भिन्न चीज है। वह बहुराष्ट्रीय 'बिग-बिग' का दौर न होकर 'स्माल इज ब्यूटीफुल' का समय था। प्रेमचंद की तरह छायावादी लेखकों की भी धन से दुश्मनी थी। 'पुरस्कार' की मधूलिका अपने खेत के मुआवजे के रूप में मिली स्वर्ण से भरी थाल फेंक देती है। 'स्कंदगुप्त' की कला-प्रेमी देवसेना ऐश्वर्य-लोभी और भोगवादी प्रवृत्ति की विजया से एकदम अलग प्रकृति की है। प्रसाद के ऐसे छायावादी चरित्र विशालता में तुच्छता देखते थे!

प्रसाद छोटी-छोटी चीजों में जीवन की अर्थवत्ता खोजते हैं— 'उठ उठ री लघु लघु लोल लहर'! उस युग में लोगों की इच्छाएँ छोटी-छोटी थीं, सुखवाद से वितृष्णा थी। आज सुखवाद उपभोक्ता संस्कृति की मुख्य प्रेरणा है। बाजार में हर रोज उपभोग की नई-नई और कीमती वस्तुएं आ रही हैं। आदमी को जो

चीजें नहीं चाहिए, वे भी प्रलुब्ध करती हुई धड़ल्ले से बिक रही हैं और वे जरूरत बन रही हैं। यही उपभोक्तावाद है। इन दिनों विश्व बाजार है, पर मनुष्य में विश्वबोध नहीं है। वह वस्तुओं के तिलिस्म के अलावा धर्म, जाति, प्रांत-आधारित संकीर्णताओं में फंसा हुआ है। उसका हर संबंध फायदे से जुड़ा है।

वस्तुत: भारत के लोगों ने अतीत और पश्चिम से वही ज्यादा लिया जो बुरा है और प्राय: वह सब छोड़ दिया जो अच्छा है। इसलिए आज भी उनका मन पुरानी-नई जंजीरों से जकड़ा है।

वैश्वीकरण ने वादाखिलाफी की। उसने न केवल हमें एक निरापद विश्व नहीं दिया, बल्कि प्राचीन भोगवाद को अधुनातन रूप देकर उसे ही 21वीं सदी का सबसे बड़ा आदर्श बना दिया। उपभोक्तावाद जबसे पनपा, मनुष्य का रोमांटिसिज्म मिटने लगा। उपभोक्तावाद ने कृत्रिम इच्छाओं का विश्व खड़ा कर लिया। यहाँ तक कि अब प्रेम भी 'वस्तु' है। छायावाद में स्त्री के संबंध में पुरुष के दृष्टिकोण को बदलने पर जोर था, आज बाजार ने पितृसत्ता को अपनी मायावी ताकतों से फिर मजबूत बना दिया है।

यह आदमी को स्वतंत्रता का मिथ्या अहसास देकर उसे पुन: परतंत्र बनाने का खेल है। छायावाद युग में परिवर्तन की पुकार थी जो आज भौतिक विकास में सीमित हो गई है। उस जमाने की स्वतःस्फूर्त सृजनशीलता की जगह आज अंधानुकरण है। आज मनुष्य और मनुष्य के बीच का संबंध उपयोगिता पर आधारित हो चुका है। कुछ भी करने के पहले लोगों के मन में प्रश्न पैदा होता है- इसमें मेरा फायदा क्या है? पहले लोग सब्जी-सामान खरीदने के लिए थैला लिए खुद बाजार जाते थे। उनका दुकानदारों से व्यक्तिगत संबंध था, उनसे हँसी-ठट्ठा चलता था। अब सबकुछ ऑनलाइन है! छायावाद युग की मानवता से जन्मी नैतिक आवाज आज कहीं देखने को नहीं मिलेगी। हर तरफ किसी भी तरह अमीर होने की भूख है, 'धार्मिक चेहरा-अनैतिक कर्म' के महादृश्य हैं!

भौतिक ऐश्वर्य और धन-दौलत को लेकर प्रसाद का रुख क्या था? 'आकाशदीप' में चंपा दस्यु से व्यापारी बने बुद्धगुप्त की वाणिज्यिक महत्वाकांक्षाओं में साथ न देकर कहती है, 'अब तो बाली, जावा, सुमात्रा का वाणिज्य केवल तुम्हारे हाथ में है महानाविक! परंतु मुझे उन दिनों की स्मृति सुहावनी लगती है, जब तुम्हारे पास एक ही नाव थी और चंपा के उपकूल में पण्य लादकर हम लोग सुखी जीवन बिताते थे।' आज बड़े मॉल-मल्टीप्लेक्स के समय में छोटे

व्यापार, सादगीपूर्ण जीवन और लोकमंगल की भावना घिसी-पिटी लगती है, जबकि इन सबका लक्ष्य मनुष्य को सांस्कृतिक-नैतिक पतन से बचाना था। 'आकाशदीप' का बुद्धगुप्त हो या 'कामायनी' का मनु- दोनों ही भौतिक प्रगति के पश्चिमी मॉडल की ओर आकर्षित ऐसे चरित्र हैं, जो भाव जगत को तिरस्कृत करके बुद्धिवाद के लिए भी संकट पैदा कर रहे थे।

प्रसाद आधुनिक विकास के विरोधी न थे। वे सिर्फ यह कह रहे थे, 'जनता को अर्थ-प्रेम की शिक्षा देकर उसे पशु बनाने की चेष्टा अनर्थ करेगी।'(तितली)। वे अपने दौर की पतनशील पूँजीवादी सभ्यता के जबर्दस्त आलोचक थे। आज हमलोग उसकी मोहक गिरफ्त में हैं, जबकि प्रसाद के युग में उसके प्रति एक आलोचनात्मक रुख था। छायावाद खतरे की घंटी बजा रहा था। प्रसाद ने लिखा है, 'केवल नई पश्चिमी प्रेरणा हमारी पथप्रदर्शक न बन जाए। हाँ, उन साधनों से जो वर्तमान विज्ञान द्वारा उपलब्ध हैं, हमको वंचित भी न होना चाहिए।' (रंगमंच)।

आधुनिक युग की दो प्रमुख परियोजनाएं रही हैं- मनुष्य-मनुष्य के बीच समता और आधुनिकीकरण। इन दोनों को जिस तरह प्रेमचंद ने पहचाना था, प्रसाद ने भी महत्व दिया था।

क्या हममें कुछ खोने का बोध, 'सेंस ऑफ लॉस' बचा है

छायावाद हिंदी संसार का वह दौर है जब न सिर्फ भारत की अवधारणा में स्पष्टता आई, बल्कि पश्चिम के औपनिवेशिक बंधनों से मुक्ति की आवाजें भी तेजी से उठने लगीं। यह युग मोटे तौर पर 1918 से शुरू माना जाता है, हालांकि 'छायावाद' शब्द सबसे पहले 1920 में आया था- जबलपुर से निकलने वाली 'श्रीशारदा' पत्रिका में प्रकाशित मुकुटधर पांडेय के लेख से।

छायावाद और सामान्यत: भारतीय रोमांटिसिज्म ने न केवल साहित्य बल्कि समूचे समाज, फिल्म सहित सभी कलाओं और राजनीति को भी प्रभावित किया जिसका अध्ययन किया जाना चाहिए। इसने युवाओं को बड़े पैमाने पर प्रेरणा दी, उनमें जाति के बंधनों से स्वच्छंद होने का उत्साह बोया। इसने हर क्षेत्र में रूढ़ियों को तोड़ने का संदेश दिया और स्वतंत्रता की आवाज उठाई।

छायावाद नवजागरण के बाद की एक बड़ी आवाज है। उसने रणनीतिक या हिसाबी सोच की जगह स्वत:स्फूर्त्त भावनाओं को महत्व दिया। वह उदात्त

कल्पना और उच्च मूल्यों को लेकर आया था। उसमें साधारण को असाधारण में बदल देने की क्षमता थी। वह एक अनोखी वैयक्तिकता का उत्सव था। इसी दौर में गांधी उभरे, नेहरू, अंबेडकर और भगत सिंह हुए। इसी दौर में पूर्ण स्वाधीनता (1929) की मांग उठी और देश को व्यथित करते हुए शहीदों की चिताएं धधकीं। छायावादी लेखकों के मानवीय पीड़ा और स्वप्नों को इस बड़े परिदृश्य में समझने की जरूरत है। छायावाद ने बताया, स्वप्न देखना भी एक प्रतिवाद है!

प्रसाद और प्रेमचंद एक युग के थे। छायावाद का आदर्शवाद प्रेमचंद के यथार्थवाद से और प्रेमचंद का यथार्थवाद छायावाद के आदर्शवाद से तटस्थ नहीं रह सकता था। इसलिए इस युग में साधारण वर्ग के होरी-गोबर थे तो मध्य वर्ग के मेहता-मालती भी थे। इनके अलावा, श्रद्धा-देवसेना भी थीं। स्त्री 'नीर भरी दुख की बदली' थी, तो 'जाग तुझको दूर जाना' का स्वर भी सुनाई पड़ रहा था। वह एक साथ कई प्रवृत्तियों, कई अंतर्धाराओं, कई सह-संबंधों और कई ऊंचाइयों तथा आशाओं का युग था।

हम छायावाद पर फिर से चर्चा एक ऐसे युग में कर रहे हैं, जब भारत में उस युग के आदर्शों का पतन हो चुका है। यह अतिवाद से पीड़ित समय है, जब पिछले दो सौ सालों में अर्जित नागरिक मूल्यों का विसर्जन होता जा रहा है।

21वीं सदी के जीवन में ऐसी भयानक होड़ और हिंसा भर गई है कि अच्छाई और बुराई की पहचान धूमिल हो चुकी है। विश्व के लोग कभी आज जैसे असहाय न थे। अनिश्चितता से भरे लोगों में आज केवल दलित, स्त्रियां और वंचित वर्गों के व्यक्ति ही नहीं हैं। छोटे-मझोले व्यापारी और मध्यवर्गों के भी करोड़ों लोग शामिल हैं। ये बौद्धिक रूप से आज विभक्त हैं, पर इनका आम दुख-दर्द इन्हें आज भी आपस में जोड़ सकता है। हमें छायावाद युग जैसे ही एक उदार राष्ट्रीय पुनर्जागरण की जरूरत है।

उपभोक्तावादी विश्व में कामायनी

यदि आज की उपभोक्ता संस्कृति के प्रतिपक्ष में किसी एक कृति को रखना हो, कहा जा सकता है कि वह प्रसाद की 'कामायनी' है। यह कृति सुख की दासता और स्वेच्छाचारिता से एक महाकाव्यात्मक विद्रोह है। भले ही 'कामायनी' की संपूर्ण लड़ाई मनुष्य के चेतना जगत की है– इसके मनु, श्रद्धा और इड़ा वस्तुतः भावगत चरित्र हैं, पर यह कृति 20वीं सदी के एक महान सभ्यता के आत्मसंघर्ष की कथा कहती है।

21वीं सदी के मध्यवर्गीय लोग अपनी अनंत कृत्रिम इच्छाओं की वजह से ही आज भोगवादी और कट्टर एकसाथ दोनों होते जा रहे हैं। वे सुख के पीछे दौड़ते हुए क्रूरता की किसी भी हद तक जा सकते हैं। ऐसे समय में 'कामायनी' महत्वपूर्ण हो जाती है, क्योंकि यह मनुष्य को कृत्रिम इच्छाओं के संसार से निकालकर उदात्त इच्छाओं के संसार में ले जाती है। वह एक वैकल्पिक जीवन दृष्टि और जीवन शैली का संदेश देती है। इसमें एक ऐसी ज्ञान परंपरा की खोज है जो 'अंश' की जगह 'समग्र' पर आधारित है। साथ ही ऐसे श्रेष्ठ कर्मों की ओर बढ़ने के लिए कहा गया है जिनका लक्ष्य पूरी मानवता को विजयोन्मुख करना है– 'विजयिनी मानवता हो जाए'!

'कामायनी' पर काफी लिखा गया है, पर इसे एक विस्तृत परिप्रेक्ष्य में देखने की जरूरत है। इस कृति को रहस्यवादी काव्य, शैव दर्शन पर आधारित आदर्शवादी काव्य और कई बार स्त्री-विरोधी काव्य भी कहा गया, जबकि यह सुखवादी और स्वेच्छाचारी प्रवृत्तियों की आलोचना है। इसकी शुरुआत में ही सार्वभौम पतन का प्रलय दृश्य है :

प्रकृति रही दुर्जेय, पराजित हम सब थे भूले मद में,
भोले थे, हां तिरते थे केवल सब विलासिता के नद में।
वे सब डूबे, डूबा उनका विभव, बन गया पारावार–
उमड़ रहा था देव-सुखों पर दुख-जलधि का नाद अपार।

प्रसाद काफी सोच-समझ कर 'कामायनी' की शुरुआत प्रलय के दृश्य से करते हैं, जब हर तरफ केवल जल है। जब भी सृष्टि की विविधता को मिटाकर 'एक तत्व की प्रधानता' होने लगती है, एक न एक रूप में प्रलय आता है।

भौतिक सुखों का दास बन जाने के कारण देव सभ्यता का ध्वंस हो गया। आंधी-बारिश के बीच सिर्फ बिजलियां नृत्य करती हैं। अमरता के देव-दंभ का अंततः नाश हुआ, क्योंकि सभी देवता केवल बल, वैभव और सुख इकट्ठे करने में लग गए थे। वे एकायामी हो गए थे, 'सुख, केवल सुख का वह संग्रह, केंद्रीभूत हुआ इतना' कि अंततः प्रलय आया। एक न एक तरह का महाविनाश हर उस युग में आएगा, जब सुख केंद्रीभूत होंगे और विषमता बढ़ेगी। कहना न होगा कि प्रलय की इस मिथकीय कल्पना का एक लौकिक-ऐतिहासिक अभिप्राय है।

हिंसक भौतिकवाद का जवाब

'कामायनी' मुख्यतः मनु, श्रद्धा और इड़ा इन तीन चरित्रों को लेकर रचा गया महाकाव्य है जिसे 'छायावाद की उपनिषद' का सम्मान दिया गया है। एक समय उपनिषदों ने अहंकार से भरी भौतिकवादी सभ्यता का प्रतिपक्ष रचा था। कहा जा सकता है, आधुनिक युग में यह काम 'कामायनी' ने किया।

प्रसाद देख रहे थे कि मनुष्य का जीवन पुरानी सामंती बुराइयों के साथ आधुनिक भौतिकवादी सभ्यता की बुराइयों से भी घिरता जा रहा है। भारतीय सचाई है कि यह देश लंबे समय से इच्छाहीनता (संन्यास) और असीमित इच्छाओं (भोगवाद) के बीच फँसा रहा है। प्रसाद के युग में सुख-सुविधा की आकांक्षा बढ़ती जा रही थी जो लोगों को राष्ट्रीय-सामाजिक उद्देश्यों से विमुख करती थी। हालांकि उनके युग में सादगी और त्याग की भावना के साथ ऊँचे लक्ष्यों के लिए जीने वाले लोग थे। उनका प्रतिनिधि चरित्र श्रद्धा है, जिसे शिक्षा संसार में 'हृदय' कहकर उसी तरह उत्साहपूर्वक प्रचारित किया गया, जिस तरह इड़ा को 'बुद्धि' कहकर तिरस्कृत किया गया। वास्तविकता यह है कि श्रद्धा बुद्धिवाद की सीमाओं को तोड़ती है, उसका त्याग नहीं करती।

छायावाद पुरातन के जीर्ण-शीर्ण अवशेषों से मुक्ति का सांस्कृतिक आंदोलन है। वह नवजागरण का अगला चरण है। श्रद्धा चाहती है कि जल प्रलय में बच गए मनु अपने अवसाद से बाहर निकलें। वे नए सिरे से विश्व का मंगलमय विकास करें। वे देव सभ्यता के हिंसक भौतिकवाद को न दुहराएं। वह तर्क देती है, प्रकृति

की प्रधान शिक्षा नवोन्मेष है। उसके यौवन का अभिनंदन बासी फूलों से नहीं किया जा सकता :

> **पुरातन का यह निर्मोक**
> **सहन करती न प्रकृति पल एक**
> **नित्य नूतनता का आनंद**
> **किए है परिवर्तन में टेक।**

छायावाद का मुख्य स्वर नवोन्मेष का आनंद है। वह आधुनिक युग का एक प्रमुख आह्वान बनकर आया। इसके लिए पुरातन सामाजिक भेदभाव, सामंती बंधन और धार्मिक रूढ़ियों से मुक्ति जरूरी है। दरअसल मानव चित्त की उदारता से ही संभव है आधुनिक जीवन में अ-पर का बोध। हिंसक भौतिकवाद अ-पर के बोध, प्रकृति से रागमय संबंध और सौंदर्यबोध के अवसर नहीं देता। इसलिए प्रसाद की 'कामायनी' सबसे पहले औपनिवेशिक संरक्षण में पनप रहे हिंसक भौतिकवाद का प्रतिपक्ष रचती है।

सामंती बर्बरता का आधुनिक पुनरोदय

'कामायनी' का मनु प्रसाद के सभी छायावादी स्वप्नों को तोड़ देता है। उसे श्रद्धा का साथ मिला। लेकिन 'अखिल मानव भावों का सत्य' चुनते हुए विश्व के हृदय पटल पर एक नए इतिहास की रचना करने की जगह वह पुरानी देव सभ्यता के हिंसक सुखवाद के रास्ते पर चलने लगा। उसके भीतर भोगवादी सामंती बर्बरता का पुनरोदय हुआ। उसकी 'अतृप्ति' बढ़ गई। सुखवाद हो या उसका नया रूप उपभोक्तावाद, यह व्यक्ति का रोमांटिसिज्म मिटा देता है। इसके साथ ध्वस्त हो जाता है मानवीय संवेदना, प्रेम और साहस का बन रहा एक नया संसार। 'कामायनी' खासतौर से बताती है कि भारत अपने को पुनर्उपलब्ध करते-करते कैसे फिर अपने को खोने लगता है।

आधुनिक उपभोक्ता समाज में लक्षित किया जा सकता है कि अतृप्ति अंततः हिंस्रता की ओर ले जाती है। मनु जब कर्म के प्रवृत्त होते हैं, उनके पुरोहित बनते हैं दुष्प्रवृत्तियों के जनक आकुलि-किलात। फलतः उनमें पुराने सामंती युग की हिंस्र पशुता फिर जाग जाती है। श्रद्धा के विचारों को, जो गांधी युग के विचार थे, भूलकर मनु अपने यज्ञ में मेष शावक की बलि देते हैं। धरती रुधिर के छींटों से भर जाती है। प्रसाद सुखवाद के लिए मनु के पागलपन का

चित्र खींचते हैं, 'आकर्षण से भरा विश्व यह केवल भोग्य हमारा/ जीवन के दोनों कूलों पर बहे वासना धारा।' मनु अब श्रद्धा को स्त्री-देह समझने लगते हैं। वे असहिष्णु भी हो उठते हैं और मधुरता की जगह मादकता को चुनते हैं। श्रद्धा जब मनु का सुख और हिंसा के लिए पागलपन देखती है, वह सवाल करती है, 'मनु! क्या यही तुम्हारी होगी उज्ज्वल नव मानवता?' मनु जवाब देते हैं, 'तुच्छ नहीं है अपना सुख भी, श्रद्धे! वह भी कुछ है'। दुखी प्रसाद अपने टूटे स्वप्नों के बीच अपनी चिंता व्यक्त करते हैं, 'अपने में सबकुछ भर कैसे व्यक्ति विकास करेगा/ यह एकांत स्वार्थ भीषण है अपना नाश करेगा।' अपने में सबकुछ भरने की इच्छा ही व्यक्तिवाद, प्रभुत्व की असीमित आकांक्षा और अंततः तानाशाही की तरफ ले जाती है।

मनु जब हिंसा और भोगवाद की तरफ झुकने लगते हैं, श्रद्धा विलगाव का अनुभव करती है। मनु के इस नए विकास को लक्षित करके वह कहती है, 'यह हिंसा इतनी है प्यारी जो भुलवाती है देह-गेह!' प्रसाद अपने युग में सुखवादी पश्चिमी सभ्यता तथा हिंस्र भारतीय अतीत दोनों तरफ बढ़ रहे झुकाव को नव-मानवता के उत्थान में बाधक मानते हैं। हमें आश्चर्य हो सकता है कि उनमें कितनी दूरदर्शिता थी। उन्हें नहीं पता था कि वे सुदूर 21वीं सदी के यथार्थ को भी देख रहे हैं। 20वीं सदी के उस आधुनिक युग में वे सभी व्यक्ति श्रद्धा की तरह विलगाव और अकेलेपन का अनुभव करने लगे थे जो मनुष्य जीवन के कोमल तंतुओं को टूटते हुए तथा सौंदर्य के उदात्त मानदंड को ढहते हुए देख रहे थे।

मनु के विपरीत, श्रद्धा अपने लघु विश्व में सौंदर्य देखती है। वह एक कुटीर बनाती है। वह गर्भ के बच्चे के कपड़ों के लिए तकली पर सूत काटती है, जबकि मनु विराट का स्वप्न देखते हैं, भले वह तुच्छ हो। आज भी लोगों को बड़े मकान, बड़ी गाड़ी, बड़े ब्रांड, बड़े संगठन या बड़ी वित्तीय क्षमता ज्यादा आकर्षित करती है। उनका विश्वास 'स्माल इज ब्यूटीफुल' में नहीं है। मनु जब श्रद्धा को अपनी संपत्ति नहीं बना पाते, वे असहिष्णु हो उठते हैं और उसे त्याग कर सारस्वत प्रदेश की तरफ चल देते हैं जहां अब उन्हें एक महानगर का निर्माण करना था। 19वीं-20वीं सदियों का विकसित हो रहा मनुष्य एक ऐतिहासिक युग से एक दूसरे ऐतिहासिक युग में छलांग लगा रहा था, हालांकि सुख के लिए प्राचीन पागल हिंसा लेकर। उसकी आदिम हिंसा आधुनिक युग में छूटी नहीं थी।

दुःस्वप्न के बावजूद

आज हमारी पृथ्वी भेदभाव, कृत्रिम इच्छाओं और हिंसा से भरी है। मनुष्य और मनुष्य के बीच वह भावनात्मक संबंध नहीं बचा है, जो एक समय पनप रहा था। विश्व का पर्यावरण बिगड़ रहा है। यदि इन चिंताओं को अपने समय में प्रसाद 'कामायनी' के जरिए व्यक्त कर रहे थे, तो यह एक 'वार्निंग' था और आज भी साइरन की तरह बज रहा है। फिर भी प्रसाद भय में जीने की जगह इस 'दुखदग्ध जगत' को 'आनंदपूर्ण स्वर्ग' में बदलने का स्वप्न देखते हैं। श्रद्धा सोचती है, 'तुमुल कोलाहल कलह में मैं हृदय की बात रे मन'! प्रसाद कहना चाहते हैं कि हमारे लिए मानवीय भावनाओं का बड़ा महत्व है तथा अहिंसा, सादगी, न्याय और सार्वभौम सौहार्द बड़े मूल्य हैं। वे सोचते हैं, विश्व और भारत का भविष्य लोभ और भेदभाव के तत्वों से न बने।

प्रसाद भारत के स्वप्न के रूप में श्रद्धा को खड़ा करते हैं तो ज्ञान-विज्ञान (इड़ा) के बल पर मनु द्वारा निर्मित आधुनिक महानगर की ऐसी घटनाएं भी सामने लाते हैं जो स्वप्न-भग्न के बिंब रचती हैं। प्रसाद 'उदात्त' ही नहीं, 'ह्रासात्मक' को भी पहचानते हैं। प्रसाद की लोकतंत्र को लेकर आशंकाएं कितनी सही थीं, यह इन पंक्तियों से स्पष्ट है :

यह अभिनव मानव प्रजा सृष्टि
द्वयता में लगी निरंतर ही
वर्णों की करती रहे वृष्टि
अनजान समस्याएं गढ़ती
रचती हो अपनी ही विनष्टि
कोलाहल कलह अनंत चले
एकता नष्ट हो बढ़े भेद
अभिलषित वस्तु तो दूर रहे
हां मिले अनिच्छित दुखद खेद ...
दुख देगी यह संकुचित दृष्टि।

'कामायनी' में एक चरित्र है काम। वह कई अभिशाप देता है, जिनसे बाद में आधुनिक भौतिक विकास का सांस्कृतिक खोखलापन साबित भी होता है। ऐसे दिन आएंगे कि महानगरीय मनुष्य अपने चरम सुख में भी हताश रहेगा। वह

आत्मनिर्वासित होकर हमेशा अशांत होगा। उसकी अपूर्ण इच्छाएं 'नव ज्वलन धूम' सी होंगी। लोग नए-नए नियमों से बंधेंगे। वे सिर्फ अपनी देह-पूजा करेंगे। वे अपनी 'अपूर्ण अहंता' में खुद को बड़ा 'प्रवीण' समझेंगे। सुख में डूबे क्षण ही यथार्थ माने जाएंगे। सौंदर्य जलधि से पुरुष अपना पात्र केवल गरल से भरेगा, क्योंकि वह स्त्री को सुंदर देह से ज्यादा नहीं समझेगा। वह हमेशा सोचेगा, 'कुछ मेरा हो'। वह 'प्रणय-प्रकाश' ग्रहण नहीं कर पाएगा, संसार में पहले-सा प्रेम नहीं रह जाएगा। मनुष्य राग-विराग में फँसा रहेगा, 'अपने को कर शतशः विभक्त'। वह एक विभाजित व्यक्तित्व होगा, मस्तिष्क और हृदय के बीच सद्भाव नहीं होगा। जिंदगी हार-जीत की तरह जुआ में बदल जाएगी। बुराई और अच्छाई में क्या फर्क है, यह विचारशक्ति जाती रहेगी। सर्वज्ञता का अहंकार होगा, भले 'क्षुद्र-अंश विद्या' ही पास हो!

प्रसाद 'काम' के अभिशाप के जरिए दुनिया के भावी संकट का आभास कराते हैं, 'जीवन सारा बन जाए युद्ध'। नए युग में लोग हठी होते जाएंगे। तर्क केवल मारक हथियारों के बल पर सिद्ध किए जाएंगे। संसार युद्ध में फँसा रहेगा। लोग आदर्शों से रहित होते जाएंगे और स्वतंत्रता के नाम पर उच्छृंखलता होगी। इड़ा सर्ग में 'काम' महानगरीय मनुष्य को अभिशाप देता है, 'लिख दिया आज उसने भविष्य! यातना चलेगी अंतहीन'। एक अभिशप्त भविष्य होगा! 'काम' का अभिशाप लोगों की बढ़ती अनंत कृत्रिम इच्छाओं का नतीजा है।

प्रसाद मनु में तानाशाहियत के बीज देखते हैं, 'सबका नियमन शासन करते बस बढ़ा चले अपनी क्षमता।' तानाशाह पूरी शक्ति से जनता को विभाजित करता है, पर वह डरता भी है :

भयभीत सभी को भय देता
भय की उपासना में विलीन
प्राणी कटुता को बांट रहा
जगती को करता अधिक दीन

'कामायनी' में महानगरों के आधुनिक स्वप्न के दुःस्वप्न में बदलने के चित्र हैं। इसका यह अर्थ नहीं है कि प्रसाद भारत को प्राचीन ग्राम समुदाय, बैलगाड़ी और फेरीवालों के युग में रखना चाहते हैं। निश्चय ही वे ज्ञान-विज्ञान के विरोधी नहीं हैं। रोमांटिसिज्म दुनिया में कहीं भी नगरीय विकास, ज्ञान-विज्ञान या आधुनिक वस्तुओं के उपभोग का विरोधी नहीं रहा है। प्रसाद 'कामायनी' में स्पष्ट

कहते हैं, 'मेरे विकल्प संकल्प बनें, जीवन हो कर्मों की पुकार/सुख साधन का हो खुला द्वार।' वे उपभोग के नहीं, उपभोक्तावाद या अपने जमाने के अनुसार सुखवाद के विरोधी हैं। वे चाहते हैं कि भौतिक विकास प्रेम तथा बराबरी पर आधारित समाज की ओर ले जाए। वे शैव दर्शन से शब्दावली लेकर इसे 'समरसता' कहते हैं।

प्रसाद 'कामायनी' में जल प्रलय की मिथकीय घटना, शैव दर्शन और प्राचीन क्लासिकल ग्रंथों से विचार लेते हैं, लेकिन उनका लक्ष्य 'पुनरुत्थान' न होकर अपने देश-काल के संदर्भ में 'पुनर्निर्माण' है। वे अतीतविलासी नहीं थे। वे अपनी काव्य संवेदना के भीतर से जो भी कह रहे थे अपने युग की उस औपनिवेशिक आधुनिकता की आलोचना करते हुए कह रहे थे जो 21वीं सदी में काफी विस्तार पा चुकी है।

इसलिए प्रसाद इड़ा सर्ग में मनु की एक बड़ी कमी की ओर संकेत करके वस्तुतः विषमता के जिन रूपों पर प्रहार करते हैं, उनमें एक है लैंगिक विषमता। वे स्त्री के मानवाधिकार की बात करते हैं :

तुम भूल गए पुरुषत्व-मोह में
कुछ सत्ता है नारी की
समरसता है संबंध बनी
अधिकार और अधिकारी की
जब गूंजी यह वाणी तीखी
कंपित करती अंबर अकूल
मनु को जैसे चुभ गया शूल।

मानववाद बनाम मानवतावाद

मनु अपने को संपूर्ण प्रकृति और सृष्टि के केंद्र में रखकर देखता था। यह मानववाद है, मानववादी केंद्रिकता है। मानववाद और मानवतावाद में फर्क है। 18वीं-19वीं सदी में विज्ञान की विजय यात्रा के समय मानववाद बुद्धिवाद पर आधारित एक ऐसी पश्चिमी विश्वदृष्टि के रूप में सामने आया, जिसके केंद्र में मनुष्य था। मानववाद मानता है कि प्रकृति, पेड़-पौधे, पहाड़-नदियां, पशु-पक्षी और संपूर्ण सृष्टि ही मनुष्य के उपयोग के लिए है। मनुष्य का अपना जीवन ही सबकुछ है। उसके नैतिक मूल्य धर्म से स्वतंत्र हैं। मानववाद की बुद्धिपरकता अंध-

बुद्धिवाद तक चली जाती है।

मनु की महत्वाकांक्षा है, 'विश्व में जो सरल सुंदर हो विभूति महान/सभी मेरी हैं, सभी करती रहें प्रतिदान।' सब मानव का है और मानव केवल अपने लिए है, यह मानववाद है। आज उसकी शिक्षा है— अपना होना सीखो! श्रद्धा पुरुषसत्तात्मक मानववाद को मान्यता नहीं देती तो मनु उसका तिरस्कार करते हैं, 'तुम अपने सुख से सुखी रहो, मुझको दुख पाने दो स्वतंत्र!' वे मानवतावादी श्रद्धा का साथ छोड़ देते हैं।

हम देख सकते हैं कि मानववाद की प्राचीन परंपरा ग्रीक दार्शनिकों के अलावा भारत के बुद्धिवादी–सुखवादी चार्वाकपंथियों के बीच भी मौजूद रही है, हालांकि यह मुख्य रूप से 18वीं सदी के यूरोपीय ज्ञानोदय की देन है। मानववाद दार्शनिक स्तर पर मार खाकर भी दुनिया में अपने विध्वंसकारी रूप में आज इतना अधिक छाया है कि उसकी वजह से जलवायु परिवर्तन का संकट उपस्थित है। प्रकृति में मनुष्य का हस्तक्षेप सारी सीमाएं तोड़ चुका है। पहाड़ों पर प्रलयंकारी बाढ़ें आ रही हैं। तापमान में वृद्धि हो रही है। प्रदूषण बढ़ रहा है। मानववाद मनुष्य को खुदगर्जी में सीमित कर देता है, वह पर्यावरण पर एक बड़ा संकट है। प्रसाद ने 'कामायनी' में मनु को खुदगर्जी से भरे मानववाद की प्रतिच्छाया बनाकर उपस्थित किया है।

श्रद्धा कभी नहीं सोचती कि मनुष्य को कभी प्रकृति और सृष्टि के केंद्र में होना चाहिए। प्रकृति लूटने का माल नहीं है, उसपर मनुष्य का अस्तित्व निर्भर है। इसलिए सभी छायावादी कवियों ने प्रकृति में सौंदर्य देखा, उससे रागमय संबंध स्थापित किया। छायावाद ने बताया, सभ्यता के विकास के लिए प्रकृति से द्वंद्व जरूरी है, पर रागमय संबंध उससे कम महत्वपूर्ण नहीं है। छायावाद महज प्रकृति के मानवीकरण का मामला नहीं है, बल्कि उसके प्रकृति प्रेम को एक बड़े परिप्रेक्ष्य में समझने की जरूरत है।

श्रद्धा मानती है कि मनुष्य में बुद्धि के साथ सहृदयता भी होनी चाहिए, ताकि मनुष्य अपने चित्त का विस्तार करते हुए अ–पर का बोध कर सके और प्रकृति, 'जड़–चेतन' सबका महत्व समझ सके। श्रद्धा मेष शावक पालती है, पर्यावरण से रागमय संबंध स्थापित करती है। उसे कला से प्रेम है। प्रसाद इच्छा, ज्ञान और कर्म में समन्वय चाहते हैं, अर्थात मनुष्य इच्छाओं का गुलाम होने की जगह ज्ञान की रोशनी में उन इच्छाओं का बुद्धि से संस्कार करते हुए कर्म करे! वे कहते हैं, 'देखो कि यहां पर कोई भी नहीं पराया'! अ–पर का यह बोध आज भी एक

बड़ा अर्थ रखता है। प्रसाद आकांक्षा व्यक्त करते हैं, 'सब भेदभाव भुलवा कर दुख-सुख को सत्य बनाता/मानव कह रे! यह मैं हूँ, यह विश्व नीड़ बन जाता।' यह कवि की मानवतावादी कामना है, जो मानववादी खुदगर्जी से भिन्न है।

कामायनी में स्त्री जागरण

द्विवेदी युग और छायावाद को एक दूसरे के विरोधी के रूप में देखा जाता है, जबकि खासकर स्त्री प्रश्न पर दोनों के बीच गहरा संबंध है। नवजागरण ने स्त्री को केंद्र में रखकर सुधार आंदोलन शुरू किया था, स्वाधीनता संग्राम और छायावाद के युग ने इस आंदोलन को आगे बढ़ाया।

'कामायनी' के लज्जा सर्ग से 'नारी तुम केवल श्रद्धा हो, विश्वास-रजतनग-पग तल में' को उठाकर प्रसाद की स्त्री-दृष्टि पर आक्रमण किए गए हैं। हमारे देश में लज्जा को स्त्री का आभूषण माना जाता है। श्रद्धा इस धारणा के विरुद्ध लज्जा से सवाल करती है, 'तुम कौन? हृदय की परवशता?' प्रसाद ने सामान्यतः रूप सौंदर्य की उपेक्षा न करते हुए भाव सौंदर्य को उससे अधिक महत्व दिया है, जो बाजार सभ्यता को स्पष्ट चुनौती है। वे 'आंसू' में लिखते हैं, 'माना कि रूप सीमा है/ सुंदर! तब नव यौवन में/पर समा गए थे, मेरे/मन के निस्सीम गगन में।' यह कहते हुए वे यह सवाल भी करते हैं, 'वह रूप रूप था केवल/ या हृदय रहा भी उसमें'? (वही)। प्रसाद स्त्री देह के शृंगार और रूप-गर्व को आलोचनात्मक दृष्टि से देखते हैं। यह उनके स्त्री चरित्र विजया (स्कंदगुप्त), कमला (प्रलय की छाया) आदि चरित्रों को देखकर पता चल सकता है।

'कामायनी' का लज्जा सर्ग वस्तुतः भारतीय स्त्री की परंपरागत छवि और पर-अधीन दशा की आलोचना है। इसमें श्रद्धा का आत्ममंथन है जो भारतीय स्त्री का अंतर्द्वंद्व है। लज्जा स्त्री की दशा उपस्थित करती है कि किस तरह वह कोमल, निरीह और घरेलू श्रमिक है। उसका एक काम 'मधु-लीला' करना है। वह 'निस्संबल' है और सपने में भी स्त्री-जागरण के बारे में नहीं सोच सकती।

हिंदी प्रदेश में स्त्रियों की दशा ज्यादा चिंताजनक थी। प्रसाद ने लज्जा के जरिए उनका करुण यथार्थ रखा है, 'भुज लता फँसाकर नर-तरु से झूले सी झोंके खाती हूँ'। स्त्री का कर्तव्य बताया जाता है, अपना सर्वस्व दे देना और बदले में कुछ न मांगना। लज्जा स्त्री की नियति घोषित करती है, 'नारी तुम केवल श्रद्धा हो विश्वास-रजत-नग पगतल में/पीयूष-स्रोत सी बहा करो जीवन के सुंदर

समतल में।' 'कामायनी' की इन पंक्तियों पर पुरुष दशकों से मुग्ध होते रहे हैं। स्त्रियां भी इनपर लट्टू रही हैं, जो एक विडंबना है।

स्त्री का भारतीय यथार्थ लज्जा खुद उपस्थित करती है, 'आंसू के भीगे अंचल पर मन का सब कुछ रखना होगा/तुमको अपनी स्मिति रेखा से यह संधिपत्र लिखना होगा।' गुलामी के बांड पर स्त्री को हस्ताक्षर करना होगा, वह भी मुस्कराते हुए! श्रद्धा ने इस स्थिति से विद्रोह किया।

श्रद्धा मनु के साथ छोड़कर चले जाने के बाद जरा भी महसूस नहीं करती कि वह अबला हो गई है। वह थोड़ी देर के लिए व्यथित जरूर होती है, 'एक विरक्ति बोझ-सी ढोती मन ही मन बिलखाई'। उसके आंसू निकलते हैं, लेकिन निराशा में संभावना के चिह्न मिटे नहीं हैं, 'सूखी काष्ठ संधि में पतली अनल शिखा जलती थी'। इसका अर्थ है, गहन दुख और निराशा की घड़ियों में भी आशा की अग्निरेखा होती है। श्रद्धा दृढ़ता से अपने गर्भ की रक्षा करती है, जिसमें भविष्य का मानव पल रहा था। श्रद्धा अपनी संतान को प्रशासक-डाक्टर-इंजीनियर जैसा कुछ बनाने के पहले मनुष्य बनाना चाहती है!

भारतीय राष्ट्रनीति का घोषणापत्र

मनु ने सारस्वत प्रदेश में जब जनता के विद्रोह का दमन करना चाहा, जनता ने डटकर संघर्ष किया और अहंकार से भरे सर्वशक्तिमान मनु को घायल कर दिया। मनु हताश होकर आत्मघात की ओर बढ़ रहे थे कि श्रद्धा उनके पास पहुंच जाती है। श्रद्धा के साथ उसकी संतान मानव है। मनु को लेकर आनंदवाद, अर्थात कैलास लोक की यूटोपियाई दार्शनिक यात्रा पर निकलने से पहले श्रद्धा ने मानव को इड़ा को सौंपा, ताकि देश के आधुनिक विकास का सीधा संबंध मानवतावाद से हो। यहां एक स्पष्ट लौकिक संकेत है— इड़ा के पास ज्ञान-विज्ञान, टेक्नोलॉजी और बुद्धि की शक्ति है तो श्रद्धा की संतान मानव के पास सहृदयता है। मानव को श्रद्धा से मानवता के गुण मिले हैं। विज्ञान, टेक्नोलॉजी और नगरीकरण उच्चवर्गीय अत्याचार के औजार बनेंगे यदि वे बौद्धिक सहृदयता, सामाजिक समरसता और मानवीय मूल्यों से विच्छिन्न होंगे। श्रद्धा इड़ा के साथ खड़े अपने बेटे मानव से कहती है :

> **तुम दोनों देखो राष्ट्र-नीति**
> **शासक बन फैलाओ न भीति...**

हे सौम्य! इड़ा का शुचि दुलार
हर लेगा तेरा व्यथा भार
यह तर्कमयी तू श्रद्धामय
तू मननशील, कर कर्म अभय...
सब की समरसता का प्रचार
मेरे सुत! सुन मां की पुकार।...
इस देव-द्वंद्व का वह प्रतीक
मानव! कर ले सब भूल ठीक!...
यह विष जो फैला महाविषम
निज कर्मोन्नति से करते सम
सब मुक्त बनें काटेंगे भ्रम
उनका रहस्य हो शुभ-संयम
गिर जाएगा जो है अलीक
चलकर मिटती है पड़ी लीक।

प्रसाद अपनी भावनाएं हमेशा रूपकों, प्रतीकों और संकेतों में व्यक्त करते हैं। इसे छायावाद की लाक्षणिक प्रवृत्ति कहा गया है। इसलिए 'कामायनी' के सपाट पठन से सपाट निष्कर्ष निकल सकते हैं। वस्तुतः प्रसाद अपनी कल्पनाशीलता से दूर तक देखते हैं। उनकी दृष्टि में देश की समस्याएं महज मुद्दे नहीं हैं, वे चुनौतियाँ हैं। वे समस्याओं से भागते नहीं टकराते हैं।

'कामायनी' महाकाव्य 1936 में छपा था, जब प्रेमचंद का 'गोदान' आया था। दोनों कृतियां महान हैं। प्रसाद ने मनु में और प्रेमचंद ने 'गोदान' के रायसाहब में ढहती पतनशील सामंती व्यवस्था के बिंब रखे हैं, हालांकि यह व्यवस्था ढह नहीं पाई, 21वीं सदी में नए रंग-रोब से चमक उठी।

'कामायनी' आधुनिक प्रौद्योगिक विकास और मानवता को ही राह नहीं दिखाती। वह गुलाम भारत में रचे जाने के बावजूद स्वतंत्र भारत की राष्ट्रनीति का भी एक सांस्कृतिक घोषणापत्र है। 'कामायनी' भ्रमों को दूर करने तथा समाज को जहर से मुक्त करने के लिए है।

छायावाद का युग सामंजस्य का युग था। प्रसाद इड़ा और श्रद्धा को, बुद्धि और हृदय को, टेक्नोलॉजी और मानवता को लड़ाते नहीं हैं, इन्हें जोड़ते हैं। वे बौद्धिक सहृदयता, सामाजिक समरसता और अहिंसा की बात करते हैं। वे मनुष्य होने का

अर्थ बताते हैं, जो बाजार की 'वस्तु' होने से भिन्न है। वे स्पष्ट कहते हैं कि शासक का काम भेदभाव पैदा करना नहीं है, भय फैलाना नहीं है। प्रसाद के युग की विश्व मानवता वैश्वीकरण के युग में विश्व बाजार में सीमित हो गई है।

मानवता विजयिनी कैसे होगी

21वीं सदी की शुरुआत यह सोचते हुए नहीं हुई थी कि यह दुनिया एक ऐसी हिंसक होड़ की सदी हो जाएगी कि कौन एक लाख करोड़ ट्रिलियन डालर का मालिक बनेगा— बिल गेट्स, एलेन मस्क या कोई ऐसा व्यक्ति जिसका कृत्रिम मेधा के व्यापार पर एकाधिकार होगा। यह सोचते हुए भी नहीं हुई थी कि समाज में प्रचारित अज्ञान ही ज्ञान बन जाएगा और पड़ोसी ही सबसे बड़े शत्रु होंगे। मनु द्वारा इड़ा के बलात्कार की कोशिश जैसे यौन उत्पीड़न बढ़ जाएंगे, यह किसने सोचा था! किसी ने कल्पना नहीं की थी कि गरीब को गरीब की ही और मध्यवर्ग को मध्यवर्ग की ही लूट-मार के लिए इतना तैयार कर दिया जाएगा कि अरबपतियों तक इन सबका असंतोष कभी पहुंच ही नहीं पाएगा। आज के 'मनु' सुरक्षित होंगे! आखिर किसने सोचा था कि पिछली सदियों के आंदोलनों, क्रांतियों और सुधारों के उच्च आदर्श इस तरह उजड़ जाएंगे कि किसी के पास सैद्धांतिक रीढ़ नहीं होगी। हर आदमी आत्ममुग्ध उपभोक्ता में बदल जाएगा और हमारा समाज व्यक्तिवादियों का समाज होगा!

हम अपने समाज को जब सांस्कृतिक आत्मघात के रास्ते पर बढ़ते देख रहे हैं, एकबार सोच सकते हैं कि प्रसाद ने अतीत से मनु, श्रद्धा, इड़ा जैसे कथात्मक चरित्रों को उठाकर किस तरह सामाजिक भेदभाव, हिंसा, प्राकृतिक विनाश और खुदगर्जी के प्रतिपक्ष में एक मानवतावादी भविष्य की कल्पना की थी। यह एक निर्लज्ज समय है, अब कुछ भी 'बुरा' करने में लज्जा नहीं होती। फिर भी इस संकट को पार करना होगा। सभ्यता जितनी जर्जर होती जाए उसमें अग्निरेखा बची होती है।

मनु ने अपने पुरोहितों आकुलि-किलात की बुरी प्रेरणाओं से हिंसा और भोगवाद के दृष्टांत दिए। यह एक राष्ट्रीय वादाखिलाफी है। मनु श्रद्धा की तरफ आकर्षित होते समय शुरू में कह रहे थे, 'मैं पुरुष, शिशु-सा भटकता आज तक था भ्रांत'। श्रद्धा को लगा था कि मनु 'अमृत संतान' है। वह विश्व के हृदय पटल पर अखिल मानव भावों का सुंदर इतिहास लिखेगा। ऐसा नहीं हुआ, इतिहास

अधूरा रह गया। मनु सुखवाद, स्वेच्छाचारिता और हिंसा की तरफ मुड़ गए। कई बार इतिहास के अधूरे पन्ने साहित्यकार के कल्पलोक में होते हैं, जैसे 'कामायनी' के अंतिम सर्गों में हैं।

उपभोक्तावादी दुनिया में आज नई चीजें आ गई हैं और पुरानी चीजें विदा हो रही हैं। ट्राली बैग आ गया तो स्टेशनों पर लाल कपड़ों में कुली कम हो गए। वाशिंग मशीनों ने धोबियों को असहाय कर दिया। पान मसाला आ गया, पान की दुकानें फीकी हो गईं। ऑनलाइन सामान आने लगे तो सब्जी वालों और दुकानदारों से प्यारा संबंध खोने लगा। इसी तरह कई कृतियां पुरानी लगने लगीं, जिनमें एक 'कामायनी' है। क्या 'कामायनी' महज एक प्राचीन सच है?

'डीप हिस्ट्री' ने इतिहास में क्या कमाल दिखाया, यह नहीं पता लेकिन 'डीप फेक' छाया हुआ है। प्रसाद की 'कामायनी' दिखाती है, 'विकास' भी किस तरह आतंक पैदा करता है। श्रद्धा का 'चेतना का सुंदर इतिहास' मनु में 'डीप फेक' का ट्रैजिक इतिहास बन जाता है। मनु की सोच में 'फेक' ही 'रीयल' है। मनु अंततः पराजित होते हैं, दंड पाते हैं और हास्यास्पद हो उठते हैं, 'सोच रहे थे जीवन सुख है, ना यह विकट पहेली है/भाग अरे मनु! इंद्रजाल से कितनी व्यथा न झेली है।' पराजित तानाशाह की यह आत्मव्यथा हास्यास्पद रूप में उपस्थित है। यहां आशा की एक किरण है, हर तानाशाह एक दिन हास्यास्पद हो जाता है!

इसमें कुछ भी विस्मयजनक नहीं है, यदि हिंदी क्षेत्र में नवजागरण की तरह रोमांटिसिज्म भी साहित्यिक संसार तक सीमित रह गया। प्रसाद की 'कामायनी' के स्वप्न हिंदी सामाजिक चेतना का अंग नहीं बन सके, क्योंकि शिक्षा और आधुनिकीकरण से वंचित किए जाने के कारण हिंदी क्षेत्र में सामंती कठोरता ज्यादा थी। इस स्थिति में भी प्रसाद सहित अन्य छायावादी कवियों ने जो किया, उसके महत्व को समझा जाना चाहिए।

'कामायनी' में प्रसाद स्वप्न देख रहे थे, 'जीवन वसुधा समतल है समरस है जो कि जहां है।' भारत का व्यक्ति, जो जहां हो अपनी विशिष्टता के साथ समरसता से भरा हो। वह समता की रसात्मक अनुभूति और एक आनंदमय समग्रताबोध से भरा हो, मानवता तभी विजयिनी होगी। अन्यथा धर्म जीतेंगे, जातियां जीतेंगी, प्रांतीयताएं जीतेंगी और मनुष्य हारेगा!

कामायनी का मानवतावाद

'कामायनी' आधुनिक भौतिकवादी जीवन का 'क्रिटीक' है। प्रसाद के अनुभूति से दर्शन तक के सफर के साथ इसमें उनके जीवन अनुभव का निचोड़ है। इसके सुंदर काव्यात्मक बिंबों में विश्व सभ्यता का जो सत्य व्यक्त हुआ है, हम देख सकते हैं कि वह आज भी अर्थपूर्ण है। कई बार पृष्ठभूमि में जा चुकी कृति एक नए तात्पर्य के साथ अग्रभूमि में आ जाती है।

उपन्यास के युग में महाकाव्य क्यों

किसी भी बड़े रोमांटिक कवि ने महाकाव्य नहीं लिखा, क्योंकि महाकाव्य प्राचीन युग की एक क्लासिकल विधा है। छायावाद एक सामंतवाद-विरोधी आंदोलन है, उसकी आत्मा है स्वच्छंदता की अनुभूति। महाकाव्य सार्वभौमता पर आधारित है, जबकि छायावाद स्वच्छंद अनुभूतियों पर आधारित आंदोलन है। इसलिए आधुनिक युग में महाकाव्य को अलविदा कह दिया गया। छायावादी कवियों ने सामान्यत: अनुभूति-प्रधान छोटी कविता, प्रगीत या ज्यादा से ज्यादा लंबी कविता के रूप चुने, क्योंकि वे किसी पारलौकिक उद्देश्य की जगह लौकिक जीवन की अनुभूतियों को व्यक्त करना चाहते थे। उन्हें रामायण-महाभारत या रामचरितमानस-पदमावत की तरह किसी देवत्व-संपन्न चरित्र या उच्च कुल में जन्मे बहादुर राजकुमार की जीवन कथा नहीं कहनी थी, न कोई बड़ा युद्ध दिखाना था और न उनका लक्ष्य कालातीत सत्य कहना था। आधुनिक युग में महाकाव्य की जगह उपन्यास ने ले ली जो नवोदित मध्यवर्ग की आशा, आकांक्षाओं और संघर्षों को व्यक्त करने के लिए था।

हम पश्चिम के किसी बड़े रोमांटिक कवि को उपन्यासकार के रूप में नहीं पाते। प्रसाद ने उपन्यास क्यों लिखा? मुक्तिबोध ने एक अच्छा संकेत दिया है, 'प्रसाद जी पश्चिम के उन उपन्यासकारों की विचारधारा से प्रभावित थे, जो बुरे

को भी मानव-सुलभ सहानुभूति प्रदान करते हैं।' (कामायनी : एक पुनर्विचार) क्या प्रसाद ने 'कामायनी' में मनु को उसी तरह सहानुभूति से देखा है, जिस तरह प्रेमचंद ने 'गोदान' में रायसाहब को? प्रसाद ने अपनी एक लंबी कविता 'प्रलय की छाया' में एक पतित चरित्र कमला को सहानुभूति से देखा है, उसका अंतर्द्वंद्व और हृदय परिवर्तन दिखाया है। क्या यह ढह रही सामंती व्यवस्था से आत्मीय शत्रुता है, अर्थात जिससे शत्रुता है उससे थोड़ी-बहुत आत्मीयता भी है? क्या यह उस खास युग के आत्मसंघर्ष का एक रूप है? ऐसा आत्मसंघर्ष उस युग में था।

रोमांटिसिज्म की भारतीय स्थितियों ने यदि एक तरफ प्रसाद को महाकाव्य की तरफ अग्रसर किया— एक सामंती विधा की ओर तो दूसरी तरफ उपन्यास की विचारधारा की ओर भी! 'कामायनी' में महाकाव्य की सार्वभौमता जितनी है, उपन्यास की समकालीनता उससे कम नहीं है। यह एक अद्भुत सह-संबंध है जो 'कामायनी' को औपन्यासिक महाकाव्य बना देता है!

हिंदी में महाकाव्य की विधा एक पुरातन क्लासिकल अवशेष के रूप में खासकर छायावादी दौर तक बची रह गई। प्रसाद की 'कामायनी' इसका प्रमाण है। निश्चय ही इसका उद्देश्य देवत्व की प्रतिष्ठा न होकर मानवता की आधुनिक कथा कहना है। 20वीं सदी के इस महाकाव्य में अति-प्राकृतिक चमत्कारों का महिमामंडन न होकर आधुनिक जीवन के प्रेम और स्वतंत्रता की समस्याएं हैं। हम देख सकते हैं कि 'कामायनी' के प्रमुख चरित्र मनु, श्रद्धा और इड़ा प्राचीन महाकाव्य के चरित्रों से अधिक वास्तविक हैं तथा वे यथार्थपरक अपील करते हैं। ये चरित्र आधुनिक जीवन की समस्याओं के बीच से खड़े हुए हैं और आधुनिक जीवन की विडंबनाओं और संभावनाओं को उभारते हैं। वे अंतर्द्वंद्व से गुजरते हैं। उनमें से किसी में चारित्रिक एकरेखीयता नहीं है। वे कठिनाइयों पर विजय पाते हैं, भले यह 'भीतर की विजय' है। अंग्रेजी राज के उस खास दौर में प्रसाद की साहसपूर्ण 'महत खोज' चेतना के धरातल पर है और अपने युग की पतनशील सभ्यता से टकरा कर है।

रवींद्रनाथ को महाकवि कहा गया है, पर उन्होंने कोई महाकाव्य नहीं लिखा था। उनसे किसी ने पूछा, आपने महाकाव्य क्यों नहीं लिखा? रवींद्रनाथ ने कविता में जवाब दिया कि मुझे हाथ के छोटे-से कंकण के भीतर से आने वाले संगीत से तृप्ति मिल जाती है। इसलिए कभी महाकाव्य की आवश्यकता का

अनुभव नहीं हुआ। उन्होंने कई विधाओं में लिखा था, पर महाकाव्य का स्पर्श नहीं किया। 'कामायनी' एक महाकाव्य है, पर यह राजवंश का वृत्तांत न होकर वस्तुतः साधारण मानव की असाधारण अंतःशक्ति की खोज है।

पुराकथा पर आधारित होकर भी कामायनी इतिहास की आवाज है

पुराण इतिहास नहीं है और इतिहास पुराण नहीं है। फिर भी साहित्यिक दुनिया में दोनों के बीच संबंध रहा है। पुराण और इतिहास के अंतःसंबंध के दो रूप हैं- पौराणिक कथाओं का इतिहासीकरण और इतिहास का पुराणीकरण। 'कामायनी' औपनिवेशिक काल में लिखी गई है, जब पौराणिक कथा को इतिहास बनाकर प्रचारित करने की साम्राज्यवादी बौद्धिक प्रवृत्ति मौजूद थी। रामकथा को आर्य-द्रविड़ संघर्ष के चिह्न के रूप में देखा जा रहा था। इस संघर्ष के पुरातात्विक साक्ष्य इकट्ठे किए जा रहे थे। 1857 की पृष्ठभूमि में अंग्रेजों ने इसी उद्देश्य से 1861 में 'भारतीय पुरातत्व सर्वेक्षण' के नाम से एक सरकारी संस्था स्थापित की थी। प्रसाद ने देश को खंड-खंड करने के उपर्युक्त बौद्धिक षड्यंत्र के जवाब में 'भूमा' और 'समरसता' का संदेश देने के लिए मनु का पौराणिक चरित्र चुना। यह इतिहास का मिथकीकरण या पुराणीकरण है। मनु-श्रद्धा की पौराणिक कथा पर आधारित 'कामायनी' को पश्चिमी सभ्यता द्वारा राष्ट्रीय इतिहास की साम्राज्यवादी तोड़फोड़ का एक महाकाव्यात्मक जवाब कहा जा सकता है।

राष्ट्रवादी आंदोलन के दिनों में ऐसे बौद्धिक प्रयत्न हो रहे थे, जिनका उद्देश्य जनता के मन से आत्मतुच्छता को हटाकर राष्ट्रीय स्वाभिमान पैदा करना था। प्रसाद ने यह समझते हुए कि पौराणिक चरित्र के साथ 'भावनाओं का भी बीच-बीच में संबंध लगा हुआ' है, एक समय राष्ट्रीय गौरवबोध के लिए इंद्र जैसे चरित्र को भी इतिहास घोषित कर दिया था। बाद में पौराणिक कथा और इतिहास को अलग करते हुए वह इतिहास के पास खड़े होते हैं। 'अजातशत्रु' नाटक की भूमिका में लिखते हैं, 'भारत का ऐतिहासिक काल गौतम बुद्ध से माना जाता है, क्योंकि उस काल की बौद्ध कथाओं में वर्णित व्यक्तियों का पुराणों की वंशावली में भी प्रसंग आता है। लोग यहाँ से प्रामाणिक इतिहास मानते हैं। हमें अपना अतीव प्राचीन इतिहास रखने पर भी, यहाँ से इतिहास काल का आरंभ मानने में गर्व होना चाहिए।' प्रसाद पौराणिक अतीत के प्रति

तीव्र आकर्षण के बावजूद अपने वैचारिक विकास के एक खास मोड़ पर पौराणिक भूलभुलैया से इतिहास की भूमि पर आ जाते हैं।

इतिहास का पुराणीकरण वस्तुतः अपने युग के ऐतिहासिक यथार्थ को व्यक्त करने के लिए है। यह प्राचीन मिथकों की पुनर्रचना है। प्रसाद दूसरे छायावादी कवियों की तरह एक सेक्यूलर कवि हैं। उनका लक्ष्य इतिहास को मानवीय नजरिये से देखना है। वह मुख्यतः एक कवि हैं, अपने युग की दशाओं को देखकर अत्यंत आंदोलित और दुखी कवि। वह जीवन की सुंदरता की खोज करते हुए, पश्चिमी औद्योगिक सभ्यता की छाया में पनप रही स्वेच्छाचारिता का प्रतिपक्ष रच रहे थे और मानवता का अर्थ बताना चाहते थे।

प्रसाद की इन पंक्तियों में उनकी साहित्य दृष्टि है, 'साहित्यकार न तो इतिहासकर्ता होता है और न धर्मशास्त्र प्रणेता। इन दोनों के कर्तव्य स्वतंत्र हैं। साहित्य इन दोनों की कमी को पूरा करने का काम करता है। साहित्य समय की वास्तविक स्थिति क्या है, इसको दिखाते हुए भी उसमें आदर्शवाद का सामंजस्य स्थिर करता है। दुखदग्ध जगत और आनंदपूर्ण स्वर्ग का एकीकरण साहित्य है।' (छायावाद और यथार्थवाद)। प्रसाद ने 'समय की वास्तविक स्थिति' दिखाने को लेखक का एक प्रमुख दायित्व माना। इस परिप्रेक्ष्य में इतिहास के पुराणीकरण या मिथकीकरण का इसके अलावा क्या अर्थ है कि कवि इतिहास के यथार्थ को एक विशेष कलात्मक ढंग से कहना चाहता है। वह यथार्थ को यथार्थ से नहीं कहकर, मिथकों के माध्यम से कहता है।

दूसरी तरफ, पौराणिक कथा का इतिहासीकरण पुनरुत्थानवाद है। इसका लक्ष्य पुराणों में वर्णित कथाओं को तथ्य बनाकर उपस्थित करना है, उन्हें इतिहास और विज्ञान साबित करना है। ऐतिहासिक यथार्थों की मिथकीय अभिव्यक्ति एक कला है, जबकि पुराण का इतिहासीकरण एक राजनीतिक परियोजना है।

कामायनी के पूर्व–मूल्यांकन

'कामायनी' की विवेचना करते समय कुछ आलोचक इसके पौराणिक इतिवृत्त की ऐतिहासिकता प्रमाणित करने में लगे रहे हैं तो कुछ आलोचक यांत्रिक भौतिकवादी दृष्टिकोण से कृति को पुनरुत्थानवादी बताकर उसकी धज्जियाँ उड़ाने में! प्रसाद ने वस्तुतः मानवता के किस दृष्टिकोण से इस कृति की

रचना की तथा इसकी ऊंचाइयां क्या हैं, इस सवाल पर विचार करने की जरूरत है। हिंदी में सबसे अधिक शोध या आलोचनात्मक ग्रंथ 'कामायनी' पर हैं, इसलिए सबसे अधिक धुंध इसी के चारों ओर है।

हिंदी आलोचना की विडंबना है कि छायावादी कवियों के योगदान को समग्रता में न उभारकर नायक पूजा को प्रोत्साहन दिया गया है। प्रसाद को प्रेमचंद की परंपरा के विरोध में रखकर व्यक्तिवादी परंपरा के जनक के रूप में देखा गया। प्रसाद भाववादी हैं, पर व्यक्तिवादी नहीं। वह भारतेंदु और प्रेमचंद की परंपरा से अविभाज्य हैं। दरअसल भारत में 'रोमांटिसिज्म' यथार्थवाद से तटस्थ नहीं रह सका है। वह नवजागरण से जुड़ा रहा है। मुख्य बात है, भारतीय सामाजिक विकास में आदर्शवाद का एक सकारात्मक योगदान है जिसकी पहचान करनी चाहिए। नदी के एक तट पर फूलों की क्यारियाँ तथा दूसरे तट पर धान के खेत हों, तो इससे दो नदियां नहीं हो जातीं!

'कामायनी' में 'विज्ञान की झलक' तथा 'वर्गहीन समाज की साम्यवादी पुकार की दबी-सी गूँज' पाते हुए भी रामचंद्र शुक्ल ने जो एक बार कह दिया, 'रस पगी रही पायी न बुद्धि' तो होड़ लग गई श्रद्धा को 'हृदय' तथा इड़ा को 'बुद्धि' के रूप में देखने की और इड़ा को बुरा चरित्र मानने की। प्रसाद ने 'कामायनी' की भूमिका में खुद यह भ्रम पैदा किया है, 'मनु अर्थात मन के दोनों पक्ष हृदय और मस्तिष्क का संबंध क्रमशः श्रद्धा और इड़ा से भी सरलता से लग जाता है।' नंद दुलारे वाजपेयी इस भ्रम को तोड़ने की कोशिश करते हैं, 'कामायनी' मनु और श्रद्धा की कथा तो है, मनुष्य के क्रियात्मक, बौद्धिक और भावनात्मक विकास में सामंजस्य स्थापित करने का अपूर्व काव्यात्मक प्रयास भी है।' (जयशंकर प्रसाद)। इसका अर्थ है, प्रसाद मनुष्य के विकास में भावना के साथ-साथ विज्ञान-बुद्धि का महत्व समझ रहे थे।

छायावाद पर कुछ प्रगतिवादियों ने एक समय तीव्र आक्रमण किया था। उसमें हिंदू फासीवाद खोज निकाला गया। शिवदान सिंह चौहान ने छायावादी कविता के बारे में कहा है, 'यह जीवन से भाग निकलने वाली कविता स्पष्ट दृष्टिकोण से रहित, मुख्यतः भावना प्रधान थी। उसके कवियों की अंत:वृत्तियां अवचेतन-आधारित एवं असंगठित, वैयक्तिक एवं असामाजिक थीं।' ऐसी कच्ची टिप्पणियों का जवाब प्रगतिशील आंदोलन के भीतर से रामविलास शर्मा देते हैं। उन्होंने प्रसाद के बारे में लिखा है, 'प्रसाद जी के लिए न तो सत्य इस

संसार के परे है और न मनुष्य का सुख।... प्रसाद का दर्शन बुद्धिवाद-विरोधी नहीं है, बल्कि वह ज्ञान को मानव की सहृदयता से संबद्ध करता है।' (लोक जीवन और कामायनी)। वे आगे कहते हैं, 'प्रसाद साहित्य हिंदी भाषी जनता की मूल्यवान विरासत है।' उन्होंने निराला पर खास तौर से लिखते हुए भी प्रसाद के महत्व को समझा था, भले इनपर विस्तार से न लिखा हो।

गजानन माधव मुक्तिबोध अपने अंतिम विश्लेषण में रामचंद्र शुक्ल को दुहराते हैं, लेकिन 'कामायनी' को समझने के मार्ग में जो धुंध बढ़ रही थी, उसे छाँटने के लिए कुछ महत्वपूर्ण वैचारिक सूत्र भी देते हैं। उन्होंने 'कामायनी' को फैंटेसी कहते हुए, उसकी ऐतिहासिक-समाजशास्त्रीय समीक्षा पर जोर दिया। उनके अनुसार, 'कामायनी का अध्ययन मात्र मनोवैज्ञानिक दृष्टि से पूरा नहीं हो सकता। प्रसाद जी एक ऐसे कलाकार थे, जिन्होंने युग की प्रवृत्तियों तथा विचारधाराओं को इस प्रकार साहित्य में ढाल दिया कि वे संपूर्ण रूप से प्रसाद-प्रणीत ही प्रतीत होती हैं। ... यद्यपि हम यह नहीं कह सकते कि उन्होंने युग प्रवृत्तियों को शुद्ध वैज्ञानिक आकलन-विवेचन के फलस्वरूप ग्रहण किया है, किंतु यह तो कहा ही जा सकता है कि एक विशेष काल खंड के भीतर उपस्थित व्यापक वास्तविकता को उन्होंने एक विशाल कल्पना-चित्र द्वारा प्रस्तुत किया है।' (कामायनी : एक पुनर्विचार)। यहां 'कामायनी' में युग प्रवृत्तियों का वैज्ञानिक विवेचन करने-न कर पाने पर चर्चा की जरूरत नहीं है, क्योंकि साहित्य के संसार में वैज्ञानिक विवेचन का हर दावा अर्थहीन है। यहां विभिन्न मत हैं।

दरअसल मुक्तिबोध की 'व्यापक वास्तविकता को एक विशाल कल्पना चित्र द्वारा प्रस्तुत' वाली बात पर ध्यान दिया जाना चाहिए।

'कामायनी' में दिखाई गई देव सभ्यता हिंसा और भोगवाद पर आधारित थी। वह पतनशील सामंतवाद का प्रतीक है। मुक्तिबोध सही कहते हैं, 'मनु सामंत-व्यवस्था के शासक वर्गों का पुत्र है, जो नई ऐतिहासिक-सामाजिक स्थिति के कारण पूँजीवादी व्यक्तिवाद को लिए हुए अपनी सामंती परंपरा से विच्छिन्न होकर भी सामंती शासकवर्गीय प्रवृत्तियों की तानाशाहियत को अपने खून में लिए हुए है।' (वही)। आखिरकार चीन, बांग्लादेश, नेपाल, ईरान, इराक, अफगानिस्तान, पाकिस्तान, श्रीलंका, भारत जैसे एशियाई मुल्कों के शासक वर्ग का आधारभूत चरित्र आज भी स्वेच्छाचारिता से इतना अधिक क्यों भरा

हुआ है? इन देशों में आज भी इतनी हिंसा क्यों है? इन देशों में नव-पूँजीवादी विकास के साथ स्वेच्छाचारिता के नए-नए उभार का क्या रहस्य है?

प्रसाद 20वीं सदी के हिंसक एशियाई विकास को गहराई से पहचान सके थे तथा उसे मनु में मूर्त कर सके थे, जो एक बड़ी बात है। इसलिए मुक्तिबोध का यह कथन सही नहीं है– 'मनु प्रसाद की बहुत भीतरी प्रवृत्तियों का प्रतिनिधि चरित्र है।' प्रसाद ने मनु को एक पतित आधुनिक चरित्र के रूप में देखा है। इसका यह अर्थ नहीं है कि मनु की प्रवृत्तियां प्रसाद की प्रवृत्तियां हैं। प्रसाद ने 'कामायनी' में मनु की स्वेच्छाचारिता का कहीं समर्थन नहीं किया है।

यदि कुछ भी दर्शन है तो उसमें सबकुछ रहस्यमय नहीं है

'कामायनी' एक दर्शन ग्रंथ न होकर काव्य है। प्रसाद का दर्शन काव्य के बिंबों, प्रतीकों और मिथकीय संकेतों में फैला है। यह उनके व्यापक भारतीय अनुभवों की देन है। 'कामायनी' के दर्शन को कभी सिर्फ 'दार्शनिकता का ऊपरी आभास' (रामचंद्र शुक्ल) कभी 'रहस्यवादी जीवन दर्शन' (नंददुलारे वाजपेयी) और कभी 'रहस्यात्मक आनंदवाद' (गजानन माधव मुक्तिबोध) कहा गया। सामान्यतः 'कामायनी' का दर्शन 'दर्शन, रहस्य और आनंद सर्ग' के आधार पर निर्धारित किया गया है और उसे रहस्यवाद से जोड़ा गया है। इस तरह प्रसाद के आदर्शवाद को रहस्यवाद में सीमित कर दिया जाता है, जबकि 'कामायनी' का उद्घोष है, 'तप नहीं केवल जीवन सत्य'! यह मनुष्य को दीनता और अवसाद से मुक्त करने वाला महाकाव्य है।

आचार्य रामचंद्र शुक्ल ने 'कामायनी' पर लिखते हुए आरंभ में एक महत्वपूर्ण बात कही थी, 'एक विशाल भावना को रूप देने की ओर भी अंत में प्रसाद ने ध्यान दिया, जिसका परिणाम है 'कामायनी'।' कैसा रूप देने की ओर, निश्चय ही दार्शनिक रूप!

प्रसाद एक अनुभूतिप्रवण, कल्पनाशील और सौंदर्यबोध संपन्न कवि थे। वे दार्शनिक नहीं थे। भारत सामंती व्यवस्था के औपनिवेशिक-पूंजीवादी रूपांतरण से गुजर रहा था। वह एक ऐसे जीवन दर्शन की खोज में था जो लोगों को उत्थान की ओर ले जाए। दर्शनों और जीवन के मार्गों की कमी न थी। छायावाद का समय दर्शनों और राजनीतिक विचारों से भरा था। प्रसाद को उनमें बड़े-बड़े तर्क दिखे, पर उन्हें वह 'विशाल भावना' नहीं मिली जिसकी ओर आचार्य शुक्ल

ने इशारा किया है। प्रसाद ने 'कामायनी' में इस स्थिति पर व्यंग्य किया था:

सब कहते हैं 'खोलो खोलो
छवि देखूंगा जीवन धन की'
आवरण स्वयं बनते जाते
है भीड़ लग रही दर्शन की।

हर बड़े कवि के पास विश्वदृष्टि होती है। वह अपने युग की वैचारिक टकराहटों के बीच अपनी और अपने युग की विश्वदृष्टि बनाता है। वह किसी खास दर्शन की कार्बन कॉपी हो, यह आवश्यक नहीं है। प्रसाद को एक दार्शनिक की जगह कवि-दार्शनिक मानकर ही 'कामायनी' के दार्शनिक तत्वों का मूल्यांकन करना चाहिए। दरअसल 'रहस्य' और 'दर्शन' दोनों का एकसाथ अस्तित्व संभव नहीं है। यदि कोई दर्शन है तो उसमें सबकुछ रहस्यमय नहीं हो सकता। दर्शन 'रीजनिंग' देता है, एक सार्वभौम तर्क की ओर ले जाता है। 'कामायनी' में भी 'रीजनिंग' है, एक सार्वभौम तर्क की खोज है। यह अलग बात है कि यह खोज कलात्मक उत्कर्ष के साथ है और काव्यात्मक भाषा में है।

'कामायनी' एक दार्शनिक काव्य है। इसमें प्रसाद की पहले की छोटी-छोटी कविताओं की तरह सिर्फ अनुभूति और कल्पना नहीं है। प्रसाद की काव्य यात्रा को अनुभूति से दर्शन की यात्रा कहा जा सकता है, जो 'कामायनी' में चरम उत्कर्ष प्राप्त करती है। इस कृति में छायावाद का वैचारिक अभिप्राय खुलता है, निश्चय ही एक सूखी वस्तु की जगह सौंदर्य रस के साथ। प्रसाद ने अपनी महत्वाकांक्षी कृति में अपने युग के राष्ट्रीय-सामाजिक जीवन का साक्षात्कार करते हुए मनुष्य जीवन का अर्थ खोलने की कोशिश की है। उनका प्रगीत से महाकाव्य की ओर बढ़ने का मुख्य उद्देश्य यह था कि वे एक बड़े कथाफलक पर आधुनिक जीवन का मानवतावादी दर्शन प्रस्तुत करना चाहते थे।

कामायनी की शुरुआत 'हिमगिरि के उत्तुंग शिखर' पर जिस मनु से होती है, वह अपनी कृत्रिम इच्छाओं के कारण अंततः एक ट्रैजडी का वृत्तांत बन जाता है। प्रसाद ने 'कामायनी' में मनु की ट्रैजडी को मार्मिक बिंबों की एक सुंदर माला में प्रस्तुत किया है। वह मनु के चरित्र के आधार पर एक वैश्विक यथार्थ उपस्थित करते हैं, 'सुख, केवल सुख का वह संग्रह केंद्रीभूत हुआ इतना' कि देव सभ्यता प्रलय-जलधि में समा गई। यहां अति-भौतिकवाद और सुखवाद की बुनियाद पर खड़े हो रहे आधुनिक संसार के अंत की कल्पना है। यह एक

ऐसे युग की ओर संकेत है, जो अपनी समस्याओं के भार से आत्मध्वंस के कगार पर पहुंच जाएगा। इस तरह देव सभ्यता का पतन एक पौराणिक संदर्भ से आगे बढ़कर ऐतिहासिक संदर्भ पा जाता है। इससे स्पष्ट होता है कि 'कामायनी' का दर्शन एक ठोस वैश्विक संकट पर आधारित है।

देव सभ्यता के विनाश से मनु में निराशा और अवसाद ही नहीं अंतर्द्वंद्व भी पैदा होता है। मनु अपनी विचलित मनोदशा से बाहर निकलते हैं तो देखते हैं, 'सिंधु सेज पर धरावधू अब तनिक संकुचित बैठी-सी'। प्रलय के भयानक दृश्य से निकल कर अब धरती दिखने लगी थी। मनु को अपने बचे होने की अस्तित्ववादी अनुभूति हुई : 'मैं हूँ, यह वरदान सदृश क्यों लगा गूंजने कानों में/मैं भी कहने लगा, 'मैं रहूँ' शाश्वत नाम के गानों में।' प्रसाद सुखवाद-आधारित भौतिकवाद की अंतिम परिणति को समझते हुए एक भिन्न दर्शन की खोज में निकलते हैं।

विश्व मानवता के जागरण का रूपक

प्रसाद अपनी छोटी-छोटी अनुभूतियों पर आधारित प्रेम और सौंदर्य की कविताएँ लिखने के साथ भारत के इतिहास, दर्शन और संस्कृति के अध्ययन में लगे रहते थे। उनकी निगाह 20वीं सदी के आरंभिक दशकों की वैश्विक घटनाओं और वैज्ञानिक-तकनीकी विकास पर थी। वे एकायामी आधुनिकीकरण, यांत्रिक बुद्धिवाद तथा भौतिकवादी सुख की पश्चिमी धारणाओं का आक्रमण लक्षित कर रहे थे। उनका युग परंपरा और आधुनिकीकरण, विश्वास और बुद्धि, पूंजीवाद और शोषित गरीब वर्ग, सादगी-भरे जीवन और सुख की असीमित आकांक्षा, सामाजिक भेदभाव और सामंजस्य, हिंसा और अहिंसा, साम्राज्यवाद और विश्वबंधुत्व के बीच बहुस्तरीय वैचारिक संघर्ष का युग था। जाहिर है, 'कामायनी' के दार्शनिक गठन पर उपर्युक्त बिंदुओं पर चल रहे उस युग के वैचारिक संघर्ष का असर है।

प्रसाद के भावनात्मक मानस के दार्शनिक रूपांतरण में पश्चिम की बौद्धिक-सामाजिक क्रांतियों के साथ-साथ भारत की चिंतन परंपराओं की प्रेरणा भी कम महत्वपूर्ण नहीं है। उल्लेखनीय है कि अन्य छायावादी कवियों की तरह, प्रसाद मामले को पश्चिम-पूर्व अंतर्द्वंद्व के रूप में नहीं देख रहे थे। उन्हें भारत के अतीत में सिर्फ अंधेरा नहीं दिखता था और न पश्चिम में सिर्फ उजाला। वे

पुनरुत्थानवादी न थे और न बौद्धिक उपनिवेशवाद से आक्रांत थे। उन्होंने अपने दार्शनिक उपकरण पश्चिम की जगह भारतीय ज्ञान परंपराओं से चुने। वे हिंदी के पहले कवि हैं, जिन्होंने शैव दर्शन और इसके आनंदवाद से प्रेरणा ली। वे इसके बीज शब्दों को लेकर दुनिया के अन्य स्वच्छंदतावादी कवियों की तरह सभ्यता के मानवतावादी पुनर्निर्माण में अपनी साहित्यिक भूमिका निभाते हैं।

प्रसाद ने न केवल विश्वास और विवेक को जोड़ा, बल्कि कहना चाहा कि मनुष्य हिंसा और भोगविलास की ओर भटक सकता है, पर उच्च प्रेरणाओं से मनुष्यता में वापसी संभव है। कहा जा सकता है कि 'कामायनी' का दर्शन एक राष्ट्रीय, लोकतांत्रिक और मानवतावादी परियोजना है। यह भारतीय पुनर्निर्माण की एक आदर्शवादी आधारशिला है, तो एक नए विश्व की कामना भी।

20वीं सदी के आरंभिक दशकों में मानव सभ्यता एक ऐसे मोड़ पर पहुंच चुकी थी, जब लोगों को अज्ञान के अंधकार और पिछड़ेपन से मुक्त करने के अभियान जोरों पर थे। बुद्धिवाद पुराने रूढ़िवादी विश्वासों से टकरा रहा था तो विज्ञान भौतिक पिछड़ेपन से। आधुनिकीकरण गति पकड़ रहा था। हमारा देश औपनिवेशिक स्थितियों में भी इन घटनाओं से अब थोड़ा-बहुत गुजरने लगा था। वह एक तिराहे पर खड़ा था, किधर जाए? तीन रास्ते थे- अतीत का पुनरुत्थान, पश्चिमी सभ्यता का अनुकरण तथा बुद्धिपरक और मानवतावादी राष्ट्रीय जागरण। शिक्षित वर्गों में उत्साह भरा था, पर एक बौद्धिक कुहासा था। ऐसे ही दौर में 'कामायनी' की रचना हुई थी।

मनु जब प्रलय के बाद श्रद्धा से मिले थे, उन्होंने शक्ति के अस्त-व्यस्त विद्युत कणों का समन्वय करके 'विजयिनी मानवता हो जाए' का संकल्प लिया था, लेकिन धीरे-धीरे समन्वय का काम छोड़कर वे हिंसा, स्वेच्छाचारिता और सुखवाद की तरफ मुड़ जाते हैं। प्रसाद को अपने युग में वैश्विक विपर्यय के लक्षण दिखने लगे थे। आधुनिकीकरण के नाम पर कृत्रिमता, बुद्धिवाद के नाम पर सांस्कृतिक जड़विहीनता और विकास के नाम पर विषमता बढ़ रही थी। आधुनिकता जीवन शैली तक सीमित थी, जीवन दृष्टि में आधुनिकता नहीं आ पा रही थी। बुद्धिवाद यांत्रिक बुद्धिवाद में सीमित होकर अंधविश्वासों का आश्रयदाता हो रहा था। पश्चिमी पद्धति से आधुनिक विकास की धारणाओं ने खुदगर्जी, सामाजिक भिन्नता, पर्यावरण विनाश तथा स्वेच्छाचारिता को बढ़ावा दिया। आधुनिकीकरण ने सुख-सुविधाओं को अधिक लोगों तक

पहुंचाया, पर जीवन का संकट भी बढ़ा। प्रसाद के सामने प्रश्न था, क्या आधुनिकीकरण और मानवता की विजय दोनों एकसाथ संभव है?

यह बात अनगिनत तरह से कही गई है कि मनुष्य को विध्वस्त किया गया है, पर उसकी आशाओं को कभी मिटाया नहीं जा सका है। 'कामायनी' में आशा सर्ग है। प्रलय के बाद मनु में आशा का जन्म होता है। इसका पहला चिह्न है अपने होने का बोध, अपने अस्तित्व और शेष सृष्टि से प्रेम। मनुष्य जीवन की अर्थवत्ता इसी में है कि वह इस प्रेम का कितना विस्तार कर पाता है। मनु कोशिश करते हैं। उन्हें श्रद्धा मिलती है, उन्हें एक मौका मिलता है। यह अलग बात है कि उनकी अनियंत्रित महत्वाकांक्षाएं उन्हें फिर पतन के द्वार पर ला खड़ा करती हैं। प्रसाद ने मनु में 20वीं सदी के एक बृहत्तर सभ्यतागत पतन को मूर्त किया है, हालांकि उन्होंने दार्शनिक आदर्श भी दिए हैं।

'कामायनी' में मनु की कथा को इतिहास नहीं समझ लेना चाहिए। फिर भी इस कथा के जरिए प्रसाद ने प्राण खोलकर 'चेतना का सुंदर इतिहास, अखिल मानव भावों का सत्य' कहा है। 'कामायनी' का सत्य भारतीय स्थितियों से जुड़ा होकर भी वस्तुत: सार्वभौम है। यह राष्ट्रीय जागरण भर न होकर विश्वचेतना है। कामायनी के दर्शन को देश-काल तक सीमित न मान कर विश्व मानवता के जागरण का रूपक समझना चाहिए। वैसे भी दर्शन और विज्ञान देश विशेष के नहीं होते। दर्शन देश के अलावा एक हद तक काल का भी अतिक्रमण करता है।

मानववाद से आगे

'कामायनी' के दर्शन की एक पृष्ठभूमि नवजागरण है। नवजागरण युग में बुद्धिवाद के साथ मानववादी धारणाएं भी पनप रही थीं। यह 18वीं-19वीं सदी के यूरोपीय ज्ञानोदय का असर था। मानववाद ने इहलौकिकता का प्रवर्तन करते हुए मनुष्य और इसके भौतिक विकास को सभ्यता का केंद्र बना दिया था। 'कामायनी' का आरंभ भौतिक दुनिया और इसकी सबसे सुंदर चीज मनुष्य की स्वीकृति से होता है। प्रलयोत्तर पृथ्वी एक मनुष्य के बच जाने की वजह से इतनी सुंदर है! यह समझ जरूरी है कि मनुष्यजाति एक यथार्थ है, माया नहीं। लेकिन इसपर भी सोचना होगा कि पृथ्वी पर मनुष्य के अलावा प्रकृति और एक विस्तृत पर्यावरण है।

पृथ्वी सिर्फ मनुष्यों के लिए नहीं है, दूसरे जीव-जंतुओं के लिए भी है।

प्रसाद पृथ्वी को बार-बार समस्त जड़ और चेतन के घर के रूप में देखते हैं। वे मानव-केंद्रिक या मानववादी नहीं हैं। पश्चिम में मानववाद (ह्यूमनिज्म) सभ्य मनुष्यों के फायदे को ही सबकुछ समझने के एक खास ज्ञानोदय कालीन दर्शन के रूप में उभरा था। 21वीं सदी में विकास की धारणाओं में जलवायु परिवर्तन, जैव विविधता तथा पर्यावरण से संबंधित अन्य समस्याओं की जिस तरह उपेक्षा की जा रही है और पृथ्वी को संकट में डाला जा रहा है, उसके केंद्र में मानव-स्वार्थपरता या मानववाद का आत्मघातक दृष्टिकोण ही है। छायावादी कवि 'मानव तुम सबसे सुंदरतम' जैसी बातें कर रहे थे, जबकि प्रसाद 'समरस थे जड़ या चेतन, सुंदर साकार बना था' की धारणा का प्रवर्तन करके खुद को मानववाद के दर्शन से स्वतंत्र करते हैं और उस विस्तृत पर्यावरण की चिंता करते हैं मनुष्य जिसका एक हिस्सा भर है।

20वीं सदी में बड़े आधुनिक संगठन, इतिहास और औद्योगिक यंत्रों के सम्मुख मनुष्य के नगण्य होते जाने की स्थितियां पैदा हो रही थीं। कहां तो कुछ समय पहले कहा जा रहा था कि मनुष्य प्रकृति का स्वामी और स्वयं अपना निर्माता है और कहां स्थितियां ऐसी आ रही थीं कि मनुष्य आधुनिक टेक्नोलॉजी और राजनीति की ताकतों द्वारा असहाय और दास बनाया जा रहा था, जैसे आजकल डिजिटल अकेलापन है या बहुराष्ट्रीय कंपनियों की दासता है।

प्रसाद मनुष्य की असहायता को उसकी नियति मानने की धारणा से असहमत होते हैं। वे उसे 'अमृत संतान', 'संसृति के मूल रहस्य', 'विधाता की कल्याणी सृष्टि', 'मानवता की कीर्ति' का ध्वजवाहक आदि कहते हैं, पर वे मनुष्य की गरिमा, उसके 'मैं' के पक्ष में होते हुए भी उसको विश्व का केंद्रबिंदु मानने के लिए तैयार नहीं हैं। वे नवजागरण के बुद्धिवाद को चुनते हैं, पर मानववाद से असहमत होकर ऐसे विस्तृत मानवतावाद के पक्ष में खड़े होते हैं, जो जड़-चेतन, संपूर्ण पर्यावरण के लिए कल्याणकारी हो।

प्रसाद का द्वंद्वात्मक आदर्शवाद

प्रसाद भाववादी और आदर्शवादी थे, पर व्यक्तिवादी नहीं थे। वे द्वंद्वात्मक भौतिकवादी नहीं हैं, द्वंद्वात्मक आदर्शवादी हैं। समाज की सांस्कृतिक जड़ता मिटाने के लिए सैकड़ों साल से द्वंद्वात्मक आदर्शवाद की एक सकारात्मक भूमिका रही है। दुनिया को यह बात अभी तक समझ में नहीं आई है कि उसका

महत्व द्वंद्वात्मक भौतिकवाद से कम नहीं है। द्वंद्वात्मक आदर्शवाद ने अतीत में दिमागी संकीर्णता, सामाजिक भेदभाव और स्वार्थपरता से सैकड़ों साल तक लोहा लिया है। यह वेदांत, शैव दर्शन और भक्ति आंदोलन से स्पष्ट है। इन तीनों का आदर्शवाद द्वंद्वात्मक है और यह दिमागी संकीर्णताओं से लड़ता है।

छायावाद ने अपने आदर्श रचे और संपूर्ण सृष्टि में सौंदर्य देखा। इसने साम्राज्यवादी और सामंती बंधनों से संघर्ष किया। छायावाद ने मनुष्य के अंतःकरण के पांच प्रमुख तत्वों– संवेदनशीलता, कल्पनाशीलता, आलोचनात्मक विवेक, सृजनात्मकता और करुणा की रक्षा के लिए अति–भौतिकवाद और उपयोगितावाद से वैचारिक लड़ाई छेड़ी। इसका अर्थ है छायावाद द्वंद्वात्मक रहा है। प्रसाद के लिए मनुष्य के अंतःकरण का, उसके चैतन्य और भावजगत का अधिक महत्व है। वे अपने संपूर्ण साहित्य में मानवीय अंतःकरण के उपर्युक्त पांच तत्वों को महत्व देते हैं तथा 'भावनाओं' को वस्तुओं में बदलने का विरोध करते हैं।

प्रसाद के द्वंद्वात्मक आदर्शवादी दृष्टिकोण की ही देन है लौकिक मानवतावाद। यह पूर्ववर्ती आध्यात्मिक मानवतावाद से भिन्न है। 'कामायनी' के आदर्शवाद की धुरी है श्रद्धा। वह मनु को देव सभ्यता के सामंती दंभ से बाहर निकालकर एक सर्जक व्यक्तित्व ही नहीं प्रदान करना चाहती, उसे जीवन की पूर्णता, अर्थवत्ता और पारदर्शिता से भी परिचित कराना चाहती है। यह हर युग का प्रश्न रहा है कि जीवन की सार्थकता किसमें है और हर युग ने अपने ढंग से इसका उत्तर दिया है। प्रसाद भी कहते हैं कि मानव जीवन के बौद्धिक विकास के हर मोड़ पर मानवीय संवेदनशीलता, मानव संबंधों की गरिमा, प्रकृति प्रेम, अहिंसा, कलाओं से प्रेम और सादगी जरूरी है।

मनु ऐसे आधुनिक लोगों के व्यक्तिवादी जीवन का दृष्टांत उपस्थित करता है जो अपनी क्षुद्र और कृत्रिम इच्छाएं पूरी करने के लिए धरती को नरक में बदल देना चाहते हैं। श्रद्धा आधुनिक मानव जीवन में प्रवृत्तिमूलकता के साथ-साथ स्वच्छंदता, उदारता, ममता, करुणा, मधुरिमा, सौहार्द, समता, सादगी, लोकमंगल और विश्वनीड़ का संदेश लेकर आती है। यह समग्रता में आदर्शवादी मानवतावाद का संदेश है। यह मनुष्य की उदात्त चेतना है, जिसका निर्माण वस्तुतः राष्ट्रीय स्वाधीनता संग्राम के उच्च तत्वों से हुआ है। श्रद्धा प्रलयोत्तर मनु से उसकी हताशा दूर करते हुए कहती है :

दया, माया, ममता लो आज, मधुरिमा लो, अगाध विश्वास
हमारा हृदय-रत्न-निधि स्वच्छ तुम्हारे लिए खुला है पास।
बनो संसृति के मूल रहस्य, तुम्हीं से फैलेगी वह बेल
विश्व-भर सौरभ से भर जाय सुमन के खेलो सुंदर खेल।

एक नया सवेरा हुआ। श्रद्धा ऐसे दौर का आदर्शवादी मानवतावाद है, जब दुनिया में पूँजीवाद उत्थानशील दशा में था। पैसा बहुत कुछ था, पर सब कुछ न था। प्रकृति से केवल द्वंद्व का ही नहीं राग का भी संबंध था, हालांकि यह संबंध संकट में था।

मानवीय राग के विस्तार का एक उदाहरण है, एक बार सरदार बल्लभ भाई पटेल और नेहरू जब गांधी से स्वाधीनता संग्राम के किसी जरूरी मुद्दे पर बात करना चाह रहे थे, गांधी एक बकरी की चोट खाई टांग पर गीली मिट्टी की पट्टी बांधने में व्यस्त थे। दोनों नेता झुंझला रहे थे!

छायावाद युग में पृथकतावाद की जगह अखंडता का महत्व था। विश्वास तथा बुद्धि के बीच द्वंद्व के बाद अब दोनों के बीच अंतःक्रिया घटित हो रही थी। मानवता को विषमता की पीड़ा से मुक्त करने की क्रांतिकारी आवाज उठने लगी थी। प्रसाद के आदर्शवादी मानवतावाद में न केवल छायावादी आंदोलन की विचारधारा प्रतिबिंबित हुई है, बल्कि बीसवीं सदी के महान स्वाधीनता संग्राम की सांस्कृतिक विचारधारा भी। वह जीवन में खुशी और आनंद की ओर बढ़ने का मार्ग रहा है, जो आज संकरा हो चुका है। कहा जा सकता है, श्रद्धा स्वेच्छाचारी मनु की एंटीथीसिस है।

'कामायनी' के आदर्शवाद में मानव सभ्यता का नया प्रकाश है, जो द्वंद्वात्मक आदर्शवाद की भारतीय परंपरा में एक मोड़ ले आता है। वह यह मोड़ आधुनिकता, लोकतंत्र, सादगी और मानवता के कोणों से लाता है। 'कामायनी' का आदर्शवाद भारत के भेदभाव-मुक्त आधुनिक विकास के साथ संपूर्ण सृष्टि के सौंदर्य की रक्षा और विश्व मंगल के लिए है। प्रसाद कहते हैं :

अपने दुख सुख से पुलकित यह भूत विश्व सचराचर,
चिति का विराट वपु मंगल यह सत्य सतत चिर सुंदर।

प्रसाद ने दुख-सुख से भरे भौतिक विश्व को सत्य माना था। उन्होंने बताया, संपूर्ण सृष्टि मनुष्य के चैतन्य के कारण ही इतनी सुंदर है। 'कामायनी' वस्तुतः आदर्शवादी लोकजागरण का ऐसा काव्य है, जो जीवन के सौंदर्य को संपूर्ण

सृष्टि के सौंदर्य से जोड़ता है। मनु देव सभ्यता के विनाश के बाद हताशा में विस्मृति, अवसाद और जड़ता की कामना करने लगते है, किंतु मानव प्रकृति में सदा से द्वंद्वात्मकता है। प्रकृति की दूसरी चीजों की तरह मनुष्य में नवोन्मेष की एक अजस्र शक्ति है। मनुष्य को कभी अंतिम रूप से विध्वस्त नहीं किया जा सकता। उसकी इच्छाओं के उदात्त आदर्शवादी संसार को कभी हमेशा के लिए मिटाया नहीं जा सकता। मानवता इस भौतिक दुनिया में उत्थान–पतन के अनगिनत दृश्य रचते हुए हमेशा गतिमान रहेगी, मनु आत्मसचेत होते हैं।

श्रद्धा ही कामायनी है अर्थात इच्छाओं का उदात्त संसार

छायावादी काव्य का लक्ष्य मनुष्य को इच्छाओं के कृत्रिम संसार से इच्छाओं के उदात्त संसार में लाना है। प्रसाद स्वप्न देखते हैं कि मनुष्य 'तरल आकांक्षा से है भरा'। मनुष्य में इच्छाएं जन्में, यह स्वाभाविक है। इच्छाएं मंगलकारी हैं या विनाशकारी, यह प्रश्न प्रसाद के सामने है। वे चाहते हैं, मनुष्य अपने 'स्व' को पहचाने और आदर्श पथ पर चले। इसलिए उन्होंने ऋग्वेद की 'कामगोत्रजा श्रद्धा' को मंगलमयी कामना की मूर्ति के रूप में देखा। श्रद्धा मंगलमयी कामना है। वह कामायनी है, 'वह कामायनी जगत की मंगल कामना अकेली'! 'कामायनी' में श्रद्धा इच्छाओं के उदात्त संसार का प्रतीक है।

प्रसाद की 'कामायनी' वस्तुतः आधुनिक मनुष्य की कृत्रिम इच्छाओं की आलोचना है। वह आधुनिक युग के मानवतावाद के साथ–साथ उस उपयोगितावाद का भी प्रतिपक्ष है जो हर चीज को उपयोगिता या लाभ–हानि के तराजू पर तौल कर चुनता है। प्रसाद को पता है, नया युग नई इच्छाएं लेकर आया है, अब नए स्वप्न हैं। मनुष्य के जीवन का प्रधान चिह्न है नूतनता। नूतनता हमेशा परिवर्तन से आती है, पर नूतनता 'विषमता की पीड़ा' की जगह समरसता का आनंद देने वाली होनी चाहिए।

पुरातनता का यह निर्मोक सहन करती न प्रकृति पल एक
नित्य नूतनता का आनंद किए है परिवर्तन में टेक।

'कामायनी' अति–भौतिकवाद की ओर बढ़ते औद्योगिक–उपयोगितावादी समाज की आलोचना है। इसका एक स्पष्ट एशियाई, खासकर भारतीय संदर्भ है। इस महाकाव्य के एक प्रमुख चरित्र श्रद्धा को आध्यात्मिक तत्व के रूप में देखा जाता रहा है या हृदय कहकर सीमित किया जाता रहा है, जबकि वह

राष्ट्रीय आंदोलनों के युग का मानवतावादी आदर्शवाद है।

प्रकृति से केवल संघर्ष नहीं प्रेम भी

औद्योगिक सभ्यता ने मनुष्य में विज्ञान के बल पर प्रकृति से द्वंद्व और उसपर विजय की तीव्र आकांक्षा भर दी थी। मनुष्य अपनी औद्योगिक-वैज्ञानिक यात्रा में प्रकृति का शत्रु होता जा रहा था, जबकि प्रकृति से जितना जरूरी द्वंद्व है, उतना ही जरूरी प्रेम भी है। यदि नवजागरण (रिनेसां) प्रकृति से द्वंद्व की शिक्षा देकर वैज्ञानिक-औद्योगिक विकास की प्रेरणा देता है तो छायावाद (रोमांटिसिज्म) प्रकृति से प्रेम की शिक्षा देकर वैज्ञानिक-औद्योगिक विकास को मानवतावादी मोड़ देना चाहता है, ताकि विकास एक बहुआयामी परिवर्तन हो। प्रकृति से प्रेम प्रसाद के मानवतावादी दर्शन का एक मुख्य तत्व है जो जीवन को सौंदर्य और मधुरिमा से भरता है।

प्रसाद की प्रकृति-संबंधी अवधारणा में प्रकृति के मधुर और विराट रूप के चित्र हैं। 'कामायनी' में अपरा प्रकृति है, सामने फैली अनंत दृश्यमान सृष्टि! प्रसाद अपने काव्य में दृश्यमान प्रकृति के सुंदर चित्र देते हैं। 'कामायनी' में भी ऐसे चित्र भरे हैं। उनकी कविता में प्रकृति का सौंदर्य आध्यात्मिक संदर्भ में नहीं, ठोस लौकिक संदर्भ में उजागर होता है। 'कामायनी' में प्रलय के बड़े सुंदर चित्र हैं, 'लहरें व्योम चूमती उठतीं, चपलाएं असंख्य नचतीं/ गरल जलद की खड़ी झड़ी में, बूंदें निज संसृति रचतीं।' इन पंक्तियों में लहर और बूंद दोनों का सौंदर्य है। प्रकृति में सौंदर्य ही नहीं जीवन के पाठ भी हैं। आनंद सर्ग में मनु कैलास पर्वत की यात्रा पर हैं। वे बदल गए हैं, हिमालय को दिखा कर कहते हैं-

मनु ने कुछ कुछ मुस्क्या कर कैलास लोक दिखलाया
बोले, 'देखो कि यहां पर कोई भी नहीं पराया।
हम अन्य न अन्य कुटुंबी, हम केवल एक हमीं हैं
तुम सब मेरे अवयव हो जिसमें कुछ नहीं कमी हैं'।

प्रसाद का प्रकृति से सरोकार प्रकृति के मानवीकरण की धारणा तक सीमित नहीं है। उनका मुख्यत: कथन है, आधुनिक युग में प्रकृति पर विजय के दंभ का वही नतीजा होगा, जो देव सभ्यता का हुआ।

मनु की पितृसत्तात्मक स्वेच्छाचारिता ने सभ्यता का ध्वंस किया

एशिया में औपनिवेशिक अवरोधों की वजह से सामाजिक–सांस्कृतिक पुनर्निर्माण का अवसर ज्यादा नहीं मिला। पूंजीवाद की सामंतवाद से सांठगांठ थी। इसलिए एशिया में रोमांटिसिज्म पनप नहीं पाया। हिंदी क्षेत्र में वह केवल एक साहित्यिक मामला था। मनु का पूंजीवादी चरित्र सामंतवाद से सांठगांठ का मूर्तिमान रूप है। वह बुनियादी रूप से एक गैर–रोमांटिक और सुखवादी चरित्र है। मनु को श्रद्धा पहली बार मिली, तब वह 'विश्व की करुण कामना मूर्ति' लगी थी। मनु के निरुपाय और वेदना भरे जीवन में वह आशा की ज्योति बनकर आई थी। वह दया, ममता, मधुरिमा और विश्वास का उज्ज्वल दान और कर्म का संदेश बन कर आई थी। मनु में कर्म की प्रेरणा वस्तुतः श्रद्धा का साथ पाकर ही जगती है। उसमें इच्छाओं का मधुर संसार प्रवेश करता है। वह विध्वंस के पारावार के बीच श्रद्धा से सुनता है– 'शक्तिशाली हो विजयी बनो, विश्व में गूँज रहा जय गान', किंतु जब कर्म का पथ चुनकर वह शक्तिशाली होने लगा, वह सबके विकास की जगह केवल अपने बारे में सोचने लगा। वह पर्यावरण विनाश और व्यक्तिवाद में रत हो गया।

मनु ने शुरू में कुछ दिन श्रद्धा के साथ सादगी, भावनामय और युक्तिपूर्ण जिंदगी बिताई। गृह बना, अन्न आया और गृहस्थी खड़ी हुई। मनु की कामनाओं का संसार शुरू में अकलुषित था, 'चल रहा था सरल शासन युक्ति–सुरुचि समेत', लेकिन एक महान दौर के बाद मनुष्य का पतन शुरू हुआ। मनु कुछ समय बाद ही सोचने लगे, 'विश्व में जो सरल सुंदर हो विभूति महान, सभी मेरी हैं, सभी करती रहें प्रतिदान'। वह इंद्रियपरायण होने लगा और काम का उज्ज्वल कामनाओं का संसार बनाने का संदेश भूल गया। मनु उदात्त कामनाओं से विमुख होकर स्वेच्छाचारी हो उठा।

प्रसाद ने मनु की पितृसत्तात्मक स्वेच्छाचारिता का चित्र खींचते हुए स्त्री जीवन के भारतीय यथार्थों की ओर भी इशारा किया है। स्त्री को किस तरह पितृसत्तात्मक गुलामी स्वीकार करनी पड़ती है और वह भी मुस्कुराते हुए! प्रसाद इसका एक अनोखा दृश्य रचते हैं, क्योंकि वे चाहते थे कि स्त्री लज्जा के कैदखाने से बाहर निकले। वे स्त्री विडंबना को सामने लाते हैं :

आँसू से भीगे अंचल पर मन का सबकुछ रखना होगा।
तुमको अपनी स्मिति–रेखा से यह संधि–पत्र लिखना होगा।

नवजागरण काल के सुधारों के केंद्र में स्त्री थी। छायावाद ने सुधारवादी

आंदोलनों की निरंतरता में स्त्री की स्वतंत्रता को मुद्दा बनाया। इसका अर्थ है, प्रसाद 'केंद्र' के साथ 'हाशिया' की समस्या भी उठाते हैं।

मनु पुरुष प्रभुत्ववाद का परिचय देने लगे थे। उन्होंने लक्ष्य खो दिया, उनका संकल्प भग्न हुआ। श्रद्धा को बुरा लगा, क्या स्त्री को हमेशा पुरुष के अधीन रहकर रो-धोकर अपना जीवन व्यतीत करना होगा, फिर उसे अपनी गुलामी का संधिपत्र लिखते समय रोने की भी आजादी नहीं है! 'कामायनी' की लज्जा स्त्री की जिस नियति की ओर संकेत करती है, श्रद्धा उसे स्वीकार नहीं करती। वह लड़ती है।

मनु दुष्प्रवृत्तियों के प्रतीक आकुलि-किलात से मिलकर हिंसा और भोगवाद का नग्न दृश्य उपस्थित करने लगे थे। वे अपने सलाहकार पुरोहितों के कहने पर यज्ञ में मेष शावक की बलि देते हैं। इधर-उधर रुधिर के छींटे फैल जाते हैं। यज्ञ की ज्वाला धधक उठती है। हर तरफ मनु का आतंक दिखाई देता है। इन सबके बीच श्रद्धा 'एलियनेशन' का अनुभव करती है और आधुनिक मनुष्य की हिंसा-वृत्ति पर सवाल दागती है :

यह विराग संबंध हृदय की कैसी यह मानवता?
प्राणी को प्राणी के प्रति बस बची रही निर्ममता।

मनु सामंती व्यवस्था के पूँजीवादी विकास से केवल सुख की गुलामी चुनते हैं। वे पश्चिमी शैली की व्यक्तिवादी स्वाधीनता चाहते हैं। इसलिए कहते हैं, 'आकर्षण से बना विश्व यह केवल भोग्य हमारा/ जीवन के दोनों कूलों पर बहे वासना धारा।' वे श्रद्धा से भी भोग-विलास में शामिल होने का आह्वान करते हैं : 'देवों को अर्पित मधु-मिश्रित सोम अधर से छू लो/ मादकता दोला पर प्रेयसि! आओ मिलकर झूलो/... तुच्छ नहीं है अपना सुख भी श्रद्धे! वह भी कुछ है/ दो दिन के इस जीवन का तो वही चरम सब कुछ है।'

मनु में आज के उपभोक्तावाद के आरंभिक लक्षण देखे जा सकते हैं। उपभोक्तावाद व्यक्ति का निश्छल रोमांटिसिज्म समाप्त कर देता है। यह उसे प्रेम और सादगी से जीने की जगह कृत्रिम भोगवादी जीवन की ओर ठेलता है। प्रसाद की दूरदर्शिता है कि उन्होंने 20वीं सदी की चरम उपभोक्तावादी और बर्बर सामंती परिणतियों को काफी पहले 'कामायनी' के मनु में मूर्त कर दिया था।

'कामायनी' का दर्शन मानव सभ्यता के आधुनिक सुखवादी विकास और अंध-राष्ट्रवाद की धारणाओं से टकराव का परिणाम है। 20वीं सदी के

आरंभिक दशकों में सभ्यता का सत्य खंडित होने लगा था, मूल्य बिखर रहे थे। दुनिया के इटली-जर्मनी-जापान जैसे देशों में फासीवादी शक्तियां उभर रही थीं। भारत में उपनिवेशवाद का दमन था, अंग्रेजों की 'फूट डालो' की नीति सफल हो रही थी। समाज को विभाजित करने के राजनीतिक खेल चरम पर थे। पश्चिमी सभ्यता का सुखवाद शिक्षित-संपन्न व्यक्तियों को घेर रहा था। श्रद्धा कहती है, 'सुख को सीमित कर अपने में, केवल दुख छोड़ोगे।' सुख के पीछे अधिक दौड़ अंततः दुख, अवसाद और आत्महत्या की ओर ले जाती है।

मनु के सुखवादी विचारों का कोई संबंध न भारतीय संस्कृति से है, न आधुनिक हित से। श्रद्धा अपनी सजल पलकों में गहन वेदना लिए मानव सभ्यता के इस नृशंस विकास का निरीक्षण करती है। वह मनु के संकल्प भग्न से दुखी है, पर दुख में वह न टूटती है न झुकती है। यह स्त्री के संदर्भ में एक बड़ी घटना है। छायावाद की एक शिक्षा है– दुख सदा होगा, पर दुख में कभी न झुको और सिर हमेशा ऊंचा रखो! श्रद्धा कामायनी की रीढ़ उपस्थित करती है। वह मनु को समझाती है–

अपने में सब कुछ भर कैसे व्यक्ति विकास करेगा,
यह एकांत स्वार्थ भीषण है अपना नाश करेगा।
औरों को हँसते देखो मनु हँसो और सुख पाओ,
अपने सुख को विस्तृत कर लो सबको सुखी बनाओ।

श्रद्धा मनु को व्यक्तिवाद की तरफ बढ़ने से रोकना चाहती है। वह उसे युग के नवोदित आदर्श 'सबको सुखी बनाओ' की दृष्टि से जोड़ना चाहती है। मनु पर कोई असर नहीं होता। वह श्रद्धा को त्याग कर चल देता है। 'कामायनी' का संदेश सुखवाद नहीं है, 'सबको सुखी बनाओ' है। मनु भटक गया, अर्थात आधुनिक युग का मनुष्य भटक गया।

प्रसाद एक छायावादी कवि के रूप में केवल प्रेम, वेदना और सौंदर्यानुभूति तक सीमित नहीं रहते। वे 'कामायनी' में मानव सभ्यता के 'सबको सुखी बनाओ' के महान संदेश की ओर संकेत करते हैं। उनकी साहित्य साधना हमारी विरासत है, हमारा पाथेय है। उनका दर्शन छायावाद का जीवन दर्शन है जिसमें प्रेम, उदारता, अहिंसा, सादगी, त्याग जैसे उच्च मूल्यों का महत्व है। उनका जीवन दर्शन गांधी युग के आंदोलित मन-मस्तिष्क की ऊँचाइयों को प्रतिबिंबित

करता है।

प्रसाद मनु के पुरुषसत्तात्मक वर्चस्व का विरोध करते हैं। वे स्त्री-पुरुष संबंध के धरातल पर समरसता की बात करते हैं। इससे उनके युग की पितृसत्तात्मक दृष्टि में आ रहे बदलाव का संकेत मिलता है। मनु मानवता के जिन आदर्शों से भटकते हैं, उनमें प्रधान है स्त्री का सम्मान। प्रसाद ने अपने युग के अन्य सभी छायावादी कवियों की तरह स्त्री के आत्मसम्मान का प्रश्न उठाया और मनु की तीखी आलोचना की।

मनु ने श्रद्धा को पाकर भी खो दिया था। श्रद्धा जब श्रम करना शुरू करती है, खेती के लिए बीज चुनती है, अपनी होनेवाली संतान के लिए तकली पर सूत बुनती है और चरखे का गीत गाती है, मनु को यह सब जरा भी नहीं भाता। वे पूछते हैं कि बच्चे के लिए कपड़े की क्या जरूरत है, क्या मेष शावक का मुलायम चमड़ा बेहतर चीज नहीं है! श्रद्धा एक छोटा घर चाहती है तो मनु सारस्वत प्रदेश में बड़े नगर, बड़ा उद्योग और बड़े साम्राज्य का स्वप्न देखते हैं। वे सुख की गुलामी को चुनते हैं। इस मामले को उस युग के वैचारिक संघर्ष के रूप में देखने की जरूरत है।

प्रसाद ने 'कामायनी' में बार-बार चिंता व्यक्त की है कि औपनिवेशिक औद्योगिक विकास और नगरीकरण मानवीय आत्मपहचान को ही विकृत नहीं कर रहा है, स्त्री की गरिमा, सामाजिक सौहार्द और समग्रता का बोध भी नष्ट हो रहा है। 'कामायनी' को उपनिवेशवाद की इतिहास-क्रीड़ा, देश को खंड-खंड करने के उसके खेल से विच्छिन्न करके, उस युग के अति-भौतिकवादी तथा उपयोगितावादी रुझानों को ओझल रखकर नहीं समझा जा सकता।

आधुनिकता की ट्रेजेडी

दुनिया में नवजागरण का केंद्रीय सारतत्व है बुद्धिवाद। इसकी बांह पकड़ करके ही आधुनिकता आई। छायावाद को कई बार तर्क के विरुद्ध कल्पना का विद्रोह कहकर उसका विरोध किया जाता है। छायावादी काव्यधारा ने बुद्धिवाद से कभी वैर नहीं ठाना। उसने वस्तुतः अति-बुद्धिवाद, उपयोगितावाद और निरंकुश औद्यागिक सभ्यता को चुनौती दी। ये आततायी बन गए थे, मानव संसार में विपत्तियां ला रहे थे। फलस्वरूप आधुनिकता का संकट पैदा हो रहा था, रुग्ण आधुनिकता छा रही थी। छायावाद ने एक वैकल्पिक जीवन दृष्टि और

जीवन शैली प्रस्तावित की। उसका लक्ष्य बुद्धि के साथ संवेदना को महत्व देना था, मनुष्य के निर्णयों को उपयोगिता की स्वार्थ-भरी कसौटियों से मुक्त करना था और विश्व को औद्योगिक सभ्यता की एकायामिता से बचाना था।

औद्योगिक सभ्यता पूंजीवाद की राह से अंततः स्वेच्छाचारिता को अपना मुख्य ठिकाना बनाती है, यह दिखाने के लिए प्रसाद ने अपनी दूरदर्शिता से मनु का चरित्र गढ़ा था। मनु संस्कृति के नए उत्थान का स्वप्न देखकर भी पतन का मार्ग चुनते हैं और आधुनिकता को संकट में डाल देते हैं।

प्रसाद की 'कामायनी' में एक चरित्र है काम। काम यहां 'सेक्स' के अर्थ में नहीं है। काम का दार्शनिक अर्थ है कामना, सृजन की इच्छा। पहली बार काम आया था मनु में उदात्त कामनाओं के उष्ण संचार के लिए। वह दूसरी बार आया अपने बुनियादी संकल्प से भटके मनु को वर्ग विभाजित पूंजीवादी लोकतंत्र का अभिशाप देने के लिए। उसने अभिशाप से पहले कारण बताया, 'मनु तुम श्रद्धा को गए भूल/ उस पूर्ण आत्म-विश्वासमयी को उड़ा दिया था समझ तूल'। काम द्वारा आधुनिक युग को दिए गए अभिशाप इस प्रकार हैं :

जीवन सारा बन जाए युद्ध
उस रक्त, अग्नि वर्षा में बह जाएं सभी जो भाव शुद्ध।...
अपने को आवृत्त किए रहो दिखलाओ निज कृत्रिम स्वरूप
वसुधा के समतल पर उन्नत चलता फिरता हो दंभ-स्तूप।...
मस्तिक हृदय के हो विरुद्ध, दोनों में हो सद्भाव नहीं।...
लिख दिया आज उसने भविष्य। यातना चलेगी अंतहीन।...
सब कुछ भी हो यदि पास भरा पर दूर रहेगी सदा तुष्टि
दुख देगी यह संकुचित दृष्टि।

ऐसा लगता है, प्रसाद ने यह सब 21वीं सदी के बारे में लिखा है। हर तरफ स्वार्थ है, हिंसा है। एलीट कृत्रिमता में अच्छे विचार बह गए हैं। अहंकार का एक से बढ़कर एक रूप है। ज्ञान और संवेदना के बीच तलाक है। पास में बहुत कुछ होने पर भी अतृप्ति है और लोगों की दृष्टि रोज अधिकाधिक संकुचित होती जा रही है। मनु मिथ्या चेतना से घिरे होने की वजह से अहिंसक और परदुखकातर जीवन की कल्पना नहीं कर पाते। वे 'मुझको दुख पाने दो स्वतंत्र' कहकर व्यक्तिवादी रुख अपना लेते हैं। उन्हें श्रद्धा आधुनिक युग की नई भूमिका का संदेश देती है, मनु उसे वे नहीं सुनते। प्रसाद ने मनु की ट्रेजेडी के

जरिए आधुनिकता की ट्रेजेडी दिखाई है।

प्रसाद इड़ा या बुद्धिवाद के विरोधी न थे। उन्हें पता था कि भारत या विश्व की आधुनिक प्रगति बुद्धि, विज्ञान और टेक्नोलॉजी के बल पर ही संभव है। इड़ा बुद्धि और औद्योगिक-तकनीकी विकास का प्रतीक है। वह आरंभ में 'बिखरी अलकें ज्यों तर्कजाल' बनकर आती है, पर यह उसका अंतिम चेहरा नहीं है।

हम देख सकते हैं कि उत्तर-आधुनिक दौर में तर्क तथ्यों की जगह भौतिक बल पर आधारित हैं। प्रसाद ने 'कामायनी' में स्पष्ट किया है कि अहंकार बढ़ जाने पर क्या होता है, 'फिर क्यों न तर्क को शस्त्रों से वे सिद्ध करें क्यों हो न युद्ध'। हर युग के शोषण, हिंसा और युद्ध के पक्ष में तर्क कोई न कोई हथियार लेकर खड़ा रहा है। सत्ता का हर झूठ तर्क से सुसज्जित रहा है। तथ्य गीली मिट्टी रहे हैं, जो मूर्ति बना लो!

प्रसाद इड़ा के संबंध में कहते हैं, 'सिर चढ़ी रही पाया न हृदय'। इस उक्ति का सिर्फ यह अर्थ है कि थोथा तर्कवाद और मूल्यविमुख औद्योगिक-तकनीकी प्रगति श्रेयस्कर नहीं हैं। ये अत्याचार के द्वार खोलते हैं।

प्रसाद नवजागरण से प्रभावित थे। वे बुद्धिवाद-विरोधी नहीं हो सकते थे। बुद्धिमती इड़ा आधुनिक विकास के लिए मनु का साथ देती है। मनु इड़ा से कहते हैं, 'भव के भविष्य का द्वार खोल'। इड़ा अपने अति-बुद्धिवादी-एकाधिकारवादी चरित्र का परिचय देते हुए बोलती है, 'जो बुद्धि कहे उसको न मान फिर किसकी नर शरण जाय/ ...सबका नियमन शासन करते बस बढ़ा चलो अपनी क्षमता।' वह लोकसत्ता की जगह मनु में सत्ता की भूख पैदा करती है। मनु में सत्ता की भूख पैदा होती है, इसका ही एक प्रतिरूप नगरीकरण है। पूंजीवाद के बल पर औद्योगिक विकास शुरू हो जाता है, इसके साथ फासिज्म का उदय होता है। इड़ा अचानक इस मानव-विरोधी नतीजे को देखकर आत्मसचेत होती है। उसका हृदय परिवर्तन होता है। वह मनु को सावधान करती है। प्रसाद यदि इड़ा के प्रति असहिष्णु होते, उसे निरंकुश होते जा रहे मनु के आलोचक के रूप में उपस्थित नहीं करते। इड़ा कहती है, 'आह प्रजापति यह न हुआ है, कभी न होगा/ निर्बाधित अधिकार आज तक किसने भोगा?'

मनु सारस्वत प्रदेश के प्रजापति बनकर अत्याचार शुरू कर चुके थे। पूँजीवाद

अपने आंतरिक संकट पर नियंत्रण के लिए जब फासिज्म की ओर बढ़ता है, लोकतांत्रिक शक्तियाँ विरोध करती हैं। इड़ा कालांतर में इन्हीं शक्तियों का प्रतिनिधि होकर उपस्थित होती है। उसके चरित्र में वैसा ही परिवर्तन घटित होता है, जैसा 'गोदान' की मालती में घटित हुआ। इड़ा मालती की तरह शिक्षित मध्य वर्ग के ऐतिहासिक महत्व को प्रतिबिंबित करती है। मध्यवर्ग ही तर्क-बुद्धि का मुख्य प्रयोगकर्त्ता है। प्रसाद का काव्य ही नहीं, संपूर्ण छायावादी आंदोलन एक मध्यवर्गीय आंदोलन है। अतः प्रसाद ने अपने वर्ग के अंतर्विरोधों के साथ उसके दायित्व को काव्यात्मक भूमि पर उसी तरह पहचाना, जिस तरह प्रेमचंद ने औपन्यासिक भूमि पर पहचाना था।

कोई फासिस्ट जब अपनी पराजय के कगार पर होता है, वह अपने ही एक-एक आदमी पर अविश्वास करने लगता है, अपने भय और दमनचक्र के बीच पेंडुलम-सा डोलता है और अंत में टूटकर गिर पड़ता है। प्रसाद ने मनु की उग्र हताशा का सुंदर चित्र खींचा है। उनके पास कोई सुव्यवस्थित वैज्ञानिक इतिहास दृष्टि नहीं थी, तब भी उन्होंने दिखाया कि पतनशील पूंजीवाद किस तरह फासीवाद के एक न एक रूप में आता है, लेकिन जनता अंततः उसका कठोर दुर्ग तोड़ देती है। इस घटना से संबंधित 'कामायनी' के कुछ अनोखे बिंब हैं-

मनु –
'मैं शासक, मैं चिर स्वतंत्र, तुम पर भी मेरा,
हो अधिकार असीम, सफल हो जीवन मेरा।...
तुम्हें तृप्तिकर सुख के साधन सकल बताया,
मैंने ही श्रम-भाग किया, फिर वर्ग बनाया।'...
इड़ा –
'प्रकृति शक्ति तुमने यंत्रों से सबकी छीनी,
शोषण कर जीवनी बना दी जर्जर झीनी।'...
मनु –
'आज साहसिक का पौरुष निज तन पर लेखें,
राजदंड को वज्र बना-सा सचमुच देखें।
यों कह मनु ने अपना भीषण अस्त्र सम्हाला...

किंतु सुन रहा कौन! धधकती वेदी ज्वाला।
सामूहिक बलि का निकला था पथ निराला,
रक्तोन्मद मनु का न हाथ अब भी रुकता था,
प्रजा पक्ष का भी न कुछ साहस झुकता था।...

सोच रहे थे, जीवन सुख है? ना यह विकट पहेली है,
भाग अरे मनु! इन्द्रजाल से कितनी व्यथा न झेली है।
और शत्रु सब, ये कृतघ्न फिर इनका क्या विश्वास करूँ,
प्रतिहिंसा प्रतिशोध दबाकर मन ही मन चुपचाप मरूँ।'

अंग्रेजी राज की औपनिवेशिक आधुनिकता मानवीय अंतःकरण के उच्च तत्वों का विनाश कर रही थी और मनुष्य को खुदगर्ज बना रही थी। प्रसाद कहना चाहते थे कि आधुनिक भौतिक विकास जब तक कुछ आधारभूत मानवीय मूल्यों और प्रतिबद्धताओं से नहीं जुड़ेगा वह खोखला होगा और अंततः स्वेच्छाचारिता का मार्ग प्रशस्त करेगा।

मनु फासीवाद के रास्ते पर जाकर जनता से युद्ध में प्रवृत्त हो जाते हैं, जिसकी अंतिम परिणति घायल होने में होती है। 'कामायनी' सिर्फ मनु के घायल होने की नहीं, आधुनिक सभ्यता के घायल होने की त्रासद कथा है।

आधुनिकीकरण और मानवतावाद का सामंजस्य

मनु एक स्वेच्छाचारी शासक के रूप में जनता से संघर्ष में घायल होते हैं। वे जल प्रलय के बाद जिस तरह अवसाद में थे, एक बार फिर उसी तरह अवसाद से घिरते हैं। वे आत्महत्या का विचार मन में लाते हैं। इसी समय श्रद्धा स्वप्न में इस दुर्घटना का कथात्मक आभास पाकर अपने बड़े हो चुके बेटे मानव के साथ अचानक मनु के पास पहुंच जाती है और उन्हें बचाती है।

श्रद्धा मनु को लेकर कैलास पर्वत के शिखर की यात्रा पर निकलती है। प्रसाद अनुभव से दर्शन में छलांग लगाते हैं, यथार्थ से यूटोपिया में। श्रद्धा मनु को खंड स्वार्थ (अल्प) से 'भूमा' (समग्रता) और विषमता से 'समरसता' की ओर प्रवृत्त करती है। 'कामायनी' की शुरुआत हिमगिरि के उत्तंग शिखर से हुई थी, वह हिमगिरि पर समाप्त होती है।

श्रद्धा मनु को संबल देने के बाद जब इड़ा के पास पहुंचती है, उससे कहती है, 'तुमसे कैसी विरक्ति...तुम आशामयि ! चिर आकर्षण'। श्रद्धा को इड़ा से

विरक्ति नहीं है, वह बुद्धिवाद की विरोधी नहीं है। वह अपने बेटे मानव को इड़ा के पास छोड़ देती है और मानव से कहती है :

हे सौम्य! इड़ा का शुचि दुलार,
हर लेगा तेरा व्यथा भार;
यह तर्कमयी तू श्रद्धामय,
तू मननशील कर कर्म अभय।

उपर्युक्त पंक्तियाँ स्पष्ट कर देती हैं कि 'कामायनी' में विज्ञान, तर्क और नवोन्मेषों का विरोध नहीं है। श्रद्धा का बेटा मानव श्रद्धामय है, उसे मानवतावाद के आदर्शों से ओतप्रोत होकर वैज्ञानिक-आधुनिक प्रगति की ओर बढ़ना है। मानवता के आदर्श मार्ग पर चलने के लिए सामंजस्य जरूरी है जो भारतीय परंपरा का एक प्रमुख तत्व है। प्रसाद हमेशा विरुद्धों के सामंजस्य पर जोर देते हैं, इसके बिना भारतीय प्रगति की धारणा अपूर्ण है। प्रसाद कहना चाहते हैं कि मनुष्य का जीवन तर्क-बुद्धि-विज्ञान-टेक्नोलॉजी और मानवतावाद के मेल से ही अर्थपूर्ण हो सकता है।

वैश्वीकरण के दौर में उदारीकृत अर्थव्यवस्था को मानवीय चेहरा देने की बात जोर-शोर से होती रही है, पर हम पहुंच गए उत्तर-मानवतावाद के दौर में। विज्ञान और टेक्नोलॉजी के मानव हित में इस्तेमाल की बात होती रही है। पर आज आर्टिफिशियल इंटेलिजेंस चिंता का विषय बना हुआ है। प्रसाद भारत के राष्ट्रीय पुनर्निर्माण के सही मार्ग की ओर इशारा करते हैं। यदि वे इड़ा या बुद्धिवाद और तकनीकी प्रगति के विरोधी होते, श्रद्धा 'यह तर्कमयी तू श्रद्धामय/ तू मननशील कर कर्म अभय' कहकर मानव को इड़ा के पास कभी नहीं छोड़ती।

मनु श्रद्धाहीन होकर, अर्थात मानवतावादी आदर्शों को दुत्कार कर इड़ा के पास पहुंचा था, उसकी बुरी दशा हुई। श्रद्धा का पुत्र मानव श्रद्धायुक्त होकर इड़ा के पास है। इड़ा भी अपने दोष स्वीकार करती है। प्रसाद ने चेताया, 'इस देव द्वंद्व का वह प्रतीक/ मानव कर ले सब भूल ठीक'। वे बुद्धि और आधुनिकीकरण के अमानवीय रूप के विरोधी थे, बुद्धि और आधुनिकीकरण मात्र के नहीं। प्रसाद सारे विभाजनों को भ्रम बताते हैं, 'सब अपने पथ पर चलें श्रांत/ प्रत्येक विभाजन बना भ्रांत'। वे अखंडता के मानवीय आदर्शवाद के साथ देश का यथार्थ रखते हैं, 'अग्रसर हो रही यहां फूट'।' वे वस्तुतः देश की उच्च मानवतावादी परंपराओं और आधुनिकीकरण के बीच रिश्ता चाहते हैं, जो उनके सामने टूटता दिख रहा था।

'कामायनी' का वैचारिक निचोड़ आनंदवाद नहीं है। उसका वैचारिक निचोड़ है- (क) मानव जाति की बुद्धिसम्मत भौतिक प्रगति के साथ मानवतावादी-नैतिक प्रगति का मेल, (ख) स्वेच्छाचारिता से जनता का सार्वकालिक अपराजेय संघर्ष और (ग) हिंसा तथा भेदभाव-मुक्त विश्व की रचना। ये प्रसाद के ही नहीं, प्रसाद युग के बड़े स्वप्न थे जो अंततः संकट में पड़े।

प्रसाद के मानवतावादी आदर्शवाद की मुख्य प्रेरणा भारतीय स्वाधीनता आंदोलन की विचारधारा है, पर एक अन्य महत्वपूर्ण प्रेरणा है शैव दर्शन। 'कामायनी' के आनंद सर्ग में मिथक से यूटोपिया में छलांग है। क्या इससे प्रसाद का मानवतावादी आदर्शवाद संदेहास्पद हो गया? मुक्तिबोध का मानना है, 'निश्चय ही शैव दर्शन से प्रेरित श्रद्धावाद के अंतर्गत उस धारा के भाववादी-आदर्शवादी दृष्टिकोण को वास्तविकता की कसौटी पर कसकर उस सिद्धांत प्रणाली के भीतरी खोखलेपन की वास्तविकता का उद्घाटन किया जाना चाहिए।' (कामायनी एक पुनर्विचार)। मुक्तिबोध अपनी इस स्थापना के साथ प्रसाद की यह कमी बताते हैं, 'प्रसाद श्रद्धावाद को आधुनिक विज्ञान तथा उन्नति के फलस्वरूप उत्पन्न विचारधाराओं और मूल्यों के विरुद्ध प्रस्थापित करते हैं।' कहने की जरूरत नहीं है कि यह 'कामायनी' को समझने में हुई एक बड़ी भूल है। यह भूल कुछ अन्य लेखकों ने भी की है।

प्रसाद यदि श्रद्धा को बुद्धिवाद और आधुनिकीकरण के विरुद्ध स्थापित करते तो श्रद्धा अपने बेटे मानव को कभी इड़ा के पास नहीं छोड़ती। प्रसाद सिर्फ अंध-बुद्धिवाद तथा उस आधुनिकीकरण के विरोधी थे जिसका मानवीय मूल्यों से संबंधविच्छेद होता जा रहा था। श्रद्धा की इड़ा से लड़ाई नहीं है। प्रसाद कहना चाहते हैं कि दोनों मिलकर ही मानव सभ्यता का मूल्य-आधारित आधुनिक विकास कर सकते हैं। क्या 'कामायनी' में अकेले श्रद्धा सबकुछ है? क्या इड़ा रेपिस्ट मनु का विरोध कर उसका प्रतिरोध नहीं करती और 'भय की उपासना' छोड़कर अपने में सुधार नहीं लाती? उल्लेखनीय है कि प्रसाद बुद्धिवाद और आधुनिकीकरण के साथ-साथ स्त्री-मुक्ति के भी समर्थक हैं।

कामायनी का दर्शन

'कामायनी' में प्रसाद ने अपने विचारों को स्पष्ट करने के लिए दक्षिण भारत से नर्तित नटेश का बिंब और कश्मीर से शैव दर्शन के भूमा, समरसता और

आनंदवाद जैसे बीजशब्द चुने हैं। वे शिवभक्त थे। उनके घर के अहाते में अभी भी शिव मंदिर है। वे निजी तौर पर शिव भक्त थे, पर 'कामायनी' का दर्शन शैव दर्शन का पुनर्उत्पादन नहीं है। 'कामायनी' में आधुनिक मानवतावादी दर्शन है। प्रसाद ने कश्मीरी शैव दर्शन को मानवतावादी आदर्शवाद की एक आध्यात्मिक प्रेरणा के रूप में चुना है। वे शैव दर्शन की चीजों को धार्मिक की जगह साहित्यिक रूप देते हैं।

प्रसाद राष्ट्रवादी संकीर्णता और सामाजिक भेदभाव के विरोधी थे। वे सामंजस्यवादी थे, अखंड मानवता के गायक थे। विश्व में विषमता इसलिए है कि कहीं सिर्फ दुख है और कहीं सिर्फ सुख। यह आम रोमांटिक सोच है कि दुनिया में दुख और सुख का बंटवारा हो जाए तथा कृत्रिम सरहदों को सब कुछ न मानकर अखंड मानवता स्थापित हो। आज दुनिया में जैसी स्थिति है, इस तरह की कल्पना मुश्किल है। इतिहास का पहिया बहुत-कुछ उल्टा घूम चुका है। एक समय जरूर सोचा जा रहा था कि उच्च मानव मूल्यों और परंपराओं को साथ लेकर विश्व आधुनिकीकरण-तकनीकी प्रगति की ओर बढ़ेगा। वह खंड-खंड पाखंड की जगह समग्रता के बोध से जुड़ेगा, 'ग्लोबल विलेज' बनेगा। आज ऐसे विचारों को रोमांटिक दर्शन कहकर हँसी में उड़ाया जा सकता है, पर ऐसे स्वप्न हमारे मनुष्य होने के भाव को जिंदा रखते हैं।

शैव दर्शन का एक प्रमुख मामला इच्छा, ज्ञान और क्रिया के बीच संबंध है। प्रसाद ने उसे नई जमीन से देखते हुए लक्षित किया था कि आधुनिक जीवन में इच्छा, ज्ञान और क्रिया की परस्पर विच्छिन्नता ही सबसे बड़ी समस्या है। मनुष्य में अहंकार के कारण असीमित सत्ता की इच्छा पैदा हो जाती है। लोभ से ही कृत्रिम इच्छाएं जन्मती हैं। प्रसाद इच्छाओं के दमन की जगह उन्हें ज्ञान से संस्कारने, चुनने-छोड़ने की बात करते हैं। वे देख रहे थे कि आधुनिक युग में लोगों की न केवल कृत्रिम इच्छाएं बढ़ती जा रही हैं, बल्कि ज्ञान भी स्वार्थप्रेरित होने के कारण संकुचित होता जा रहा है। आधुनिक मनुष्य की सोच समग्रता (भूमा) और समता (समरसता) के भाव से दूर होती जा रही है। इसकी छाया कर्मों पर पड़ती है। मनु के जीवन की समस्याएं हैं— श्रद्धा से प्राप्त ज्ञान को भूलना, सत्ता की असीमित इच्छा और हिंसक कर्म। प्रसाद चाहते हैं, 'जीवन हो कर्मों की पुकार'। सवाल है— कैसे ज्ञान और कैसी इच्छाओं से प्रेरित कर्म? वे कहते हैं—

ज्ञान दूर कुछ क्रिया भिन्न है
इच्छा क्यों पूरी हो मन की
एक दूसरे से मिल न सके
यह विडंबना है जीवन की।

प्रसाद शैव दर्शन से शब्दावलियां लेकर समग्रता और समता की रसात्मक अनुभूति पर आधारित ज्ञान को सर्वोच्च बताते हैं। ज्ञान नया-नया रूप धारण करता है और वह मानव अस्तित्व के लिए जरूरी है। ज्ञान ही मनुष्य को मुनाफाकेंद्रिक बाजारतंत्र और 'मास प्रोडक्शन' के पीछे आंख मूंदकर दौड़ने से बचाता है। छायावाद में भारतीय ज्ञानोदय की किरणें हैं।

शैव दर्शन के अनुसार, शिव इच्छा, ज्ञान और क्रिया की एकता में विराजते हैं। वे भूमा और समरसता में हैं, अन्यत्र कहीं नहीं। प्रसाद शिव से सीखने के लिए कहते हैं, उनपर केवल जल चढ़ाने के लिए नहीं। उपर्युक्त तीनों चीजों में से किसी का भी अभाव होने पर आनंद की अनुभूति नहीं होगी। 'कामायनी' में प्रसाद लौकिक इच्छाओं को महत्व देते हुए इसके अलावा कुछ नहीं कहना चाहते। वे अपनी बातें कभी मिथकीय तो कभी दार्शनिक संकेतों में कहते हैं।

'कामायनी' के आखिरी सर्गों में प्रसाद मनु और श्रद्धा की कैलास यात्रा के प्रसंग कश्मीरी शैव दर्शन से प्रेरित होकर रखते हैं। उसे प्रत्यभिज्ञा दर्शन भी कहा जाता है। यह 8वीं सदी के कश्मीर में सामने आया था। इसमें कहा गया है कि जब मनुष्य (आत्मा) विभिन्न मलों (बुराइयों) और कंचुकों (आडंबरों) से घिर जाता है, वह अपने स्वरूप को भूल जाता है। शिव तत्व की अनुभूति, अर्थात खुद को शिव स्वरूप में देखना ही प्रत्यभिज्ञा है। इसका अर्थ है, बुराइयों और आडंबरों से मुक्त होकर मनुष्य अपने वास्तविक स्वरूप को फिर से पहचाने। यह ज्ञान ही सबसे बड़ी नैतिकता है। इसके बाहर जो है, वह अनैतिक है।

प्रत्यभिज्ञा दर्शन में 'नियति' एक प्रमुख तत्व है। प्रसाद मनु के संबंध में कहते हैं, 'उस एकांत नियति शासन में चले विवश धीरे-धीरे'। श्रद्धा मनु को एक बार शुरू में उनके वास्तविक स्वरूप और जिम्मेदारियों का बोध कराती है, लेकिन मनु बुराइयों और आडंबरों में फँसकर 'नियति' के अधीन हो जाते हैं। मनुष्य का हिंसा तथा अन्य बुराइयों में फँसना उसकी प्रकृति (या नियति) है। उसका अहिंसा, प्रेम और अ-पर का बोध चुनना संस्कृति है। आज संस्कृति एक खोटा सिक्का बना दी गई है जो 21वीं सदी में खूब चल रहा है, जबकि प्रसाद ने शैव

दर्शन के आलोक में संस्कृति के सही भारतीय अर्थ का उद्‌घाटन किया था।

शैव दर्शन के दो खास शब्द हैं– 'अल्प' और 'भूमा'। 'अल्प' का अर्थ है अंश या खंड, जबकि 'भूमा' समग्रता है। पत्ती अल्प है, पेड़ भूमा है। मनुष्य को उसकी मिथ्या चेतना हमेशा समग्रता, अर्थात अ–पर के बोध से विच्छिन्न कर देती है। वह सामाजिक भिन्नता की दीवारें खड़ी करती है। प्रसाद 'एक तत्व की ही प्रधानता' वाली एकरूपता या 'होमोजेनाइजेशन' का विरोध करते हैं। वे संसार की हर 'दीवार' और भेदभाव का विरोध करते है और 'भूमा' के पक्ष में खड़े होते हैं। इसे आधुनिक शब्दावली में ऐतिहासिक–सामाजिक समग्रता या विशिष्टता और अखंडता में सामंजस्य कहा जा सकता है।

इसके अलावा शैवागमों का एक अन्य पारिभाषिक शब्द 'समरसता' है जिसका मतलब है भेदभाव और विषमतामुक्त व्यवस्था। समरसता का अर्थ न एकरसता है और न एकरूपता है। समरसता है समता की रसात्मक अनुभूति। प्रसाद कहना चाहते थे कि विश्व में विषमता की ज्वाला तब थमेगी जब व्यक्ति की दृष्टि में खंड चेतना की जगह समग्रता का बोध आएगा, अ–पर का बोध जन्मेगा और लोग समता को चुनेंगे :

विषमता की पीड़ा से व्यस्त हो रहा स्पंदित विश्व महान
यही दुख सुख विकास का सत्य यही भूमा का मधुमय दान।

प्रसाद ने प्राचीन दार्शनिक शब्दावलियों का उपयोग आधुनिक जीवन दर्शन को व्यक्त करने के लिए किया है, जो पुनरुत्थानवाद नहीं है। वे आधुनिक ज्ञान की ओर बढ़ते हुए, जैसा कि नवजागरण के अग्रदूतों ने भी किया था, उसका संबंध प्राचीन काल की श्रेष्ठ ज्ञान परंपराओं से स्थापित करते हैं। प्रसाद को आधुनिक जीवन की ओर बढ़ना है, पर सैकड़ों साल पहले के उदारवादी स्वप्नों से प्रेरणा लेते हुए।

शैव प्रत्यभिज्ञा दर्शन में समरसता एक तरह की निर्विकल्प समाधि है, जिसे प्रसाद स्वीकार नहीं करते। प्रसाद उससे केवल भूमा और समरसता के तत्वों को चुनते हैं। प्राचीन ग्रंथों की समरसता 20वीं सदी के निर्माणात्मक सामंजस्यवाद का ही पूर्व रूप है। शैव समरसता का लक्ष्य अद्वैत का बोध है, जो वेदांत से जुड़ा है। प्रसाद उसे निर्विकल्प आध्यात्मिक समाधि के रूप में न देखकर विश्व की विषमता के आदर्शवादी जवाब के रूप में खड़ा करते हैं। वे समरसता को आधुनिक मानव के ऐसे अच्छे कर्मों के भीतर से अर्जित करना चाहते हैं,

जिनसे मनु काफी दूर चले गए थे।

'कामायनी' के मानव का श्रद्धा के आदर्शों को लेकर इड़ा के पास होना प्रसाद का आशावाद है। वे सोचते होंगे, दुनिया एक दिन बदलेगी। यही वजह है कि प्रसाद के लिए भूमा और समरसता महज आध्यात्मिक शब्दावली नहीं रह जातीं। वे मनुष्य-मनुष्य के बीच प्रेम और समानता की रसात्मक अनुभूति के प्रतीक बन जाती हैं। यह एकदम वर्गविहीन समाज नहीं है, पर कुछ ऐसी ही कल्पना है, जिसकी ओर संकेत आचार्य रामचंद्र शुक्ल ने किया था। श्रद्धा मानव को इड़ा के पास छोड़ते समय उससे समरसता का प्रचार करने का दायित्व दे जाती है :

सब की समरसता का प्रचार,
मेरे सुत! सुन माँ की पुकार।

श्रद्धा भौतिकवादी देव सभ्यता के विनाश की याद दिलाते हुए मनुष्य जाति को चेतावनी देती है। वह मानव को ऐसे कर्म की ओर अग्रसर होने का संदेश देती है, जिससे महाविषमता के विष का असर बुझ जाए। मनुष्य-मनुष्य के बीच प्रेम का अटूट संबंध कायम हो। केवल एक समुदाय नहीं, बल्कि सभी लोग मुक्ति का अनुभव करें :

इस देवद्वंद्व का वह प्रतीक
मानव! कर ले सब भूल ठीक
यह विष जो फैला महाविषम
निज कर्मोन्नति से करते सम,
सब मुक्त बनें, काटेंगे भ्रम
गिर जाएगा जो है अलीक
चलकर मिटती है पड़ी लीक।

कुछ को लग सकता है कि प्रसाद ने मनु के मिथकीय वृत्तांत को अंत में एक आध्यात्मिक कल्पलोक में स्थिर कर दिया है, जबकि उनका आध्यात्मिक कल्पलोक अतीत की ओर ले जाने के लिए न होकर 20वीं सदी के एक महान मानवतावादी स्वप्न को आधुनिक समाज में यथार्थ बनाने के लिए है। इस महाकाव्य में सर्वत्र समरसता का आध्यात्मिक की जगह भौतिक अर्थ प्रधान है।

सवाल उठ सकता है, आखिर प्रसाद को आधुनिक युग में रोमांटिसिज्म के प्रमुख तत्व अनुभूति से शैव दर्शन के भूमा, समरसता और आनंदवाद जैसे तत्वों

की तरफ जाने की क्या जरूरत थी। क्या ये 'कामायनी' के अंत में थोपी गई चीजें हैं? 'कामायनी' की महाकाव्यात्मक संरचना में चिति, चंद्र कपाल, नील गरल, नियति, विषमता का विष और अन्य कई शिव चिह्न मौजूद हैं। इस घटना में प्रसाद के शहर बनारस के शिवमय परिवेश का योगदान हो सकता है। मुख्य बात यह है कि प्रसाद की काव्य चेतना अपने युग के औपनिवेशिक आधुनिकीकरण, औद्योगिक सभ्यता, उपयोगितावाद तथा 'फूट डालो' की ब्रिटिश नीतियों का भारी दबाव था। इसलिए वे भूमा और समरसता के प्राचीन सिद्धांतों की ओर आकर्षित हुए।

निःसंदेह प्रसाद का दर्शन मुख्यतः एक जीवन दर्शन है। वह शैव दर्शन से बंधा नहीं है। उनके जीवन दर्शन का स्रोत वेदांत, बौद्ध करुणा और पाश्चात्य रोमांटिक दर्शन तक विस्तृत है। प्रसाद ने काव्य ही नहीं दर्शन के मामले में भी स्वच्छंदता का परिचय दिया है। स्वच्छंदता की बुनियादी प्रकृति है कि वह किसी दर्शन से प्रेरणा भले ले, उसके अनुशासन में नहीं बंध सकता।

'कामायनी' में शैव तत्वों की विशेष उपस्थिति के संदर्भ में यही कहा जाना चाहिए कि शिव के समृद्ध मिथकीय जगत का उपयोग प्रसाद ने किसी आध्यात्मिक लक्ष्य के लिए नहीं बल्कि विश्व मानवतावाद के ऊंचे छायावादी आदर्शों की प्रतिष्ठा के लिए किया है। मनुष्य जाति के प्रतिनिधि के रूप में मनु हृदय परिवर्तन के बाद अंततः 'अ-पर' और 'वसुधैव कुटुंबकम्' का जो संदेश देते हैं, वह आज भी अर्थपूर्ण है :

मनु ने कुछ-कुछ मुस्क्या कर कैलास ओर दिखलाया
बोले 'देखो कि यहां पर कोई भी नहीं पराया।
हम अन्य न और कुटुंबी, हम केवल एक हमीं हैं
तुम सब मेरे अवयव हो जिसमें कुछ नहीं कमी है।

यदि निराला का मन राम से नजदीकी का अनुभव करता था तो प्रसाद का शिव से। इसे शैव संप्रदायवादी झुकाव की जगह काव्यात्मक अभिव्यक्ति की एक सांकेतिक पद्धति से भिन्न नहीं समझना चाहिए। प्रसाद का शिव से सरोकार 'निर्विकल्प समाधि' का न होकर 'प्रेम ज्योति विमला' का है। प्रसाद के लिए प्रेम और परिवर्तन दो भिन्न शब्द नहीं हैं। उनकी 'कामायनी' विश्व में परिवर्तन के लिए है। वह पर की जगह अ-पर की भावना के प्रसार के लिए है।

'कामायनी' के दार्शनिक झुकाव की एक और वजह है, श्रद्धा घायल मनु

का क्या करे! प्रसाद के सामने यह कथावस्तु की भी एक समस्या थी। 'कामायनी' एक तरह से वहीं पूरी हो गई थी, जब श्रद्धा ने अपने बेटे मानव को इड़ा को सौंप दिया था। मानवतावाद और आधुनिक-तकनीकी प्रगति का आदर्शवादी सेतु बंधन संपन्न हो चुका था। इस बिंदु पर 'कामायनी' का दार्शनिक झुकाव वस्तुतः महाकाव्य के चुने गए शिल्प का तकाजा था, एक परिपूर्ण अंत!

मनु जनता से युद्ध में घायल होने के बाद श्रद्धा से आश्रय मांग रहा था। श्रद्धा उसे अवसाद से मुक्त करने के लिए कैलास लोक की यात्रा पर ले गई। इस तरह एक यूटोपिया की कथात्मक पृष्ठभूमि बनी। श्रद्धा का एक पक्ष वह है, जहां वह कहती है, 'तुमुल कोलाहल कलह में/ मैं हृदय की बात रे मन।' देखा जा सकता है कि प्रसाद ने रहस्य सर्ग तक में धर्म, न्याय और ज्ञान क्षेत्र के प्रचलित ढोंगों का तीखा अनावरण किया है। वे केवल आनंद सर्ग में पूरी तरह दार्शनिक भूमि पर हैं। 'कामायनी' का आनंद सर्ग कबीर की 'उलटबांसी', तुलसी के 'राम राज्य' और रैदास के 'बेगमपुरा' जैसा ही एक यूटोपिया है। वह एक चिरकालिक मानव स्वप्न है।

मनुष्य के पास बड़े स्वप्न होने चाहिए, क्योंकि यह स्वप्न ही है जो सृष्टि में मनुष्य के अनोखे होने का चिह्न है। जानवर और मनुष्य में सबसे बड़ा फर्क यह है कि मनुष्य के पास स्वप्न होते हैं, जानवर स्वप्न नहीं देखते। आज कबीर-सूर-तुलसी-रैदास, प्रसाद-निराला जैसे कवियों के स्वप्न का महत्व इसलिए है कि बाजार और राजनीति सपनों का सौदागर बनकर मनुष्य की खुद स्वप्न देखने की स्वतंत्रता छीन रहे हैं।

बाजार के उपभोक्तावाद तथा राजनीति के कट्टरवाद की कोशिश मनुष्य के भीतर के रोमांटिसिज्म और खुद स्वप्न देखने की क्षमता को मार डालने की है। उनका आक्रमण सृजनात्मक और कल्पनाशील वैयक्तिकता पर है। आमतौर पर मनुष्य दुख-वंचना से भरा जो ह्रासशील जीवन जीता है, उसके परे भी वह सोचना और कल्पना करना चाहता है। उपभोक्तावाद और कट्टरवाद इसके लिए अवसर नहीं देते। हम सोच सकते हैं कि प्रसाद तथा अन्य छायावादी कवि वैयक्तिकता, अनुभूति के सत्य, अ-पर के बोध, विश्व बंधुत्व और मनुष्य की उदात्त इच्छाओं पर जोर देकर, सौंदर्य का एक अनोखा संसार रचकर वस्तुतः 20वीं सदी की कैसी क्रूरताओं को चुनौती दे रहे थे।

आज के वैयक्तिकता-ध्वंसक, भिन्नतावादी और जीवन-विरोधी परिदृश्य में भी 'कामायनी' बताती है कि जीवन का आनंद किसमें है और छायावाद का क्या महत्व है। प्रसाद 'कामायनी' का अंत समरसता के इस यूटोपिया से करते हैं :

समरस थे जड़ या चेतन सुंदर साकार बना था
चेतनता एक विलसती, आनंद अखंड घना था।

दर्शन किसी सामाजिक समाधान का प्रेरक हो सकता है, खुद सामाजिक समाधान नहीं हो सकता। मुक्तिबोध ने प्रसाद के दार्शनिक समाधान को रहस्यवादी कहते हुए भी इतना जरूर स्वीकार किया, 'संक्षेप में, प्रसाद बाह्य के प्रति संवेदनशील थे, जगत के प्रति अत्यंत तीव्र हार्दिक बौद्धिक प्रतिक्रिया व्यक्त करते थे, समाज तथा सभ्यता-संबंधी प्रश्नों के समुदाय उनके हृदय में तड़पते थे।' (कामायनी एक पुनर्विचार)। इससे स्पष्ट हो जाना चाहिए कि 'कामायनी' में प्रसाद द्वारा उठाए गए दार्शनिक प्रश्न उनके जमाने के समाज के ही प्रश्न थे। वे मानव सभ्यता के प्रश्न थे और वायवीय नहीं थे।

ऐसा नहीं है कि प्रसाद अपने दार्शनिक प्रश्नों के लिए प्रेरणा यूरोपीय जनतांत्रिक क्रांतियों, रूस की नवंबर क्रांति तथा भारतीय स्वाधीनता संग्राम से नहीं पा रहे थे। रामचंद्र शुक्ल ने 'हिन्दी साहित्य का इतिहास' में 'कामायनी' के बारे में लिखा है, 'वर्गहीन समाज की साम्यवादी पुकार की भी दबी-सी गूँज दो-तीन जगह है।' दरअसल यह गूँज समरसता के प्रस्ताव की वजह से है। क्या बिना किसी बुद्धिवाद या वैचारिक प्रेरणा के श्रद्धा सामंती समाज के पूँजीवादी रूपांतरण के प्रतीक मनु के सामने चुनौती फेंकती है 'अपने में सबकुछ भर कैसे व्यक्ति विकास करेगा/यह एकांत स्वार्थ भीषण है अपना नाश करेगा?'

प्रसाद के भूमा और समरसता के मिथकीय रूप में आए विचारों को क्या हम इसलिए खारिज कर देंगे कि ये किसी वैज्ञानिक चिंतन पद्धति से नहीं निकले हैं या हम देखेंगे कि इस चिंतन पद्धति के अभाव में भी आदर्शवादी धरातल पर अहिंसा, श्रम, सादगी, समता और 'सर्वत्र प्रेम' की सोच भारतीय जनमानस में किस तरह शामिल हो रही थी और 'कामायनी' में व्यक्त हो रही थी।

जिस प्रकार इंग्लैंड की औद्योगिक क्रांति और फ्रांस की जनतांत्रिक क्रांति दार्शनिक हीगेल की जर्मनी में केवल एक भाववाद थी, उसी प्रकार यूरोपीय जनतांत्रिक क्रांतियां यदि औपनिवेशिक भारत में केवल भाववाद थीं तो इसमें

कुछ भी विस्मयजनक नहीं है। प्रसाद ने विश्व के क्रांतिकारी आदर्शों को 'कामायनी' में भारतीय ज्ञान परंपराओं से जोड़कर देखा। उन्होंने विषमता की जगह समरसता तथा कलहपूर्ण खंड-खंड भारतीय समाज की जगह एक समग्र मानवीय समाज का दर्शन दिया। इसलिए 'कामायनी' एक कालातीत काव्य है, वह अपने काल का अतिक्रमण करती है।

प्रसाद के उपन्यास : राष्ट्र में स्त्री

एक

पश्चिमी रोमांटिक कवियों ने उपन्यास लिखने की ओर ध्यान नहीं दिया, जबकि हिंदी के छायावादी कवि प्रसाद और निराला ने उपन्यास लिखे। उपन्यास बहिर्मुखता के बिना लिखे नहीं जा सकते। इसके लिए मानव जीवन के अनेक पहलुओं से परिचय ही नहीं एक यथार्थपरक 'विजन' भी जरूरी है। उपन्यास आमतौर पर वह सब बताते हैं जो हम नहीं जानते और उन लोगों के पास ले जाते हैं जो समाज में सिर्फ सुनते हैं और कभी सुने नहीं जाते। छायावादी काव्य चेतना 'मैं'-केंद्रिक थी। यह अनुभूति और कल्पना के मिश्रण से बनी थी। इन स्थितियों में छायावादी कवियों का उपन्यास विधा की ओर आकर्षित होना वस्तुतः अंग्रेजी पराधीनता के दौर में 'राष्ट्र' से एक अनोखा संवाद है।

'नावेल' का एक अर्थ है— कुछ नया। उपन्यास हमारे जीवन के चारों तरफ जो परिचित चीजें हैं, उनसे हमारा नया संबंध जोड़ता है। यह अंतर्जगत से बाहर निकालता है और उन अपरिचित चीजों की दुनिया में ले जाता है जो हमें अपनी-सी लगती हैं। उपन्यास विधा की ओर आकर्षण ने जीवन की ठोस चीजों से छायावादी कवियों के रिश्ते को प्रगाढ़ बनाया। कवि अमूर्त से मूर्त की तरफ गए। प्रसाद ने जब 'कंकाल' लिखा, प्रेमचंद ने पहली बार उनकी किसी कृति की समीक्षा करते हुए सराहना में कहा, 'यह प्रसाद जी का पहला ही उपन्यास है, पर आज बहुत कम ऐसे उपन्यास हैं, जो इसके सामने रखे जा सकें।... प्रसाद जी ने इस उपन्यास में समकालीन सामाजिक समस्याओं को हल करने की चेष्टा की है और खूब की है।' (विविध प्रसंग)। प्रसाद के

'कंकाल' की काफी चर्चा हुई, भले उन्हें प्रसिद्धि 'कामायनी' से मिली।

आमतौर पर उपन्यास से रोमांटिक कवियों के स्वभाव का मेल नहीं बैठता, क्योंकि उनका मुख्य लक्ष्य रहा है काव्यात्मक आत्मजगत का उद्‌घाटन। वस्तुतः छायावाद ऐसे युग में आया जो 'गद्य का युग' था। इस युग में छायावादी कवियों का गद्य की तरफ आकर्षित होना स्वाभाविक था।

छायावादी कवियों ने जो उपन्यास लिखे, वे सूक्ष्म आत्मानुभूति न होकर कठोर सामंती व्यवस्था को सीधी चुनौती थे। वे प्रचलित धारणाओं से टकराते थे। ऐसे उपन्यासों के मुख्य चरित्र समाज के उपेक्षित तबकों के थे। वे कई बार उपेक्षित स्त्रियां हैं। छायावाद स्त्री के सामाजिक अधिकार की नवजागरणकालीन परियोजना को आगे बढ़ा रहा था। यह काम उपन्यासों के जरिए ज्यादा हुआ और स्पष्ट रूप में हुआ। खासकर प्रसाद के 'कंकाल' (1929) और 'तितली' (1931) उपन्यास छायावाद की साहित्यिक परिभाषा में विस्तार लानेवाले माने जा सकते हैं। ये इस धारणा को भी चुनौती देते हैं कि प्रेमचंद और प्रसाद दो भिन्न साहित्यिक परंपराएं हैं।

हिंदी कथा समीक्षा और शिक्षा संसार में लंबे समय से 'प्रेमचंद स्कूल' और 'प्रसाद स्कूल' का सरलीकृत विभाजन चला है। प्रेमचंद स्कूल में यशपाल, नागार्जुन, रेणु आदि को रखा गया, जबकि प्रसाद स्कूल में जैनेंद्र, अज्ञेय, निर्मल वर्मा आदि को। यह सूझ मूलतः जैनेंद्र की थी, जो उन्होंने प्रेमचंद के सामने रखी थी। प्रेमचंद ने इसपर आपत्ति की थी, जिसे लोग भूल गए। उन्होंने जैनेंद्र को एक पत्र में लिखा था, 'मैं तो कोई स्कूल नहीं मानता। आपने ही एक बार प्रसाद स्कूल-प्रेमचंद स्कूल की चर्चा की थी। शैली में जरूर कुछ अंतर है, मगर वह अंतर कहां है, यह मेरी समझ में खुद नहीं आता।... प्रसाद जी के यहां गंभीरता और कवित्व अधिक है। 'रियलिस्ट' हममें से कोई नहीं है। हममें से कोई भी जीवन को उसके यथार्थ रूप में नहीं दिखाता, उसके वांछित रूप में ही दिखाता है। मैं नग्न यथार्थवाद का प्रेमी नहीं हूं।'(जैनेंद्र कुमार, ये और वे)। प्रेमचंद का 'यथार्थवाद' से यहां आशय प्रकृतिवाद से है। वह युग यथार्थोन्मुख होते हुए भी कुछ समान आदर्शों के साथ जीने-मरने का था। आज निश्चय ही ऐसा नहीं है। उच्च आदर्शों के उस युग में प्रेमचंद और प्रसाद कई बिंदुओं पर समान युग चेतना के साझेदार थे। उनकी अपनी-अपनी विशिष्टता के बावजूद उन्हें दो परंपराएं नहीं कहा जा सकता।

प्रसाद भाववादी थे पर वे न व्यक्तिवादी थे, न बुद्धिवाद से तटस्थ थे और न इतिहास-विरोधी थे। उनकी आस्था नए युग के आदर्शों में थी। प्रेमचंद अपनी जिंदगी के आखिरी सालों में आदर्शवादियों के खोखलेपन से चिढ़ गए हों, पर उच्च आदर्शों पर उनकी आस्था जिंदगी भर थी। उनका आखिरी उपन्यास 'गोदान' इसका सबूत है। इसमें होरी के यथार्थवाद के साथ मेहता-मालती का आदर्शवाद भी है। उनके उपन्यास में समाज के हाशिए के लोगों की चिंता के साथ राष्ट्रीय चिंताएं हैं।

प्रेमचंद और प्रसाद दोनों के बारे में कहा जा सकता है कि वे सामंतवाद-साम्राज्यवाद विरोधी हैं। वे अपनी-अपनी पद्धति से मानवतावादी और जनतांत्रिक चेतना का विकास करते हैं। दोनों का साहित्य भारतीय जनता के स्वाधीनता संग्राम से जुड़ा हुआ है।

रोमांटिक कवियों ने उपन्यास में पाठकों को ध्यान में रखा, भले उनकी काव्य भाषा अमूर्त्त हो। इसमें संदेह नहीं कि उपन्यास विधा के विकास में पाठकों की एक बड़ी भूमिका है, बल्कि कहना चाहिए कि उपन्यास विधा ने ही पाठकों को पहली बार उनकी सत्ता का अहसास कराया। पाठक का महत्व बढ़ गया। पाठकों ने लेखकों पर अपना ढंग बदलने का दबाव बनाया।

प्रसाद की नजर में यथार्थवाद 'लघुता की ओर दृष्टिपात' है। उनके सामने पुराने समाज से बाहर निकलने के लिए पीड़ा से बेचैन मनुष्यों की कतार थी। यही वजह है कि 'कंकाल' में तारा, घंटी, लतिका, सरला, गाला और मंगलदेव– ये सभी चरित्र साधारण वर्ग के हैं। इनके जरिए व्यक्तिगत जीवन के दुख व्यक्त हुए हैं और सामाजिक परिवर्तन की भूख भी व्यक्त हुई है। गौर किया जा सकता है कि 'कामायनी' के सभी चरित्र असाधारण हैं, खासकर मनु की मानसिकता उच्च-मध्यवर्गीय है। प्रसाद 'महत्ता के काल्पनिक चित्रण से अतिरिक्त व्यक्तिगत जीवन के दुख और अभाव का वास्तविक उल्लेख' जरूरी मानते हैं। उनकी यह बात उल्लेखनीय है, 'यथार्थवाद क्षुद्रों का नहीं, महानों का भी है। वस्तुतः यथार्थवाद का मूल भाव है वेदना।' उनके उपन्यास 'कंकाल' में साधारण पर दृष्टिपात है, जबकि उनके महाकाव्य 'कामायनी' में उनकी नजर महानों की ओर गई है। प्रसाद ने दोनों में समान कार्य किया है मनुष्य जीवन की उस पीड़ा के उद्घाटन का जो यथार्थ और आकांक्षाओं की टकराहट से पैदा होती है।

निश्चय ही कवि प्रसाद का प्रगीतों की भावुकता, अनुभूति की तीव्रता और सौंदर्य के ऐश्वर्य से 'कंकाल' की ऊबड़खाबड़ औपन्यासिक जमीन पर आना आसान न था। गौर किया जा सकता है कि छायावाद विशुद्ध रोमांटिसिज्म नहीं है। हिंदी में छायावाद और यथार्थवाद साथ चल रहे थे। प्रेमचंद और प्रसाद दोनों एक ही साहित्यिक कालखंड में लिख रहे थे। हिंदी में उपन्यास विधा का विकास कुछ देर से शुरू हुआ, पर हर तरफ के अनुभवों से पककर यह विधा जल्दी प्रभावशाली हो गई थी। प्रसाद इस विधा की ओर आकर्षित हुए। वह 'लय' से 'विडंबना के वृत्तांत' की ओर बढ़े। इस चीज ने 'कामायनी' की काव्यानुभूति को भी प्रभावित किया। हम 'कामायनी' में लक्षित कर सकते हैं कि 'महान' मनु पर टूट पड़ा 'साधारण' का आक्रोश एक महत्वपूर्ण घटना है, जिसमें मनु घायल होते हैं। इतना ही नहीं, 'कामायनी' में बुद्धिपरकता के समर्थन के अलावा 'वर्गहीन समाज की भी एक दबी-सी अनुगूँज' है!

छायावादियों ने अपने युग के राष्ट्रीय जागरण को काव्यात्मक स्वर दिया था। प्रसाद के बारे में एक प्रचार यह हुआ कि वह बुद्धिवाद के विरोधी हैं। हम न केवल 'कामायनी' में देखते हैं कि श्रद्धा अपने बेटे मानव को तर्क, बुद्धि और विज्ञान की नेत्री इड़ा के पास छोड़कर जाती है, इससे काफी पहले 'कंकाल' में पाते हैं कि उपन्यास का केंद्रीय चरित्र विजय बुद्धिवादी है। वह स्वच्छंदतावादी प्रकृति का होते हुए भी धार्मिक पाखंड और रूढ़िवाद का वैयक्तिक स्तर से प्रचंड विरोध करता है। इनकी खिल्ली उड़ाता है। यह अलग बात है कि वह विरोध करते हुए अंततः एक घनीभूत पीड़ा और त्रासदी में फँस जाता है, जो भारत की सामंती व्यवस्था की कठोरता और क्रूरता से टकराने का आम नतीजा है।

'कंकाल' में प्रसाद ने पतनशील सामंती समाज की विद्रूपताओं की ही आलोचना प्रस्तुत नहीं की है, सामाजिक विकास का चित्र भी खींचा है। वह बुद्धिवाद के प्रति बढ़ते आकर्षण के सकारात्मक दृश्य रखते हैं। यह भी दिखाते हैं कि समाज में धार्मिक-सामंती क्रूरताओं के बावजूद मनुष्य में प्रेम की गंगा सूखी नहीं है। मनुष्य खत्म नहीं हुआ है। इस संदर्भ में व्यक्ति की आत्मालोचना जैसे-जैसे तीव्र होती है और अंतर्द्वंद्व बढ़ता है, वैसे-वैसे समाज बुद्धिवादी करवट लेता है। प्रसाद के युग में यह सब हो रहा था।

औपनिवेशिक-सामंती समाज के पतित चरित्रों को उठाकर प्रसाद ने वस्तुतः यही कहना चाहा है कि भारतीय समाज अब ऐसे मोड़ पर खड़ा है, जहां यदि

रूढ़िवादी धार्मिक व्यवस्था और पुरानी नैतिक दृष्टि में परिवर्तन नहीं हुआ तो देश का उत्थान नहीं होगा।

दो

प्रसाद के काव्य में राग की प्रधानता है, लेकिन उनके उपन्यास में राग और क्षोभ दोनों हैं। 'कंकाल' में रागात्मकता का प्रतिनिधित्व तारा, घंटी, लतिका, सरला, गाला और मंगलदेव जैसे चरित्र करते हैं और क्षोभ का प्रतिनिधित्व विजय करता है। प्रेम की वेदना के भीतर से राष्ट्रीय पुनर्निर्माण की आकांक्षा व्यक्त होती है और क्षोभ से कठोर औपनिवेशिक-सामंती दमन के प्रतिरोध का जन्म होता है। यह उपन्यास के ढाँचे की विशेषता है कि प्रसाद वेदना से प्रतिरोध की ओर छलांग लगाते हैं। उनका रोमांटिसिज्म यथार्थवाद की आँच से लाल हो जाता है।

छायावाद के जमाने में 'क्लासिक' का आकर्षण खत्म नहीं हुआ था। 'क्लासिक' और 'रोमांटिक' के बीच कहीं संबंध था और कहीं तनाव था। प्रसाद के कृतित्व में महाकाव्य (क्लासिक साहित्य का रूप) और उपन्यास (यथार्थपरक साहित्य का रूप) दोनों की एक साथ उपस्थिति इसका सबूत है। फिर भी प्रसाद का 'ममता', 'महुआ', 'गुंडा', 'नन्हा जादूगर' जैसी कहानियां लिखना, 'कंकाल' और 'तितली' जैसे उपन्यास लिखना या 'प्रलय की छाया' जैसी लंबी कविता लिखना रोमांटिक के भीतर क्लासिक के संधान जैसा है। इनमें परंपरागत आभिजात्य से विद्रोह है और एक उच्चतर मूल्य व्यवस्था की खोज है। इनमें ऐसे चरित्र हैं, जिन्हें परंपरागत समाज अच्छी निगाह से नहीं देखता, पर जैसे इन्हीं के बीच मानवता की नई मूर्ति गढ़ने वाले लोग हों।

'कंकाल' पर आलोचकों ने अश्लीलता का आरोप लगाया है, जबकि इसमें ऐसा कुछ नहीं है। नंददुलारे वाजपेयी ने 1931 में लिखा था, 'कंकाल' के प्रोपेगंडा को समझने की योग्यता हिंदी भाषी समाज में अब तक पर्याप्त रूप में नहीं हुई है। 'कंकाल' को इसका इंतजार करना होगा।' इसके अलावा, प्रसाद के दोनों उपन्यासों में पुनरुत्थानवाद देखा गया, जबकि धर्म को स्वीकृति देते हुए धार्मिक रूढ़ियों और पाखंडों का विरोध प्रसाद का साहसपूर्ण कदम था। छायावाद इस अर्थ में भी उल्लेखनीय है कि यह धार्मिक भेदभाव, कट्टरवाद और पाखंड के विरोध में था। इसमें सांप्रदायिक भावना लेशमात्र न थी।

उपन्यास काल्पनिक चरित्रों के जरिए एक खास समय के मानव संबंधों, खासकर स्त्री–पुरुष संबंधों के अंतस्थल में ले जाते हैं जहां कई बार यथार्थ भी रहस्यमय और रहस्यमय भी यथार्थ हो उठता है। 'कंकाल' में दिखाया गया है कि भारत के धार्मिक समाज में एक व्यापक आलोड़न है, पर यह परंपरागत स्त्री–पुरुष संबंध को बदल नहीं पा रहा है।

पुरुष कभी धर्म और कभी प्रेम की आड़ में निजी आजादी लेते हैं। अपनी महत्वाकांक्षाएं पूरी करना चाहते हैं और स्त्रियां उनकी महत्वाकांक्षाओं की शिकार होती हैं। उनका यौन शोषण होता है। गाला मंगल से कहती है, 'पुरुष की महत्वाकांक्षा में प्रेम भी एक महत्वाकांक्षा है।' स्त्रियां अब प्रेम के क्षय के साये में जीती हैं। वे समझौता करने के लिए मजबूर होती हैं और कई बार अपनी आहुति तक दे देती हैं। वे प्रेम देकर प्रेम चाहती हैं पर ढोंग मिलता है।

प्रसाद ने पुरुष–प्रभुत्ववाद की आलोचना करते हुए स्त्री की वेदना को पकड़ने और उद्‌घाटित करने का काम 'कंकाल' में किया है। उपन्यास दिखाता है कि राष्ट्रीय आंदोलन और समाज सुधार के प्रयासों के बावजूद संपूर्ण व्यवस्था किस तरह कंकाल जैसी होती जा रही है। यह उपनिवेश से निकलकर बन रहे राष्ट्र का अंतःयथार्थ है। उपन्यास में यह विडंबना स्पष्ट होती है कि पश्चिम और अतीत के बीच जबर्दस्त रस्साकशी है और दोनों भारत को निगल रहे हैं।

प्रसाद ने स्त्री की स्वतंत्रता का स्वप्न छायावादी जमीन से देखा है। उनकी 'चित्राधार' में संकलित एक आरंभिक पद्यमय गद्य रचना है 'उर्वशी', जो कम चर्चित है। इसमें उर्वशी कामी, अभिमानी और स्वामित्वाकांक्षी पुरूरवा को त्यागती हुई प्राचीन मिथकीय कथा में यह कहकर नया मोड़ ला देती है, 'मैं तो पहले ही कह चुकी हूँ कि मैं स्वतंत्र हूँ। इसी स्वतंत्रता को छीनने के लिए आगे चलकर अनेक कठोर नियम बनेंगे, बड़े–बड़े प्रलोभन और बड़ी–बड़ी धमकियां होंगी, फिर भी हमारा दल बना रहेगा और स्वतंत्र रहेगा।' स्त्रियों के लिए आज भी अलग तरह के नियम कम नहीं हैं, प्रसाधनों–गहनों के कम प्रलोभन नहीं हैं और धमकियाँ, मारने–पीटने और यौन शोषण की भी कम घटनाएं नहीं हैं। फिर भी स्त्रियों के दल बन रहे हैं। स्वतंत्रता, स्वाभिमान और गरिमा के लिए दामिनियाँ गरज रही हैं। प्रसाद ने जहां प्रेम को महत्ता दी, अपनी कृतियों में चंपा, मधूलिका, देवसेना, घंटी जैसे चरित्र रचकर स्त्री की स्वतंत्रता का भी उद्‌घोष किया।

धर्म की आड़ में व्यभिचार, पुरानी धार्मिक–नैतिक रूढ़ियों का आतंक, स्त्री–उत्पीड़न और स्त्री की निस्सहायता आज भी कठोर यथार्थ हैं। धार्मिक परिवेश को मूर्त करने के उद्देश्य से 'कंकाल' में मथुरा, वृंदावन और हरिद्वार का परिवेश है। इससे स्पष्ट होता है कि धार्मिक नगरों में ही सबसे ज्यादा मूल्य–क्षय है। यहां महंत और प्रवचनकर्ता विद्वान देवनिरंजन, चमत्कारी पुजारी और ईसाई पादरी बाथम हैं। उपन्यास में 'भारत संघ' बनता है, जो धार्मिक व्यभिचारियों और पाखंडियों का राष्ट्रीय मुखौटा है। देवनिरंजन कहता है, 'स्त्रियों की पाठशाला खोली जाएगी, जिसमें उनकी पूर्णता की शिक्षा के साथ वे इस योग्य बनाई जाएंगी कि घरों में, पर्दों में, दीवारों के भीतर नारी जाति के सुख, स्वास्थ्य और स्वतंत्रता की घोषणा करें।' समाज का प्रभावशाली राष्ट्रवादी तबका स्त्रियों की स्वाधीनता की कल्पना पर्दों, घर की दीवारों और गृहस्थी के बाहर नहीं कर पा रहा था। ब्रह्मचारी देवनिरंजन के दो स्त्रियों से यौन संबंध हैं। प्रसाद दिखाना चाहते थे कि हिंदी क्षेत्र के राष्ट्रवाद के एक बड़े हिस्से पर 20वीं सदी के तीसरे दशक तक अभी धार्मिक पाखंडियों का पर्याप्त दबदबा है। वे स्पष्ट कर देते हैं कि हिंदी क्षेत्र में समाज सुधार आंदोलन कच्चा है।

प्रसाद देशप्रेमी थे, पर वे अपने युग के राष्ट्रवाद को स्त्रियों के उद्धार के लिए एक प्रतीक्षालय से अधिक नहीं देख रहे थे। वह चाहते थे कि स्त्रियां खुद अपने लिए सोचें और सक्रिय हों। 'कंकाल' में ढोंग और उत्पीड़न की शिकार स्त्रियां अंततः अपने दुखों के साथ इकट्ठी होती हैं– लतिका, तारा, सरला, घंटी, सभी। उनके मन में वेदना और क्षोभ है। घंटी कहती है, 'स्त्रियों को स्वयं घर–घर जाकर अपनी दुखिया बहनों की सेवा करनी चाहिए। पुरुष उन्हें उतनी ही शिक्षा और ज्ञान देना चाहते हैं, जितना उनके स्वार्थ में बाधक न हो। घरों के भीतर अंधकार है, धर्म के नाम पर ढोंग की पूजा है और शील तथा आचार के नाम पर रूढ़ियों की।' स्पष्ट हो जाता है कि प्रसाद अपने समय के स्त्री आंदोलनों से कितने प्रभावित थे। वह समय से आगे बढ़कर स्त्रियों के पक्ष में बोलते हैं।

छायावाद के स्त्री पक्ष को कम महत्व नहीं देना चाहिए। यह ठीक है कि लतिका अपनी पूरी संपत्ति अंततः 'भारत संघ' को देती है, पर वह साथ देती है घंटी का। इससे संकेत मिलता है, भारतीय समाज में धीरे–धीरे एक भिन्न स्थिति पैदा होने लगी है। स्त्रियां अब अपनी मुक्ति के लिए पुरुषों पर निर्भर

न रहकर खुद आवाज उठाना और प्रयास करना चाहती हैं।

'कंकाल' 1929 में छपा था, जो पूर्ण स्वाधीनता की घोषणा का साल था। यह छायावाद में भी एक मोड़ आने का समय था। इन घटनाओं के बीच इस उपन्यास का महत्व बढ़ जाता है। सामान्यत: लगता रहा है कि छायावाद और यथार्थवाद परस्पर विरोधी विचारधाराएं हैं। भारतीय स्थितियों में रोमांटिसिज्म या छायावाद का विकास पश्चिम से प्रभावित होते हुए भी उस रास्ते से नहीं हुआ, जिस रास्ते से पश्चिम में हुआ। भारत में उपनिवेशवाद था, पश्चिम की तरह औद्योगिक विकास की स्वाधीन स्थितियां नहीं थीं, वैसा उत्थानशील मध्यवर्ग भी नहीं था और सामंतवाद ज्यादा कठोर था। छायावाद इन स्थितियों से अप्रभावित नहीं रह सकता था। उसकी कल्पनाशीलता को स्वप्न के साथ यथार्थ की भी आग चाहिए थी।

तीन

यूरोपीय रोमांटिजिस्म के दो मुख्य वैचारिक स्रोत थे– फ्रांस की राज्य क्रांति (1789) और आदर्शवादी जर्मन विचारधारा (हीगेल, 1770-1831)। भारतीय रोमांटिसिज्म के लिए फ्रांस की राज्य क्रांति की जगह राममोहन राय द्वारा प्रवर्तित नवजागरण था और 1857 का स्वाधीनता संग्राम था। आदर्शवादी जर्मन विचारधारा की जगह आदर्शवादी विवेकानंद और गांधी की विचारधारा थी। प्रसाद के शब्द उधार लेकर कहें तो यह महानों का यथार्थवाद था। भारतीय रोमांटिसिज्म की पृष्ठभूमि में एक तीसरी चीज भी थी– रूस की क्रांति। इसका बाद में जो हश्र हुआ हो, उस समय पूरा विश्व एक नई आशा से भर उठा था। इस प्रकार छायावाद की पृष्ठभूमि यूरोपीय रोमांटिसिज्म से भौतिक स्तर पर पिछड़ी होकर भी बौद्धिक स्तर पर व्यापक थी। इसकी चेतना अधिक विविध और बहुआयामी थी। इसका भारतीय प्रकृति के समावेशी राष्ट्रवाद से घनिष्ठ संबंध था। प्रसाद 'कामायनी' में 'अपने सुख को विस्तृत कर लो, सबको सुखी बनाओ' का संदेश देते हैं या अपने नाटक 'स्कंदगुप्त' में कहते हैं, 'अन्न पर स्वत्व है भूखों का और धन पर स्वत्व है देशवासियों का।' इतने उग्र विचार किस असर से आए?

'कंकाल' में प्रसाद की उक्ति है, 'क्या हिंदू होना परम सौभाग्य की बात है? जब उस समाज का अधिकांश पददलित और दुर्दशाग्रस्त है, जब उसके

अभिमान और गौरव की वस्तु धरापृष्ठ पर नहीं बची— उसकी संस्कृति विडंबना, उसकी संस्था सारहीन और बौद्धों के शून्य सदृश बन गया है, जब संसार की अन्य जातियां सार्वजनिक नेतृत्व और साम्यवाद को लेकर खड़ी हैं, तब आपके इन खिलौनों (देवमूर्तियों) से भला उसकी संतुष्टि होगी?' प्रसाद अंतरराष्ट्रीयतावाद से प्रभावित थे, पर यह अंतरराष्ट्रीयतावाद आज के बाजारवादी वैश्वीकरण से भिन्न था।

प्रसाद व्यक्ति और समाज, व्यक्ति और राष्ट्र के साथ-साथ व्यक्ति और विश्व के बीच मानवतावादी अंतस्संबंध स्थापित करना चाहते थे। भारतीय रोमांटिसिज्म विश्वबोध से जुड़ा था, पर मुख्यतः भारतीय यथार्थों को लेकर चल रहा था। प्रसाद को उनके साहित्यिक विकास में देखें और खासकर उनके उपन्यासों को देखें तो यह घटना आसानी से समझ में आ सकती है।

धर्म कई सदियों से काल्पनिक दार्शनिकता या ज्ञानाभास के भंवर में फंसा हुआ था। यह मनुष्य के आत्मजगत के लिए एक जंजीर में बदल चुका था। प्रसाद ने 19वीं सदी के धार्मिक सुधारकों की चिंताओं में साझा करते हुए धर्मांधता और रूढ़ियों का विरोध किया। 'कंकाल' की पंक्तियां हैं, 'देखो, यह बीसवीं शताब्दी में तीन हजार बी.सी.का अभिनय। समग्र संसार अपनी स्थिति रखने के लिए चंचल है, रोटी का प्रश्न सबके सामने है, फिर भी मूर्ख हिंदू अपनी पुरानी असभ्यताओं का प्रदर्शन कराकर पुण्य संचय करना चाहते हैं।' प्रसाद के कई आलोचक उनके ऐसे बुद्धिवादी विचारों को उपेक्षित कर यही सिद्ध करते रह गए कि वे कितने 'नियतिवादी' और 'दिव्य आर्य संस्कृति' के उद्घोषक हैं। उन्होंने धर्म और संस्कृति के संबंध में प्रसाद के आलोचनात्मक रुख की उपेक्षा की।

प्रसाद का 'रैशनल' रुख केवल आर्य समाज का असर नहीं था। यह उनके युग के तर्कों और गांधी के विचारों के व्यापक दबाव का नतीजा था। 'तितली' में हम ये पंक्तियां पाते हैं, 'दरिद्र किसानों से अधिक से अधिक रस चूसकर एक धनी थोड़ा-सा दान, कहीं-कहीं दया और कभी-कभी छोटा-मोटा उपकार करके सहज में ही आप जैसे निरीह लोगों का विश्वासपात्र बन सकता है। सुना है, आप धर्म में प्राणी मात्र की समता देखते हैं, किंतु वास्तव में कितनी विषमता है।'

प्रसाद महंतों और जमींदारों को चुनौती देने में जरा भी हिचकते, तो 'तितली' जैसे उपन्यास की रचना नहीं कर पाते। कृषक जीवन का यह एक पीड़ा-भरा

यथार्थवादी उपन्यास है। तितली की अदम्य जिजीविषा, मधुबन का संघर्ष और बच्चे मोहन की संवेदनशीलता गांव के दमन के संदर्भ में अविस्मरणीय है।

जमींदार अपने वर्गहित के लिए धर्म का इस्तेमाल करते थे, यह प्रसाद की कितनी सही पहचान थी। वह देख रहे थे कि धर्म ने पारमार्थिक सत्य के रूप में अद्वैत को प्रतिष्ठा दी, लेकिन व्यावहारिक जीवन में उसने अद्वैत के स्थान पर जाति और वर्ग विषमता बढ़ाई। प्रसाद ने यौनाचार और वर्गहित के लिए धर्म के इस्तेमाल का विरोध किया। उन्होंने शाश्वतता, पूर्ण सत्य, धार्मिक वर्जनाओं, यौन-पवित्रतावाद और पाप-पुण्य के परंपरागत नैतिक प्रतिमानों की भी कबीर की भाषा में खिल्ली उड़ाई। उन्हें स्थूल धार्मिक सुधार काफी नहीं लगे। इसलिए उनका दृष्टिकोण 'कंकाल' के चरित्र कृष्णशरण के प्रवचनों तक सीमित नहीं रहता।

गोस्वामी कृष्णशरण गीता की महत्ता पर उपदेश देते हैं। वे अतीत का गुणगान करते हुए धार्मिक सुधार पर जोर देते हैं। स्पष्ट हो जाता है कि नवजागरण और पुनरुत्थानवाद में फर्क है। पश्चिमी तर्ज पर हमारे देश के नवजागरण को पुनरुत्थान कह दिया जाता है, जो गलत है। पुनरुत्थानवाद मनुष्य के वर्तमान और भविष्य पर अतीत का हमला है, जिससे बचना चाहिए। भारतीय नवजागरण में निश्चय ही पुनरुत्थानवादी तत्व थे, जिनके असर में कुछ राष्ट्रवादी चिंतक आधुनिक विकास का निषेध करते थे। वे अतीत-प्रेमी थे। प्रसाद ने अतीत से सिर्फ प्रेरणा ली। उनके साहित्य में स्वाभाविक वजहों से पुनरुत्थानवाद के कुछ तत्व यत्र-तत्र हैं, पर वह अंततः इनसे उबरते हैं। प्रसाद को भारतीय परंपराओं से प्रेम है, पर वह रूढ़ियों से चिपके नहीं हैं। वह कृष्ण के संदर्भ में कहते हैं, 'उनका संदेश था आत्मा की स्वतंत्रता का, साम्य का, कर्मयोग का और बुद्धिवाद का। आज हम धर्म के जिस ढांचे को, शव को घेर कर रो रहे हैं, वह उनका धर्म नहीं था।' (कंकाल) प्रसाद बुद्धिवाद, विज्ञान और तकनीकी विकास के समर्थक थे।

द्विवेदीयुगीन नवजागरण मोटे रूप में ही सुधारवाद तक पहुंचा था। वह औपनिवेशिक आधुनिकता, अर्थात साम्राज्यवाद के दबावों से मुक्त नहीं था। यही वजह है कि 'सरस्वती' में अंग्रेज वायसरायों की तस्वीरें छपती थीं। छायावाद युग में आधुनिकता औपनिवेशिकता से मुक्त होने लगी, आधुनिकता के साथ स्वतंत्रता की भावना पैदा हुई। नए दौर में 'सरस्वती' से भिन्न तेवर की

'इंदु', 'मतवाला', 'रंगीला', 'चांद' जैसी पत्रिकाएं निकली थीं। इन्होंने द्विवेदीयुगीन इतिवृत्तात्मकता से ही नहीं साम्राज्यवादी दबावों से भी अपने को मुक्त किया, प्रेम और स्वतंत्रता की एक बड़ी भावभूमि खोजी।

'कंकाल' में मंगल और एक मुसलमान लड़की गाला के बीच प्रेम है। प्रसाद ने 'तितली' में ईसाई और हिंदू के बीच प्रेम दिखाया। ईसाई बाथम का विवाह भारतीय स्त्री लतिका से होता है। प्रसाद के साहित्य में 'सर्व धर्म-सम भाव' है। 'तितली' में शैला और वाटसन आपस में बातचीत करते हुए इस निष्कर्ष पर पहुंचे हैं कि उनमें न कोई हिंदू है न ईसाई, वे स्त्री-पुरुष हैं। प्रसाद कहते हैं, 'संसार में जितनी भी हलचल है, आंदोलन हैं, वे सब मानवता की पुकार हैं।' वह संसार भर की हलचलों और आंदोलनों की रोशनी में अपने युग की मानवता को वाणी दे रहे थे। उन्हें यह भी दिख रहा था कि साम्यवाद के रक्ताक्त श्रेणी संघर्ष से समाज नहीं बदल सकता।

इतिहास हमेशा परिवर्तन के वैकल्पिक रास्ते दिखाता है। प्रसाद 'कंकाल' में संघर्ष से इनकार नहीं करते, 'सुधार और उन्नति में संघर्ष अनिवार्य है, पर संघर्ष से बचने का एक उपाय है आत्मनिरीक्षण।' हर युग में दोनों ही जरूरी हैं– आत्मनिरीक्षण और संघर्ष, पुनर्निर्माण के लिए संघर्ष!

प्रसाद की कृतियों में प्रचुर रोमांटिसिज्म है, लेकिन वे हमेशा अपने युग के ठोस यथार्थों का सामना करते हैं। हर देश के रोमांटिक कवि यथार्थों को महत्व देते हैं। इस वास्तविकता पर आश्चर्य हो सकता है कि अंग्रेजी रोमांटिक कवि शेली ने भारत की आर्थिक तबाही के लिए अंग्रेजों को दोषी ठहराया था।

प्रसाद में यह बोध था, 'व्यक्ति अपनी छूंछी महत्ता पर इतराता हुआ दूसरे को नीचा– अपने से छोटा समझता है, जिससे सामाजिक विषमता का विषमय प्रभाव फैलता है।' प्रसाद के छायावाद में इतना स्पेस है कि वह 'सामाजिक विषमता के विषमय प्रभाव' के बारे में सोच सकते हैं। प्रसाद एक अन्य मामले में चिंतित थे– भारतीय समाज में यौन दमन और इससे पैदा होने वाली कुंठाओं और विकृतियों को लेकर। स्त्री-पुरुष के हृदय में भीतर ही भीतर रह जाने वाले प्रेम और इसकी वेदना को उन्होंने अपने साहित्य की मुख्य विषयवस्तु के रूप में चुना है। 'कंकाल' की मुख्य विषयवस्तु वेदना है। व्यक्ति के 'स्व' और सामंती व्यवस्था के बीच टकराहट से इस वेदना का जन्म होता है। प्रसाद इसे जितनी गहराई से अनुभव करते हैं, भारतीय समाज की विडंबनाएं

और विसंगतियां उतनी ही व्यापकता से 'एक्सपोज' होती हैं। 'कंकाल' में तारा, घंटी, लतिका, सरला, गाला और मंगलदेव- ये सभी पात्र एक गहरी आत्मवेदना में अपने अंदर सिसकते-छटपटाते रहते हैं, उनकी पीड़ा वस्तुतः जड़ समाज व्यवस्था पर प्रहार है।

प्रसाद के 'कंकाल' में दलित स्त्रियों की भी पीड़ा है, जो लेखक की संवेदना के एक नए आयाम को उद्‌घाटित करती है। नगर के सुधारवादी दल का एक सदस्य कहता है, 'देखिए धर्म के नाम पर हिंदू स्त्रियों, शूद्रों, पाप योनियों की क्या दुर्दशा हो रही है।' 'गीता' को ध्यान में रखते हुए कथन में व्यंग्य स्पष्ट है। प्रसाद ने अपने इस उपन्यास में पददलित और दुर्दशाग्रस्त लोगों को लेकर गहरी चिंता व्यक्त की है, हालांकि धर्म के मुद्दे पर दुविधा मिटी नहीं है। यह आसानी से मिटने वाली चीज नहीं है।

फिर भी विधवा घंटी, जिसका सबसे ज्यादा उत्पीड़न होता है, अपने 'स्व' और 'इच्छाओं' के लिए लगातार लड़ती है। वह कलाकार विजय से कहती है, 'तुम कहोगे कि मैं सब जानकर भी तुम्हारे साथ क्यों घूमती हूँ। इसलिए कि इसे मैं कुछ महत्व नहीं देती। हिंदू स्त्रियों का समाज ही कैसा है, उसमें कुछ अधिकार हो, तब तो कुछ सोचना-विचारना चाहिए। और जहां अंध-अनुकरण करने का आदेश है, वहां प्राकृतिक स्त्री-जनोचित प्यार कर लेने का जो हमारा नैसर्गिक अधिकर है.... उसे क्यों छोड़ दूँ।' यह एक बड़ी बात है। स्त्रियों को भी अपनी इच्छा से किसी के साथ घूमने, प्रेम करने और यौन तृप्ति का अधिकार है। यह उनका प्राकृतिक अधिकार है, इसलिए स्त्री अंकुश क्यों माने! पुरुष पर अंकुश नहीं है, स्त्री पर अंकुश क्यों हो? प्रसाद का उपर्युक्त कथन खाप पंचायत और स्वनियुक्त नैतिक अभिभावकों को परेशान करनेवाला है।

प्रसाद अतीत हो या पश्चिम का प्रसंग, अंधानुकरण का विरोध करते हैं, क्योंकि अंधानुकरण स्वतंत्रता का दुश्मन है। दूसरी तरफ, वे स्त्रियों के अपनी इच्छा से सेक्स के अधिकार का समर्थन करते हैं। छायावादी भावभूमि के इस विस्तार की ओर दृष्टि जानी चाहिए कि इसमें 'स्त्री की स्वतंत्रता' और 'उदारवादी समाज' की कैसी मांगें प्रतिध्वनित हुई हैं और 'स्त्री पर जबर्दस्ती' का कैसा विरोध हुआ है।

प्रसाद की आकांक्षाओं से जन्मा चरित्र है 'कंकाल' का विजय। वह एक विद्रोही कलाकार है। वह देखता है कि जो सचमुच धर्म है, वह आजकल

चुपचाप विलुप्त हो रहा है। अब अधर्म ही धर्म बनता जा रहा है, 'जिन्हें हम छिपाकर किया चाहते हैं, उन्हीं कर्मों को पाप कह सकते हैं, परंतु समाज का एक बड़ा भाग उसे यदि व्यवहार्य बना दे तो वही कर्म हो जाता है, धर्म हो जाता है।' इसी तरह धर्म की आड़ में झूठ, दिखावा, यौन-शोषण और अर्थ की लूट चलती रहती है। ये बुराइयां धर्म हो जाती हैं, बल्कि तामझाम से भरा बाह्य धर्माचरण आंतरिक पतन का आवरण होता है।

विजय को धार्मिक जड़ता विचलित करती है। इसलिए वह कहता है, 'स्वतंत्रता और हिंदू धर्म दोनों विरुद्धवाची शब्द हैं।' एक ठहरे हुए धर्म के प्रति रोमांटिसिज्म का यह रुख है, 'मैंने कालेज में एक संशोधन समाज स्थापित किया है। उसका उद्देश्य है, जिन बातों में बुद्धिवाद का उपयोग न हो सके, उसका खंडन करना और तदनुकूल आचरण करना। देख रही हो कि मैं छूतछात का कुछ विचार नहीं करता। प्रकट रूप में होटलों तक में खाता हूँ। इसी प्रकार इन प्राचीन कुसंस्कारों का नाश करना मैं अपना कर्तव्य समझता हूँ, क्योंकि ये ही रूढ़ियां आगे चलकर धर्म का रूप धारण कर लेती हैं। जो बातें कभी देश, पात्रानुसार प्रचलित हो गई थीं, वे सब मानवीय नहीं, हिंदू समाज के पैरों की बेड़ियां हैं।' विजय का विरोध हिंदू धर्म से नहीं है, उन धार्मिक बेड़ियों से है जो काल के प्रवाह में भारत के लोगों को जकड़ने के लिए बनीं।

आज उपभोक्तावाद ने रोमांटिसिज्म को खत्म कर दिया है। कभी रोमांटिसिज्म में एक गरमी थी। प्रसाद बनारस के थे, जो धर्म का गढ़ है। इस जगह भारतेंदु, प्रेमचंद और प्रसाद धार्मिक रूढ़ियों, पाखंडों तथा वर्जनाओं को वैचारिक स्तर पर चुनौती दे रहे थे और मानवतावाद का मार्ग निकाल रहे थे। आज हिंदी प्रदेश में धार्मिक कट्टरता– हिंदू हो या मुस्लिम, धर्मस्थलों को फूहड़ कुरुक्षेत्र में बदलने में लगी है। देश में चारों ओर रक्त और राख है। ऐसे ही समाज में प्रसाद ने मानवतावाद का पथ चुना था। उन्होंने संघर्ष के साथ दुख और वेदना को जीवन के मंगलमय उपहार के रूप में चुना था। वह समृद्ध खानदान के होकर भी उत्पीड़ितों के पक्ष में थे।

प्रसाद वैराग्य नहीं, राग के लेखक थे। उन्होंने एक बार विश्वम्भरनाथ जिज्जा को लिखे अपने एक पत्र में स्वीकार किया कि उन्हें कभी किसी से प्रेम हुआ था, 'आलिंगन में आते-आते वह मुस्क्या कर भाग गया!' ऐसा प्रेम जब पूरी तरह नहीं खिलता, लगता है, जीवन की हरी पत्तियां मुरझा कर गिरने लगी हैं।

प्रसाद ने आत्मदमन के हर रूप का विरोध किया। भारतीय समाज की कठोर व्यवस्था में ऐसे विरोध का नतीजा आमतौर पर त्रासद रहा है। 'कंकाल' का विद्रोही विजय अंततः घुट-घुट कर मर जाता है। यह 'गोदान' के होरी जैसी मृत्यु है। यह त्रासदी विजय (कंकाल) की नहीं, एशियाई बुद्धिवाद की है। उस समाज में आत्मदमन और घुटन ज्यादा होगा, जहां बुद्धिवाद कमजोर होगा।

यह भी उल्लेखनीय है कि इंद्रियपरायण प्राणी होने के कारण मनुष्य के जीवन में दुर्बलता के क्षण आते हैं। धर्म की वर्जनाएं उसे पाप की ओर ढकेलती हैं। कई बार धर्म पाप रोकता नहीं, पाप बढ़ाता है। 'कंकाल' में जड़ धार्मिक व्यवस्था में पाप की ओर बढ़ते मध्यवर्गीय समाज के पात्रों में पापबोध और आत्मालोचन भी है। मनुष्य में जब तक अंतर्द्वंद्व है, उसमें संभावनाएं मौजूद हैं।

मंगल समाज सुधार की बातें करते हुए वेश्यालय से तारा को बचाकर उससे प्रेम करने लगता है, पर बाद में उसे छोड़कर एक दूसरी लड़की गाला की ओर आकर्षित हो जाता है। उसे पछतावा होता है, उसमें अंतर्द्वंद्व है। एक अवसर ऐसा आता है, जब वह 'सुधार' की जगह 'परिवर्तन' की जरूरत महसूस करता है, पर कोई दूसरी जगह न पाकर घूम-फिर कर ढकोसले से भरे 'भारत संघ' में आ जाता है। विकल्पहीनता एक बड़ी समस्या है, कई बार सबसे कम बुरे को चुनना पड़ता है।

प्रसाद ने अपने किसी चरित्र को कभी बिलकुल 'काले और सफेद' में, 'बुरे और अच्छे' के रूप में नहीं रखा। यह उनकी खूबी है। उन्होंने मनुष्य हृदय के रहस्यों को खोलना चाहा। वह समाज के पतनशील आदर्शवादी ढांचे का निर्मम आलोचनात्मक यथार्थ प्रस्तुत करते हैं, साथ ही संभावना के आयामों का भी अन्वेषण करते हैं— राग और क्षोभ दोनों धरातलों पर!

चार

रोमांटिसिज्म का विकास आमतौर पर नगरीय आधुनिकता से जुड़ा है लेकिन निराला हों, महादेवी, प्रसाद या माखनलाल चतुर्वेदी हों, इन सभी के काव्य में किसान जीवन के बिंब हैं— किसानों की आकांक्षाओं और संघर्ष के बिंब। छायावाद भारतीय किसान जीवन से जुड़े बिना व्यापक नहीं हो पाता। निराला का कृषक जीवन से संबंध है, चाहे उनकी कविता 'बादल राग' हो या उपन्यास 'बिल्लेसुर बकरिहा'। प्रसाद के कई काव्य बिंब गंवई परिवेश से जुड़े हैं। भले

उनकी उषा नागरी हो, पर वह अंबर पनघट पर गगरी के साथ है!

'तितली' में कृषक मधुबन और तितली के प्रेम की कथा है। इसके समानांतर इंद्रदेव और पश्चिमी युवती शैला की कथा भी चलती है, जिस प्रकार 'गोदान' में होरी-धनिया के समानांतर मेहता और मालती की कथा। मधुबन उच्च जाति का है, पर वह आर्थिक दबाव में हल की मूठ पकड़ता है। यह भी एक तरह का विद्रोह है। आर्य समाजी बाबा रामनाथ तहसीलदार का विरोध करते हैं। उन्हें सामंती-धार्मिक शोषण का बोध है। प्रसाद ने किसान जीवन के यथार्थ का बयान इस प्रकार किया है, 'घर की स्त्रियां रात को साग घोंट कर ले आती हैं। वही उबालकर नमक से खाकर सो रहती हैं। दूसरे-तीसरे दिन अन्न कभी-कभी, वह भी थोड़ा मुंह में चला जाता है।' इस कठोर यथार्थ के समानांतर ग्राम सुधार की उस युग की बड़ी-बड़ी बातें बहुत कच्ची लगती हैं।

प्रसाद की कथाओं में जीवन के कठोर यथार्थों के बीच स्त्री-पुरुष प्रेम का रहस्यमय खेल चलता रहता है। उनका पूरा लेखन जैसे प्रेम की ही उथल-पुथल, घात-प्रतिघात के भीतर से जीवन के सत्य को पहचानने के लिए है। प्रेम हर युग में एक बड़ा विषय रहा है। इसके बीच से सामाजिक विसंगतियां उजागर हुई हैं। एक तरफ जमींदार का नौज़वान बेटा इंद्रदेव और उसकी विदेशिनी पत्नी शैला है। वे सामंती अंतःकलह का सामना करते हुए ग्राम सुधार में लगते हैं। अपनी पश्चिमी प्रकृति के अनुरूप शैला अंग्रेज कलेक्टर वाटसन की ओर आकर्षित होती है, पूर्व और पश्चिम का भेद सामने आता है।

दूसरी तरफ, साधारण वर्ग की तितली है, जो निजी जीवन के अवसाद को भूलकर गरीब लोगों के बीच सेवा में लगती है। वह अपने पति मधुबन के लापता होने पर कठिनाइयों और अत्याचारों का अकेली दृढ़तापूर्वक सामना करती है। राष्ट्रीय स्वाधीनता आंदोलन के माहौल में हर तरफ सुधार, निःस्वार्थ सेवा और जन-कल्याण का जज्बा है। बाबा रामनाथ एक आदर्शवादी चरित्र के रूप में सामने आते हैं। अप्रत्यक्षतः हर तरफ गांधी के आंदोलन का असर दिखता है।

'तितली' में भी धर्म और संस्कृति के जड़ रूपों से निराशा है। इंद्रदेव कहता है, 'सामाजिक बंधन इतना विशृंखल है कि इसमें आदमी केवल ढोंगी बन सकता है। दरिद्र किसानों से अधिक से अधिक रस चूसकर एक धनी थोड़ा-सा दान, कहीं-कहीं दया और कभी-कभी छोटा-मोटा उपकार करके सहज

ही में निरीह लोगों का विश्वासपात्र बन सकता है।' अब धर्म शांति नहीं देता। धार्मिक चीजों में बनावट, छल-प्रपंच भरा रहता है।

छायावाद का एक बड़ा निशाना सामाजिक बंधन, कृत्रिमता और छल-प्रपंच रहा है जो आज चरम पर है। उस जमाने में सुधारवादियों की धारणा थी, 'पश्चिम एक शरीर तैयार कर रहा है, किंतु उसमें प्राण देना पूर्व के अध्यात्मवादियों का काम है। यहीं पूर्व और पश्चिम का वास्तविक संगम होगा।' 'तितली' में यह कथन सुधारवादी बाबा रामनाथ का है।

प्रेमचंद धन के दुश्मन थे। प्रसाद ने 'तितली' में मुख्यतः कहना चाहा है, 'जनता को अर्थप्रेम की शिक्षा देकर उसे पशु बनने की चेष्टा अनर्थ करेगी।' या 'मनुष्य मनुष्य के दुख-सुख का सौदा करने लग जाता है और उसका मापदंड बन जाता है रुपया।' उस युग के लेखक धन के प्रति इतने संशक क्यों थे?

प्रसाद की कहानी 'मधुआ' प्रेमचंद की कहानी 'कफन' से लगभग 10 साल पहले की है। दोनों कहानियों की रचना भूमि में अद्‌भुत समानता है। 'मधुआ' के शराबी और बालक बहुत कुछ 'कफन' के घीसू-माधव की शैली में औपनिवेशिक-सामंती व्यवस्था का अनावरण करते दिखते हैं। 'मधुआ' का शराबी बहुत कुछ घीसू जैसा ही सोचता है। दोनों कहानियों में फर्क यह है कि 'मधुआ' में मानवीय संकल्प तथा 'कफन' में सामाजिक व्यंग्य की प्रधानता है।

मनुष्य के जीवन के किस अर्थ के लिए प्रसाद ने छोटी रचनाएं, जैसे प्रगीत और कहानियां लिखीं तथा वे महाकाव्य और उपन्यास की तरफ भी गए? उनकी हर कृति ही परंपरा से कुछ अलग हटकर जीना सिखाती है। कोई चरित्र यदि समाज की नजरों में पतित है तो उसमें भी आत्म-सचेतनता या करुणा पैदा होती है। उदाहरण के तौर पर उनकी एक लंबी कविता 'प्रलय की छाया' में अंततः कमला अपने रूप और धन-वैभव के गर्व से बाहर निकलती है और स्वतंत्रता में अर्थ देखने लगती है।

'मधुआ' कहानी का शराबी एक असहाय बच्चे के प्रति करुणा से भर जाता है। बच्चे से प्रेम किस्सागो शराबी में जीवन की भूख भर देता है। 'गुंडा' कहानी का नन्हकू सिंह प्रेम के लिए सामंती ताकतों के सामने खड़ा होता है, भले अंत में मारा जाता है। बनारस में यह कथा बहुत प्रसिद्ध है। एक 'चूड़ीवाली' अपनी वर्ग-स्थिति की परवाह न करके बाबू विजय कृष्ण से प्रेम करती है। प्रेम न वर्ग देखता है, न जाति। 'ममता' कहानी में ममता धर्म न देखकर प्यासे हुमायूं को

पानी पिलाती है, उसे आश्रय देती है। कहानी में इसपर व्यंग्य है कि कैसे सत्ता के शिलालेख सत्ताधीश के गुणगान के लिए होते हैं, सामंती व्यवस्था में व्यक्ति नगण्य होकर जीता है। रोमांटिसिज्म या छायावाद का विद्रोह सामंती व्यवस्था से है, ताकि व्यक्ति की महत्ता समझी जाए और उसके प्रेम तथा स्वतंत्रता का आदर हो।

'आकाशदीप' में चंपा के प्रेम, अंतर्द्वंद्व और वेदना की बार-बार व्याख्या करते हुए भी यह नहीं बताया जाता कि आखिरकार वह बुद्धगुप्त से विवाह क्यों नहीं करती। ज्यादा से ज्यादा कह दिया जाता है कि जलदस्यु बुद्धगुप्त ने ही चंपा के पिता की हत्या की थी। बुद्धगुप्त से प्रेम करते हुए भी चंपा उसपर जो आरोप लगाती है, जरा उसपर गौर कीजिए, 'अब तो बाली, जावा और सुमात्रा का वाणिज्य केवल तुम्हारे हाथ में है महानाविक। परंतु मुझे उन दिनों की स्मृति सुहावनी लगती है, जब तुम्हारे पास एक ही नाव थी और चंपा के उपकूल में पण्य लादकर हम लोग सुखी जीवन बिताते थे।' बुद्धगुप्त के पूंजीवादी व्यावसायिक विकास के नए रूप से चंपा आहत थी। चंपा का हृदय सादगीपूर्ण जीवन, मानवीय प्रेम और लोकमंगल से भरा था, जबकि बुद्धगुप्त बिग-बिग पूंजीवाद की ओर आकर्षित था।

भारत में जिस औद्योगिक पूंजीवाद का विकास प्रारंभ हुआ, वह औपनिवेशिक असर में आरंभ से विकृत और पतनशील था। राष्ट्रीय पूंजीपति वर्ग द्वारा स्वाधीनता आंदोलन के समर्थन के बावजूद, औद्योगिक पूंजीवाद उत्पीड़न का एक नया अस्त्र बन रहा था। वह मानवीय मूल्यों पर खतरा बनकर उभर रहा था, क्योंकि पैसा बहुत कुछ से सबकुछ बनने लगा था। धन की भूख बढ़ रही थी। 'आकाशदीप' में चंपा बुद्धगुप्त की पूंजीवादी महत्वाकांक्षाओं के प्रतिवाद में उसके साथ नहीं जाती और अपने छोटे से द्वीप में ही रुक जाती है। वह 'क्षय' के अंधकार में मानवीय मूल्यों का आकाशदीप प्रज्वलित करती है। देखा जा सकता है, प्रसाद की स्त्रियां— सालवती, देवसेना, श्रद्धा आदि भी भौतिक वैभव, धन-संपदा और सुखोपभोग की जगह 'स्माल इज ब्यूटीफुल' को चुनती हैं— वे वेदना को चुनती हैं।

यह सही है कि प्रसाद आलोचनात्मक यथार्थवाद की अपनी एक प्रवृत्ति के बावजूद 'तितली' में जो समाधान देते हैं, वह यूटोपियन है। 'तितली' में मधुबन उत्तेजना में उग्र हिंसात्मक संघर्ष का रास्ता चुनकर अंततः भाग खड़ा होता है

और तितली चकबंदी जैसे सुधारवादी कार्यक्रम से संतुष्ट हो जाती है। प्रसाद यथार्थोन्मुख होते हुए भी अपने इस उपन्यास में अंततः कुछ सीमाओं में रह जाते हैं, हालांकि उस युग में कुछ ऐसे भी प्रयोग थे। 'तितली' की तुलना में 'कंकाल' एक अधिक यथार्थपरक और मुखर उपन्यास है।

छायावाद युग में ऊंचे आदर्शों के लिए लड़ने-मरनेवाले लोग थे। 'कंकाल' और 'तितली' उपन्यासों को देखकर स्पष्ट हो जाता है कि उस युग के बौद्धिक-राष्ट्रीय जागरण में स्त्रियों की एक महत्वपूर्ण भूमिका थी। खासकर जब स्त्रियों के मौन में ही सौंदर्य देखा जा रहा था, प्रसाद ने अपने कथा साहित्य में उन्हें मुखर रूप से केंद्र में ला दिया। उनके उपन्यास और कहानियों में जो स्त्रियां हैं, उनके मन की हलचलों में ऐसे राष्ट्र का स्वप्न है, जिसमें स्त्री का आत्मसम्मान है।

निराला की कविता : सौंदर्य और संघर्ष

निराला की एक पंक्ति है, 'दगा की इस सभ्यता ने दगा की'। यह पंक्ति बहुत कुछ कहती है। कोई व्यक्ति या दल दगा करता है तो हम कुछ साल पीछे हो जा सकते हैं, पर जब सभ्यता दगा करती है, देश का इतिहास विध्वस्त हो जाता है। इस विध्वंस से उड़े धूलकण भले कुछ को चमकते सितारे नजर आएं!

निराला छायावादी कवि थे। छायावाद रोमांटिसिज्म का एक खास हिंदी रूप है। दुनिया के हर समाज में नवजागरण से आई सामाजिक गतिशीलता का नतीजा रोमांटिसिज्म है। जब-जब अनुभूति का महत्व बढ़ा, सामंती रूढ़ियों और कुप्रथाओं के बंधन टूटने लगे और स्वच्छंदता का अनुभव केंद्र में आ गया।

अनुभूति का महत्व बढ़ने का अर्थ है व्यक्ति का महत्व बढ़ना। दुनिया की हर भाषा के साहित्य में रिनेसां के बाद रोमांटिसिज्म आया है। इसने 'मैं' को महत्वपूर्ण बना दिया। निराला कहते हैं, 'मैंने मैं शैली अपनाई'! उनका 'मैं' सभी दुखी भाइयों, संपूर्ण सृष्टि और विश्व से अपने को जोड़ता है। आज का 'मैं' पिज्जा से भी छोटा हो चुका हो, निराला के पास एक बड़ा 'मैं' था—उसमें समाई ज्यादा थी।

निराला धार्मिक होते हुए भी अपना एक ऐसा 'मैं' सिरजते हैं जो विद्रोही और परदुखकातर है। धर्मांध सज्जनों के पास 'मैं' नहीं होता, वे झुंड पसंद करते हैं। सामुदायिक झुंड में न वैयक्तिक अनुभूति के लिए स्थान है और न अपनी रुचि के लिए। किसी भी झुंड में न विविधता के प्रति संवेदनशीलता हो सकती है और न कल्पनाशीलता और बौद्धिक स्वतंत्रता संभव है।

वैयक्तिक स्वतंत्रता या 'मैं' का महत्व समाज में है, झुंड में नहीं। 'मैं', व्यक्ति का स्वतंत्र मत और व्यक्तित्व उसके पास ही हो सकता है, जो झुंड में न होकर समाज में हो। कहना न होगा कि निराला अपने समय में बनते हुए भारतीय राष्ट्र

के ही नहीं, एक बन रहे उदार समाज के भी साक्षी थे। वे ऐसे छायावादी कवि थे जिसने महानताओं के साथ-साथ साधारणताओं को भी काव्य का विषय बनाया।

वे अपने 'मैं' को खोजते हैं तो इससे बाहर निकलकर राष्ट्रीय स्मृतियों को भी चुनते हैं। उनकी दृष्टि इलाहाबाद के पथ पर पत्थर तोड़ती स्त्री पर भी जाती है। वे हथौड़ा और सितार दोनों को साधते हैं। वे दलितों और अन्य दुखी भाइयों को गले लगाते हैं। यह सब आजकल की तरह दिखावा नहीं था। कहा जा सकता है, निराला 'राष्ट्र' और 'हाशिया' के बीच संवाद के कवि हैं।

अंबेडकर ने एक बार सवाल किया था, 'ब्राह्मणों ने कोई वाल्तेयर क्यों नहीं पैदा किया?' फ्रांसीसी क्रांति के दौर के वाल्तेयर में मानसिक ईमानदारी थी। वह जिस कैथोलिक चर्च में पले थे, उसी के सिद्धांतों के विरुद्ध उठ खड़े हुए थे। निराला ने कान्यकुब्ज ब्राह्मण परिवार में जन्म लेकर 'सरोज स्मृति' में अपनी ही जाति की खिल्ली उड़ाई है, 'सोचा मन में हत बार-बार, ये कान्यकुब्ज कुल कुलंगार'। उनमें जाति गर्व नहीं है, जो आज नए सिरे से बढ़ रहा है। वे अपने समाज में बेगानेपन का अनुभव कर रहे थे, 'ब्राह्मण समाज में ज्यों अछूत', हालांकि वे तनकर यह भी कहते हैं, 'यद्यपि मैं ही वसंत का अग्रदूत'! उनकी पीड़ा इस बिंदु पर पहुंचती है, 'लांछना ईंधन, हृदय तल जले अनल'। आज मध्यवर्ग के हर आदमी को रोज एक न एक अपमान से गुजरना पड़ता है। सोचने की जरूरत है कि आज के लोगों के हृदय में क्या वैसी आग सुलगती है जो निराला में थी। नागार्जुन ने उनके बारे में लिखा है :

बाल झबरे, दृष्टि पैनी, फटी लुंगी, नग्न तन,
किंतु अंतर्दीप्त था आकाश सा उन्मुक्त मन।

यह स्वातंत्र्यवादी निराला का एक संपूर्ण चित्र है। बाहर अभाव था, पर भीतर भाव भरा था, आलोक था। आधुनिक विकास के साथ लोगों के भौतिक अभाव जैसे-जैसे कम होते गए, वैसे-वैसे अंतर्जगत भावहीन होने लगा। व्यक्ति समाज को तोड़कर एक न एक संकीर्ण सामुदायिकता में विलुप्त होता गया। शायद यही वजह हो कि हिंदी क्षेत्र के आम नागरिकों की बात छोड़ दें, लेखक भी सामान्यतः निराला और उनके काल के अन्य महान हिंदी लेखकों को याद करना, उनपर लिखना, उनपर निरंतर चर्चा करना जरूरी नहीं समझते, जबकि वे अपने समय के सांस्कृतिक सूर्य थे।

उपभोक्ता समाज में छायावादी आदर्श विलुप्त हैं

आज का नागरिक समाज वस्तुतः उपभोक्ताओं का समाज है। इसमें लक्जरी की चीजें जरूरत की चीजों में बदल दी गई हैं। मनुष्य पहले भी उपभोग करता था, पर महज उपभोक्ता न था। इन दिनों बाजार हमारी जरूरतें पूरी करने की जगह न होकर जरूरतें निर्मित करने वाली जगह है। यह विभिन्न ब्रांड के विज्ञापनों से सुसज्जित एक दर्शनीय जगह है। अब बाजार कृत्रिमताओं से भरा संसार है जहां 'न्यू एराइवल' और 'एक के साथ एक फ्री' आकर्षित करते हैं। गौर करने की चीज है, उपभोक्ता समाज में सुखवाद तर्क और संवेदना के लिए जरा-सी भी जगह नहीं छोड़ता। यही कारण है, उपभोक्ता समाज में धार्मिक-सामंती रूढ़ियों से मुक्त होने के लिए रोमांटिसिज्म नहीं बचा है। व्यक्ति में जब रोमांटिसिज्म का अभाव हो जाता है, उसकी इच्छाओं के उदात्त संसार को मिटाकर उसपर इच्छाओं का एक कृत्रिम संसार काबिज हो जाता है।

छायावाद युग में उपभोग का विस्तार व्यक्ति में आत्मविश्वास और विस्तृत संवेदनशीलता के साथ स्वतंत्रता का बोध भी पैदा कर रहा था। उपभोग अभी उपभोक्तावाद में नहीं बदला था। इच्छाएं बिना ऊधम मचाए धीमे कदमों से जन्मती थीं, 'उठ-उठी री लघु-लघु लोल लहर' (प्रसाद)! आज लोगों में असीम भूख है।

उपभोक्तावादी समाज के लोगों के दिमाग में वस्तुतः पैसा भर जाता है, बल्कि पैसा स्वाधीनता का पर्याय हो जाता है। मनुष्य को इस तरह मापा जाता है कि वह कितना कमाता है, उसके पास कितनी बड़ी कार और कितनी अन्य कीमती वस्तुएं हैं। मांएं अब बच्चा नहीं, कंज्यूमर पैदा करती हैं! प्रेम अनुभूति से सेक्स की भूख में सीमित हो जाता है। अब किसी अन्याय को देखकर गुस्सा नहीं आता, आदमी फायदा देखकर बोलता है। आज देश में बढ़ती विषमता सहज स्वीकार्य है। यह सब व्यक्ति के रोमांटिसिज्म के समाप्त होने और बड़े सपनों के मरने के चिह्न हैं। निराला ने 'गौतम बुद्ध के प्रति' कविता में लिखा है :

आज सभ्यता के वैज्ञानिक जड़ विकास पर
गर्वित विश्व नष्ट होने की ओर अग्रसर
स्पष्ट दिख रहा, सुख के लिए खिलौने जैसे
बने हुए वैज्ञानिक साधन, केवल पैसे

आज लक्ष्य में है मानव के स्थल–जल–अंबर...
भिड़े राष्ट्र से राष्ट्र स्वार्थ से स्वार्थ विचक्षण

लगता है, निराला की उपर्युक्त कविता आज का यथार्थ है। नए पूंजीवाद ने एक समय मानव समाज को एक करुण मोड़ पर खड़ा कर दिया, जहां पैसा 'कुछ नहीं' से 'बहुत कुछ' और अब 'सब कुछ' हो गया। सभ्यता का पतन 20वीं सदी के शुरू के दशकों में ही स्पष्ट हो चला था। संस्कृति अपने मध्याह्न से उत्तराह्न की ओर बढ़ने लगी थी। औपनिवेशिक विकास ने 'मानव जहां बैल–घोड़ा है' की दशा तक हमें पहुंचा दिया था– 'देख रहा है विज्ञ आधुनिक/वन्य भाव का यह कोड़ा है'! आधुनिकीकरण और जंगलीपन की जोड़ी मानव सभ्यता को जिस दर्दनाक मोड़ पर पहुंचा रही थी, उसका अंदाजा निराला ने कर लिया था। वे 1950 में लिखते हैं, 'देश पड़ा है जहां/सभी झूठ हैं वहां' (अर्चना)।

अब हर जगह आमराय से लूट है और आमराय से मार है। हर तरफ हिंसा के प्रत्यक्ष–अप्रत्यक्ष दृश्य हैं। प्रत्यक्ष हिंसा से अप्रत्यक्ष हिंसा अधिक व्यापक और विध्वंसकारी है।

एक समय था, जब व्यक्ति किसी अपरिचित का दुख देखकर दौड़ पड़ता था, भोगवाद मनुष्य की संवेदनशीलता को पूरी तरह उजाड़ नहीं पाया था। निराला लिखते हैं, 'देखा दुखी एक निज भाई/दुख की छाया पड़ी हृदय में मेरे/झट उमड़ वेदना आई।' छायावाद का युग संवेदना के विस्तार का युग था।

समय बदला, निजी और सामुदायिक स्वार्थ अधिक बलवान हो उठे। मानव समाज उपभोक्ता समाज में बदलता गया। अब कोई सड़क पर घायल अकेला पड़ा हो तो उसकी जेब से पर्स लेकर भागने वाले लोग बढ़ चुके हैं। अपनी जाति या अपनी पार्टी के अपराधी अब महान दिखते हैं!

भारत में प्राचीन काल से इच्छाहीनता (संन्यास) और स्वेच्छाचारिता (भोगविलास) के दो विपरीत ध्रुव थे। राजाओं की कई–कई रानियां होती थीं। देह के न रहने पर भी स्वर्ग के सुख की कहानियां रची जाती थीं। कुछ आदमी संसार से चरम उदासीन थे तो कुछ भोगवादी और अतिसुख–संग्रहवादी। ऐसे देश में छायावाद दोनों ध्रुवों से बचकर इच्छाओं का एक उदात्त संसार लेकर आया था। प्रसाद, निराला, महादेवी और पंत जैसे कवि हुए थे। हम देखते हैं कि छायावाद में परलोक की जगह लोक की प्रधानता है। इसके अलावा, सुखवाद–भोगवाद की जगह प्रेम, स्वतंत्रता और करुणा की प्रधानता है।

उपर्युक्त घटना की एक परिणति स्वतंत्रता की इच्छा में होती है, क्योंकि भारत में रोमांटिसिज्म औपनिवेशिक स्थितियों में आया था। स्वतंत्रता की इच्छाशक्ति से ही भारत के लोगों में समाज को बदलने की अपनी शक्ति पर विश्वास मजबूत हुआ।

प्रकृति और स्वाधीनता

निराला आध्यात्मिक रुझान रखते हुए भी न प्राचीन शास्त्रों के माया और स्वर्ग के चक्कर में पड़े, न उन्होंने आधुनिक भौतिकवादी युग के सुखवाद–भोगवाद को चुना। वे प्रकृति के सौंदर्य के भीतर से एक विस्तृत स्वाधीनता की बात करते हैं। छायावादी दौर में प्रकृति जीवन की नई प्रेरणा बनकर कविता में आती है। वह स्वाधीनता की शिक्षा देती है। निराला अपनी एक कविता 'स्वतंत्रता पर' (1924) में एक बड़ा सवाल उठाते हुए नई दृष्टि देते हैं :

स्वाधीन है यह विश्व
अथवा पराधीन?
किंतु शास्त्र कहते हैं
'पल्लव जब आए थे
आए स्वाधीन
जाते हैं अपनी इच्छा से मुक्त–स्वाधीन'...
माया नहीं जानता मैं
जानता हूँ एक बस स्वाधीन शब्द...
भूधर महान और क्षुद्र कण–कण में–
एक स्वाधीनता का गूंजता है विपुल हर्ष।...
भ्रमर का गुंजार
वह भी स्वाधीन
पत्तियों का कलरव
वह भी स्वाधीन...
स्वाधीन का ही
एक और अर्थ 'निर्भय' है।

निराला भारतीय ज्ञान परंपरा की 'माया' की अवधारणा का विरोध करते हुए पृथ्वी पर मनुष्य के लौकिक जीवन को यथार्थ घोषित करते हैं। दूसरी तरफ, ज्ञान

परंपरा को बहुलता में देखते हुए शास्त्र से ही उद्धरण लेकर पेड़ के नए पत्तों के आने को स्वाधीनता का रूपक बनाते हैं।

वे यह भी जगह-जगह कहना चाहते हैं कि यदि माया से संबंधित प्राचीन धार्मिक धारणाएं सांसारिकता से 'मुक्ति' का संदेश देती हैं तो आधुनिक भौतिकवादी युग का सुखवाद वस्तुतः भोगवाद को स्वतंत्रता का पर्याय बना देता है। दोनों अतिवाद हैं, भ्रम हैं। निराला ने कहना चाहा कि स्वाधीनता का सही अर्थ पल्लवों, भ्रमरों और पक्षियों की तरह निर्भय होकर जीना है। अर्थात, जिस देश में चप्पे-चप्पे पर भय है, वहां स्वाधीनता नहीं है!

प्रकृति पर विजय के दंभ की जगह साहचर्य

उत्तर-नवजागरण काल में प्रकृति का औद्योगिक शोषण शुरू हो चुका था। निराला ने पहचाना था कि नई सभ्यता जिंदगी के भीतर घुसकर लूट-खसोट मचाएगी, 'जितने अंशों में यह सभ्यता लोभप्रसू सिद्ध हो रही है, उतने ही अंशों में जटिल और पर-स्व हारिणी' (दो महाकवि, 1929)। उपयोगितावादी बुद्धि और यंत्रीकरण मनुष्य के रिश्तों को दुष्प्रभावित कर रहे थे। इन सबने मनुष्य जीवन को सौंदर्य और नैतिकता से ही विच्छिन्न करना शुरू नहीं कर दिया, बल्कि 'प्रकृति से द्वंद्व' की एकांगी शिक्षा दी। यही वजह है, नए युग में छायावाद को 'प्रकृति से राग' का संदेश लेकर आना पड़ा।

छायावाद युग में मानवीय इच्छाओं का जो संसार फैल रहा था, उसमें प्रकृति के सौंदर्य के लिए काफी जगह थी। इस युग में प्रकृति से साहचर्य का संबंध बना। दरअसल छायावाद युग में प्रकृति पर विजय के नवजागरणकालीन दंभ से बाहर आकर प्रकृति और पर्यावरण से नया रिश्ता स्थापित किया गया है। एक नई धारणा बनने लगी कि मनुष्य निर्मित दुनिया ही सबकुछ नहीं है।

21वीं सदी में प्रकृति के अति-व्यापारिक दोहन ने प्रकृति को फिर असहाय बना दिया है। प्रकृति 'आभासी प्रकृति' में बदल दी गई है, नारंगी के पैकेट वाले जूस की तरह! ऐसे दौर में छायावादियों की प्रकृति चेतना का निःसंदेह अधिक महत्व है।

लोग पहले देर तक नदी-पर्वत, पेड़-पौधों, उषा-संध्या, नदियों-बादलों, सूर्य-चांद को निहारते थे। प्रकृति से लोगों के जीवन की निकटता थी। निराला की कविताओं में प्रकृति मनुष्य के प्रेम, दुख-क्षोभ और जागरण के रस में पगी है। वे 'संध्या सुंदरी' में संध्या के 'धीरे-धीरे-धीरे' मेघमय आसमान से उतरने के

सौंदर्य और 'चुप-चुप-चुप' के शोरविहीन संगीत में डूबते हैं। वे बादल के 'झूम झूम मृदु गरज-गरज घनघोर' में सौंदर्य देखते हैं तो उनके बादल का एक बिंब यह है, 'बादल छाए/ये मेरे अपने सपने/आंखों से निकले, मंडलाए'!

निराला ने बादल के चित्र को आगे बढ़ाते हुए लिखा– 'उथल-पुथल कर हृदय मचा हलचल.... मुझे गगन का सघन दिखा वह छोर'। उनके बादल मानवीय स्वतंत्रता के स्वप्न को प्रतिबिंबित करते हैं। इस बिंदु पर निराला का काव्य एक शिखर वाला या एकसुरा नहीं है। उसमें वैविध्य है।

निराला की कविताओं में सौंदर्य की छवियां दो स्तरों पर मिलेंगी– नाद सौंदर्य और चित्र सौंदर्य। उन्होंने बादल राग से संबंधित जो कविताएं लिखीं, उनमें संगीत और बिंब दोनों की उपस्थिति है। छायावाद ने काव्य में संगीत तत्व को प्रधानता दी थी, उसका जोर 'विजुअल' पर भी था।

छायावाद युग के कवियों की विश्वव्यापी सौंदर्य वासना वस्तुतः भारतीय समाज की रूढ़ियों, भेदभावों और स्वार्थपरताओं के विरुद्ध एक उदात्त बौद्धिक प्रतिक्रिया है। इसे सिर्फ प्रकृति प्रेम या प्रकृति के मानवीकरण के मुहावरे से नहीं समझा जा सकता। यह वस्तुतः आधुनिक संसार में प्रकृति के प्रति प्राचीन नियतिवादी और आधुनिक उपयोगितावादी दृष्टिकोण से विद्रोह है। छायावाद युग में प्रकृति और मनुष्य के बीच नए रिश्ते की खोज में मनुष्य की अपनी पुनर्खोज भी शामिल है।

निराला के मन के इस तनाव पर नजर डालें– 'मैं लखनऊ चला आया। लेकिन जी नहीं लगा। कोई चीज मुझे दलमऊ की तरफ खींच रही थी। वहां की श्यामल-सजल प्रकृति, निर्मल गंगा, सुंदर घाट, दिगंत विस्तार रह-रहकर याद आने लगा। सबसे अधिक आकर्षण कुल्ली का।' प्रकृति सुंदर है, पर उसमें मनुष्य सुंदरतम है और वह मनुष्य यदि कुल्ली भाट जैसा हो, जिसमें एक वैकल्पिक सभ्यता का बीज है, तब कहना ही क्या!

निराला एक वैकल्पिक सभ्यता की तलाश में थे, पूरा युग इस तलाश में था। निराला ने पूछा, 'प्रकृति का यथार्थ अध्ययन करने वाला ही यदि देश की दशा का अध्ययन नहीं करेगा तो फिर कौन करेगा, लल्लू बजाज?' (रवींद्र कविता कानन, 1927)। छायावादी लेखकों का प्रकृति के प्रति नए ढंग का आकर्षण न केवल पूर्व-आधुनिकता की, बल्कि आधुनिकता की भी कई अवधारणाओं का विखंडन है।

बीसवीं सदी की सांस्कृतिक देन का आकलन करते समय उन मानवीय

चिंताओं को समझना होगा, जो छायावाद युग के लेखकों की रचनात्मक अभिव्यक्ति में तरह-तरह से आकार ले रही थीं। लल्लू बजाज के वर्ग ने ही आधुनिकीकरण के वर्तमान मोड़ पर प्रकृति को पेप्सी के कैन, अंकल चिप्स के पैकेट और फूलों के नाम वाले डियो की शीशियों में बंद कर दिया है।

उत्तर-आधुनिकता मनुष्य की दुनिया से प्रकृति की व्यापकता और विविधता को खदेड़ने पर तुल गई है, ताकि बौद्धिक स्तर पर मनुष्य परिसीमित हो जाए और एकरूपता आ जाए।

इस परिदृश्य में छायावाद युग के लेखकों के प्रकृति-संबंधी सरोकार हमें आकर्षित करते हैं। निराला के प्रति-विमर्श (काउंटर-डिस्कोर्स) से हमें एक विश्वास हासिल होता है- 'सीमा के अंदर घिरकर बंद रहना जिस तरह मनुष्य की प्रकृति है, उसी तरह सीमा के संकीर्ण बंधनों को पार कर जाना भी मनुष्य की प्रकृति है' (साहित्य की समतल भूमि, 1926)। छायावादी दौर की आधुनिकता ने हमें सिखाया है कि प्रकृति पर विजय का अर्थ उसे खो देना नहीं है। मनुष्य प्रकृति को तात्कालिक रूप से खो दे तो भी प्रकृति मनुष्य को ढूंढ़ लेगी!

निराला ने मनुष्य की आंख से प्रकृति को देखा और उसे अपनी जीवनानुभूति का अंग बनाया। प्रकृति कवि के दुख-सुख के साथ है। इसके अलावा उसका अपना वस्तुगत अस्तित्व है। निराला प्रकृति से जीवन की प्रेरणा हासिल करते हैं। इस दृष्टि से उनकी कविता 'ध्वनि' (1924) महत्वपूर्ण है। वे कहते हैं, 'इसमें कहां मृत्यु/है जीवन ही जीवन/अभी पड़ा है आगे सारा यौवन...'। यहां मानवीय राग के दिग-दिगंत तक प्रसार को लेकर युवाओं से गहरी आशा व्यक्त की गई है। कवि का प्रकृति प्रेम सामने आता है :

हरे-हरे ये पात
डालियां, कलियां कोमल गात
मैं ही अपना स्वप्न-मृदुल कर
फेरूंगा निद्रित कलियों पर
जगा एक प्रत्यूष मनोहर

निराला प्रकृति का मधुर और आंदोलनात्मक दोनों तरह के चित्र खींचते हैं। कुछ शृंगारिक तत्वों के बावजूद उनकी आरंभिक कविता 'जुही की कली' भी प्रेम की स्वच्छंदता का ही प्रतिरूप है। 'संध्या सुंदरी' की तरह इसमें प्रकृति का मानवीकरण है। लेकिन 'बादल राग' की कविताओं में बादल का उपमाओं से

सुसज्जित सौंदर्य 'आब्जेक्ट–सब्जेक्ट रिलेशनशिप' की देन है, वह एकदम आत्मपरक नहीं है :

यह तेरी रणतरी
भरी आकांक्षाओं से
घन, भेरी–गर्जन से सजग सुप्त अंकुर
उर में पृथ्वी के, आशाओं से
नवजीवन की, ऊंचा कर सिर
ताक रहे हैं, ऐ विप्लव के बादल
फिर–फिर
बार–बार गर्जन
वर्षण है मूसलाधार
हृदय थाम लेता संसार
सुन–सुन घोर बज्र–हुंकार।

भारत के किसानों के लिए बादल खास अर्थ रखते हैं। वे उल्लास के वाहक हैं। निराला ने बादलों के गर्जन और मूसलाधार वर्षा का सौंदर्य अंकित करते हुए उनको कृषक विप्लव की प्रेरणा के रूप में उपस्थित किया। छायावाद युग में सौंदर्य और संघर्ष के बीच ऐसा सामंजस्य विरल है। प्रकृति अपना वस्तुगत सौंदर्य न खोती हुई मानव जीवन की आशाओं, आकांक्षाओं और संघर्षों को मुखरित करती है। इसे निराला का प्रकृति से एक अनोखा रिश्ता कहा जा सकता है। कवि कई जगहों पर प्रकृति के रूपों को लाकर सिर्फ निजी व्यथा ही नहीं कहता, पूरे आधुनिक जीवन की रिक्तता की ओर भी संकेत करता है :

स्नेह निर्झर बह गया है
रेत ज्यों तन रह गया है
आम की यह डाल जो सूखी दिखी,
कह रही है– अब यहां पिक या शिखी
नहीं आते, पंक्ति मैं वह हूँ लिखी
नहीं जिसका अर्थ–
जीवन दह गया है...
अब नहीं आती पुलिन पर प्रियतमा
श्याम तृण पर बैठने को निरुपमा।

प्रकृति और प्रेम ही मनुष्य के जीवन को अर्थ देते हैं, निराला अपने अवसाद के चित्र देते हुए भी इतना जरूर बता देते हैं!

आज प्रकृति के प्रति एक भिन्न रुख है। पहाड़ों पर धड़ाधड़ मकान बन रहे हैं। पहले व्यक्ति अकेले दुर्गम स्थलों की यात्रा के लिए निकल जाते थे। पहले-सा 'एडवेंचरिज्म' अब नहीं है, इसकी जगह पैकेज टूर है। लोग घुमक्कड़ की जगह टूरिस्ट हैं, बल्कि अब घूमने के लिए सबसे आकर्षक जगहें हैं बड़े-बड़े मॉल!

निराला ने अपने को तोड़ा और विकसित किया

निराला का साहित्य एक पर्वतमाला की तरह विस्तृत है, जिसमें कई शिखर और कई घाटियां हैं। कहीं प्रणय, कहीं सौंदर्य भावना, कहीं स्मृति, कहीं करुणा, कहीं क्षोभ, कहीं पराजयबोध है और कहीं पराजय को राख में बदलकर एक नई जीवनीशक्ति की खोज है। वे ऐसे युग चेहरे की खोज में थे जो हो 'करने को ज्ञानोद्धत प्रहार— /तोड़ने को विषम वज्र-द्वार/ उमड़े भारत का भ्रम अपार हरने को।' वे इसके लिए तुलसीदास से लेकर रविदास, पत्थर तोड़ती स्त्री, कुल्ली भाट, चतुरी, महंगू, देवी, कुकुरमुत्ता तक गए। उनकी खोज एक लड़ाई है। वे लिखते हैं 'बार-बार हार मैं गया/ खोजा जो हर हार क्षार में नया/ उड़ी धूल तन सारा भर गया।' उनका धूल में नहा जाना उनके समय के सच्चे भारतीय का बिंब है। पत्थर तोड़ती औरत की दशा यही है, 'गर्द चिनगी छा गई'!

निराला जिस लड़ाई में बार-बार हारते हैं, वह उनके निजी जीवन के साथ एक भारतीय लड़ाई है। देखा जा सकता है कि वे हर बार अपनी हार को असाधारण राख (क्षार) में बदल देते हैं ताकि अमर पक्षी 'फीनिक्स' की तरह फिर जी उठें। जो कवि कहता हो 'मरता हूँ हजार मरण' वह फीनिक्स जैसा ही हो सकता है। यह शक्ति हर युग के यौवन में रही है। यह शक्ति स्त्रियों, दलितों-पिछड़ों, आदिवासियों और किसानों में है। निराला सोचते हैं, 'होगा फिर से दुर्धर्ष समर/ जड़ से चेतन का निशि-वासर' (तुलसीदास)। उनके तुलसीदास देशकाल के शर से बिंधे हैं। रावण से लड़ाई के दौर में राम की आंखों में अश्रु हैं। उनका झींगुर डट कर बोलते हुए भी जमींदार और पुलिस सांठगांठ से परेशान है। मुख्य बात है, नई सभ्यता ने दगा दे दी है, अतः फिर संघर्ष ठनेगा!

उस युग में बहुत-सी कठिनाइयों के बावजूद संघर्ष नहीं रुकता, क्योंकि यह निराला का व्यक्तिगत संघर्ष नहीं था, यह भारतीय राष्ट्र बनाने का संघर्ष था।

आखिरकार किस ताकत से आदमी धूल में नहा कर भी जूझ रहा है, औरत हथौड़ा लेकर 'करती बार-बार प्रहार' है, आखिरकार किस ताकत से राम का 'एक और मन' नहीं थकता? 'वन-बेला' में बेला पत्थर खाकर भी नृत्यमग्न है- 'नाचती वृंत पर तुम, ऊपर/होता जब उपल प्रहार प्रखर'। 'स्फटिक शिला' में काली दलित औरत घर से निकल कर अपना गुस्सा फहरा देती है। जिस वजह से इतना सब घट रहा है, वह भारत देश की ताकत है।

इसी ताकत से कुकुरमुत्ता किसान के पक्ष से कहता है-- 'पड़े कंधे पर हल हूँ बलराम का' और अंग्रेजी राज को पलट कर चुनौती देता है– 'देख, मेरी नक्ल है अंगरेजी हैट'। निराला ने अपने पूर्ववर्ती मध्यवर्गीय सौंदर्यबोध का अतिक्रमण किया। 'कुकुरमुत्ता' में उनका भिन्न सौंदर्यबोध एक नई जनतांत्रिक आवाज है। एक और बात गौर करने की है, निराला ने असाधारण राम को साधारण और साधारण कुकुरमुत्ता को असाधारण बना दिया! ऐसी ताकत सिर्फ इतिहास में होती है या उसमें जो निर्भय होकर इतिहास को जीता है।

आज वैसा सांस्कृतिक संघर्ष दिखाई नहीं देता, जिसके निराला एक घायल सिपाही थे। आत्मविसर्जन के इस युग में वे राष्ट्रीय-सांस्कृतिक संघर्ष और पुनर्निर्माण के एक सशक्त 'मानवीय आदर्श' के रूप में पहचाने जा सकते हैं। उनपर नए सिरे से सोचने की गुंजाइश कभी खत्म नहीं होगी।

निराला की सबसे बड़ी खूबी है कि वे बार-बार हार कर भी एक तरफ हिंदी क्षेत्र की कठोर सामाजिक दशाओं, उसकी कट्टरता-कूपमंडूकता से और दूसरी तरफ, नकली पश्चिमी सभ्यता से लगातार टकराते रहे। वे धूल में नहा कर भी आशा से भरे रहे। उनकी आखिरी कविता में भी यह आशा उनकी भीष्म आंखों में जीवित है– 'ताक रहा है भीष्म शरों की कठिन सेज पर'। यही निराला की महाप्राणता है। यही जनता की संस्कृति का मरजीवापन है।

पहले अतीत लड़ता था आज अतीत लड़ाता है

दरअसल निराला के साहित्य में सिर्फ उनका अपना 'मैं' नहीं, भारत का संपूर्ण अतीत लड़ रहा था। पहले अतीत लड़ता था, आज अतीत लड़ाता है। छायावाद युग का अतीत लड़ रहा था और रूपांतरित भी हो रहा था। वह रूपांतरित हो-होकर लड़ रहा था। हम निराला के काव्य में पाते हैं कि 'राम की शक्तिपूजा' के राम ही नहीं, देवी सरस्वती (वर दे वीणावादिनी) और बंगाल में पूजित श्यामा

(एक बार बस और नाच तू श्यामा) भी 20वीं सदी की चुनौतियों का सामना करती हैं। इन सभी पौराणिक चरित्रों का काव्यात्मक रूपांतरण होता है और एक नया सौंदर्यबोध सामने आता है। छायावाद युग में इस तरह की मिथकीय पुनर्रचना के प्रति आकर्षण पुरानी रूढ़ियों और बंधनों से विद्रोह है।

निराला वस्तुतः हिंदू धर्म और इस्लाम दोनों के संदर्भ में अंधानुकरण का विरोध करते हैं, 'सभी संप्रदाय अंधानुकरण को सनातन धर्म या अपना सच्चा मजहब समझते हैं।' (व्यापक साहित्य, 1930)। उन्हें लग गया था कि धर्म की छतरियों के नीचे अब सिर्फ बुराइयां पनप रही हैं। अपने अंतिम काव्य संकलन 'अर्चना'(1950) में भी वे भारतीय विडंबनाओं का अनुभव व्यक्त करते हैं, 'चोट खाकर राह चलते होश के भी होश छूटे/हाथ जो पाथेय थे ठग-ठाकुरों ने रात लूटे/कंठ रुकता जा रहा है, आ रहा है काल देखो/...भर गया है जहर से संसार जैसे हार खाकर/देखते हैं लोग लोगों को सही परिचय न पाकर।' वे कहना चाहते हैं कि हमारा अतीत लूट लिया गया है, हर तरफ सामाजिक जहर फैलाया जा रहा है। लोग अपने देश में ही अजनबीपन का अनुभव कर रहे हैं। निराला अपने काव्य में वर्तमान की संभावनाओं के साथ विडंबनाओं को भी उजागर करते हैं।

वे आधुनिक भौतिक विकास के साथ देश की मूल्यवान परंपराओं और मूल्यों को बचाने की साहित्यिक लड़ाई ठानते हैं और अंततः एक घायल सांस्कृतिक योद्धा के रूप में दिखाई देते हैं।

निराला एक सच्चे देशप्रेमी कवि थे। उनकी प्रसिद्ध सरस्वती वंदना में है, 'प्रिय स्वतंत्र रव, अमृत मंत्र नव/ भारत में भर दे।' इस कविता में घिसेपिटे मंत्रों से नहीं, नए मंत्रों से राष्ट्रीय जागरण का आह्वान है। यह उपनिवेशक पश्चिम से 'भिन्न' होना है। निराला का छायावाद राष्ट्रीयता का अतिक्रमण करके आगे कहता है, 'जगमग जग कर दे'। यहां पूरे विश्व की चिंता है, 'अभिन्न' होना है। सरस्वती वंदना को सिर्फ गा देने से उद्देश्य पूरा नहीं होता। इसका मतलब पकड़ना चाहिए। निराला की हर काव्यानुभूति में एक उदार, मिश्रणशील और सृजनात्मक मनुष्य संस्कृति झांकती है जो उस जमाने में तमाम तरह की संकीर्णताओं को तोड़कर आकार ले रही थी।

निराला अपने 'स्थानीय' को गरिमा देते हुए भी उसका अतिक्रमण करके 'राष्ट्रीय' और 'वैश्विक' तक अपने चित्त का विस्तार करते हैं। उनके काव्य का स्वभाव है बंधनों को तोड़ना। वे कहते हैं– 'टूटें सकल बंध/...रुद्ध जो धार रे/

शिखर निर्झर झरे'। वे मानव प्रगति के अवरोधक धार्मिक-जातिवादी-प्रांतीयतावादी रूढ़ियों को चुनौती देनेवाले एक असाधारण साहित्यिक व्यक्तित्व हैं। उनका संघर्ष राष्ट्रीय स्वाधीनता, विश्वमानवता और साधारण जन की प्रगति के लिए है। यही वजह है कि उनका साहित्य न पश्चिमी साम्राज्यवादी सभ्यता और उपभोक्तावाद के आगे घुटने टेकता है और न किसी किस्म के देशी कट्टरवाद के आगे। देखा जा सकता है कि आज विचारों की दुनिया में प्राचीनतम अतीत छाया है तो वस्तुओं की दुनिया में आधुनिकतम वर्तमान। यह वस्तुतः भविष्य दृष्टि का संकट है।

यह सांस्कृतिक गत्यवरोध का समय है

निराला ने दो विश्व युद्ध देखे थे। इन युद्धों में अंध-राष्ट्रवाद ने काफी ऊधम मचाया था। निराला सावधान करते हैं, 'जिस भारतीयता के गर्व से दूसरे तुच्छ जान पड़ते हैं, वह भारतीयता में कुछ रूढ़ियों से चलती हुई अभारतीयता है।' (हिंदी में आलोचना, 1933)। दरअसल भारतीयता को धर्म, जाति, प्रांतीयता आदि के आधार पर खंडित करने के सारे औजार अंग्रेजों के बनाए हैं, जो 21वीं सदी में भी उपयोग में लाए जाते हैं।

छायावाद के चारों कवियों में प्रसाद और निराला में राष्ट्रीय जागरण और अखंडता की आवाज सबसे अधिक स्पष्ट है। उस युग में विश्वबोध और राष्ट्रबोध दोनों जरूरी हो उठे थे। निराला अपनी एक अचर्चित कविता 'नेत्र' में एक ऐसी मानवता की आकांक्षा करते हैं जिसमें सभी लोग एक-दूसरे को भय से मुक्त करें। सभी प्रेम के बंधन में बंधकर एक-दूसरे के मित्र हो जाएं। सभी अकेले-अकेले नहीं, एक साथ मुक्ति के प्रयास करें :

एक दूसरे के दुख में सहृदय
एक दूसरे के सुख में अम्लान
एक दूसरे के भय में मृदुमय
भरता सहृदयता-समता सुख प्राण...
एक दूसरे के बंधन में बंद
एक दूसरे के मोचन में मुक्त...
एकता के ये मनोहर चित्र दो
एक पथ के प्रियतम मित्र दो!

निराला शुद्धतावाद पसंद नहीं करते, क्योंकि यह भिन्नता पैदा करता है। उन्होंने

लिखा है, 'विजातीय भावों के मिश्रण से ही संस्कार हो सकता है।' भारतीय संस्कृति कभी छुई-मुई नहीं रही है। किसी देश की संस्कृति अपना उत्थान करे, इसके लिए उसमें खुलापन जरूरी है, आलोचनात्मक समावेशिकता जरूरी है और लोगों के बीच मित्रता जरूरी है।

आज की सभ्यता मनुष्य के चित्त को संकुचित कर रही है और भौतिक वस्तुओं की भूख बढ़ा रही है। सभ्यता-संस्कृति का नाम जपते हुए बर्बरता और भुक्खड़ता को बढ़ावा देना वस्तुतः मानवता से विश्वासघात है।

आज बाजार की उपभोक्ता संस्कृति के साथ-साथ धार्मिक लोकप्रियतावाद का भी प्रसार हुआ है। समाज को 'झुंड' में बदलने की प्रवृत्तियों पर चोट करते हुए निराला ने लिखा था, 'समष्टि की एक मांग होती है। वह समूह की मांग से बड़ी है। साहित्यिक यदि किसी समूह के अनुसार चलता है तो वह उच्चता नहीं प्राप्त कर सकता।' (रचना सौष्ठव, 1933)। समाज को तोड़कर जब कठोर समूह बनते हैं, वे कौवे-कबूतरों, हिरणों-हाथियों, तिलचट्टों के समूह जैसे होते हैं। यह मनुष्य की प्रवृत्ति से भिन्न वस्तुतः पशुपक्षी-वृत्ति है!

उत्तर-आधुनिक युग में धार्मिक, जातिवादी और प्रांतीयतावादी अस्मिता की राजनीति ने अपने-अपने ढंग से 'भिन्नता' को उकसाया है। इन दिनों समूह से ऊपर उठकर 'समष्टि की मांग' पर ध्यान नहीं दिया जा रहा है। इसका नतीजा है कि सांस्कृतिक उत्थान की जगह सांस्कृतिक गत्यवरोध चरम यथार्थ है। आज जितना बड़ा झुंड है, उतना बड़ा सच है!

निराला का साहित्यिक सक्रियतावाद

निराला 'मतवाला', 'समन्वय', 'रंगीला' पत्रों के संपादन से जुड़े रहे हैं। उनकी दृष्टि में अच्छे वे हैं जो छोटे हैं, बड़े हमेशा खोटे हैं— द बिग इज एब्सर्ड! वे अपनी कविताओं में विधवा, भिक्षुक, पत्थर तोड़ती औरत, झींगुर-महगू आदि को महत्व देते हैं, पर अपने चित्रात्मक गद्य में ऐंद्रिक विकलता व्यक्त करके नहीं रह जाते। वे 'देवी' कहानी के गंदे बच्चे को अपने हाथ के झूले पर चढ़ा लेते हैं। 'चतुरी चमार' में चतुरी के पक्ष से उस दारोगा का सामना करते हैं, जो गांव में अंग्रेजी राज-विरोधी गतिविधियों की तहकीकात करने आया था। वे ब्राह्मण समाज से विद्रोह करके कुल्ली के एकादशाह का हवन कराते हैं। 'राम की शक्तिपूजा' लिखने वाले ने यह सब किया!

निराला का प्रसाद के नाम एक बड़ा रोचक पत्र (24 अप्रैल 1933) है। इसमें उन्होंने लिखा है, 'पंत जी के साथ मैंने निश्चय किया है, एक ड्रामा अच्छा-सा लिखकर खेला जाय।... खेलने वाले सभी साहित्यिक (हैं), चार-पांच एम.ए. भी हैं।'(निराला की साहित्य साधना-3)। उन्होंने ऊषा-अनिरुद्ध के प्रेम पर नाटक तैयार करने का निश्चय किया था, 'पंत जी ऊषा का पार्ट खेलेंगे, शायद मुझे अनिरुद्ध बनकर उतरना पड़े'! (वही)। निराला प्रसाद से कहते हैं, 'मैं आपकी भी सहायता चाहता हूँ।' यदि यह अनोखी योजना सफल हो जाती तो एक अद्भुत रंगमंचीय उदाहरण बनता। यह पूरी नहीं हुई, पर इससे पता चलता है कि उस जमाने के कवि-लेखक तरह-तरह से सक्रिय रहना चाहते थे और युवाओं-विद्यार्थियों के संसार से जुड़कर कुछ करना चाहते थे।

निराला का ऊषा-अनिरुद्ध की प्रेम कथा को रंगमंच के लिए चुनना इसलिए भी महत्वपूर्ण है कि ऊषा दैत्य बाणासुर की बेटी थी। वह कृष्ण के पौत्र अनिरुद्ध से प्रेम करती थी। दोनों ने अपने-अपने परिवार के विरुद्ध जाकर गंधर्व विवाह कर लिया था। छायावाद प्रेम की राह में रूढ़ियों और बंधनों को तोड़ने का आंदोलन था।

निराला रवींद्रनाथ की तरह संभ्रांत परिवार के नहीं थे। वे आजकल के लेखकों की तरह ऊँचे वेतन पर किसी विश्वविद्यालय या सरकारी प्रतिष्ठान में नहीं थे। उन्होंने 'गीतिका' की भूमिका में लिखा, 'मैं अपने गीतों की स्वरलिपि करना चाहता था, पर कुछ ऐसी परिस्थिति रही कि सब तरफ अभाव ही अभाव का सामना करना पड़ा। एक हारमोनियम तक की गुंजाइश भी मेरे लिए नहीं हुई। मेरी सरस्वती संगीत से भी मुक्त रहना चाहती है, सोचकर मैं चुप रह गया।' इस कथन को हिंदी समाज के दुर्भाग्य और निराला के एक आंतरिक दर्द के रूप में देखना चाहिए। हिंदी क्षेत्र में छायावाद को बहुत कमजोर सामाजिक पृष्ठभूमि मिली थी। यहां उद्योगीकरण का अभाव था, मध्यवर्ग अविकसित था और सांस्कृतिक दरिद्रता हावी थी।

इन दिनों बहुत-सा साहित्य ही नहीं, कई कलात्मक उत्पादन विकृत जनरुचि में बहकर रचे जा रहे हैं। निराला ने लोकप्रियतावादी साहित्य को अच्छा नहीं माना, क्योंकि लोकप्रियतावाद एक तरह का बौद्धिक आत्मसमर्पण है। यह तर्कसंगत सोच का सांस्कृतिक शत्रु है। निराला ने पाठकों का रोना लेकर परेशान लेखकों को ध्यान में रखकर कहा, 'जनता साहित्य के साथ नहीं रहती है, साहित्य

के साथ लाई जाती है।' वे हिंदी लेखकों के लिए साहित्यिक सक्रियतावाद की जरूरत बता रहे थे।

निराला की उदासी हजारों टुकड़ों में बंटे हिंदी समाज के बिखरे लोगों की उदासी है। उनका अकेलापन सचाई का अकेलापन है। फिर भी उनके भग्न हृदय में उदासी और अकेलेपन को लांघता हुआ पुनर्निर्माण का संकल्प गूंजता रहा है। उनके दुख में राष्ट्र का दुख व्यक्त हुआ है। उनके सपनों में हाशिए के सपने बोलते हैं। निराला ही कह सकते थे, 'अमृत तो ब्रह्म है ही, जहर भी ब्रह्म है!' उनका तप बताता है कि साहित्य की रचना करना बैठे-ठाले की चीज नहीं है, यह मेहनत और त्याग मांगता है।

निराला के पास कल्पना की ऊर्जा से भरा एक बुद्धिदीप्त 'मैं' है जो सांप्रदायिक, जातिवादी और पश्चिमी सभ्यता की झुंड संस्कृतियों से निर्भय होकर टकराता है। वह सहृदय है और मूर्तिभंजक भी। वह भीतरघुन्ना 'मैं' नहीं है। वह समाज के बड़े मुद्दों के अलावा छोटी-छोटी चीजों और घटनाओं से जुड़ता है।

निराला के 'मैं' में राष्ट्र और विश्व दोनों हैं

निराला वेदांत से प्रभावित थे। यह 19वीं सदी के नवजागरणकालीन मानवतावाद की भी एकं बड़ी प्रेरणा था। यह अकिंचनता की जगह आत्मविश्वास पैदा करता था। 'जागो फिर एक बार' में भोर की तरुणाई से भरी किरणें जागने का संदेश देती हैं– 'अरुण-पंख तरुण-किरण'! अंग्रेजों की गुलामी तथा श्रेष्ठताबोध से भरी पश्चिमी सभ्यता तब मुख्य चुनौतियां थीं जिनके जवाब में निराला स्वाधीनता सेनानियों के प्रिय ग्रंथ 'गीता' और सिख गुरु गोविंद सिंह को खड़ा करते हैं। फिर भी राष्ट्रीय जागरण और विश्वचेतना से एकसाथ जुड़ी उपर्युक्त कविता की मुख्य प्रेरणा वेदांत है :

तुम हो महान, तुम सदा हो महान
है नश्वर यह दीन भाव
कायरता कामपरता
ब्रह्म हो तुम
पद रज भर भी है नहीं
पूरा यह विश्व भार
जागो फिर एक बार!

उल्लेखनीय है कि वेदांत और तुलसीदास निराला को छोड़ते नहीं, पर दबोच करके भी नहीं रख पाते। निराला विविध राहों से आभिजात्य को तोड़ते हुए साधारण के पास असाधारण तरीकों से खड़े होते हैं। वे 'कुकुरमुत्ता' में साधारण की ताकत को उद्घाटित करते हुए आलोचनात्मकता के साथ--साथ समावेशिकता का भी परिचय देते हैं। 'जुही की कली' से 'जागो फिर एक बार', 'तुलसीदास' और 'राम की शक्ति पूजा' से होते हुए 'कुकुरमुत्ता' तक उनके रोमांटिक सौंदर्यबोध की लंबी यात्रा एक वि–उपनिवेशित विश्वबोध से जुड़ी है। वह उदार राष्ट्रीय जागरण की भी कहानी है। यही वह महत्वपूर्ण बिंदु है, जहां वे रवींद्रनाथ से अपने को अलग करते हैं।

निराला अंतरराष्ट्रीयतावाद से जुड़ने के बावजूद पश्चिमी बौद्धिक आधिपत्य को चुनौती देते हैं, 'पश्चिम की उक्ति नहीं गीता है गीता है/स्मरण करो बार–बार/जागो फिर एकबार।' निराला बल्कि पूरे छायावाद में औपनिवेशिक चुनौतियों की वजह से पुनरुत्थान के कुछ तत्व हैं। फिर भी इस ओर ध्यान जाना चाहिए कि निराला में यदि उदात्त राष्ट्रीय पहचान के लिए 'पृथकता' का बोध है तो विश्वबोध के लिए अपृथकता की चेतना भी है। उनके 'मैं' में 'भारत' और 'विश्व' अंतःक्रियाशील हैं।

छायावादी दौर का अंतरराष्ट्रीयतावाद आज के भूमंडलीकरण से एक भिन्न मामला है। पहले के केंद्र में मानवतावादी मूल्य हैं, जबकि दूसरे के केंद्र में मुनाफा है। निराला कहते हैं, 'हमारे समाज से भिन्न, किंतु मिला हुआ एक और समाज है। वह केवल देश में नहीं बंधा। तमाम पृथ्वी के मनुष्य उसके अंतर्गत हैं। यहां उन्हीं मानवीय भावों की गुंजाइश है जो मनुष्य मात्र के कहे जा सकते हैं। ऐसे सर्वसाधारण भावों पर लिखने वाले साहित्यिक को बाहरी छोटे–मोटे सांप्रदायिक अथवा जातीय (राष्ट्रीय) उपकरण छोड़ देने पड़ते हैं।' छायावादयुगीन विश्वबोध की बुनियाद में 'अखंड मानवता' है जो वर्तमान भूमंडलीकरण के मूल तत्व 'अखंड बाजार' से एक भिन्न चीज है।

निराला जब कहते हैं, 'अब हमें पूर्व और पश्चिम को एक करना है और इस तरह समस्त भूमंडल को एक करना है' (कवि और कविता, 1924) तो उनका यह भूमंडलीकरण मानवता का भूमंडलीकरण है।

हमारे समय में मान लिया गया है कि देश की राष्ट्रनीति निर्धारित करते समय अर्थतंत्र के अलावा धर्म, जाति गणना, स्थानीयता आदि का ज्ञान जरूरी है, पर

साहित्यिक ज्ञान की कोई आवश्यकता नहीं है। विश्वविद्यालयों में भी साहित्य अब कोने में है, बल्कि कृत्रिम मेधा के युग में उच्च शिक्षा ही अनावश्यक करार दी जा रही है। कहना न होगा कि हिंदी की साहित्यिक परंपराओं को जानने के प्रति राजनीतिक उदासीनता हमेशा रही है।

आज देश के किसी भी राजनेता को अपनी भाषा की साहित्यिक परंपराओं का ज्ञान नहीं है। उनमें साहित्यिक-सांस्कृतिक निरक्षरता है और वे देश को ठीक से जाने बिना देश संभालने में लगे हुए हैं। निराला ने साहित्यिक ज्ञान के महत्व को उजागर किया था, 'इस समय देश की दशा सुधारने के लिए कार्यकारी सच्ची राष्ट्रनीति की अत्यंत आवश्यकता है, पर यह भी सच है कि देश में नवीन संस्कृति के लिए व्यापक साहित्यिक ज्ञान भी उसी हद तक जरूरी है।' (हमारे साहित्य का ध्येय)। कहने की जरूरत है कि साहित्य की उपेक्षा देश को सांस्कृतिक रूप से विकलांग कर देगी।

सांस्कृतिक योद्धा निराला : एक असंपूर्ण लड़ाई

निराला ने लिखा है, 'बाहर मैं कर दिया गया हूँ, भीतर पर भर दिया गया हूँ।' इसमें संदेह नहीं कि निराला के दुख और हताशा का एक निजी स्तर है। उनके काव्य में 'दुख ही जीवन की कथा रही' से लेकर आखिरी कविता 'पत्रोत्कंठित जीवन का विष बुझा हुआ है' तक वैयक्तिक उदासी की एक छाया मिलती है। कई आलोचकों ने निराला के काव्य में उदात्तता के एक स्तर की खोज के बावजूद, सामान्यतः यह बताया है कि वे एक निजी लड़ाई लड़ रहे थे। लड़ते-लड़ते वे खिन्न और किसी बिंदु पर निराश हो गए थे। निराला के सनकीपन और अराजकता से संबंधित अतिरंजित वृत्तांतों ने उनके व्यक्तित्व को एक समय इतना आकर्षक बना दिया था कि कई साठोत्तरी कवि सनकी, अराजक और आत्महंता हो जाने को शान की बात मानने लगे थे। इस विपथन के लिए जिम्मेदार वे आलोचक थे, जिन्होंने निराला के दुख में जातीय दुख और उनके संघर्ष को कम महत्व दिया।

निराला का काव्य एक स्वतःस्फूर्त आत्माभिव्यक्ति भर नहीं है। उसके राष्ट्रीय और सामाजिक कोण को समझने की जरूरत है। कोई अच्छी कविता सिर्फ निजी कारण से नहीं लिखी जाती। इसके अलावा, छायावाद साम्राज्यवादी आतंक और सामाजिक भेदभाव से भरे वातावरण में आकार ले रहा था। इसलिए निराला के

काव्य का देश और समाज से गहरा संबंध है। उनका काव्य अनुभूति और संस्कृति की अंतःक्रिया का नतीजा है। निराला की अनुभूति में प्रकृति, संस्कृति, समाज और राष्ट्रीय स्वतंत्रता आंदोलन के अलावा दलितों और स्त्रियों की लड़ाई भी मौजूद है। निराला काव्य के दुख–क्षोभ को निराला के निजी दुख–क्षोभ की कार्बन कॉपी बतलाना उनके काव्य की अंतर्वस्तु को सीमित करना है।

छायावाद ने निस्संदेह 'मैं' को महत्वपूर्ण बना दिया था। छायावादी कवियों का 'मैं' भक्त कवियों के 'मैं'–सा ईश्वर का अंग न होकर पर्याप्त स्वाधीन और लोकोन्मुख है। उस युग में स्वतंत्रता आंदोलन चल रहा था तो यथार्थवाद भी था। निराला अन्य छायावादी कवियों से इस अर्थ में विशिष्ट हैं कि वे 'मैं' को ढूंढ़ते हैं तो इससे बाहर भी निकलते हैं। वे जातीय स्मृतियों की ओर जाते हैं, उत्पीड़ितों और दलितों को गले लगाते हैं और अपने समय के वैचारिक संघर्ष में हिस्सा लेते हैं।

निराला के काव्यानुभव का एक स्रोत उनके निजी जीवन में है। दूसरा स्रोत, जो अपेक्षाकृत अधिक महत्वपूर्ण है, उस जातीय संस्कृति में है जो उनके भीतर से लड़ रही थी। यह बची थी, तभी लड़ रही थी। निराला अपनी कविताओं में अपना निजी दुख दिखाते नहीं घूम रहे थे। उन्होंने एक व्यापक सांस्कृतिक दर्द को अपना दर्द बनाया था। उनका दुख न निजी है और न रहस्यवादी। यह ठोस सामाजिक संदर्भों से पैदा हुआ है और सामाजिक व्यवस्था की अमानवीयता का सूचक है। 'जब कठिन मारें पड़ीं दिल हिल गया' में संकेत बाहरी आघातों की ओर है।

निराला अपने दुख और असहायता को बेफिक्री से लेते थे और रोमांटिक नजरिये से देखते थे। दुख मनुष्य को मांजता है, सच्चा बनाकर रखता है। मानवीय अंतःशक्ति सुख और अभिनंदनों से नहीं दुख से मिलती है। इसलिए निराला कहते हैं :

जीवन चिरकालिक क्रंदन
देना जी भरकर झकझोर
मेरे दुख की गहन अंध
तम–निशि न कभी हो भोर
क्या होगी इतनी उज्ज्वलता
इतना वंदन–अभिनंदन?

हिंदी समाज के लेखकों का जीवन सामान्यतः दुख–कष्ट, उपेक्षा और बेगानेपन

में बीतता है। थोड़े ही होंगे, जिनके लिए साहित्य सुख भोगने, अपना अभिनंदन कराने और महत्वाकांक्षाओं की सीढ़ी हो। निराला ने जितने दुख-कष्ट झेले, हो सकता है कि कुछ लेखकों को उनसे अधिक दुख-कष्ट झेलने पड़े हों। लेकिन विरला कोई होता है, जो आक्रामक अतीतवाद और पश्चिमीकरण के सांस्कृतिक कसाघातों को अपने पूरे तन-मन पर इतने दर्द के साथ झेलता है।

छायावादी दौर का दुख इतना छोटा नहीं था कि वह निजी प्रसंगों में सीमाबद्ध हो। उस दुख के साथ कुछ ऐसे विश्वास जुड़े थे, जिनके कारण दुख में भी सिर उठा रहता था। दुख आदमी को रिक्त नहीं करता था। किसी दुख नहीं, गहरे विश्वास के कारण निराला कह सके होंगे, 'अभी न होगा मेरा अंत' और 'जागो फिर एक बार'। यह आह्वान संपूर्ण भारतीय जाति से था, जो आज भी प्रासंगिक है।

बीसवीं सदी की प्रमुख भारतीय उपलब्धि है- आधुनिक और राष्ट्रीय जागरण। आज हमारा देश संकीर्णताओं से ऊपर उठकर छायावाद युग जैसे ही आधुनिक और राष्ट्रीय पुनर्जागरण की आवश्यकता का अनुभव करता है।

निराला अपने देश के पूरे इतिहास को जी रहे थे। उनके काव्यात्मक संघर्ष में व्यवधानों की कमी नहीं है। उनके साहित्य में निराशा और व्यर्थता की छाया जा-जाकर लौट आती है। ये व्यवधान महज कवि जीवन के नहीं हैं, संपूर्ण राष्ट्रीय जीवन के हैं। हमारा इतिहास कभी तेजोद्दीप्त और कभी निरुपाय हो जाता है। कभी उठकर खड़ा होता है, कभी उखड़ जाता है। कभी इतिहास के विरुद्ध इतिहास खड़ा होने लगता है, जिससे आम लोग निस्सहायता का अनुभव करने लगते हैं। निराला की निस्सहायता उस इतिहास की निरुपायता है, जिसके पक्ष से वह लड़ रहे थे। वह एक स्वाधीन देश ही नहीं, स्वाधीन समाज और स्वाधीन संस्कृति के लिए लड़ रहे थे। यह लड़ाई कठिन होती जा रही थी।

अंग्रेजों की गुलामी का दुख जितने स्तरों पर निराला को सताता था, उनके जमाने के किसी दूसरे कवि को नहीं। निराला की दृष्टि में संपूर्ण व्यवस्था एक कारागार है। खासकर हिंदी क्षेत्र में जरा भी स्वतंत्र इच्छा रखने वाला व्यक्ति सामान्यतः विलगाव झेलता है। बंगाल में उत्कर्ष पर पहुंचे नवजागरण के कारण रवींद्रनाथ आसमान का वर्णन करते हुए बड़े उल्लास से कहते हैं- 'आकाश भरा सूर्य-तारा, विश्व भरा प्राण'। यह उदार बंगाल से देखा जाने वाला आसमान था। निराला हिंदी क्षेत्र का दर्द व्यक्त करते हुए कहते हैं कि इसके आसमान में न सूर्य

है, न चंद्रमा है और कोई तारा ही है। निराला में जितनी गहरी सौंदर्य वासना थी, जीवन के सौंदर्य से हिंदी समाज की विच्छिन्नता का उतना ही गहरा दर्द भी भरा था। वह कठोर व्यवस्था में व्यक्ति के विलगाव का एक सुंदर बिंब रच देते हैं :

गहन है यह अंध कारा
स्वार्थ के अवगुंठनों से
हुआ है लुंठन हमारा
खड़ी है दीवार जड़ की घेर कर
बोलते हैं लोग ज्यों मुंह फेर कर
इस गगन में नहीं दिनकर
नहीं शशधर, नहीं तारा

ऊपर की पंक्तियों में जिस लुंठन की चर्चा है, वह साधारण नहीं है। भारत के लोगों को लंबे समय तक क्षेत्रीय राजाओं ने लूटा था– 'राजे ने अपनी रखवाली की/किला बनाकर रहा/बड़ी-बड़ी फौजें रखीं'। निराला को महिषादल का आतंक भवन याद आ रहा होगा, जहां उनके पिता खुद कभी तैनात थे। उन्होंने निजी प्रसंग से बाहर निकलकर इस कविता में यह विवशता भी दिखाई कि आमतौर पर जनता सामंती शासक वर्ग का हित साधन करते हुए उसी के आदर्श और संस्कार ढोती रहती है। वह उसके जादुई आकर्षण-जाल से बाहर नहीं निकल पाती।

हिंदी क्षेत्र की सामाजिक संरचना में सामंतवाद की पैठ शुरू से मजबूत रही है। इसलिए राजनीतिक सत्तालोलुपता में धर्म-जाति का सबसे अधिक बेजा इस्तेमाल हिंदी क्षेत्रों में हुआ है– 'धर्म का बढ़ावा रहा धोखे से भरा हुआ / लोहा बजा धर्म पर /सभ्यता के नाम पर खून की नदी बही'। देश के लुंठन का एक रूप सामंती है तो दूसरा रूप औपनिवेशिक है।

निराला ने पश्चिम का जादू देखा था। वह एक दूसरी कविता में देश में बढ़े पश्चिमी रुझान पर कहते हैं, 'आज पियानो के गीत सुनते हैं... दिशाओं के होठ रंगे दिन में। वेश्याएं जैसे रात में/ दगा की इस सभ्यता ने दगा की'। उनके सामने एक तरफ सामंतवाद का जादू था, दूसरी तरफ एक ऐसी सभ्यता विकसित हो रही थी, जो पश्चिम के अंधानुकरण पर आधारित थी।

बीसवीं सदी की सभ्यता ने दगा किया। आखिर कैसे लक्ष्य लेकर आधुनिकता का जज्बा पैदा हुआ था और उसकी आखिरी परिणति हुई महज फैशन, कृत्रिमता

और पाखंड में। जिस कवि के भीतर इस सदी की सभ्यता के विश्वासघात का इतना गहरा दुख हो, उसके संबंध में कुछ आलोचकों ने फतवा दे दिया कि वे एक निजी लड़ाई लड़ रहे थे! ऐसे आलोचक नहीं देख पा रहे थे कि निराला का दुख और अकेलापन वस्तुतः एक व्यापक विलगाव की देन है— भले वह रोमांटिक ध्वनि के साथ हो।

मरा हूँ हजार मरण

छायावादी दौर का साहित्य ऐसा नहीं है जो निजी या सामुदायिक प्रसंगों तक सीमित हो। उसमें प्रकृति के सौंदर्य के साथ आम मानवीय दुख-कष्टों की भी अभिव्यक्ति हुई है। एक कठोर समाज में इच्छा और यथार्थ के बीच टकराहट से जन्मी वेदना ही छायावाद की प्रधान अंतर्वस्तु है। इस साहित्य से सीखा जा सकता है कि वेदना में भी सिर कैसे ऊंचा रखा जा सकता है। सिर ऊंचा रहे, इसके लिए जीवन में थोड़ा दुख जरूरी है।

छायावादी युग का दुख मनुष्य को रिक्त नहीं करता था, बल्कि एक आत्मविश्वास देता था। उसमें जीवन के सौंदर्य को पहचानने और जीवन के लिए लड़ने की शक्ति थी। आज सुखवाद के लिए लोगों में पतन की होड़ है।

निराला के साहित्य में उनके दौर की उत्थानशील आधुनिकता के ऐसे गौरवशाली चिह्न हैं जिन्हें पहचान कर हम आज के अपने संकटग्रस्त जीवन को अधिक भावनासंपन्न, तार्किक और पारदर्शी बना सकते हैं और अपना उत्तर-आधुनिक उथलापन कम कर सकते हैं।

निराला ने जो सबसे बड़ा काम किया, वह यह है कि उन्होंने अपने युग की बौद्धिक चौहद्दियों को तोड़ा और मंताधताओं को चुनौती दी। उन्होंने भारत का अर्थ बताया। वे जीवन में हार का अनुभव करते हुए भी लड़ते रहे। वे अपनी आखिरी कविता में 'पत्रोत्कंठित, जीवन का विष बुझा हुआ है' कहने के तुरंत बाद संकेत दे देते हैं, 'आशा का प्रदीप जलता है हृदय कुंज में'! इसमें संदेह नहीं कि निराला जीवन के विष से ही जीने की शक्ति पाते हैं। वे एक जगह कहते हैं, 'मरा हूँ हजार मरण', क्योंकि वे जीना चाहते थे।

कई बार हार जाना किसी शर्मनाक जीत से ज्यादा सुंदर चीज है। कई बार वर्तमान की पराजय भविष्य की जीत के लिए एक कीमत अदा करना है!

निराला : तुलसीदास और राम की शक्ति पूजा

प्रेमचंद की तरह निराला नास्तिक नहीं थे। इसके बावजूद वह कह सके थे, 'यदि साहित्य या हमारा वर्तमान काव्य हिंदू संस्कारों से बंधा रहा— उन संस्कारों से जो आज तक हमें बांधकर संकीर्ण दायरे में एक प्रकार से हमारी रक्षा मुसलमान-संस्कृति के प्रचार से करते रहे हैं तो हमारी भावना की सीमा बढ़ नहीं सकती।' (हमारा वर्तमान काव्य)। निराला ने 'तुलसीदास' और 'राम की शक्ति पूजा' लिखी है। इनमें उनका छायावाद धार्मिक-सामाजिक रूढ़ियों से टकरा रहा था, ताकि 'भावना की सीमा' बढ़े। वह संक्रमण का दौर था। इसलिए पुराने अवशेष मिलने संभव हैं। देखना चाहिए, नवोन्मेष कहां है। 'तुलसीदास' और 'राम की शक्ति पूजा' धार्मिक काव्य नहीं हैं। इनमें भारत या पूर्व के सांस्कृतिक संघर्ष के साथ एक बड़ा लक्ष्य व्यक्त हुआ है जिसे समझना होगा।

उस जमाने के लेखक भीतरघुग्घू न होकर बुद्धि और हृदय का प्रसार चाहते थे, ताकि निराला के शब्दों में, 'समस्त विश्व के मनुष्य हमारी मनुष्यता के दायरे में आ जाएं'। (वही)। वे इकहरी समझ के लेखक नहीं थे। उनकी आधुनिकता में 'स्थानीय', 'राष्ट्रीय' और 'वैश्विक' आपस में गुंथे हुए हैं। फिर भी निराला के विश्वबोध से संपन्न होने का अर्थ आज का भूमंडलीकरण नहीं है। शिवाजी पर लिखी अपनी एक कविता में उन्होंने साम्राज्यवाद का विरोध किया और उनको एक नई जमीन से देखा। एक समय फुले और रानाडे दोनों ने शिवाजी पर सकारात्मक लिखा था। निराला ने स्वाधीन देश की स्वाधीन संस्कृति की कल्पना 1922 में लिखी कविता 'छत्रपति शिवाजी को पत्र' की इन पंक्तियों में की है :

जितने विचार आज
मारते तरंग हैं

साम्राज्यवाद की भोगवासना में
नष्ट होंगे चिर काल के लिए
आएगी भारत के भाल पर गई ज्योति
हिंदुस्तान मुक्त होगा घोर अपमान से
दासता के पाश कट जाएंगे।

बीसवीं सदी के शुरुआती दशकों में पश्चिमी सभ्यता का अंधानुकरण बढ़ रहा था। वह भोग वासना के रास्ते से अपनी जड़ें फैला रही थी। गांधी ने 'हिंद स्वराज' (1909) में लिखा था, 'पहले लोग मार-मार कर गुलाम बनाए जाते थे, पर अब लोग अपने आप गुलामी की जंजीर पहन लेते हैं, धन और ऐशो-आराम के लोभ से।' उस जमाने के कवि, चिंतक और राजनीतिज्ञ केवल जड़ अतीतवाद के विरुद्ध मुखर नहीं थे, वे औपनिवेशिक आधुनिकीकरण को भी संदेह से देख रहे थे।

भारत में औपनिवेशिक आधुनिकीकरण के प्रति आकर्षण बढ़ रहा था। फिर भी ऐसा नहीं था कि लोग उसमें बहे जा रहे हों। निराला ने उससे मुठभेड़ का पथ चुना था। निराला के राम, शूर्पणखा, श्यामा ही नहीं, तुलसीदास भी 20वीं सदी की औपनिवेशिक स्थितियों का सामना कर रहे थे, साथ ही रूपांतरित भी हो रहे थे। जो अतीत नवोन्मेष तथा रूपांतरण की क्षमता खो देता है, जरूरी लचीलापन खो देता है, वह लड़ नहीं सकता। निराला के शूर्पणखा और राम न वाल्मीकि के हैं, न तुलसी के। उनकी श्यामा भी महज पौराणिक नहीं है। निराला के लिए पुराकथा गीली मिट्टी है जिससे वे अतीत को नहीं, अपने समय की सोच को आकार दे रहे थे। इसके अलावा, निराला का अतीत कभी 'रिजिड पास्ट' नहीं है। उनका अतीतबोध गतिशील, समावेशी और निर्माणात्मक प्रकृति का है।

निराला की शूर्पणखा पर लिखी कविता 'पंचवटी प्रसंग' उनके पहले कविता संकलन 'परिमल' में है। क्या परंपरागत धार्मिक दृष्टि से शूर्पणखा के सौंदर्य का वैसा वर्णन संभव है, जैसा इस कविता में है? निराला ने शूर्पणखा को एक रूपगर्विता स्त्री के रूप में देखा है और उसके सौंदर्य का रोमांटिक कवि होने के नाते बेहिचक वर्णन किया है, 'योजन-गंध-पुष्प जैसा प्यारा यह मुखमंडल/फैलते पराग दिङ्मंडल आमोदित कर'!

निराला बंगाल में जन्मे और बड़े हुए। यह एक शाक्त क्षेत्र है। उनकी एक

कविता में श्यामा पूंजीवादी विश्व व्यवस्था में क्रांति की देवी बनकर आती हैं– 'एक बार बस और ताच तू श्यामा / सामान सभी तैयार / कितने ही हैं असुर, चाहिए कितने तुझको हार'। नए जमाने में भी अनगिनत असुर हैं, सभी अत्याचारी-शोषक लोग असुर हैं!

निराला ने हिंदू पौराणिक कथा को कभी संकीर्ण राजनीतिक नजरिए से नहीं देखा। उनके राम मनुष्य हैं, जबकि मैथिलीशरण गुप्त 'साकेत' में अंततः पूछ बैठे थे, 'राम तुम मानव हो, ईश्वर नहीं हो क्या'! निराला का सवाल था कि राम तुम ईश्वर हो, मानव नहीं हो क्या! उनके राम की आंखों में निराशा के आंसू हैं। निराला की कामना थी, अन्यायी जितना भी शक्तिशाली हो, उससे मुकाबला करने की जातीय इच्छाशक्ति का कभी अंत न हो। 'राम की शक्तिपूजा' जातीय इच्छाशक्ति के उद्‌बोधन का काव्य है।

अंग्रेजी राज एक सूर्यग्रहण का काल था। हर तरफ लूट, दमन और बंधनों के बीच भारत का सांस्कृतिक सूर्य डूब रहा था। निराला के 'तुलसीदास' के प्रथम छंद में मुगलों का समय नहीं, आरंभिक 20वीं सदी झांकती है– 'भारत के नभ का प्रभापूर्य/शीतलच्छाय सांस्कृतिक सूर्य अस्तमित आज रे– तमस्तूर्य दिङ्‌मंडल।' निराला के काव्य में भारतेंदु का 'भारत' जगह-जगह उपस्थित है, लेकिन उनके काव्य में राष्ट्रीय जागरण के स्वर के साथ अंतरराष्ट्रीयतावाद भी है, क्योंकि उपनिवेशवाद--विरोध का अर्थ अंध-राष्ट्रवाद नहीं है। निराला भारत को एक स्वतंत्र, पुनःजाग्रत और खुले हृदयवाले देश के रूप में देखना चाहते हैं। कहना न होगा कि निराला की काव्यानुभूति में एक उदार और मिश्रणशील मानव संस्कृति झांकती है, जो उस जमाने की संकीर्णताओं से लड़कर आकार ले रही थी।

निराला के काव्य का मुख्य स्वर है 'टूटें सकल बंध... रुद्ध जो धार रे/शिखर निर्झर झरे'। वे हिंदी क्षेत्र की सामाजिक रूढ़ियों को चुनौती देने वाले एक असाधारण व्यक्तित्व थे। उनका संघर्ष मनुष्य की आजादी और प्रगति के लिए था। यही वजह है कि उनका साहित्य न धार्मिक कट्टरता के आगे घुटने टेकता है और न साम्राज्यवाद के आगे। तुलसीदास को काव्य का विषय बनाकर भी वे अतीतमुखी नहीं होते, जिस तरह विश्वमानवतावाद को स्वीकार करके औपनिवेशिक आधुनिकीकरण की ओर नहीं बढ़ते। निराला एक ऐसी राष्ट्रीय संस्कृति के पक्षधर थे, जो आधुनिक होने के साथ अन-औपनिवेशिक भी है!

निराला के तुलसीदास

तुलसीदास ने लोकभाषा अवधी में रामकथा लिखकर परंपरागत पांडित्य को चुनौती दी थी। उन्होंने 'रामचरितमानस' के कलि वर्णन के अलावा अन्यत्र भी अपने युग के आर्थिक-सांस्कृतिक ह्रास के चित्र खींचे हैं। सूर्यकांत त्रिपाठी 'निराला' ने तुलसीदास को प्राची के सूर्य के रूप में देखा, हालांकि उनकी बुनियादी चिंता यह है कि वर्तमान प्रतिकूल स्थितियों में जनजीवन की अंतरात्मा का अंधकार कौन दूर करेगा? कौन परंपरा में नवीनता लाएगा? उन्हें चारों तरफ का जीवन निष्प्राण लग रहा था। वे यूरोपकेंद्रिक बुद्धिजीवियों की तरह अंग्रेजी राज पर मुग्ध नहीं थे। उन्होंने अनुभव किया कि किसी महान उत्सव के बाद एक उजड़े वातावरण में देश है। निराला ने 'तुलसीदास' (1934) में वंचितों और दलितों की सामाजिक दशा के जो चित्र खींचे हैं, उनसे पता चल सकता है कि उनकी लंबी कविता 'राम की शक्ति पूजा' के राम इतने ट्रैजिक यथार्थों के बीच क्यों खड़े हैं। 'तुलसीदास' की पंक्तियां हैं :

चलते-फिरते, पर निस्सहाय
वे दीन, क्षीण कंकालकाय
आशा केवल जीवनोपाय उर-उर में,
रण के अश्वों से शस्य सकल
दलमल जाते ज्यों दल से दल
शूद्रगण क्षुद्र, जीवन-संबल, पुर-पुर में...
वे शेष-स्वास, पशु, मूकभाष
पाते प्रहार अब हताश्वास
सोचते कभी, आजन्म ग्रास द्विजगण के
होना ही उनका, धर्म परम
वे वर्णाधम, रे द्विज उत्तम
वे चरण-चरण बस, वर्णाश्रम रक्षण के।

तुलसीदास पर लिखते हुए निराला ने वर्ण व्यवस्था के रक्षक द्विजों पर प्रहार किया। अंबेडकर और गांधी के बीच पूना पैक्ट के दो साल बाद रची गई इस कविता में उनका प्रहार तीखा है। इस काव्य में तुलसी का युग नहीं, उनका अपना समय बोलता है। तुलसी के व्यक्तित्व की ज्योतिर्मान गहराइयों में

सांस्कृतिक सामंजस्य की जो प्रेरणा शक्ति थी, उसे निराला पहचानना चाहते हैं। उसे ही केंद्र में रखकर उन्होंने इस काव्य की रचना की है। उन्होंने अपनी कविताओं में पौराणिक कथाओं के अलावा एक इतिहास पुरुष तुलसीदास को भी विषय बनाया। हालांकि वे 'मोगल' और 'मुसलमान' को एक समझने के भ्रम के शिकार थे।

तुलसी ने अपने पुराने संस्कारों में बहकर वर्ण व्यवस्था को मानते हुए भी प्रेम को सर्वोच्च महत्ता दी थी। उन्होंने बाह्याडंबर का विरोध किया था जो उस कठोर जमाने में कठिन था। यह सही है कि उनके कंठ से यदि वर्ण व्यवस्था के खिलाफ आवाज निकल जाती, हिंदी क्षेत्र का सांस्कृतिक नक्शा कुछ दूसरा होता।

निराला ने तुलसी को मुख्यतः रत्नावली से उनके प्रेम के प्रसंग में देखा। वे बताना चाहते हैं कि तुलसी किस तरह प्रेम की प्रेरणा से ही दानवी सामाजिक ताकतों से मनुष्य जाति के चिरंतन संघर्ष की कथा रच पाए थे। एक छायावादी कवि के रूप में वे प्रेम की ऐसी कल्पना करते हैं :

उर में परिचित वह मूर्ति सुघर
जागी विश्वाश्रय महिमाधर, फिर देखा—
प्राची–दिगंत–उर में पुष्कल रवि–रेखा।

तुलसी के भीतर अपनी पत्नी रत्नावली से बिछुड़ने की गहरी कसक थी जिसके कारण उन्होंने 'रामचरितमानस' में सीता वनवास का दुखद प्रसंग नहीं रखा। उन्होंने अयोध्या में राम राज्य की कल्पना के साथ ही अपना महाकाव्य समाप्त कर दिया। निराला की दृष्टि से तुलसी ने अपनी प्रेयसी–पत्नी रत्नावली के सौंदर्य और प्रेम से प्रेरणा लेकर ही एक गहन सांस्कृतिक दायित्वबोध को अपने महाकाव्य का विषय बनाया था। उनकी कृति 'तुलसीदास' मुख्यतः एक प्रेम कविता है, जिसमें उन्होंने अपने निजी जीवन की पीड़ा भी व्यक्त की है। निराला कहते हैं :

जिस तरह गंध से बंधा फूल
फैलता दूर तक भी समूल
अप्रतिम प्रिया से, त्यों दुकूल प्रतिमा में
मैं बंधा एक शुचि आलिंगन

निराला तुलसीदास के प्रेम का स्वच्छंदतावादी वर्णन करते हैं। उनको अपने चरम यौवन के समय अपनी पत्नी मनोहरा देवी का वियोग झेलना पड़ा था।

उनके अवचेतन में यह बात थी कि तुलसी की तरह उन्हें भी अपने अंधेरे समय का सांस्कृतिक सूर्य होना है। वे तुलसीदास के बारे में कहते हैं :

देश–काल के शर से बिंध कर
यह जागा कवि अशेष–छविधर
इनका स्वर भर भारती मुखर होएंगी

हर युग का बड़ा कवि 'देश–काल' के शर से बिंधकर एक न एक सांस्कृतिक संदेश देता है। 'तुलसीदास' एक कवि के बनने की प्रक्रिया का उद्घाटन है, इसके साथ, कवि मात्र की महत्ता का उद्घाटन करने वाला काव्य भी है। निराला ने तुलसी के रत्नावली से अनुराग को मोह के रूप में नहीं देखा। वे रत्नावली को 'श्री पावन गृहिणी उदार' कहते हैं। यह भी बताते हैं, 'बंध के बिना, कह कहां प्रगति'। स्वच्छंदता के साथ कुछ प्रतिबद्धताएं भी जरूरी हैं। तुलसी 'तुलसीदास' काव्य में 'उच्चतर' के लिए आत्मसंघर्ष करते हुए और आत्मज्ञान तक पहुंचते हुए दिखाए गए हैं। वे जब रत्नावली के घर पहुंचे, रत्नावली ने उन्हें धिक्कारा, 'धिक्! आए तुम अनाहूत, धो दिया श्रेष्ठ कुल धर्म धूत'।

तुलसी का आत्मज्ञान रत्नावली का निषेध नहीं है। यह उनके प्रेम का विस्तार है। तुलसी के हृदय से प्रेयसी की मूर्ति मिटती नहीं है, रूपांतरित हो जाती है। उनका रत्नावली से प्रेम उन्हें विश्वबोध की ओर ले जाता है और एक बड़े सांस्कृतिक दायित्व से जोड़ता है। वे इस काव्य में उच्चतर चेतना की ओर बढ़ते हैं, 'दृष्टि से भारती से बंध कर/कवि उठता हुआ चला ऊपर/केवल अंबर-केवल अंबर फिर देखा।' तुलसी रत्नावली से प्रेम के भीतर से जैसे 'भारत का ज्योतिर्धन' बन रहे हों! निराला ने प्रेम और राष्ट्रीय जागरण में अंतर्विरोध नहीं देखा, बल्कि माना कि हर बड़े संघर्ष और क्रांतिकारी कार्य की मुख्य प्रेरणा प्रेम है। उनकी छायावादी दृष्टि के कारण तुलसी का जो आधुनिक काव्यात्मक रूपांतरण होता है, वह अनोखा है।

तुलसी के 'रामचरितमानस' में राम और सीता के प्रेम की कथा मोटे रूप से प्रचलित प्रेम कथाओं की तरह है जिनके बीच में एक खलनायक आता है। इस महाकाव्य में प्राचीन रामकथा यदि कई प्राचीन रूढ़ियों से मुक्त होकर अंततः प्रेम का एक उच्च संदेश बन जाती है तो यह तुलसी के सृजनात्मक और सामंजस्यपरक व्यक्तित्व के कारण संभव हुआ। उनके प्रेम–आपूरित सांस्कृतिक व्यक्तित्व की तरफ किसी की दृष्टि नहीं गई, निराला की गई। खुद इनके

सृजनात्मक व्यक्तित्व पर प्रेम और देश-काल का वैसा ही दबाव था।

छायावाद का नया युग नया जागरण ला रहा था। यह औपनिवेशिक दबावों, सामाजिक बुराइयों और जटिलताओं के कारण एक कठिन समय था। 1934 में जब 'तुलसीदास' काव्य की रचना हुई वह भारत में भीषण आर्थिक मंदी और औपनिवेशिक-सामंती अत्याचारों का दौर था। एक राजनीतिक अनिश्चितता का समय भी था। पराधीनता, अन्याय और शोषण चरम पर थे। निराला ने एक गहरा सांस्कृतिक संकट लक्षित किया। उनमें उतना ही गहरा जातीय आत्मविश्वास था, जितना व्यापक उस युग का संकट था। इस देश ने देखा है कि जब भी कोई विकराल संकट आया है, वह संकट से वैसे ही बाहर निकला है जैसे सुरसा के मुंह में मच्छर के रूप में प्रवेश कर हनुमान बाहर आ जाते हैं। हर देश में अपने उच्च मूल्यों को बचाने की एक सांस्कृतिक आत्मशक्ति होती है। निराला अपने देश की आत्मशक्ति को पहचानते हैं :

होगा फिर से दुर्धर्ष समर
जड़ से चेतन का निशि-वासर
कवि का प्रति छवि से जीवनहर, जीवन भर,
भारती इधर, हैं उधर सकल
जड़ जीवन के संचित कौशल
जय, इधर ईश, हैं उधर सबल माया-कर

21वीं सदी की आभासी दुनिया में मायावी बढ़ गए हैं, ईश्वर का अपहरण हुआ हैं। आज का युग एक वैसे ही संग्राम की प्रतीक्षा कर रहा है जो निराला के जमाने में था। रात्रि जितनी लंबी हो, उसे पार करना होता है, तभी 'सत्य का मिहिर द्वार' खुलता है। लोभ-मोह घेरेंगे, भेदभाव बढ़ाए जाएंगे, पर आत्मसंघर्ष है तो आत्मज्ञान भी है। यदि आत्मसंघर्ष थमा, या वह आत्मा-विमुग्धता में बदल गया तो आत्मज्ञान का दरवाजा बंद हो जाता है। 'तुलसीदास' काव्य ग्रंथ में निराला का यही कहना है।

राम की शक्ति पूजा

वाल्मीकि रामायण में जब शिव से शक्ति पूछती है 'ईश्वर कौन है'? शिव शक्ति को राम और सीता की कथा सुनाते हैं। शिव रावण के आराध्य हैं, पर वे कथा राम की कहते हैं। शिव राम से अधिक प्राचीन देवता हैं। इसलिए यदि

राम की कथा सुनाते हैं, इसका उद्देश्य लोक में राम की महत्ता बढ़ाना है। तुलसी के 'रामचरितमानस' में भी राम शैव-वैष्णव संघर्ष की पृष्ठभूमि में कहते हैं कि जो शिव का द्रोही होगा, वह मेरा भक्त नहीं हो सकता।

बांग्ला की कृत्तिवास रामायण में रामकथा के कई नए प्रसंग हैं। उनमें सबसे अनोखा है युद्ध के समय रावण की अजेय भयंकरता देखकर राम के मन में निराशा भर जाना, 'निश्चय बुझिनु सीता न होइलो उद्धार'! निराला की 'राम की शक्ति पूजा' में इसी की प्रतिध्वनि है, 'जानकी! हाय उद्धार प्रिया का न हो सका'। बंगाल शाक्त क्षेत्र है। इसलिए कृत्तिवास रामायण में दुर्गा की आराधना के लिए विशेष रूप से जगह है। इससे प्रेरणा लेकर निराला ने अपनी लंबी कविता 'राम की शक्ति पूजा' में लगातार रूपांतरित होती रही रामकथा से मुख्यतः उस प्रसंग को उठाया है जिसमें रावण पर विजय के लिए राम शक्ति की आराधना करते हैं।

महान सृजन के लिए आत्मसंघर्ष जरूरी है। निराला ने 'तुलसीदास' के आत्मसंघर्ष को 'राम की शक्ति पूजा' में विस्तार दिया। उन्होंने अपनी कविता में राम को हिंदू के रूप में नहीं चुना। उन्हें 20वीं सदी में एक ऐसे नागरिक के रूप में देखा जो अन्याय के आगे निर्बल और संशयग्रस्त होने के अलावा भीतर से बहुत विचलित है।

सवाल उठ सकता है कि वह कौन-सी घटना है जिसने निराला को यह लंबी कविता लिखने के लिए विवश किया? वह घटना निजी है या सामाजिक? वस्तुतः वह घटना है उनके युग का राजनीतिक क्षय। अंग्रेजी राज में सर्वत्र भय की छाया थी, क्योंकि 'अन्याय जिधर, थी उधर शक्ति'! ऐसा समय अकसर आता है, जब लोग अपने को निर्बल समझने लगते हैं। वे हताश होते हैं। निराला खुद अपने व्यक्तिगत जीवन में दुख और हताशा से भरे थे। आधुनिक युग भी अपनी परंपराओं और मानव अस्तित्व को अर्थपूर्ण बनाने के मामले में संशयशील हो उठा था। कला और साहित्य की अवहेलना हो रही थी जो निराला को अपनी अवहेलना लगती थी। बढ़ते सांस्कृतिक प्रदूषण से निराला चिंतित थे। वे कहते थे, 'दगा की इस सभ्यता ने दगा की'। वे यह भी कहते थे, 'बाहर मैं कर दिया गया हूँ/भीतर पर भर दिया गया हूँ।' वे 'ड्राप आउट' के अनुभव से गुजर रहे थे। हालांकि वे अपने आत्मनिर्वासन को राष्ट्रीय संस्कृति की अंतर्वेदना के रूप में देख रहे थे।

हर पतनशील व्यवस्था अन्याय और अत्याचार पर टिकी होती है। ऐसी दशा में उससे लड़ाई एक सार्वभौम मांग हो जाती है। 'राम की शक्ति पूजा' के राम का आधारभूत संशय 'रावण-जय-भय' है जो इस कविता की शुरुआत 'रवि हुआ अस्त' के साथ ही आकार ग्रहण कर लेता है। आधुनिक मन के इस संशय का खास अर्थ है। यदि रावण जीत गया, मनुष्य जाति का आत्मविश्वास हमेशा के लिए टूट जाएगा। राम का संशय नए युग का है। प्राचीन राम कथाओं की आध्यात्मिक संरचना ऐसी रही है कि उसमें संशय की गुंजाइश नहीं थी। इसलिए प्राचीन राम में कभी संशय पैदा नहीं हुआ। निराला के राम की निराशा में आधुनिक युग की चिंता इस रूप में है :

धिक जीवन जो पाता ही आया है विरोध
धिक जीवन जिसके लिए सदा ही किया शोध
जानकी! हाय उद्धार प्रिया का न हो सका।

रामकथा का कोई अंतिम रूप नहीं है। यह किसी एक खास कवि के दिमाग की उपज नहीं है। इसे किसी भी युग में पहले से तयशुदा ढांचे में नहीं देखा गया। इसलिए हर युग की तरह आधुनिक युग के कवियों ने भी रामकथा के पुनःसृजन में छूट ली, भले सांस्कृतिक बदलावों से अपरिचित लोग रामकथा को स्थिर और रूढ़िवादी रूप में देख रहे हों। नए युग के राम न वाल्मीकि के थे और न तुलसी के। निराला के जमाने में संघर्ष के मुद्दे नए थे, इसलिए राम भी नए थे।

रवि के अस्त होने पर युद्ध करके लौटता वानर दल पीड़ा से कराह रहा था। उसकी बुरी हालत देखकर आभास हो गया था कि रावण अधिक ताकतवर है और राम की जीत नहीं हो सकती। 'राम की शक्ति पूजा' में रावण औपनिवेशिक अन्याय और अत्याचार का मिथकीय बिंब है, जबकि राम हताशा से घिरे किंकर्तव्यविमूढ़ आम स्वाधीनता सैनिक हैं। दूसरा राष्ट्रीय सत्याग्रह (1929-1932) भी विफल हो गया था। उस दौर के 'गोदान' (प्रेमचंद) में भी ऐसी ही हताशा है। निराला का कथन— 'अन्याय जिधर, थी उधर शक्ति' एक बहुअर्थी और व्यापक राजनीतिक व्यंजना है। यह अन्याय के विरुद्ध लड़ते आधुनिक मनुष्य की निराशा और अकेलेपन का चित्र है।

राम की असहायता नए युग की दमनमूलक व्यवस्था में असहाय मनुष्य की प्रतिच्छवि है। जिस तरह आधुनिक मनुष्य अपनी प्रकृति से विच्छिन्न हो गया है, राम का धनुष श्लथ पड़ा है। उनके कटिबंध खुले हुए हैं, दृढ़ जटा-मुकुट

विपर्यस्त है। उनके घने केश खुलकर बाहुओं और चौड़े वक्ष पर इस प्रकार फैले हैं, मानो किसी विराट दुर्गम पर्वत पर रात्रि का अंधकार उतर गया है। फिर भी 'केवल जलती मशाल'! निराला अहसास कराते हैं कि अंधकार छाया है, पर यह पर्वत विराट और दुर्गम हैं। मनुष्य में एक अंतर्भूत विराटता है। वह अनुल्लंघनीय और अपराजेय है। रावण राम के दुर्गम पर्वत जैसे व्यक्तित्व को कभी जीत नहीं सकता, क्योंकि आम लोगों का विश्वास है– अत्याचारी जितना शक्तिशाली हो उसका अंत होता है।

बुराई के खिलाफ अच्छाई का संघर्ष दीर्घ काल से चला आ रहा है, सिर्फ इसके स्वरूप में अंतर रहा है। निराला के युग में भी यह संघर्ष था, पर स्वाधीनता आंदोलन के एक खास दौर में वह एक ट्रैजिक बिंदु पर पहुंच गया था।

हताशा के दौर में स्मृति उद्धारक होती है। स्मृति में होती हैं आशा की जड़ें। हर राष्ट्रीय जीवन में स्मृति का महत्व है। खास कर वर्तमान स्मृति-ध्वंस के युग में जीवंत और सकारात्मक स्मृतियों का महत्व बढ़ गया है। निराला दिखाते हैं कि राम का असुरक्षित वर्तमान उन्हें स्मृतियों की ओर ले जाता है। उन्हें पुष्प वाटिका में जानकी से मधुर मिलन की याद आती है, 'नयनों का नयनों से गोपन-प्रिय संभाषण/पलकों का नव पलकों पर प्रथमोत्थान पतन।' रोमांटिक दौर में प्रेम और सृजन दो भिन्न चीजें नहीं हैं। राम को धनुर्भंग की याद आती है। इसके साथ मूर्तिमान हो उठता है निराला के युग में देखा जा रहा एक नई वैश्विक संस्कृति की स्थापना का स्वप्न।

पिछली सदियों के वैज्ञानिकों, समाज सुधारकों और स्वाधीनता-प्रेमियों के क्या स्वप्न थे और अब क्या घटित हो रहा है? राम की आंखों से अश्रुबूंदें गिर पड़ीं, इतिहास का दर्द उभर आया। हर तरफ रावण का अट्टहास गूंज रहा था, जबकि राम के मन में संशय और स्मृति के बीच द्वंद्व छिड़ा हुआ था। क्या अब कोई आशा नहीं है? निराला की कविता में राम का अंतर्द्वंद्व उन्हें देवत्व से मुक्त कर जीवन की समस्याओं से घिरे एक साधारण इन्सान के रूप में उपस्थित करता है।

राम की हताशा आधुनिक युग की हताशा के साथ-साथ एक बिंदु पर निराला के वैयक्तिक जीवन के दुखों और संघर्षों से भी जुड़ी हुई है। दरअसल मिथकों में कई बार केवल समाज ही प्रतिध्वनित नहीं होता, सृजनशील व्यक्ति का निजी मन भी प्रतिबिंबित होता है और बुद्धि भी बोलती है।

'राम की शक्तिपूजा' में एक खास युग के भय और संशय हैं। प्रश्न उठता

है, किसी भी युग में निराशा और भय का सामना कोई कैसे करे। इसका एक रूप हनुमान प्रस्तुत करते हैं। राम की अश्रुबूंदें देखकर हनुमान उद्धत हो जाते हैं। वे अंजनी पुत्र हैं, प्रचंड आंधी के साथ सृष्टि में एक प्रलयंकर दृश्य उपस्थित हो जाता है, 'करने को ग्रस्त समस्त व्योम कपि बढ़ा अटल'। 'राम की शक्ति पूजा' की रचना का एक लक्ष्य उग्र पंथ पर टिप्पणी है। अधिक निराशा का एक नतीजा उग्रता है, दिशाहीन क्रोध है। अति-वामपंथ को 'बचकाना मर्ज' कहा गया है और इसे भटकाव माना गया है। इससे विजय हासिल नहीं हो सकती। फिर रावण को शक्ति के देवीरूप ने स्वयं धारण कर रखा है। रावण नए और सशक्त हथियारों से लड़ रहा है। वह कुशल और मायावी है। हनुमान सत्य की राह पर हैं, लेकिन वे बाल समय में सूर्य को निगलने के 'बचकाने मर्ज' से मुक्त नहीं हैं। उन्होंने इससे कोई सबक नहीं लिया। रावण से लड़ने के लिए परंपरागत औजार व्यर्थ हैं। इसलिए हनुमान की बचकानी उग्रता से कोई सार्थक नतीजा नहीं निकलना है।

निराला की कविता में शक्ति हनुमान पर क्रोधित हो गई। वे हनुमान पर प्रहार करने जा रही थीं, तभी शिव शक्ति से कहते हैं कि वे नरमी और समझदारी से काम लें। यदि उग्रता समाधान नहीं है तो उग्रता का हिंसक दमन भी समाधान नहीं है।

शिव शक्ति को उपाय सुझाते हैं, 'विद्या का ले आश्रय इस मन को दो प्रबोध।' निराला राजनीतिक उग्रता को राष्ट्रीय जीवन की समस्याओं की ही उपज के रूप में देखते हैं। वे दमन की जगह प्रबोधन के पक्ष में हैं, शिक्षा के पक्ष में हैं। जनता के संघर्ष की विभाजित धाराओं को एकजुट करके संयुक्त अभियान सदा ही एक प्रधान भारतीय आख्यान है।

निराला लक्षित करते हैं कि नए युग के औपनिवेशिक-सामंती अत्याचारों और सांस्कृतिक ह्रास को रोकने के पुराने तरीकों के साथ-साथ उग्र बचकाने तरीके भी व्यर्थ हैं। जानकी के उद्धार की संभावना धूमिल होती जा रही है। राम के पास एक से बढ़कर एक मंत्रपूत बाण थे। वे लक्ष्यभ्रष्ट हो गए थे। रावण के रूप में 'बुराइयों' को खुद महाशक्ति ने अपनी गोद में धारण कर रखा था। निराला दिखाते हैं कि इस घड़ी सिर्फ एक बुजुर्ग जांबवान हैं, जिनके पास परिस्थिति के वस्तुपरक मूल्यांकन की दृष्टि है। जांबवान रीछ थे, प्रकृति के एक खास आद्यरूप। प्रकृति को यदि समझा जाए, वह मनुष्य की विजय में सहायक

होती है। जांबवान मनुष्य में छिपी अपराजेय शक्ति के प्रति आस्था व्यक्त करते हुए राम के सामने एक नई संभावना का द्वार खोलते हैं :

रावण अशुद्ध होकर भी यदि कर सका त्रस्त
तो निश्चय तुम हो सिद्ध, करोगे उसे ध्वस्त
शक्ति की करो मौलिक कल्पना, करो पूजन

जांबवान राम को 'पुरुष सिंह' कहकर संबोधित करते हैं, ताकि उनके संकल्प में दृढ़ता पैदा हो। उनके इस संबोधन में 'जागो फिर एक बार' की ध्वनि है। शत्रु पक्ष को भयावह शक्ति संपन्न मानते हुए भी निराला ने उसे कभी 'स्यार' से ऊंचा दर्जा नहीं दिया। यह गहन निराशा के दौर में उनका राष्ट्रीय आत्मविश्वास है। शत्रु थोड़ी देर आतंकित कर सकता है, लेकिन अंतिम विजय आम नागरिकों की होगी, क्योंकि उनमें अपराजेय शक्ति है। मनुष्य को त्रस्त किया जा सकता है, पराजित नहीं। जरूरत बौद्धिक जड़ता से बाहर आकर राष्ट्रीय शक्ति की नई कल्पना करने और आत्मशक्ति के उद्घाटन की है।

राम के चरित्र के जरिए निराला की वैयक्तिकता अंतरवैयक्तिकता में बदल जाती है। राम कवि के विद्रोही मन के साथ-साथ नई युग चेतना को व्यक्त करते हैं। स्मरणीय है कि 'राम की शक्ति पूजा' के रचना काल में युग नई राहें खोज रहा था। उसका लक्ष्य था उपनिवेशवाद-सामंतवाद विरोधी जन संग्राम को पुनः संगठित करना। दमन जितना बढ़ा-चढ़ा था, अंतर्मंथन उतना गहरा था। हर देशवासी अपने इतिहास के पृष्ठ पर अपने स्वतंत्र राष्ट्रीय अस्तित्व को अंकित करने के लिए बेचैन था। वह कई बार छला जा चुका था और फिलहाल विफलताओं से घिरा था। इसके बावजूद वह हारा नहीं था। उसकी आशाओं को उसकी जीवंत स्मृतियां उद्‌बुद्ध कर रही थीं। वे 'शक्ति' की नई कल्पना करके 'स्ट्रेटजी' बदलने का संदेश दे रही थीं।

निराला की कविता में राम द्वारा शक्ति पूजा सामान्य दुर्गा पूजा नहीं है। यह कोई रहस्यवादी योग साधना भी नहीं है, हालांकि निराला ने इस कविता में योग की मिथकीय शब्दावली का इस्तेमाल किया है। कविता में प्रत्यक्षतः दिखाया गया है कि राम का मन चक्र से चक्र की ओर चढ़ता हुआ आज्ञाचक्र तक पहुंचता है। फिर वह ऊर्ध्व स्तर पर उस दुर्ग के पास चला जाता है जहां सहस्रारदल कमल है। निश्चय ही निराला की कविता का बुनियादी लक्ष्य योग की महत्ता बताना नहीं है।

निराला कहना चाहते हैं कि शक्ति की मौलिक कल्पना पुरानी पद्धतियों से नहीं की जा सकती। छायावाद रूढ़ियों से विद्रोह का संदेश दे रहा था। बुराइयों से जनयुद्ध का अर्थ है नए विचारों, नए औजारों से जनयुद्ध। शक्ति की मौलिक कल्पना वस्तुतः गहन आत्मसंघर्ष, सुधार और पुनर्निर्माण से गुजर कर ही संभव है।

'शिवमहम्निस्तोत्र' में विष्णु शिव की आराधना करते दिखाए गए हैं। 'राम की शक्ति पूजा' में राम दुर्गा की आराधना करते हैं। वे शाक्तों की देवी हैं। निराला ने 'राम की शक्ति पूजा' में योग की शब्दावली शिव धारा की यौगिक क्रियाओं से ली है। इस प्रकार दुर्गा के साथ-साथ शिव को भी प्रकारांतर से चुना है।

कविता में शक्ति की मौलिक कल्पना एक साधना, एक खोज के रूप में जैसे ही विकसित चरण में पहुंचती है, सृष्टि स्तब्ध रह जाती है। राम जैसे ही साधना के अंतिम चरण में पहुँचे और कमल के 108 फूलों में से अंतिम फूल अर्पित करने के लिए उनके हाथ जैसे ही बढ़े, देवी ने फूल चुरा लिया। राम की चेतना पर बज्र टूट पड़ा। वे वेदना से कराह उठे। यह साधारण छल न था। राम की वेदना में निराला के अंतर्व्यक्तित्व की कराह सुनी जा सकती है और राजनीतिक विश्वासघात से देशवासियों को हो रही पीड़ा भी। निराला पर कम चोटें नहीं पड़ी थीं। वे कम नहीं छले गए थे, पर यह कराह मुख्यतः अधबने राष्ट्र भारत की थी!

निराला ने अपनी कई कविताओं में गिर पड़े मनुष्य के उठकर चल देने की कहानी दी है। वे 'अंधकार' के कवि नहीं हैं, वे मुक्ति के 'उजाले' का संदेश देते हैं। उन्होंने रावण के आतंक को चीरती नई आवाज को पहचाना जो अंतर्मन से निकलती है और परंपरा की ताकत लेकर सामने आती है। निराला को बाहर से आघात मिलता था तो अंतःकरण से, अपने दुख-कष्ट से शक्ति भी मिलती थी। वे अपने मन के भीतर, एक और मन में जातीय स्मृतियों का आलोक पाते थे।

'राम की शक्ति पूजा' में राम का दिल छल से हिल चुका था। वे टूटने-टूटने को थे कि उनकी स्मृति ने उन्हें नई शक्ति दी। रावण के पास प्रबल भौतिक ताकत थी, समृद्धि थी, पर वह स्मृतिहीन था। राक्षस स्मृतिहीन होते थे, तभी असभ्यतावश हिंसा करते थे। विध्वस्त होने के बावजूद यदि किसी देश का, राष्ट्र का संघर्ष नहीं रुकता तो इसकी मुख्य वजह यह है कि उस देश के लोगों

की स्मृतियों के स्रोत सूखे नहीं होते।

निराला अपने परवर्ती जीवन में एक त्रासद विलगाव के शिकार हो गए थे। 'राम की शक्ति पूजा' में उनके अकेलेपन और पीड़ा के चिह्न हैं। इस कविता में राम प्रतिकूल स्थितियों और हताशा की घड़ियों के बावजूद बुद्धिदीप्त होते हैं, क्योंकि उनका अंतर्मन थका नहीं है। राम स्मृतियों से उजाला पाते हैं :

वह एक और मन रहा राम का जो न थका
जो नहीं जानता दैन्य, नहीं जानता विनय
कर गया भेद वह मायावरण प्राप्त कर जय

मनुष्य का सांस्कृतिक अवचेतन ही उसका एक और मन है जो उसकी स्मृतियों, संवेदना और सृजनात्मक शक्तियों का भंडार है। यह व्यक्ति की चेतना में प्राण भरता है, उसकी थकान हरता है, क्योंकि उसका अंतर्मन मनुष्यजाति की दीर्घ विजय यात्रा के इतिहास से बना होता है। मनुष्य को प्रकृति जिस तरह बहुत कुछ देती है, उसका सांस्कृतिक अवचेतन भी बहुत कुछ देता है।

राम की स्मृति कौंधती है, 'कहती थी, माता मुझे राजीवनयन'। राम ने आखिरी कमल अर्पित करने के लिए जैसे ही कमल समान अपनी एक आंख वेधने की तैयारी की, दुर्गा तत्क्षण प्रसन्न हो गईं। अस्तित्व की रक्षा तभी संभव है, जब उसे पूरी तरह संघर्ष में बदल दिया जाए, उसमें चोर दरवाजे न बनाए जाएं! 'राम की शक्ति पूजा' कविता स्मृतियों का महत्व बताती है, अखंडित बौद्धिक अंतःशक्ति पर जोर देते हुए अपनी भावना की सीमा बढ़ाने के लिए कहती है।

निराला बताना चाहते थे कि जीवन को अर्थ देने के लिए अपने अस्तित्व को संघर्ष में रूपांतरित करना जरूरी है। राम अपनी एक आंख निकाल कर देने के दृढ़ निश्चय के जरिए यही संदेश देते हैं। दुर्गा ने राम का हाथ थाम लिया। वे विभिन्न अस्त्र-शस्त्रों से सुसज्जित थीं। उनके बाएं लक्ष्मी और सरस्वती थीं। दाएं गणेश और कार्तिकेय थे। यह एक महान सामंजस्य का संदेश है। हमारे देश में विविधता में सामंजस्य ही 'शक्ति की मौलिक कल्पना' है!

होगी जय, होगी जय, हे पुरुषोत्तम नवीन!
कह महाशक्ति राम के बदन में हुई लीन।

हेमिंग्वे के मछुआरे की तरह मनुष्य के स्तर पर अटूट संघर्ष करने की भीषण

ललक निराला के राम में है। वह 'राम की शक्ति पूजा' में स्वाधीनता संग्राम काल के यथार्थों और आकांक्षाओं के मिथकीय प्रतीक हैं। यह कविता नए युग के रावण के जय-भय से विश्व को मुक्त करने के लिए लिखी गई है।

किसी भी प्राचीन पुराण में दुर्गा की ऐसी कल्पना नहीं है जिसमें महाशक्ति के अगल-बगल आर्थिक संपन्नता (लक्ष्मी), नीर-क्षीर-विवेकशील बुद्धि (सरस्वती), गणतंत्र (गणेश) और जीवन सौंदर्य (कार्तिकेय) का ऐसा सामंजस्य हो, जैसा ब्रिटिश शासन में शुरू हुई बंगाल की दुर्गा आराधना में देखने को मिलता है। खुद दुर्गा विभिन्न देवी-देवताओं के सामंजस्य से बनी एक मौलिक कल्पना है। भारत को भी विभिन्न धर्मों और जातियों के बीच से ऐसे ही बनना है। हिंदी अपने क्षेत्र की भाषाओं और बोलियों के बीच से ऐसे ही बनी है। शक्ति का निराला के राम में विलीन होना आत्मजागरण से भिन्न नहीं है। यह विभिन्न शक्तियों के संयुक्त मोर्चा की बात है, क्योंकि इसके बिना भारत में कोई बड़ी विजय या किसी बड़े लक्ष्य की प्राप्ति संभव नहीं है। इसके बिना नए मानव भविष्य की ओर बढ़ना संभव नहीं है। इसके बिना हर संघर्ष आभासी संघर्ष, 'वर्चुअल स्ट्रगल' है!

निराला के दलित और अंधेरे का ताला

20वीं सदी जाति व्यवस्था से विद्रोह की सदी है। इस दौर में दलितों के आत्मसम्मान और अधिकार की लड़ाई प्रबल हुई। छायावाद के समय हिंदी क्षेत्र की दशा महाराष्ट्र से भिन्न थी जहां अंबेडकर के नेतृत्व में महारों का आंदोलन चल रहा था। छायावाद और अंबेडकर के आंदोलन का काल एक है। इस समय हिंदी क्षेत्र में राष्ट्रीय स्वाधीनता आंदोलन चल रहा था और अछूतों को लेकर चिंताएं सामने आने लगी थीं। यह इसलिए भी घटित हुआ कि शहरीकरण के प्रसार ने सभी के साथ-साथ रहने, सामाजिक न्याय और समरसता की जरूरत बढ़ा दी थी।

हम देखते हैं कि छायावादी कवियों में निराला दलितों तथा अन्य वंचितों को लेकर ज्यादा मुखर थे। उनकी 'दलित' कैटेगरी की खूबी यह है कि इसमें पिछड़ी जातियों के लोग शामिल हैं। प्रेमचंद और निराला दोनों ने दलित और पिछड़ों के बीच तनाव नहीं पैदा किया और वंचितों के एक बड़े वर्ग को ध्यान में रखा। 21वीं सदी में जब जातिवाद नए सिरे से सामाजिक खाइयां पैदा कर रहा है, निराला की 1940 के आसपास की रचनाएं देखनी चाहिए।

निराला ने छायावादी दौर की समाप्ति के बाद भी 'नूपुर के सुर मंद रहे', 'बादल छाए', 'स्नेह निर्झर बह गया है' जैसी स्वच्छंदताबोध की कविताएं लिखी थीं। उनकी कविताओं– 'स्फटिक शिला', 'कुकुरमुत्ता', 'जल्द जल्द पैर बढ़ाओ' आदि में रोमांटिसिज्म नहीं है, यह कौन कहेगा! यह जरूर है कि 1936-45 के बीच देश और दुनिया की बड़ी घटनाओं के असर में रोमांटिकता पर यथार्थवाद का दबाव बढ़ गया था।

हिंदी प्रांत में फुले जैसे दलित सुधारक नहीं हुए

राष्ट्रीय स्वाधीनता आंदोलन में दलितों की बढ़ती हिस्सेदारी और उनकी समझ के विकास से निराला परिचित थे। उनकी एक कविता है 'डिप्टी साहब आए'। अंग्रेजी राज में डिप्टी के औपनिवेशिक अत्याचार के सामने खड़े होने के लिए पिछड़े और दलित अपने भीतरी स्तरभेद भूलकर एकजुट होने लगते हैं। वातावरण बदल जाता है– 'तब तक बदलू के कुल तरफदार आ गए/ मन्नी कुम्हार, कुल्ली तेली, भकुआ चमार/ लच्छू नाई, बली कुम्हार, कुल टूट पड़े/ कुछ नहीं हुआ, कुछ नहीं हुआ, होने लगा/ बदल गया राग रंग/ सब लोग सत्य कहने के लिए तुल गए'। एक जमाने में पिछड़ी जातियां और दलित मुक्ति आंदोलन में एक साथ थे। उनकी एकता यदि इधर टूटी है तो यह चिंताजनक है।

दरअसल हिंदी प्रांत में न कभी विद्रोही फुले जैसे सुधारक हुए, जिन्होंने महाराष्ट्र में 'सत्य शोधक समाज' की स्थापना करके पिछड़े-दलित समाज की कुरीतियों, अंधविश्वासों और आंतरिक भेदभाव का विरोध किया था और न अंबेडकर जैसे बड़े आंदोलनकारी हुए। वर्ण-व्यवस्था को अपनी सीमा में ले-देकर थोड़ा-बहुत धक्का आर्य समाज ने दिया। दयानंद सरस्वती ब्राह्मण थे। उन्होंने मूर्ति पूजा के विरोध के साथ-साथ परंपरागत वर्ण व्यवस्था की जड़ता को भी अपनी सीमा में चुनौती दी। उन्होंने जब 1875 में बंबई में आर्य समाज का जुलूस निकाला था, फुले के स्वयंसेवकों ने कट्टरवादियों से बचाने के लिए उसको सुरक्षा दी थी। उन्हें गुजरात के सूरत जिले की सभा में दुर्गाराम मेहता और नर्मद ने सुरक्षा दी। इसके विपरीत, हिंदी क्षेत्र काशी में दयानंद को कोई समर्थन नहीं मिला, बल्कि काशी के परंपरावादी पंडितों का प्रचंड विरोध झेलना पड़ा।

भारतीय समाज की विशिष्ट सामंती संरचना का दबाव था कि महात्मा गांधी एक काल तक वर्ण व्यवस्था का विरोध न कर सके थे, भले उन्होंने भंगी के घर जन्म लेने की कामना की थी। इस मामले में वे अपने समय के कई सुधारकों से जरूर आगे थे कि वे अछूतों-शूद्रों को नहीं खुद अपने को शुद्ध करना चाहते थे, ताकि उनकी तरह उच्च जातियों के लोग पहले अपने को शुद्ध करें!

यह भी एक तथ्य है कि हिंदी क्षेत्र में संत साहित्य के बाद सदियों तक दलितों के बीच से व्यापक प्रभाव वाले दलित कवि-लेखक या सुधारक नहीं हुए। अंग्रेजी राज में पिछड़े और दलित लोग रोजगार के स्तर पर सबसे अधिक

उजड़े और प्रताड़ित हुए। 1990 के दशक में दलित साहित्य के बैनर तले हिंदी क्षेत्र का एक खास सन्नाटा टूटा, दलित लेखक सामने आए और कई अन्य सामाजिक गतिविधियां शुरू हुईं जो आशाप्रद घटनाएं थीं। साहित्य की एलीट-केंद्रिकता खत्म हुए बिना उसकी उत्तर-आधुनिक मुक्ति संभव नहीं है।

फिर भी इस सवाल से टकराने की जरूरत है कि प्रेमचंद और निराला की परंपरा से सीखकर पिछड़े और दलित आपस में और शेष वंचित समाज से रिश्ते का अनुभव कब करेंगे। यह प्रश्न भी है कि दलितों पर होनेवाले सभी अत्याचार धार्मिक-सामंती चरित्र के ही हैं या बाजारवाद, बहुराष्ट्रीय कंपनियां और आर्टिफिशियल इंटेलिजेंस जैसी चीजें भी अत्याचार के रूप हैं। यह भी है, आज के दलित धार्मिक कट्टरवाद को जाति व्यवस्था को मजबूत करने वाले तत्व के रूप में देखते हैं या नहीं? आखिर पिछड़े और दलित अपने समाज में सुधार और अंधविश्वासों से मुक्ति के लिए क्या कर रहे हैं?

इसपर भी सोचना चाहिए, दलितों की जिंदगी को बाहर से देखकर लेखन का विषय बनाने और भीतर से देखकर विषय बनाने में फर्क हो सकता है, लेकिन क्या साहित्यिक श्रेष्ठता का यही एकमात्र मानदंड होना चाहिए?

निराला के दलित में पिछड़े और अन्य वंचित जन भी हैं

निराला ने 'ब्राह्मण समाज में ज्यों अछूत' का दर्द व्यक्त करने के साथ, यह भी कहा था, 'यद्यपि मैं ही वसंत का अग्रदूत'। यह उनकी निजी दर्पोक्ति नहीं है बल्कि एक भविष्य कथन है कि भावी वसंत के अग्रदूत ये अछूत ही होंगे। विवेकानंद ने यही कहा था। निराला कहना चाहते हैं कि एक दिन ऐसे ही, परिधि पर रहने वाले पिछड़े और दलित ही, जिनके प्रति सामाजिक अन्याय का एक लंबा सिलसिला है, देश के पुनर्निर्माण में ऐतिहासिक भूमिका निभाएंगे।

निराला के ऊपर कुछ व्यक्ति ब्राह्मणवाद का आरोप लगाते हैं, क्योंकि उन्होंने 'तुलसीदास' और 'राम की शक्ति पूजा' कविताएं लिखीं। उन्होंने जिस तरह 'तुलसीदास' और 'राम की शक्ति पूजा' रचनाएं खुले मन से लिखीं, स्त्रियों और दलितों पर भी खुले मन से लिखा। वे कभी रूढ़िवादी विचारों के बंदी नहीं हुए। जाहिर है, 'तुलसीदास' या 'राम की शक्ति पूजा' पर लिखने के कारण जो उच्छेदवादी बुद्धिजीवी निराला पर आरोप लगाते हैं वे न हिंदी कविता की परंपरा को उसके समग्र विकास में देखना चाहते हैं और न वे निराला को

समझना चाहते हैं। उच्छेदवादियों का 'एरोगेंस' उन्हें तत्काल भले चर्चा दिलाता हो, उन्हें अंततः कमजोर करता है। क्या कुछ दलित जातियां सिर्फ अपने बल पर इतनी कठोर दुनिया कभी बदल पाएंगी? वस्तुतः केवल बड़ी-बड़ी बातें, उग्र बातें ही की जाती रहेंगी। एक विकासशील बहुलतापरक समाज में आलोचनात्मक समावेशिकता की दृष्टि कितनी अधिक जरूरी है, यह समझना जरूरी है।

निराला ने अपने नए दौर में छायावादी मिजाज की कविताओं ('अनामिका', 'परिमल', 'गीतिका' आदि) के समानांतर यथार्थवादी तेवर की कई कविताएं लिखीं जो 'कुकरमुत्ता' और 'नए पत्ते' में हैं। निराला देख रहे थे कि राष्ट्रीय स्वाधीनता आंदोलन में दलित प्राय: पिछवाड़े में हैं। उनके छायावादी बोध में दलित जीवन के कठोर यथार्थ किस तरह शामिल होते हैं यह उनकी कविता 'महगू महगा रहा' में देखने को मिलता है—

लकुआ घबरा गया।
'भला फिर हम कहां जाएं?'
महगू से प्रश्न किया।
महगू ने कहा, 'एक उड़ी खबर सुनी है
हमारे अपने हैं यहां बहुत से छिपे हुए लोग
मगर चूंकि ढीला पोली है देश में
अखबार व्यापारियों की संपत्ति है
राजनीति कड़ी से कड़ी चल रही है
वे सब जन मौन हैं इन्हें देखते हुए
जब ये कुछ उठेंगे
और बड़े त्याग के निमित्त कमर बांधेंगे
आएंगे वे कभी देश के धरातल पर
अभी अखबार उनके नाम नहीं छापते
ऐसा ही पहरा है।

उस युग की राजनीतिक विडंबनाओं को देखते हुए कहा जा सकता है कि आम लोगों के मन में यह प्रश्न अकसर रहा है, 'हम कहां जाएं?' निराला छायावादी कवियों में राजनीतिक मुद्दों पर दूसरों से ज्यादा स्पष्ट और मुखर थे। उन्होंने देश की स्वाधीनता और सांस्कृतिक आत्मपहचान की जरूरत समझी तो

हाशिए के लोगों की दुर्दशा पर भी अपनी चिंता साझा की।

निराला की दृष्टि में कविता की मुक्ति का अर्थ केवल छंद से मुक्ति नहीं है। औपनिवेशिक बंधनों के अलावा अमीर और मध्य वर्गों की आभिजात्यवादी सोच से भी मुक्ति है। उन्होंने मीडिया और राजनीति में दबा दी गई हाशिए की आवाजों को रचना का विषय बनाया और नीचे से राष्ट्रीय जागरण की जरूरत बताई। उनका जवाहरलाल से मोहभंग हुआ, इसका यह अर्थ नहीं है कि उन्हें देशमुक्ति की चिंता नहीं है। उन्होंने उपर्युक्त कविता में कहा, 'बड़े-बड़े आदमी धन-मान छोड़ेंगे/ तभी देशमुक्ति है।' वास्तविकता यह है कि बड़े लोगों के पास धन बढ़ता गया, अभिमान बढ़ता गया। यही वजह है कि निराला की दृष्टि यथार्थवाद की तरफ मुड़ने लगी, जिसे प्रसाद ने 'लघुता की ओर दृष्टिपात' कहा था।

निराला पिछड़ा और दलित में भेद नहीं करते। वे 'कुल्ली भाट' में दिखाते हैं कि कितने सरल होते हैं ये लोग, 'बिना स्तव के, बिना मंत्र के, बिना वाद्य, बिना गीत के, बिना सिंगार वाले वे चमार, पासी, धोबी और कोरी दोने में फूल लिए हुए मेरे सामने आ-आकर रखने लगे। मारे डर के हाथ में नहीं दे रहे थे कि कहीं छू जाने पर मुझे नहाना होगा। इतना नत, इतना अधम बनाया है मेरे समाज ने इन्हें।... बिना वाणी की वह वाणी, बिना शिक्षा की वह संस्कृति प्राण का पर्दा-पर्दा पार कर गई। ओफ्फ! कितना मोह है। मैं ईश्वर, सौंदर्य, वैभव और विलास का कवि हूँ। फिर भी क्रांतिकारी!' ऐसा आत्मविखंडन, ऐसी आत्मग्लानि आज कितने व्यक्तियों में है?

निराला के चतुरी चमार अछूत हैं। झींगुर, बुद्धू, महगू, लकुआ आदि भी अछूत हैं। बिल्लेसुर ब्राह्मण होने के बावजूद, गरीबीवश बकरियां चराने के कारण अपने गांव में अछूत समझे जाने लगे थे। निराला के दलित ताकत भर लड़ते हैं, आवाज उठाते हैं। जिस जाल में वे फंसे हुए हैं उसे काटना चाहते हैं। उनका जोर उमड़ता है, फिर भी किसी कमजोरी में बार-बार अटक जाते हैं और अकेले पड़ जाते हैं। निराला दलितों की ऐसी ही सामाजिक नियति से टकरा रहे थे और अपने वर्ण संस्कार का लगातार अतिक्रमण कर रहे थे। 'संत कवि रविदास के प्रति' में वे ब्राह्मण होकर भी यह कहने से नहीं हिचकते :

ज्ञान गंगा में समुज्ज्वल चर्मकार,
चरण छूकर कर रहा मैं नमस्कार।

यह तब नाटक नहीं था और न प्रभावशाली सांस्कृतिक चिह्न बनाकर उसका

स्वार्थपूर्ण उपयोग था। यह सैकड़ों साल की संचित भारतीय करुणा का विस्फोट था। यह समानाधिकार की आवाज थी। इसके पीछे वेदांत जैसी जीवंत भारतीय परंपराओं की सांस्कृतिक प्रेरणा भी थी।

निराला के दलित कृषक तटस्थ न थे

निराला पिछड़ों और दलितों को संकुचित राजनीतिक जरूरतों से ऊपर उठकर एक व्यापक परिप्रेक्ष्य में देख रहे थे। उन्होंने मानवता की मुक्ति की उपेक्षा करके स्त्री और दलित मुक्ति की कल्पना नहीं की। उन्हें यह भी लगता था कि सवर्णवादी धार्मिक-सामंती व्यवस्था तब तक खत्म नहीं होगी, जब तक किसान नहीं उठ खड़ा होगा।

ज्योतिराव फुले ने 1885 में 'वार्निंग' नाम से लिखी पुस्तिका में किसानों एवं उनके परिवार के वर्ग यथार्थ का मर्मस्पर्शी वर्णन किया है। उनके लिए दलितों की मुक्ति का एक अर्थ था कृषकों और खेत-मजदूरों की मुक्ति। निराला के दलित भी जड़विहीन और कृषक-तटस्थ नहीं हैं। वे अपनी कविता 'जल्द-जल्द पैर बढ़ाओ' में दलितों को नवजाग्रत किसान के रूप में देखते हैं—

आज अमीरों की हवेली
किसानों की होगी पाठशाला।
धोबी पासी चमार तेली
खोलेंगे अंधेरे का ताला
एक पाठ पढ़ेंगे टाट बिछाओ।

ऊपर पिछड़ों और दलितों से एक टाट पर बैठने का आह्वान है, क्योंकि तभी अंधेरे का ताला खुलेगा। निराला का सपना था, 'सारी संपत्ति देश की हो-जनता जातीय वेश की हो'! यह सपना भूमंडलीकरण युग की मुक्त बाजार व्यवस्था की आग में जल चुका है। इन दिनों हर जगह बाजार है। हर कदम पर राजनीति है। हर कदम पर धर्म है। हर जगह प्रांत-जाति की बातें हैं। कोई कहां खुलकर सांस ले!

स्वानुभव से संवेदना की ओर बढ़ने का अर्थ

निराला के काव्य में उनका निजी दुख है। लेकिन वे जिसके-जिसके जीवन में दुख है, उसके-उसके दुख में सहभागिता के लिए बिना बुलाए दौड़े जाते हैं। वे स्त्री के पास ही नहीं रुकते (तोड़ती पत्थर), दलित के पास भी जाते हैं। एक

अच्छे लेखक का लक्षण है कि वह केवल स्वानुभव व्यक्त करके नहीं रह जाता। वह अपनी संवेदना से दूसरे वंचितों और अन्याय से पीड़ित लोगों के दुख-दर्द को भी विषय बनाता है। 'दूसरे' के दुख के प्रति संवेदनशीलता ही लोकतंत्र है। निराला की 'भिक्षुक' कविता की आखिरी पंक्तियों की ओर कई लोगों का ध्यान नहीं जाता- 'ठहरो अहो मेरे हृदय में है अमृत, मैं सींच दूंगा/ अभिमन्यु जैसे हो सकोगे तुम/ तुम्हारे दुख मैं अपने हृदय में खींच लूंगा!' निराला की ऐसी उदार बेचैनी क्या विमर्शवादी मध्यवर्गीय लेखकों में नहीं होनी चाहिए?

निराला ने 'सरोज स्मृति' में अपनी बेटी में उसकी मां की मधुरिमा देखी और साधारण परिवार की लड़की का विवाह कैसे एक बड़ी समस्या है, यह तकलीफ बताई। 'सरोज स्मृति' महज एक शोकगीत नहीं है। यह जन्मपत्री, वर्ण-व्यवस्था और धार्मिक पाखंड के प्रति एक करुण आक्रोश का गीत भी है। इस कविता में वे कहते हैं, 'ये कान्यकुब्ज-कुल-कुलांगार/ खाकर पत्तल में करें छेद/ इनके कर कन्या अर्थखेद/इस विषय वेलि में विष ही फल/ यह दग्ध मरुस्थल— नहीं सुजल।' निराला को जाति व्यवस्था एक तपते रेगिस्तान की तरह लगी थी जहां कन्या के पिता का गला दौड़ते-दौड़ते सूख जाता है। 'सरोज स्मृति' में उभरता है कि जाति व्यवस्था सिर्फ दलितों के लिए ही बंदीगृह नहीं है, यह स्त्री स्वाधीनता की राह में भी एक बड़ी बाधा है।

निराला ने अपनी एक कविता 'स्फटिक शिला' में विंध्य की अपनी एक यात्रा का वर्णन किया है। एक मान्यता के अनुसार, कभी राम ने लक्ष्मण और जानकी के साथ यह यात्रा की थी। वे एक कुंड तक पहुंचे थे जहां सीता ने स्नान किया था। निराला पुराकथा के पवित्र अनुकरण में पैदल ही जाना चाहते थे, पर अंतत: बैलगाड़ी पर जाने के लिए विवश हुए। यात्रा के मार्ग में नदी, नाले, जंगल, गांव सब पड़े थे। कविता में एक जगह जानकीकुंड से नहाकर तुरंत बाहर निकली हुई एक आम युवती के सौंदर्य का इरोटिक वर्णन इस प्रकार है— 'उठे पुष्ट स्तन दुष्ट मन को मरोड़ कर, आयत दृगों का मुख खुला छोड़कर/ आंखें फटी-सी उन स्तनों को देखती रह गईं।' आखिरकार रामायण की कथा में इंद्र के बेटे जयंत ने कौवा बनकर सद्य:स्नात सीता के ऐसे ही सौंदर्य को देखकर घात लगाया होगा। निराला के उन्मुक्त सौंदर्यबोध में पंत के 'बाले तेरे बाल जाल में कैसे उलझा लूं लोचन' से एक भिन्न दृष्टि है।

'स्फटिक शिला' कविता में दलित यथार्थ उभर कर आता है। निराला की

बैलगाड़ी एक कुटिया के चबूतरे से टकरा जाती है। चबूतरा कुछ टूट जाता है। इसके बाद का दृश्य है, 'कुटिया से निकली/ काली एक नारी गाली देती/ ...जैसे कोई अप्सरा/ नाचने लगी हो गालियों से भाव बतला कर/ दोनों हाथ फैलाकर/ मैंने देखा, बड़ा मैला मन उसका समाज से/ चोट खाई हुई वह रामजी के राज से/ शूद्रों को मिला नहीं/ जिनसे कुछ भी कहीं।' इस कविता में शूद्र अप्सरा का बिंब 'संध्या सुंदरी' की परी से भिन्न है। पुरानी रोमांटिकता को खरोंच लगती है, पर कहा जा सकता है कि यहां रोमांटिक सौंदर्यबोध का अंत नहीं बल्कि रूपांतरण हुआ है। उन दिनों राम राज्य का स्वप्न दिखाया जा रहा था, निराला उसमें दलित का स्थान देखना चाहते थे!

निराला छोटी अवस्था में ब्राह्मण होकर एक दलित के घर भोजन करने जाते थे। उन्होंने पीटे जाने के बावजूद उसके घर जाना बंद नहीं किया। उन्होंने अपनी जाति के संस्कारों और रीतियों का जिंदगी भर मखौल उड़ाया, ब्राह्मण के घर घी की कचौड़ी छोड़कर दलित के घर में तेल की 'गर्म पकौड़ी' खाई। यह दिखावा नहीं था, इसमें बदलते युग की सचाई की मुस्कुराहट थी। इसमें मानवीय उत्साह था। निराला के अछूतों से गहरे संपर्क थे। उनके साथ उठना-बैठना था। निराला के बारे में यह कहना कठिन है कि इन्होंने दलित उत्पीड़न को 'आउटसाइडर' के रूप में बाहर से देखा है।

निराला ने अपने काव्य में दलितों को एक महत्वपूर्ण विषय वैसे ही बनाया, जिस तरह प्रेमचंद ने अपने कथा साहित्य में बनाया था। दोनों के लेखन में हजारों साल से चले आ रहे सामाजिक अन्याय का ऋणशोध करने के लिए मानो इतिहास खुद उतर आया था। कबीर के बाद जो आवाज सैकड़ों साल तक गुम थी, वह एक नया दर्द लेकर प्रेमचंद और निराला में पुनः उदित हुई थी। प्रेमचंद की कहानी 'सद्‌गति' में ब्राह्मण रस्सी से दुखी चमार की लाश नहीं, खुद अपने धर्मतंत्र की भावी लाश खींच रहा था। देखा जा सकता है कि दुनिया में अब धर्म एक शोर भर है और धर्म के उच्च मूल्य कहीं नहीं बच पा रहे हैं।

साहित्य किसी बिंदु पर वैयक्तिक होने के बावजूद हमारे मस्तिष्क की खिड़कियाँ 'अन्य' और संपूर्ण विश्व की तरफ खोलता है। निराला के 'व्यक्ति' और 'विश्व' के बीच राष्ट्र के वंचित-पीड़ित 'अन्य' हैं। श्रेष्ठ साहित्य केवल एक खास राष्ट्रीयता या स्थान तक सीमित नहीं होता। इसके अलावा, वह

स्वानुभव का संसार होते हुए भी लेखक की संवेदनशीलता के कारण सामूहिक हित की आवाज है, क्योंकि तभी वह साहित्य है।

उन्होंने 'मनुष्य' होकर लिखा और श्रेष्ठ लिखा

निराला सामाजिक अन्याय के विरोध के मामले में सजग थे। वे सामाजिक न्याय को अपने युग के व्यापक राष्ट्रीय लक्ष्य के लिए जरूरी समझते थे। इसके अलावा, समावेशी दृष्टि के कारण वे रवींद्रनाथ और विवेकानंद दोनों को अपनाते हैं, जबकि ये दोनों एक-दूसरे को जरा भी पसंद नहीं करते थे। इन्होंने एक बार किसी पार्टी में आमने-सामने पड़ने पर भी एक-दूसरे से बात नहीं की थी!

निराला के जमाने की खूबी है कि यदि एक तरफ पश्चिमी सभ्यता और देसी सामंतवाद की मिलीभगत से सांस्कृतिक अध:पतन बढ़ रहा था, तो दूसरी तरफ सांस्कृतिक पुनर्निर्माण की कोशिशें थीं। उस जमाने में बुराइयों के बीच अच्छाइयों की ताकत उभर रही थी। समाज में ऐसी आंदोलनकारी घटनाएं थीं जिन्हें देखकर आशा पैदा होती थी। ऊंची जातियों के भी कई व्यक्ति तब जाति व्यवस्था के प्रबल विरोधी थे। वे दलितों की पीड़ा सच्चे दिल से महसूस करते थे। यदि यह सिद्धांत बना लिया जाए कि जिसके ऊपर बीतता है, केवल वही उस पीड़ा को अच्छी तरह व्यक्त कर सकता है तो यह पीड़ा की नाकाबंदी है। इस तरह लोग दूसरों के दुख-विपत्ति में साझेदारी से किनारा कस लेंगे। समाज में कुछ भी साझा नहीं बचेगा।

हिंदी साहित्य की सैकड़ों साल की परंपरा इतनी उदार रही है कि इसे न हिंदू साहित्य कहा जा सकता है और न उच्च जातियों या पुरुषों का साहित्य कहकर कभी ठीक से समझा जा सकता है। आमतौर पर हिंदी के कवियों-लेखकों ने जितनी लड़ाई बाहर लड़ी उतनी ही कमोबेश अपने भीतर भी लड़ी। उन्होंने अपने धर्म, जाति और क्षेत्रीयताबोध का पर्याप्त अतिक्रमण किया। उन्होंने हिंदू और द्विज होकर नहीं लिखा, 'मनुष्य' होकर लिखा और तभी श्रेष्ठ लिखा।

क्या अब घृणा के भी ब्रांड होंगे

मुक्तिबोध ने 'एक साहित्यिक की डायरी' में एक महत्वपूर्ण बात कही है— 'प्रेम के प्रति सच्चे होने में इतनी तपश्चर्या नहीं लगती, जितनी घृणा के प्रति सच्चे होने में लगती है।' निराला के प्रेम में जिस तरह सच्चाई थी, घृणा की अनुभूतियों में भी सच्चाई थी। वे 'पोथियों में जनता को बांधे हुए' पुरोहितों के

प्रति 'क्रिटिकल' थे, पर यह जाति-विद्वेष न होकर, निर्मम धार्मिक व्यवस्था पर प्रहार था। घृणा तब सच्ची नहीं रह जाती, जब वह महज जाति विद्वेष या प्रति-घृणा होकर दमनमूलक व्यवस्था को बदलने के बुनियादी मुद्दे से भटक जाती है। एक सच्ची घृणा व्यक्ति के प्रति नहीं, हमेशा जड़ व्यवस्था के प्रति होती है। वह कभी तात्कालिक फायदा उठाने के लिए नहीं होती। कहना न होगा कि प्रेम की ही तरह घृणा के सच्चे संसार का निर्माण कठिन है।

निराला के दौर का जाति व्यवस्था-विरोध 19वीं सदी के महान नवजागरण की देन है। वह महज एक प्रहार नहीं, अंतःसंस्कार भी है। इसलिए निरी घृणा नहीं है, वह सुविधाजनक घृणा नहीं है। वह बेहद असुविधाजनक घृणा है, गैर-बिकाऊ है। जब भी दलित चेतना को संकुचित जाति घृणा का पर्याय बनाया जाता है, जो लोग जाति प्रथा तोड़कर परिवार या नया समाज बनाना चाहते हैं वे भी धीरे-धीरे जातिवादी घृणा से भरने लगते हैं। सांप्रदायिकता का मुकाबला करने के लिए जातिवाद को अस्त्र बनाना या जातिवाद का मुकाबला करने के लिए सांप्रदायिकता को अस्त्र बनाना अमानवीय है। इससे दोनों बढ़ते हैं और समाज में कलह बढ़ता है।

इस दौर में समानांतर रूप से 'सरवाइकल ऑफ द फिटेस्ट' का एक मजबूत सिद्धांत चल रहा है जिसकी तरफ दृष्टि जानी चाहिए। दरअसल जब महत्वाकांक्षाएं बढ़ जाती हैं, वंचितों की संख्या भी बढ़ जाती है।

सवाल है, पिछड़ी और दलित जातियों के बुद्धिजीवियों में सांप्रदायिकता, भ्रष्टाचार, भूमंडलीकरण, पर्यावरण, अमेरिकी पागलपन, स्त्री आदि के मुद्दों पर कितनी बेचैनी है? कहने की जरूरत है कि जब किसी प्रतिवाद के पीछे बड़ी तपश्चर्या या मूल्यनिष्ठा नहीं होगी, घृणा अंततः बाजार का माल बन जाएगी और भिन्नता पर आधारित घृणा के अनगिनत ब्रांड बनेंगे। समाज अहंकार, अंतःशत्रुताओं और हिंसा से भर जाएगा।

वस्तुतः अवधारणाओं के संकट की देन है आज की अवधारणात्मक कट्टरता जो धर्म, जाति और प्रांतीयता सभी स्तरों पर देखने को मिल रही है।

हो सकता है, आज कहा जाए कि दलितों को उनकी सामुदायिक स्थानीयता में ही जगाया जा सकता है, जबकि तेजी से बदलते अपने युग को नए सिरे से समझने की जरूरत है। इधर दलित चेतना वस्तुतः धर्मांधता और बाजारवाद के बीच सैंडविच होती जा रही है। बड़े पैमाने पर निजीकरण और आर्टिफिशियल

इंटेलिजेंस ने रोजगार के मामले में विकल्प तैयार कर लिए हैं। स्थिति भयंकर होगी, आरक्षण अप्रासंगिक होता जाएगा। इस वातावरण में उत्पादकता के साथ-साथ निराला युग के मानवता, सामाजिक अखंडता और मिलजुल कर आंदोलनों की जरूरत फिर पड़ेगी।

निराला का युग वैचारिक अंतर्मिश्रण का है

इस तथ्य को ध्यान में रखने की जरूरत है कि हिंदी संसार में 1900 से 1945 के बीच नवजागरण की पृष्ठभूमि में छायावाद, यथार्थवाद और आधुनिकतावाद आसपास उभरे थे। औपनिवेशिक बाधाओं के कारण इन साहित्यिक सिद्धांतों में से किसी को यूरोपीय देशों की तरह विकसित होने के लिए अलग-अलग लंबा समय नहीं मिला था। प्रेमचंद और प्रसाद-निराला का युग एक था। प्रगतिवाद और 'तारसप्तक' (1943) का युग एक था। निराला भी इसी युग में लिख रहे थे। कहना मुश्किल है कि इस युग का कौन कवि प्रगतिशील है तो रोमांटिक नहीं है या रोमांटिक है तो प्रगतिशील नहीं है। दरअसल दूसरे विश्व युद्ध ने फासीवाद और साम्राज्यवाद के विरुद्ध वैचारिक अंतर्मिश्रण बढ़ा दिया था।

देखा जा सकता है, रोमांटिसिज्म छायावाद युग के बाद भी साहित्य का एक प्रमुख सृजनात्मक प्रेरणा बना रह गया था। निश्चय ही अब ऐसा नहीं है। यह प्रबंधन का युग है। साहित्य के संसार में भी 'मैनेजमेंट' बढ़ता जा रहा है और 'रोमांटिसिज्म' खत्म होता जा रहा है। दोनों का एक साथ होना संभव नहीं है!

पिछले कई दशकों से 'रोमांटिक' का अर्थ साधारण कोटि की हिंदी फिल्मों के असर से बिलकुल सीमित हो चुका है। राजकपूर की खूबियों वाला रोमांटिक तत्व भी नदारद है। अब सबकुछ फास्ट-फास्ट है! रोमांटिक विचारों का एक अर्थ लगाया जाता है तथ्य के विपरीत होना, जबकि रोमांटिकता का अर्थ छायावाद के बृहत्तर संदर्भ में रूढ़ियों और बंधनों से नए मानवीय सपनों के लिए विद्रोह है। रोमांटिक विचार तथ्य न हों, पर वे तथ्य या बुद्धि के विरुद्ध नहीं होते।

कुकुरमुत्ता : साधारण का सौंदर्य और उसकी शक्ति

काव्य की दो आद्यशक्तियां हैं— संगीत और कथा। निराला की कविताओं में 'लिरिक' के अलावा 'लिरिक का उपन्यासीकरण' भी है। संगीत के अलावा

कथा हर युग में काव्य को प्रभावशाली बनाने का एक प्रमुख माध्यम रही है। प्रायः सभी महान कवियों ने कथा को चुना है। निराला ने छायावाद को यथार्थ भूमि पर लाते हुए कथा को भी यथार्थ की जमीन दी। 'कुकुरमुत्ता', 'खजोहरा', 'डिप्टी साहब आए', 'महगू महगा रहा' आदि कविताएं ऐसी ही हैं जिनमें कथा का प्रयोग है। इनमें 'कुकुरमुत्ता' को एक उपलब्धि माना गया है। यह 'साधारण' के असीम सौंदर्य के उद्‌घाटन और उसकी दिग्विजय की कविता है। इसमें औपनिवेशिक बौद्धिकता को चुनौती देते हुए भारतीय सांस्कृतिक आत्मपहचान का संघर्ष व्यक्त हुआ है, गुलाब को सामने रखकर पूंजीवाद पर भी व्यंग्य है। निराला 'कुकुरमुत्ता' में अपने युग के एलीट सामाजिक-सांस्कृतिक दबदबे को नकारते हैं, असीमित भौतिक समृद्धि का मखौल उड़ाते हैं और साधारण का असाधारण सौंदर्य व्यक्त करते हैं।

कुकुरमुत्ता जननायक बन जाता है। वह जो विमर्श उपस्थित करता है, उसमें आभिजात्य को चुनौती देते हुए वंचित जनता का क्रांतिकारी विश्वरूप सामने आता है। इसके पीछे यथार्थवाद ही नहीं रोमांटिक प्रेरणाएं भी काम करती हैं। फलस्वरूप 'कुकुरमुत्ता' 'साधारण की गरिमा' का एक अनोखा काव्यात्मक महावृत्तांत है!

चीन में मेरी नकल, छाता बना
छत्र भारत का वही, कैसा तना
सब जगह तू देख ले
आज का फिर रूप पैराशूट ले
विष्णु का मैं ही सुदर्शन चक्र हूँ...
उलट दे मैं ही यशोदा की मथानी...
तीर से खींचा धनुष मैं राम का...
पड़ा कंधे पर हूँ हल बलराम का
सुबह का सूरज हूँ मैं ही
चांद मैं ही शाम का...
मैं कुकुरमुत्ता हूँ...
चुन्ने खां के हाथ का मैं ही सितार
दिगंबर का तानपूरा, हसीना का सुर बहार
नाच अफ्रीकन हो या यूरोपीयन

सबमें मेरी ही गढ़न...
मुझी में गोते लगाए वाल्मीकि–व्यास ने
मुझी से पोथे निकाले भास कालिदास ने
हाफिज–रवींद्र जैसे विश्व कवि बड़े–बड़े
टुकुर–टुकुर देखा किए मेरे ही किनारे खड़े
कहीं का रोड़ा, कहीं का पत्थर
टी.एस. एलियट ने जैसे दे मारा।...
मेरी सूरत के नमूने पिरामीड
मेरा चेला था यूक्लीड
रामेश्वर, मीनाक्षी, भुवनेश्वर
जगन्नाथ, जितने मंदिर सुंदर
मैं ही सबका जनक...
गुंबदों में, गढ़न में मेरी मुहर...
देख मेरी नकल है अंग्रेजी हैट
घूमता हूँ सर चढ़ा
तू नहीं मैं ही बड़ा।

'कुकुरमुत्ता' का विमर्श साधारण जन का विमर्श है। यह आत्मस्फीति नहीं है, बल्कि सभी वर्चस्वों को एक सांस्कृतिक प्रत्युत्तर है। यह राष्ट्रीय लोकजागरण का दृश्य है। कहा जा सकता है कि 'कुकुरमुत्ता' साधारण के सौंदर्य और क्षमता का एक सार्वकालिक उद्घोष है। यह साधारण को नगण्य या उपेक्षणीय बनाने के दृष्टिकोण का एक सबल काव्यात्मक प्रतिपक्ष है।

'कुकुरमुत्ता' हिटलर की फासीवादी आक्रामकता के दौर में रचा गया। इसमें 'साधारण' के उत्थान की कल्पना फासीवाद के विरुद्ध एक ऐसे जन–दुर्ग के रूप में की गई है, जिसकी बुनियाद है प्रेम। यह विनोद ही विनोद में प्रेम और साहस की एक ऐसी कथा है, जिसमें पश्चिम और पूर्व की संस्कृति को साधारण लोक के दृष्टिकोण से देखने की जरूरत बताई गई है। कुकुरमुत्ता जीवन के एक ऐसे मजेदार स्वाद की ओर ध्यान आकर्षित करता है, जिसे क्षमता और समृद्धि का अहंकार रखते हुए पाना संभव नहीं है। राजा के लिए जो स्वाद दुर्लभ है, वह उनकी बेटी बहार को मालिन की बेटी गोली से मित्रता के कारण सहज सुलभ है। मालिन और उसकी बेटी गोली साधारण लोग हैं, पर उनमें कपटहीन प्रेम

है। कुकुरमुत्ता के कबाब में जो स्वाद है, उसमें प्रेम मुख्य तत्व है। कहा गया है, 'प्रेम न बाड़ी ऊपजै प्रेम न हाट बिकाय' (कबीर)। इसलिए राजा ने जब अपनी बेटी बहार से कुकुरमुत्ता के कबाब की तारीफ सुनकर माली को आदेश दिया, 'कुकुरमुत्ता चलकर ले आ तू ताजा-ताजा', तो माली ने सिर्फ इतना कहा, 'फरमाएं मआफ खता, कुकुरमुत्ता अब उगाये नहीं उगता'! 'कुकुरमुत्ता' में अमीरों के अहंकार के समानांतर आम लोगों में मौजूद चिरंतन प्रेम का महिमामंडन है।

हम लक्षित कर सकते हैं कि छायावाद के बाद निराला के रोमांटिसिज्म का अंत नहीं होता, बल्कि वह एक क्रांतिकारी जमीन हासिल करता है। हम इसे क्रांतिकारी रोमांटिकता कह सकते हैं। इसका अर्थ है, निराला के सपने नए दौर में अधिक खुलकर सामने आए—

एक खासा हिंदू-मुस्लिम खानदान
एक ही रस्सी से किस्मत की बंधा
काटता जिंदगी गिरता-सधा
बच्चे, बूढ़े, औरतें और नौजवान
रहते थे उस बस्ती में कुछ बागवान
पेट के मारे वहां पर आ बसे
साथ उनके रहे, रोए और हँसे।

निराला ने जब 'कुकुरमुत्ता' में साधारण लोगों की भावभूमि से नगरीकरण का मनोहर चित्र खींचा था, उस समय सामाजिक जहर बस्तियों तक नहीं पहुंचा था। वह सत्तालोभी शिक्षित वर्गों के उच्च समाज तक सीमित था। राजा की बेटी बहार और माली की बेटी गोली मिलजुलकर खेलते थे, पड़ोसी प्यार से साथ रहते थे। 'कुकुरमुत्ता' कविता यह भी बताती है कि लोक उत्थान और सांस्कृतिक आत्मपहचान के संघर्ष के लिए आपसी प्रेम बहुत जरूरी है!

निराला भारतीय जनता की अखंडता के पक्षधर थे। वे दुखों के बीच खाइयां नहीं पुल चाहते थे। वे चाहते थे, अंधेरे का ताला खुले। उन्होंने राष्ट्रीयता, मानवतावाद और सामाजिक परिवर्तन को एक-दूसरे से जोड़ना चाहा, क्योंकि देश के लोगों की वास्तविक मुक्ति के लिए इनमें अंतस्संबंध जरूरी है। निराला के सपने समाज में बिखर गए, पर साहित्य में बचे हुए हैं। साहित्य में सपने नहीं मरते। यदि साहित्य में भी मर जाएं, समाज में कैसे लौटेंगे?

निराला का गद्य : आधुनिकता की बहुआयामिता

एक

निराला का गद्य उनके स्वच्छंद आधुनिकताबोध का ही विस्तार है। उन्होंने काफी गद्य लिखा है– कथात्मक और विचार प्रधान। हम आमतौर पर छायावाद को आधुनिकता के अर्थ में नहीं लेते, जबकि आधुनिकता का एक छायावादी रूप भी है। यह बहुआयामी और काफी महत्वपूर्ण है। निराला आधुनिक भावना और सोच के रचनाकार थे। वे अपने गद्य साहित्य में अपने समय की विडंबनाओं और विरोधाभासों का विखंडन करते हैं। वे कई परंपरागत वर्चस्ववादी धारणाओं को तोड़ते हैं, लेकिन परंपराओं के सिर्फ दोष न निकाल कर उनके जीवंत तत्वों से रिश्ता भी बनाते हैं। वे बुद्धिवादी मिजाज के स्वच्छंदतावादी रचनाकार थे, पर जीवंत भारतीय और वैश्विक परंपराओं से सरोकार रखने वाले। हम उनके गद्य में विखंडन और निरंतरता का युग्म लक्षित कर सकते हैं जो उस युग का एक प्रभावशाली आधुनिक युग्म था। उनका गद्य 20वीं सदी के पूर्वार्ध की बौद्धिक आबोहवा का सटीक परिचय देता है।

निराला अपने गद्य में कुछ ज्यादा खुले हैं। उनके गद्य का दबाव काव्य पर भी है। उन्होंने जिसे 'मुक्त काव्य' कहा, वह गद्य के नजदीक आकर ही क्लासिकल बंधनों को तोड़ सका। उनके गद्यपरक झुकाव ने ही 'कुकुरमुत्ता' धारा की कविताओं को पूर्ववर्ती अलंकारिता से छुटकारा दिलाया और नए मुहावरे दिए। 20वीं सदी के बदलते समय को गद्य की तार्किकता, पारदर्शिता और लोकपरकता की जरूरत थी।

निराला का गद्य उनके साहित्यिक जीवन की एक महत्वपूर्ण घटना है। रामविलास शर्मा इसकी पर्याप्त नोटिस नहीं लेते। वह निराला के गद्य में कविता की पंक्तियां खोज–खोजकर चमत्कृत होते हैं या अचानक यांत्रिक समाजशास्त्रीय विवेचन में कूद पड़ते हैं। 'बिल्लेसुर बकरिहा' (1942) पर टिप्पणी करते हुए वह लिखते हैं,

'बिल्लेसुर पशुचारण और कृषि सभ्यताओं के संगम हैं। अपनी जमीन नहीं है, जमींदार से खेत लेकर किसानी करते हैं। बकरी पालन से जो अर्थाभाव पूरा नहीं होता, उसे किसानी से पूरा करते हैं।' उन्होंने निराला के गद्य का मूल्यांकन उसी गंभीरता से नहीं किया जिस गंभीरता से उनके जीवन और काव्य का। इसलिए 'चित्रमयता, अर्थ वक्रता, भाव-सघनता के कारण' उनके गद्य को श्रेष्ठ बतलाते हुए भी वह कहते हैं, 'निराला के गद्य की गति द्रुत नहीं है।' वह निराला के गद्य में विखंडनों को लक्षित नहीं कर सके।

कोई समाज जब संगीत और काव्य से गद्य की ओर आता है, वह अधिक आधुनिक और तार्किक ही नहीं अधिक विविधता-भरा, संवेदी और समावेशी भी होता है। निराला के युग का गद्यात्मक समाज वर्तमान संगीतात्मक समाज से इस अर्थ में भिन्न है कि उस युग में तर्क, विखंडन और विविधता का सामाजिक महत्व बढ़ता जा रहा था। संगीत के दीवाने समाजों में सोचने की शक्ति घट जाती है जबकि गद्य सोचने, तर्क करने की प्रवृत्ति को तीव्र करता है। निराला जिस समाज में थे, वह अवधारणाओं के संकट का शिकार न था। इसके विपरीत, उस युग में बहुत-सी धारणाएं एक साथ काम कर रही थीं और स्वाधीनता की हर नई आकांक्षा एक नए विखंडन को जन्म दे रही थी।

नवजागरण काल में ही स्वाधीनता की आकांक्षा पैदा हो चुकी थी। वह जड़ सामाजिक धारणाओं के विखंडन का एक अनोखा युग था, जब तर्क और स्वतंत्रता का बोलबाला बढ़ रहा था। हम पाते हैं कि नवजागरण और गद्य के बीच एक गहरा संबंध है, क्योंकि स्वतंत्रता के तीव्र अनुभव और तर्क के लिए गद्य से अधिक उपयुक्त माध्यम कोई नहीं है।

भारतीय नवजागरण के संदर्भ में यह एक गलत धारणा है कि उसमें तर्क की एक ही दिशा है। वस्तुतः वह कोई स्थिर मामला न था। उस काल में यथार्थ को जितने कोणों से देखा गया, उतनी अवधारणाएं उभरीं। छायावाद युग की आधुनिकता ऐसी कुछ अवधारणाओं की निरंतरता और कुछ के विखंडन का नतीजा थी।

उदाहरण के तौर पर, नवजागरण का बुद्धिवाद छायावादी आधुनिकता के दौर में औपनिवेशिक तत्वों से मुक्त होकर विकसित हुआ। यह निरंतरता है। नवजागरण काल में पश्चिम से पृथकता और राष्ट्रीय आत्मपहचान का संघर्ष शुरू हो चुका था। यह भी छायावाद युग में जारी था, हालांकि यह अब देशमुक्ति का मामला बन चुका था। यह नवजागरण काल के सुधारवाद की सीमाओं को तोड़ना है। राष्ट्रीय देशमुक्ति

के साथ छायावाद ने विश्वबोध का प्रवर्तन किया और अंध-राष्ट्रवाद का विखंडन किया। इसके अलावा छायावाद ने नवजागरण काल के अति-बुद्धिवाद, उपयोगितावाद और अंध-भौतिकवाद का विखंडन किया। उसने अनुभूति, संवेदना, सहृदयता आदि के साथ कल्पना का महत्व बढ़ा दिया। छायावाद नवजागरण युग की कुछ निरंतरताओं के बावजूद कई अर्थों में उसकी चौहद्दियों का विखंडन है। इसने नवजागरण काल में शुरू हुए स्त्रियों और दलितों के लिए संघर्ष को जारी रखा। यह नवजागरण और छायावाद को जोड़नेवाली घटना है।

दो

निराला ने 'नवीन रचना' उसे ही माना है जो 'बहती हुई धारा के प्रतिकूल सत्य की बुनियाद पर' हो। उन्होंने छायावाद को प्रचलित रूढ़िवादी धारणाओं के विरुद्ध आवाज बनाया और दृष्टि की बहुलता भी उपस्थित की, 'नवीन साहित्य का उद्देश्य प्रकाश है, जो अनेक रेखाओं से अनेक कार्यों पर पड़ता है' (व्यापक साहित्य, 1930)।

आज बौद्धिक नवोन्मेष की जगह पुनरुत्थानवाद छाया है। इसके कई रूप हैं जो मानव सभ्यता के लिए संकट बने हुए हैं। हिंदी क्षेत्र में सत्ता संघर्ष के लिए पुनरुत्थान सदा एक बड़ा औजार रहा है। पुनरुत्थानवाद मनुष्य को अतीत के अंधेरे में रखता है। यह अतीत का वर्तमान और भविष्य पर हमला है। अतीत की परंपराओं का युगानुरूप नवोन्मेष अतीत का सृजनात्मक उपयोग है, यह पुनरुत्थानवाद नहीं है।

छायावाद युग में औपनिवेशिक चुनौतियों का मुकाबला करने के लिए अतीत के गौरव की याद एक औजार बनी थी। उसका लक्ष्य राष्ट्रीय इच्छाशक्ति जाग्रत करना था, अंग्रेजों जैसा फूट डालना नहीं। पुनरुत्थान और पुनरुत्थानवाद में फर्क है। निराला ने प्राचीन वेदांत का तत्व लेकर 'साहित्य की समतल भूमि' की कल्पना की। उन्होंने लिखा, 'रीतिरिवाजों में हिंदुओं से संपूर्णतः पृथक मुसलमान जाति भी साहित्य और ज्ञान की भूमि में हिंदुओं के समान ही है।' (1926)। इस समय तक हिंदू और मुस्लिम दोनों तबकों की सांप्रदायिक ताकतें गोलबंद हो चुकी थीं। धर्म का संकीर्ण बंधनों से मुक्त होने की स्वाभाविक मानव प्रकृति के विरुद्ध इस्तेमाल होने लगा था। हालांकि ये ताकतें तब इतनी प्रभावशाली नहीं थीं कि राष्ट्रीय एकता, स्वाधीनता की उच्च आकांक्षाओं को जकड़ लें। निराला रामकृष्ण मिशन की पत्रिका 'समन्वय' से

जुड़े थे, यह पत्रिका धार्मिक रुझान वाली थी। वे ब्राह्मण थे और एक धार्मिक परंपरा से आए थे, लेकिन वे ऐसे लेखक हैं, जिन्होंने खुद अपना भी कई बार विखंडन किया। उन्होंने छायालोक से निकल कर तर्कलोक में छलांग लगाई।

इस युग में आर्टिफिशियल इंटेलिजेंस के समानांतर धार्मिक अंधविश्वास भी बढ़-चढ़कर हैं। विज्ञान और अंधविश्वास की ऐसी जोड़ी किसी युग में नहीं थी। तिरुपति के मंदिर में एक 'स्वर्गद्वार दर्शनम' है। स्वर्ग का द्वार देखने के लिए एकबार हजारों की ऐसी भीड़ उमड़ी कि छह लोग स्वर्ग पहुंच गए!

निराला ने लिखा है, 'धार्मिक कानूनों की दुहाई देकर आत्मा को उन्हीं से घेर रखना मुक्ति नहीं।' (साहित्य का आदर्श, 1932)। उनकी रचनाएं 'तुलसीदास' और 'राम की शक्ति पूजा' देश की जड़ता का विखंडन हैं।

भारतीयता क्या है, इसपर दशकों से जितनी चर्चा हुई है, वह उतने ही गहरे संकट से घिरती गई है। इसे औपनिवेशिक धारणाओं ने ही नहीं इस देश की अतीतवादी धारणाओं ने भी काफी क्षत-विक्षत किया, जबकि भारतीयता को राष्ट्रीय, मानवतावादी और आधुनिक धारणाओं के परिप्रेक्ष्य में ही अच्छी तरह पहचाना जा सकता है। हम जानते हैं कि सत्ता संघर्ष के विकृत रूपों ने भारतीयता को हमेशा धुंधला किया। हमारे देश के सत्ता केंद्रों ने आमतौर पर पुरानी रूढ़ियों, बंधनों तथा संकीर्णताओं का पोषण किया।

भारतीयता को संकुचित किए जाने के विरुद्ध निराला ने लिखा है, 'जिस भारतीयता के गर्व से दूसरे तुच्छ जान पड़ते हैं, वह भारतीयता में कुछ रूढ़ियों से चलती हुई अभारतीयता है।' (हिंदी में आलोचना, 1933)। भारतीयता का धर्मांधता से संबंध पुनरुत्थानवादी दंभ की अभिव्यक्ति है। छायावाद के सभी कवि ऐसी चीजों के प्रति सावधान थे और भारतीयता को बुद्धिपरक और उदार दृष्टिकोण से देखते थे।

निराला ने जातीय-विजातीय की बहस पर समावेशी राष्ट्रीयता और मिश्रित सामाजिक संस्कृति का पक्ष लिया था। उन्होंने स्पष्ट लिखा, 'विजातीय भावों के मिश्रण से ही संस्कार हो सकता है। यदि किसी राष्ट्र को प्रगतिशील रखना है तो इसकी शक्ति बढ़ाने के लिए विजातीय भावों का समावेश करना अत्यंत आवश्यक है।' (नवीन साहित्य : प्राचीन विचार)। निराला शुद्धतावादी न थे। वे अपने साहित्य और संस्कृति की राष्ट्रीय पहचान पर बल देते हुए भी इन्हें छुई-मुई बनाकर नहीं रखना चाहते थे।

निराला लोकप्रियतावाद को साहित्य की कसौटी बनाने के विरोध में थे। जनता के बीच जो पुरानी चीजें प्रचलित हैं या जो सतही जनरुचि है, साहित्य उसका अनुगामी नहीं होता। निराला कहते हैं, 'निम्न श्रेणी के प्रचारक साहित्यिक (लेखक) जनता की ही प्रिय बातें उसे सुनाते रहते हैं। इस प्रकार सत्य के बदले वे अपना ही प्रचार करते हैं।' (1933)। आज जनता पर बाजार की लोकप्रियतावादी संस्कृति लादी जा रही है। व्यापारिक कंपनियां अपने प्रचार के लिए कला-संस्कृति का दुरुपयोग कर ही रही हैं, राजनीतिक शक्तियां भी इसमें आगे हैं। सूचना-क्रांति ने साहित्य को खिचड़ी मनोरंजन और पैरोडी में बदल दिया है। संस्कृति 'मास कल्चर' बन गई है। उच्च टेक्नोलॉजी द्वारा निम्न श्रेणी के सांस्कृतिक प्रचार 'समाज' को 'समूह' में बदलने के उद्देश्य से प्रेरित हैं। निराला ने 'समाज' और 'समूह' के निर्माणों में भेद किया था- 'समष्टि की एक मांग होती है। वह समूह की मांग से बड़ी है। साहित्यिक यदि किसी समूह के अनुसार चलता है तो वह उच्चता नहीं प्राप्त कर सकता।' (रचना सौष्ठव, 1933)। उन्होंने लोकप्रियतावादी समूह संस्कृति के दौर में साहित्य के बुनियादी लक्ष्य की ओर इशारा किया और साहित्य को समूह के बुरे स्वाद के हवाले करने का विरोध किया।

तीन

निराला ने घर बैठकर पाठकों का आह्वान करने वाले लेखकों से कहा, 'जनता साहित्य के साथ नहीं रहती है, साहित्य के साथ लाई जाती है।' निराला की जो लोग दुहाई देते हैं, उनके सामने स्पष्ट हो जाना चाहिए कि निराला की दृष्टि में रचना कर्म ड्राइंग रूप में बैठकर महज लिखने तक सीमित मामला नहीं है।

निराला के गद्य का एक बड़ा हिस्सा उनकी निजी अनुभूतियों से जुड़ा है। खासकर 'कुल्ली भाट', 'चतुरी चमार', 'देवी' जैसी रचनाओं से उनके 'मैं' को अलग करना संभव नहीं है। लेकिन निराला की निजी अनुभूति अनुभूति का निजीकरण नहीं है। उनकी अनुभूति अतीत और पश्चिम दोनों से गहरी गुत्थमगुत्थी का नतीजा है।

आधुनिक युग के कई आंदोलन और विद्रोह नहीं होते, यदि कल्पना की ऊर्जा से भरा बुद्धिदीप्त 'मैं' नहीं होता। निराला का 'मैं' अतीतवाद और पश्चिमवाद से टकराकर आकार ले रहा था, क्योंकि ये उदात्त राष्ट्रीय आत्मपहचान और विकास में बाधक थे। उस युग के व्यक्ति झुंड सोच से बाहर निकल रहे थे। दूसरी तरफ, उनका

'मैं' भीतरघुन्ना न था। वह एक अंत:बाह्य सक्रिय इकाई है। वह सामंती रूढ़ियों, पूंजीवादी सभ्यता और औपनिवेशिक धारणाओं से टकराकर बनता है और एक बहुआयामी आधुकिताबोध के साथ श्रमजीवियों के पास बिना किसी दंभ के आकर खड़ा हो जाता है।

निराला कविता में विधवा, भिक्षुक, पत्थर तोड़ती औरत और झींगुर-महगू आदि को 'देखते' हैं, जबकि गद्य में वह देवी, चतुरी चमार और कुल्ली भाट को देखते भर नहीं हैं। वह ऐंद्रिक विकलता भर व्यक्त करके नहीं रह जाते। वह ब्राह्मण समाज से विद्रोह करके खुद कुल्ली के एकादशाह का हवन कराते हैं। हवन की अपनी अलग पद्धति खोज लेते हैं। ब्राह्मण के रूप में भोजन करने के लिए सीधा से बनी पूरियों के अलावा, अपने ससुरालवालों को हक्का-बक्का करते हुए गोश्त खाना नहीं भूलते, 'कुल्ली की स्त्री पहले मुसलमानिन थी। इसलिए प्रकृति ने उनके संस्कारों के अनुसार मुझे गोश्त खाने के लिए प्रेरित किया।' भूलना नहीं चाहिए कि 'राम की शक्ति पूजा' लिखने वाले ने मुस्लिम पद्धति से एकादशाह किया, क्योंकि धार्मिकता से सामाजिकता बड़ी चीज है। प्रेमचंद के 'कफन' और 'गोदान' की भांति 'एकादशाह' का आयोजन महज एक धर्मानुष्ठन भर का विखंडन नहीं है। यह समस्त रूढ़ियों से विद्रोह है। इस तरह का विखंडन आधुनिक निर्भयता और जिंदादिली के बिना संभव नहीं है।

निराला के गद्य में उनके 'मैं' की मनोव्यथा ही नहीं है, बल्कि सामाजिक विखंडन में हिस्सेदारी का एक आनंद भरा संकल्प भी है। आज के लेखकों की तरह निराला का 'मैं' घरघुसरा, व्यक्तिवादी या समारोह-शोभाबढ़ावन नहीं है। वह एक बड़ा दुर्द्धर्ष और पारदर्शी 'मैं' है।

निराला के गद्य की सबसे बड़ी खूबी 'वेदना' के संग विनोदप्रियता है। कथा साहित्य हो या समीक्षा, बातों ही बातों में बढ़ती बातें उनके समय का एक प्रतिविमर्श (काउंटर डिस्कोर्स) रचती हैं और बड़े साहस से यह काम करती हैं। उनके गद्यात्मक नैरेटिव जितने आत्मीय हैं, उतने ही चुनौतीपूर्ण भी। निराला दूसरों को ही नहीं, अपने 'मैं' को भी चिढ़ाते हैं। अपने पर हँसना या अपने को चिढ़ाना साधारण बात नहीं है। कुल्ली की सरलता देखकर निराला अपने को उघाड़ते हुए टिप्पणी करते हैं, 'एक भेड़ बनता है तो दूसरा भेड़िया बनने का हौसला दबा नहीं सकता।' निराला अपने 'मैं' से चिपके न रहकर इससे एक सृजनात्मक दूरी पैदा कर लेते हैं।

अपने पर अपने ही हाथों रंदों, वसूलों और छेनी की धार झेलना इतिहास के

बीचोंबीच खड़े होने पर ही संभव है। निराला ने अपने आधुनिकताबोध को एक आत्मयंत्रणा के रूप में वरण किया, भारतीय दशाओं में यह स्वाभाविक है। उनके साहित्य में आत्मसाक्षात्कार ही नहीं है, आत्मयंत्रणा और आत्मसंघर्ष भी है। यह उनके गद्य में खुलकर मुखरित है। निराला के काल में ऐसे लोगों की कमी नहीं थी जो जंगल से निकल रहे समाज को पुनः जंगल में ले जाना चाहते थे। आज चारों तरफ एक व्यापक सांस्कृतिक आत्मविसर्जन है, पर निराला और मुक्तिबोध के जमाने के लोगों में आत्मसंघर्ष मौजूद था क्योंकि 'व्यक्ति' मौजूद था। निराला ने जो लड़ाई ताल ठोंककर लड़ी थी, उसे मुक्तिबोध ने छापामार तरीके से आगे बढ़ाया था।

चार

निश्चय ही निराला के काव्यात्मक बिंबों में एक बहुआयामी आधुनिकता है, उसका कोई एक केंद्रीय महाख्यान नहीं है। लेकिन उनके गद्य में भी आधुनिकता अधिक विस्तार से उभरती है। वह एक सौंदर्य चित्र के अलावा एक ठोस संघर्ष भी है जो गद्य का स्वभाव है। आधुनिकता के द्वंद्व के मार्ग में एक मुख्य समस्या है अमूर्त आदर्शवाद। वेदांत और तुलसीदास निराला को छोड़ते नहीं, लेकिन दबोच करके भी नहीं रख पाते। निराला मान चुके थे, 'आज तर्कवाद का प्राबल्य है। ...जो वस्तु या स्थिति सामने हो उसे उसी रूप में ग्रहण न करके, उसके कारण की तलाश करें, यह तर्क है।' (हिंदी में तर्कवाद, 1935)। इस कथन से स्पष्ट हो सकता है कि नवजागरण और छायावाद के बीच शत्रुता नहीं है। उस युग में तकनीकी बुद्धिवाद और उपभोक्तावाद इतना नहीं फैले थे कि तर्क को निगल लें।

हमारे जमाने में जिस चीज का कोई तर्क नहीं है, वह ज्यादा छाई हुई है। यह तर्क के सामाजिक विस्थापन का युग है, तर्क के अंत का युग है। इस युग में कोई आदमी तर्क करना नहीं चाहता। लेकिन एक जमाने में कारण जानने के आनंद, तर्क के आनंद के सामने हर सुख फीका था। यही वजह है कि उसे सहृदयता के साथ-साथ बुद्धि का युग भी कहा गया था।

उस दौर के कवि-गद्यकार सियारामशरण गुप्त ने तर्क की जरूरत महसूस करते हुए रक्तबीज जैसी उसकी अजस्र क्षमता की जो व्याख्या की है, वह आज भी प्रासंगिक है- 'तर्क का काम ही मारना, मरना और फिर जी उठना है। इक्कीस-इक्कीस बार इसे निर्वंश क्यों न कर दो, फिर भी जब देखो, तब इसका वही तेज।'

(झूठ सच)। उन्होंने नवजागरण के इस महान औजार को वृहद संदर्भ में पहचाना था, 'तर्क और बहस ही वह वस्तु है, जो हमारे मन में अनजाने ही सही, यह बोध उत्पन्न करती है कि हमें छोड़कर भी किसी को होना चाहिए।' तर्क, बहस और संवाद के बिना समाज झुंडों में विभाजित हो जाता है, समाज समाज नहीं रह जाता। तर्क, बहस और संवाद के लिए 'दूसरा' चाहिए, झुंड नहीं समाज चाहिए। निराला ने 'कुल्ली भाट' (1938) में यह लिखकर मानो अपने गद्य का दर्शन व्यक्त किया, 'मुझे कारण भी मिला। वह आनंद जो कारण की प्राप्ति के बाद हुआ, ब्रह्मानंद से कम नहीं कहा जा सकता।' तर्क या कारण की खोज ने निराला को वेदांत और तुलसीदास की निरंतरता से विच्छिन्न न करके भी इनसे आगे बढ़ा दिया।

निराला ने दावा करके दलित साहित्य नहीं लिखा है। प्रेमचंद और निराला के युग में सभी 'साहित्य' लिख रहे थे। 'कुल्ली भाट' में जब निराला दलित बच्चों के जीवन यथार्थ के सामने खड़ा होते हैं उनके वेदांत, तुलसीदास और प्राचीन आदर्शवाद पिघल जाते हैं। निराला इनके बारे में लिखते हैं, 'इतना नत, इतना अधम बनाया है मेरे समाज ने इन्हें। ...बिना वाणी की वह वाणी, बिना शिक्षा की वह संस्कृति प्राण का पर्दा-पर्दा पार कर गई। ओफ्फ! कितना मोह है। मैं ईश्वर सौंदर्य, वैभव और विलास का कवि हूं। फिर भी क्रांतिकारी!!' ऐसा आत्मनिरीक्षण, आत्म-विखंडन और सुधार की इच्छा कितने कवियों में है? यह साहित्यिक आत्ममुग्धता का प्रति-ध्रुव है। यह एक असाधारण विखंडन है, जो तर्क और सहृदयता के मेल से होता है।

अपनी पुस्तकों के समर्पण तक में निराला ने अपनी अकेली आवाज की शक्ति बताई। 'कुकुरमुत्ता' के समर्पण में अपना आक्रोश दिखाया ही है, 'कुल्ली भाट' में भी साफ लिखा— 'इस पुस्तक के समर्पण योग्य कोई व्यक्ति हिंदी साहित्य में नहीं मिला... इसलिए समर्पण स्थगित रखता हूँ।' यह भी अपने ढंग का एक विखंडन है।

निराला थे वेदांती, लेकिन उनके भीतर कहीं गौतम बुद्ध भी बैठे हुए थे। उनका वेदांत यदि पृथकतावाद का विखंडन है तो ईश्वर और खोखले आदर्शवाद के प्रति उदासीनता वेदांत का विखंडन है। यह निराला ही कह सकते थे, 'अमृत तो ब्रह्म है ही, जहर भी ब्रह्म है।' तुलसी ने लिखा था, 'जानत तुमहिं तुमहिं ह्वै जाई' अर्थात ईश्वर को जान लेने के बाद अपने अहंबोध को खो देना ही मुक्ति है। हम टीवी देखते हुए जब उसके विचारों से अपने विचार, नेपथ्य की हँसी से अपनी हँसी और समाचार वाचक की खबरों से अपनी चेतना मिला देते हैं— 'देखहि तुमहिं तुमहिं ह्वै जाई'

की दशा में पहुंच जाते हैं, तब हम अपनी कल्पना का अंत कर लेते हैं। निराला का साहित्य बार-बार कहता है— कल्पना करो, खुद कल्पना करो!

तुलसीदास ने लिखा था, 'जेहि जाने जग जाइ हेराई'। राम को जान लेने के बाद आदमी इस संसार से मुक्त हो जाता है। निराला की आधुनिकता इस संसार को जानने और इसकी समस्याओं से जूझने से शुरू होती है। निराला प्राची के अस्त सूर्य के लिए दुर्द्धर्ष नैतिक समर छेड़ने वाले भक्त कवि तुलसीदास की सराहना करते हुए भी उपर्युक्त धारणा को तोड़कर टिप्पणी करते हैं, 'इस मुक्ति से च्युत होना ही संसार देखना है'। निराला का इहलोकवाद आधुनिकता का एक प्रमुख चिह्न है।

निराला अपना 'स्व' खोने के लिए तैयार नहीं हैं। वे किसी भी 'सत्ता' में चाहे वह राजसत्ता हो, बाजारसत्ता हो या धर्मसत्ता, उसमें अपने अत्मजगत का विलय करने के पक्ष में नहीं हैं। बल्कि वह इस रोमांटिक खयाल के हैं, 'यदि मैं न होता तो संसार भी नहीं होता।' यहां आईंस्टीन से रवींद्रनाथ की बातचीत याद आती है। रवींद्रनाथ ने कहा था, 'चांद मनुष्य द्वारा देखे जाने की वजह से ही सुंदर है!' यह कुछ और नहीं उस 'व्यक्ति' की महत्ता स्थापित करना है, जो अब भीड़ में विलुप्त हो रहा है।

निराला के चर्चित उपन्यास 'बिल्लेसुर बकरिहा' में बिल्लेसुर बकरियों की रक्षा न होने पर महावीर की मूर्ति पर डंडा चलाकर उसकी नाक तोड़ देता है। निराला की मूल प्रवृत्ति है विखंडन। लेकिन भूलना नहीं चाहिए कि उनके 'काउंटर-डिस्कोर्स' में प्राचीन से संबंध का महत्व है। वह विखंडन के साथ निरंतरता को आदर से देखते हैं। इसका प्रमाण है वेदांत के प्रति उनका अंत तक बना रह गया आकर्षण। यह विरोधाभास नहीं है, आस्था और तर्क की अंतःक्रिया का एक स्वाभाविक भारतीय नतीजा है।

पांच

छायावादी लेखक यह मानने के लिए तैयार नहीं थे कि भौतिक विकास की ओर बढ़ना है तो बौद्धिक उपनिवेशवाद और वर्चस्वों को स्वीकार करना हेगा। उन्होंने जिस तरह परंपरा को संदेह से देखा, विकास को भी संदेह से देखा। वे यदि सिर्फ विकास को संदेह से देखते तब हम जरूर उन्हें प्राचीनतावादी या रूढ़िवादी मानते। वे अतीत और आधुनिक विकास दोनों की रूढ़ियों से लड़ रहे थे। जिस

तरह परंपरा को संदेह से देखना परंपरा का विरोध नहीं है, उसी तरह आधुनिक विकास को संदेह से देखना विकास का विरोध नहीं है। कहा जा सकता है, उस समय परंपरा-विवेक और आधुनिकता-विवेक अभी विकासशील अवस्था में थे। आज इनका बुरा हाल है।

नवजागरण से प्रभावित लेखक अपने विकासशील विवेक से जो संदेह कर रहे थे, भारतीय संदर्भ में कर रहे थे। छायावाद युग के प्राय: सभी साहित्यकारों ने भौतिक विकास के साथ मानवतावादी और बौद्धिक-नैतिक उत्थान के लिए भी संघर्ष किया। उन्होंने स्वार्थपरता की जगह त्याग और 'विराट किंतु ओछा' की तुलना में 'लघु किंतु सुंदर' को पसंद किया। सियारामशरण गुप्त के गद्य से एक उदरहारण यहां उपस्थित है, 'मैं छोटा हूँ, छोटे रूप में ही संसार को मैंने देखा है। ...क्या यह वृंदावन छोटा-सा है? हो, छोटा-सा ही हो। छोटा होकर भी वह ओछा नहीं है। उसमें स्थान है, उसमें अवकाश है। वह याद रखना जानता है। गए हुए को भुला नहीं देता।' (झूठा-सच) यह विकास के साथ मूल्यवान परंपराओं को बचाने की लड़ाई है!

एक बड़ा लेखक फिक्र और फन के बीच रिश्ता कायम करता है। निराला इस रिश्ते के धनी थे। लेकिन एक महान लेखक हमेशा फिक्रमंद नहीं होता, उसमें बेफिक्री भी होती है। निराला ने एक उर्दू शेर एक जगह उद्धृत किया है, 'जाहिद शराब पीने दे मस्जिद में बैठकर, या वह जगह बता दे जहां खुदा न हो।' गालिब में बेफिक्री थी, 'ज़ मन जूए दर बद नकू जीस्तन', अर्थात बुरी हालत में भी ज़िंदा रहने की कला मुझसे सीख! निराला ने गालिब को हमेशा बड़ी इज्जत से याद किया है। उनकी जिंदगी में भी बेफिक्री थी। इस बेफिक्री ने उन्हें निर्भय बनाया और प्रचलित व्यवस्था से टकराने की ताकत दी।

उत्तर-आधुनिकता ने स्वानुभव, अस्मिता की राजनीति और खंडित जन-चेतना को महिमामंडित किया। जबकि आधुनिकता 'व्यक्ति' को महत्व देते हुए भी संवेदनशीलता और सामाजिक सहृदयता की जरूरत बताती थी। वह साझी अस्मिता, साझे जीवन और साझी संस्कृति की बात करती थी। वह कूपमंडूकता के विरोध में थी। आधुनिकता एक नए दौर में अकेलेपन, सांस्कृतिक उन्मूलन और उखड़े हुए लोगों की धारणा लेकर भी आई, मगर उसमें इनसे उबरने और खोई मानवीय गरिमा को दुबारा हासिल करने की छटपटाहट भी थी। छायावादयुगीन आधुनिकता में राष्ट्रीय स्वतंत्रता, मानवीय अखंडता और सामाजिक समरसता और राष्ट्रीय स्वतंत्रता मुख्य तत्व हैं।

रवींद्रनाथ ने विखंडता के पोषकों से चुनौती के स्वर में पूछा था— 'जे एक तरणी लक्ष लोकेर निर्भर। खंड-खंड करे ताहे तरिबे सागर?' जिस नाव से लाखों लोग नदी पार करते हैं, उसका तख्ता-तख्ता अलग करके तुम समुद्र पार करना चाहते हो? निराला ने राष्ट्रीय जागरण के संदर्भ में टिप्पणी की, 'अपनी डफली अपना राग छोड़ो। अब यह ढाई चावल की खिचड़ी पकाने का समय नहीं है। इससे देश की नाव समुद्र के पार नहीं जा सकेगी। देश के पैरों की बेड़ियां न कट सकेंगी।' निराला वस्तुत: तुलसी की नैतिक व्याकुलता, गालिब की बेफिक्री और रवींद्रनाथ के देशप्रेम से संपर्कित विश्वबोध के संगम थे।

छायावाद युग की आधुनिकता ने नवजागरणकालीन राष्ट्रीय जागरण को नकारा नहीं, लेकिन हर उस अवधारणात्मक चौहद्दी को तोड़ा जो मनुष्य जाति को हृदयहीन और खंडित कर रही थी। उसने राष्ट्रीयता की चौहद्दी को भी चुनौती दी और मानवतावादी राष्ट्रीयता प्रस्तावित की। निराला ने लिखा, 'जब हर व्यक्ति ही दूसरे व्यक्ति को अपनी अविभाजित भावना से देखेगा, तब विरोध में खंड-क्रिया होगी ही नहीं। यही आधुनिक साहित्य का ध्येय है।' (हमारे साहित्य का ध्येय)। साहित्य ने प्रत्येक युग की संस्कृति को रोशनी दिखाई है, इस दृष्टि से छायावाद बहुत महत्वपूर्ण है।

छायावाद की मानवता में राष्ट्रीयता और हाशिया के बीच संवाद है। यह निराला के साहित्य में सबसे अधिक व्यापक रूप में है। हम देख सकते हैं कि आधुनिकीकरण के विस्तार से आई सामाजिक गतिशीलता और अंतर्मिश्रण ने एक समय पृथकता को असंभव बना दिया था। विभिन्न धर्मों और जातीयाताओं के लोग साथ रहने लगे थे। अपृथकता की चेतना ने विश्वबोध का भी प्रवर्तन किया, व्यक्ति तथा 'विश्व' अंत:क्रियाशील हो उठे। यह बीसवीं सदी की एक महान घटना है, जो उस दौर में स्वाधीनता के बोध का विस्तार है।

निराला ने लिखा, 'हमारे समाज से भिन्न, किंतु मिला हुआ एक और समाज है। वह केवल देश में नहीं बंधा, तमाम पृथ्वी के मनुष्य उसके अंतर्गत हैं। वहां उन्हीं मानवीय भावों की गुंजाइश है, जो मनुष्य मात्र के कहे जा सकते हैं। ऐसे सर्वसाधारण भावों पर लिखने वाले साहित्यिक को बाहरी छोटे-मोटे सांप्रदायिक अथवा जातीय उपकरण छोड़ देने पड़ते हैं।' एकदेशीयता की जगह सार्वदेशिकता अथवा विश्वचेतना के मूल में है अखंड मानवता। यह वर्तमान भूमंडलीकरण के मूल में स्थित 'अखंड बाजार' से भिन्न है। छायावाद युग में विश्वबोध और

पश्चिम पर निर्भरता पर्याय नहीं हैं।

निराला युग का भारतीय विखंडन बुद्धि द्वारा सबकुछ तोड़कर निराश्रित वर्तमान में फेंक देनेवाला नहीं है। वह सकारात्मक है क्योंकि औपनिवेशिक-सामंती व्यवस्था में, जब स्मृतियों और स्वप्नों को कुचला जा रहा हो, जितना जरूरी विखंडन है, उतना ही जरूरी है पुनर्निर्माण। भारत पहले से काफी उजड़ा हुआ था, इसके पुनर्निर्माण की जरूरत थी। इसलिए भारतीय लेखक अतीत की कैद से छुटकारा चाहते थे, अतीत से नहीं जिस तरह वे पश्चिम की कैद से छुटकारा चाहते थे, पश्चिम से नहीं।

निराला ने लिखा, 'अब हमें पूर्व और पश्चिम को एक करना है और इस तरह समस्त भूमंडल को एक करना है।' (कवि और कविता, 1924)। क्या कोई कह सकता है कि उन्होंने आज जैसे भूमंडलीकरण का स्वप्न देखा था?

आज भारत में एक तरफ आर्थिक उदारवाद और भूमंडलीकरण का नारा है, दूसरी तरफ सामाजिक अनुदारता और अंध-राष्ट्रवाद है। भारत के लोग भूमंडलीकरण और कूपमंडूकता के बीच सैंडविच हो गए हैं- एकसाथ 'पश्चिमीकृत' और 'कट्टर'!

छह

हिंदी समाज में 19वीं सदी के सामाजिक सुधारों को पनपने का ज्यादा मौका नहीं मिला। निराला ने सांप्रदायिकता पर टिप्पणी की, 'इस देश में शिखा का झंडा उसी तरह फहरा रहा है। इस झंडे के नीचे जितनी बुराइयां हुईं, सब उसी तरह जी रही हैं। ...सभी संप्रदाय अंधानुकरण को सनातन धर्म या अपना सच्चा मजहब समझते हैं।' (व्यापक साहित्य, 1930)। लक्षित किया जा सकता है कि निराला अपने लेखन में अंधानुकरण का विरोध करते हुए आलोचनात्मक समावेशिकता चाहते हैं। वे हिंदी समाज को नई चुनौतियों के सामने खड़ा होते देखना चाहते हैं।

'बिल्लेसुर बकरिहा' हिंदी समाज में मानवीय बेगानेपन का एक विनोद भरा उपन्यास है। इसका हर विनोद बिल्लेसुर के बेगानेपन को उघाड़ता है। वह दर्द से भरकर एक दिन सोचता है– 'गांव में जितने आदमी हैं, अपना कोई नहीं, जैसे दुश्मनों के गढ़ में रहना हो।' हिंदी समाज में यह अनुभव आम है, दुश्मनों के गढ़ में रहना आधुनिक अकेलेपन से ज्यादा त्रासद है।

निराला बंगाल, महाराष्ट्र, तमिलनाडु की तरह हिंदी क्षेत्र में जातीय चेतना नहीं पाते। आखिर हिंदी भाषा और इसकी साहित्यिक परंपराओं के प्रति उदासीनता से

बढ़कर हिंदी समाज की सुषुप्तावस्था का प्रमाण क्या हो सकता है! निराला अपनी उदासी व्यक्त करते हैं, 'भाषा-साहित्य के भीतर हमारी जाति टूटी हुई विकलांग हो रही है। बाहर से ज्यादा मजबूत भीतर उसकी पराजय के प्रमाण हैं।' (भाषा विज्ञान, 1933)। हिंदी क्षेत्र में नवजागरण और छायावाद साहित्यिक मामलों तक सीमित थे। आज हर तरफ पाखंड और बर्बरता की मुख्य वजह यही है।

छायावाद युग की आधुनिकता की एक समस्या अपनी भाषा को बचाने और विकसित करने की है। इसके लिए अपनी भाषा से सच्चा प्रेम जरूरी है। इसके अलावा अपनी भाषा के साहित्य का थोड़ा श्रम करके अध्ययन और भाषा को बचाने का उद्यम करना भी जरूरी है।

समाज में बढ़ते धार्मिक प्रवचन और पाखंड पर व्यंग्य करते हुए निराला एक गंभीर चिंता व्यक्त करते हैं, 'अंग्रेजी दां गृहस्थ अंगरेजी दां साधु खोजता है। ...ऊंचे सत्य में विद्या की गुंजाइश नहीं रहती, शब्द खत्म हो जाते हैं।' (कुल्ली भाट)। भाषा तभी बचेगी, जब वह सांस्कृतिक रूप से विकसित और साहित्यिक रूप से समृद्ध हो और वह यथार्थों के बीच सांस ले और अपनी जीवंत जड़ों के साथ खड़ी हो। इधर कट्टरवाद ही नहीं, उपभोक्तावाद भी भाषा को नष्ट कर रहा है। ये भाषा में बौद्धिक सतहीकरण ला रहे हैं। भाषा प्रदूषण बढ़ गया है। शब्द खाली कनस्तर की तरह बज रहे हैं, वे रिक्त हैं। टीवी कहता है— बस देखते रहो और चुप रहो। निराला ने अपनी एक कविता में ललकारा— 'ऐ, कहो, मौन मत रहो'!

सात

एक बार निराला महात्मा गांधी से मुलाकात करने गए, तब तक गांधी 'हिंदी साहित्य सम्मेलन' का सभापति बन चुके थे और यह कह चुके थे कि हिंदी में कोई रवींद्रनाथ ठाकुर नहीं है। निराला उन्हें हिंदी की कुछ रचनाएं सुनाना चाहते थे। सिर्फ आधा घंटा समय चाहते थे। उन्होंने बहुत आग्रह किया, पर सफल नहीं हुए। गांधी ने कह दिया— 'समय नहीं है'। इस पर निराला की टिप्पणी है— 'मैं हैरान होकर हिंदी साहित्य सम्मेलन के सभापति को देखता रहा, जो राजनीतिक रूप से देश के नेताओं को रास्ता बतलाता है, बेमतलब पहरों तकली चलाता है, प्रार्थना में मुर्दे गाने सुनता है, लेकिन हिंदी के कवि को आधा घंटा वक्त नहीं देता।' (गांधी जी से बातचीत, 1939)। यह आक्रोश

सिर्फ गांधी के प्रति नहीं है, साहित्य के प्रति सामान्य राजनीतिक उदासीनता के प्रति है जो इन दिनों चरम पर है।

आज के नेताओं को साहित्य की जरूरत नहीं है। वे साहित्य नहीं पढ़ते और साहित्यकारों को आदर नहीं देते, क्योंकि साहित्यिक लेखन में विचार हैं। राजनेता विचारों और विचारवान लोगों से डरते हैं।

निराला को तकलीफ थी कि सामान्यत: उनके देश के राजनीतिज्ञों ने साहित्य, मानव मूल्यों और उदार संस्कृति को कभी गंभीरता से नहीं लिया। उन्हें समस्याओं का एकांगी राजनीतिक समाधान चाहिए। निराला ने लिखा, 'इस समय देश की दशा सुधारने के लिए कार्यकारी सच्ची राष्ट्रनीति की अत्यंत आवश्यकता है, पर यह भी सच है कि देश में नवीन संस्कृति के लिए व्यापक साहित्यिक ज्ञान भी उसी हद तक जरूरी है।' (हमारे साहित्य का ध्येय)। साहित्य आत्ममंथन और सांस्कृतिक मुठभेड़ का सबसे सशक्त हथियार है। दुर्भाग्यजनक है कि इस देश में साहित्यकारों और राजनीतिज्ञों के बीच 'इंटरैक्शन' नहीं हो पाता। 21वीं सदी में राजनेता ही अब सबसे बड़े ज्ञानी और संस्कृति-मर्मज्ञ हैं।

इस विडंबना की ओर ध्यान जाना चाहिए कि निराला जिस युग में लिख रहे थे, हिंदी क्षेत्र के शिक्षित लोगों में साहित्यिक गतिविधियों के प्रति सामान्यत: उदासीनता थी। बंगाल में जिस तरह रवींद्रनाथ जनप्रिय हो रहे थे, हिंदी क्षेत्र में छायावादी कवि नहीं हो पा रहे थे। हिंदी समाज बौद्धिक-नैतिक अंधेरे में सांस ले रहा था। निराला ने उसकी दशा इन शब्दों में दिखाई है, 'नवीन युग के तरुण प्रभात के स्वागत में कोई भी तैयार नहीं देख पड़ता। सबकी आंखों में पुराने मोह का आलस्य भरा हुआ है, जीवन जागृति की किरणें नहीं। हिंदी की दुर्दशा पर अन्य तमाम प्रांतों के लोग मखौल उड़ाते हैं, पर इनके कान में जूं नहीं रेंगती। हां, हिंदी को राष्ट्रभाषा बनाने की आवाज उठाने के लिए कहिए तो ये सबसे ज्यादा चिल्लाने के लिए तैयार हैं।' निराला को इसका आभास था कि वे कितने कठिन समाज में साहित्य का कार्य कर रहे हैं। हिंदी को लेकर उन्माद से भरी आवाजें आज भी उठती हैं जिनसे प्रांतीय विद्वेष बढ़ता है और हिंदीतर राज्यों में रहनेवाले हिंदी भाषियों की असहायता बढ़ती है।

हिंदी समाज में कवियों-लेखकों को आदर देने की परंपरा नहीं है। निराला ने प्रकारांतर से बतलाया कि हिंदी में कोई लेखक रवींद्रनाथ ठाकुर जैसा प्रवीण और प्रभावशाली क्यों नहीं हो सका। उन्होंने पहला संकेत दिया साहित्यिक माहौल के गुरुडम भरे होने की ओर, जिसकी गंगोत्री उस समय महावीर प्रसाद द्विवेदी थे।

'कुल्ली भाट' में निराला ने लिखा, 'आचार्य द्विवेदी को गुरु माना, लेकिन शिक्षा अर्जुन की तरह नहीं, एकलव्य की तरह पाई।' उन्होंने दूसरा संकेत किया हिंदी समाज में शिक्षा के स्तर की ओर, 'उग्र जी भी बर्नार्ड शॉ होते यदि आपका समाज अंग्रेजों के समाज की तरह शिक्षा तथा सभ्यता की उतनी ही सीढ़ियां तय किए हुए रहता।' (काव्य साहित्य, 1930)। तीसरा संकेत किया आर्थिक अभाव की ओर। उन्होंने 'गीतिका' की भूमिका में अपने बारे में लिखा, 'मैं अपने गीतों की स्वरलिपि करना चाहता था, पर कुछ ऐसी परिस्थिति रही कि सब तरफ अभाव ही अभाव का सामना करना पड़ा। एक हारमोनियम की गुंजाइश भी मेरे लिए नहीं हुई। मेरी सरस्वती संगीत में भी मुक्त रहना चाहती है, सोचकर मैं चुप रह गया।' निराला की सरस्वती का संगीत में मुक्त रह जाना कोई अच्छी घटना नहीं। देखा जा सकता है कि पहले के लेखक असुविधाओं के कारण काम नहीं कर पाते थे, जबकि अब के लेखक बहुत अधिक सुविधाओं में डूबे होने के कारण!

हिंदी समाज के लेखकों को एक बड़ा कठिन जीवन जीते हुए, कम विकसित कलात्मक निपुणता के बल पर, एक रचना-विरोधी और कलहपूर्ण माहौल में लिखना पड़ता है। कई अन्य भारतीय भाषाओं में स्थिति थोड़ी भिन्न है। फिर भी निराला के साहित्य का जो हिस्सा भावना, विचार और सौंदर्य से समृद्ध है उसमें जीवंत भारतीय संस्कृति की निरंतरता, सामाजिक विडंबनाओं का विखंडन और भारतीय पुनर्निर्माण —ये तीनों चीजें मिलेंगी। निराला की स्वतंत्रचेता और कल्पनादीप्त बुद्धि से टकराकर पूर्व-आधुनिकता, नवजागरण और छायावाद की कई जड़ धारणाएं टूटीं और कई नई धारणाएं बनीं। निराला के तार्किक, पारदर्शी और लोकपरक गद्य में उस युग की उत्थानशील आधुनिकता के गौरवशाली चिह्नों को पहचाना जा सकता है। उन्हें देखकर हम अपने जीवन को भी उतना ही तार्किक, पारदर्शी और लोकपरक बनाने की सोच सकते हैं और अपना उत्तर-आधुनिक सतहीपन कम कर सकते हैं।

निराला की उदासी लाखों टुकड़ों में बंटे हिंदी समाज के लोगों की उदासी है और उनकी पराजय इन्हीं लोगों की पराजय। उनका पीछे लौटना हिंदी समाज का 'रिट्रीट' है। उनका अंधेरा हिंदी समाज का अंधेरा है और उनकी अंतःशक्ति भी हिंदी समाज की ही अंतःशक्ति है। उनके सपने हिंदी समाज के लोगों के सपने हैं। निराला के साहित्य में राष्ट्रीय विडंबनाओं के बीच भी एक महान जाति का राष्ट्रीय स्वत्व आकार पाता है और उससे 20वीं सदी के एक खास दौर की आधुनिकता की समझ बनती है।

नवजागरण, छायावाद और पंत

सुमित्रानंदन पंत ने 'पल्लव'(1928) की भूमिका में लिखा है, 'हमें भाषा नहीं राष्ट्रभाषा की आवश्यकता है, पुस्तकों की नहीं मनुष्यों की भाषा जिसमें हम हँसते-रोते, खेलते-कूदते, लड़ते- गले मिलते, सांस लेते और रहते हैं, जो हमारे देश की मानसिक दशा... दिखलाने के लिए आदर्श हो सके...।' पंत छायावादी दौर में देश, समाज और राष्ट्रीय जागरण से विमुख नहीं थे, पर उनका काव्य मुख्यतः व्यक्ति और विश्व के बीच 'इंटरैक्शन' है। वह अंततः विश्व चैतन्य के करीब पहुँच जाता है। हम पाते हैं कि पंत का काव्यात्मक विकास अन्य छायावादी कवियों से भिन्न दिशा में हुआ।

पंत ऐसे कवि हैं जो 'परिवर्तन' पर जोर देते हैं। यह उनके काव्य में बार-बार दिखता है। एक समय ऐसा आया, जब परिवर्तन के उत्साह में पंत ने छायावाद को 'डिनाउंस' कर दिया, उसे किशोर भावनाओं की उपज बताया और उससे पल्ला झाड़ लिया। कई बार हम जिन चीजों से नाता तोड़ लेते हैं, वे ही बड़ी उपलब्धियां होती हैं। पंत वस्तुतः अपने छायावादी दौर की कविताओं– 'प्रथम रश्मि', 'पर्वत प्रदेश', 'परिवर्तन', 'मौन निमंत्रण', 'तप रे मधुर मधुर मन', 'मैं नहीं चाहता चिर सुख', 'द्रुत झरो जगत के जीर्ण पत्र', 'बांसों का झुरमुट', 'मानव', 'संध्या' आदि की वजह से जाने-पहचाने गए हैं। इन कविताओं की वजह से ही उनकी महत्ता है। इनमें सामाजिक-साहित्यिक बंधनों को चुनौती देते हुए कवि की अनुभूति पूरी शक्ति से उपस्थित है। इन्हीं कविताओं में उनकी कल्पना अपने युग के यथार्थों का अतिक्रमण करती हुई प्रकृति और मनुष्यता से गहरे संपर्क में आती है और युग परिवर्तन का स्वागत करती है।

पंत ने वर्ड्सवर्थ, शेली और कीट्स से प्रभावित होने की बात कही है। लेकिन वे अंग्रेजी रोमांटिक कवियों के आंशिक प्रभाव में ही थे और ज्यादा समय तक नहीं थे। वे 1936 के बाद अनुभूति से दर्शन की तरफ बढ़ गए। वे कवि के बारे

में कहते हैं, 'वह समष्टि का दूत/गिरा का सुत, सौंदर्य-पुरोहित'। वे कवि के बारे में यह भी कहते हैं कि कवि राजा या युद्ध क्षेत्र में भाग लेने वाला सेनानायक नहीं होता। उसका आनंद से भरा चित्त एक सौंदर्य प्रेमी है। वह दुनिया को बदल डालने के आवेश में आने की जगह जनता को परिवर्तन की दृष्टि देता है, ताकि धरती के लोगों का कुछ हित हो सके :

कवि होता सम्राट न वह सेनानायक
होता सित चित रस-चातक
जन भू उन्नायक!
नहीं बदलता वह जीवन को
मात्र दृष्टि भर देता जन को!

पंत का छायावाद

छायावादी काव्य मनुष्य के नूतन मन का काव्य है। उस दौर में मनुष्य, प्रकृति, संस्कृति, देश और विश्व को नई दृष्टि से देखा जा रहा था। व्यक्ति का चित्त संकीर्णताओं से निकलकर बड़ा हो रहा था। हर तरफ एक उदार, आदर्शवादी और मानवतावादी परिप्रेक्ष्य बन रहा था, भलेमानुषपन का एक अनोखा वातावरण था। 20वीं सदी के इन आरंभिक 3-4 दशकों की एक खूबी यह है कि नवजागरण, रोमांटिसिज्म, यथार्थवाद और राष्ट्रीय जागरण की घटनाएं एक साथ मौजूद थीं और ये इंटरैक्शन में थीं। छायावाद युग प्रेमचंद का युग भी था। इस मिश्रित बौद्धिक दौर में रूढ़ियों और बंधनों को विभिन्न कोणों से चुनौतियां मिल रही थीं और हर नवीनता मूल्य-सापेक्ष थी।

छायावाद भाषा, छंद, शिल्प और अंतर्वस्तु सभी स्तरों पर एक व्यापक राष्ट्रीय-सांस्कृतिक संघर्ष का नतीजा है। पंत ने 'जीवित साँसों का स्पंदन, आधुनिक इच्छाओं का अंकुर, वर्तमान के पदचिह्न, भूत की चेतावनी, भविष्य की आशा और नवीन युग की नवीन सृष्टि' ('पल्लव' की भूमिका) की मांग की थी। छायावाद युग में कविता पहली बार ऐसे शब्द लेकर आई जो अनुभूति की आँच में ढले होने की वजह से खुद बोलते हैं। छायावादी भाषा भले संस्कृतनिष्ठ हो, पर उसमें जीवंतता है।

कहा जा सकता है कि छायावाद सिर्फ अपने युग की नहीं, संपूर्ण बीसवीं सदी के निर्मल मानवीय हृदय की आवाज है। वह भाववादी स्तर पर ही सही, एक ऐसी

सृष्टि रचने का प्रयत्न है जिसमें बुद्धिवाद, विज्ञान और टेक्नोलॉजी के विकास के साथ-साथ एक उदार संस्कृति का भी स्थान हो। छायावाद का एक बड़ा योगदान यह है कि इसने विज्ञान और राजनीति के सामने संस्कृति के महत्व को स्थापित किया। पंत ने कहा, 'राजनीति का प्रश्न नहीं रे आज जगत के सम्मुख, आज बृहद सांस्कृतिक समस्या जग के निकट उपस्थित'। पंत की चेतावनी आज एक बड़ा सच होकर उभरी है।

पंत के काव्य में अन्य छायावादी कवियों की तरह ही दुख एक विषय है, 'वेदना से भी निरापद क्या अहा! और कोई शरण है संसार में?' वे 'पल्लव' में 'स्व' तक सीमित न रहकर 'दूसरे' के दुख में हिस्सा लेना शुरू कर चुके थे, 'पर पीड़ा से पीड़ित होना मुझे सिखा दो, कर मदहीन'। फिर भी पंत दुख से अधिक नूतन मन और परिवर्तन के कवि हैं। वे मनुष्य जाति के सार्वभौम जागरण का अभिनंदन करते हैं, 'अये विश्व का स्वर्ण-स्वप्न, संसृति का प्रथम प्रभात'! वे कह रहे थे, 'मैं सृष्टि रच रहा नवल/ भावी मानव के हित भीतर'। गौर करने वाली बात है, उनके परिवर्तन का क्षेत्र बाह्य जगत की जगह अंतर्जगत है। वे 'ह्यूमन विजन' के विकास के लिए लिख रहे थे, हालांकि उनके युग में यथार्थ प्रतिकूल था। उनके लिए छायावाद मानव मुक्ति का वाहक है, जो जीवन को खंड-खंड की जगह पारदर्शी समग्रता (भूमा) में देखने की प्रेरणा देता है :

खुल गए द्वार,
अवरुद्ध द्वार!
अब आता जाता जग भीतर
मन मुक्त विचर सकता बाहर
देखता मनोनयनों से मैं
भूमा का वैभव आर-पार!

सभी छायावादी कवि आदर्शवादी थे। वे उन्नत भावजगत को महत्व देते थे। इसलिए मानते थे कि भावजगत को छोड़कर केवल भौतिक विकास से दुनिया नहीं बदल सकती। वर्तमान युग की 'भौतिक समृद्धि-भावनात्मक रिक्तता' की घटना से यह चीज स्पष्ट है। पंत इसी रोशनी में कहते हैं, 'छायावाद मुख्यतः भारतीय पुनर्जागरण के अंतर्गत जीवन-मूल्यों से संबंधित औपनिषदिक चैतन्य तथा औद्योगिक क्रांति के बाद 19वीं सदी के यंत्र युग की आशा, आस्था तथा नवीन सौंदर्य दृष्टि से अनुप्राणित भावबोध को लेकर अवतीर्ण हुआ।'(छायावाद :

पुनर्मूल्यांकन)। वे अपने युग को पुनर्जागरण के रूप में देख रहे थे और बता रहे थे कि इसकी प्रेरणा के रूप में वेदांत के साथ-साथ पश्चिम की औद्योगिक क्रांति भी है।

पश्चिमी रोमांटिसिज्म का विकास यंत्र सभ्यता के प्रभाव में मनुष्य के विलुप्त हो रहे 'आत्म' और प्रकृति से उसके संबंध की खोज के रूप में हुआ था। रोमांटिसिज्म का ही विशिष्ट रूप छायावाद है। इसके सामने यंत्र सभ्यता से अधिक बड़ी चुनौती सामंती रूढ़ियों और औपनिवेशिक बंधनों की थी, क्योंकि इनकी वजह से इस देश का औद्योगिक विकास नहीं हो पाया था। पंत यह भी कहते हैं कि नए युग का कवि 'सामाजिक ढांचे के बासी सौंदर्य से ऊबकर प्रकृति की ओर मुड़ा, जो ह्रासोन्मुख वास्तविकता से एक नवीन उच्च वास्तविकता की खोज के लिए पलायन था, यदि उसे पलायन कहना आवश्यक ही है तो।'(वही)। पंत यहां बाकी छायावादी कवियों से अपने को अलग करते हैं। छायावाद पर कई कोणों से 'पलायनवाद' का आरोप लग रहा था, इसे वे पुरातनता को मिटाकर विश्व की एक नई दार्शनिक पुनर्रचना की कोशिश के रूप में देखते हैं।

कई बार रचनात्मक लेखन और वक्तव्य के बीच दूरी होती है। छायावाद की अवधारणा स्पष्ट करने के लिए छायावादी कवियों के वक्तव्य से अधिक उनकी कृतियों को प्रमुखता देनी चाहिए। क्योंकि कवियों के वक्तव्य कई बार सिर्फ बाद की सोच, क्षतिपूर्ति सोच या भ्रामक सोच होते हैं। मुकुटधर पांडेय से लेकर सुमित्रानंदन पंत तक छायावाद पर आए विचारों में बहुत कुछ मूल्यवान है, पर उनमें ढेर सारा वाग्जाल, ईर्ष्या-द्वेष और बड़बोलापन भी है। इससे सभी परिचित हैं कि तिरस्कार के रूप में दिए गए 'छायावाद' शब्द को कवियों ने कुछ मामलों में अपनी सामान्य काव्यात्मक समझ और अपनी कृतियों से किस तरह अर्थवान बना दिया। छायावाद इंद्रधनुष-सा बहुरंगा दिखता है। यहां तक कि एक ही कवि में बहुत-से सुर और झुकाव नजर आते हैं।

पंत ने कल्पना को ज्यादा महत्व दिया, जो छायावाद में स्वाभाविक है। उन्होंने लिखा, 'मैं कल्पना के सत्य को सबसे बड़ा सत्य मानता हूं और उसे ईश्वरीय प्रतिभा का अंश भी मानता हूं।' वे शुरू में सौंदर्य को जीवन मूल्य से अधिक महत्वपूर्ण मानते थे, पर अंततः उनके काव्य में दार्शनिक मूल्य प्रधान हो जाते हैं। वे कहते हैं, 'जो युग-प्रबुद्ध कलाकार लोकमंगल तथा नवीन मनुष्यत्व की गंभीर प्रेरणा से अनुप्राणित हैं, उनकी रचना प्रक्रिया... अक्षय मूल्य रखती है।' पंत

जीवन यथार्थ को महत्व देने लगते हैं और काव्य को उद्देश्य से जोड़ते हैं, हालांकि सावधान करते हैं कि कवि का दर्शन तर्क से नहीं भावना से परिचालित होता है। उनके काव्य में बाहरी वातावरण अंततः क्षीण हो जाता है और 'कल्पना का सत्य', जिसकी ऊपर चर्चा है, प्रधान हो जाता है। वे एक कविता में यहां तक कहते हैं :

मुझे स्वप्न दो, मुझे स्वप्न दो
हे जीवन के जागरूक!
जीवन के नव–नव मुझे स्वप्न दो!

मुकुटधर पांडेय ने 'छायावाद क्या है' निबंध में भाववादी अमूर्त्तन की ओर संकेत किया है, 'छायावाद भाव–राज्य की वस्तु है।... इसमें ऐसा कुछ जादू भरा है कि प्रत्येक पाठक अपनी रुचि और समझ के अनुसार इससे भिन्न–भिन्न अर्थ निकाल सकता है।' उन्होंने नए काव्य के लक्षण देखकर तिरस्कार से उसे 'छायावाद' नाम दिया था। इसे कवियों ने बड़े प्रेम से अपनी विशिष्ट पहचान के रूप में स्वीकार कर लिया। इस घटना को पंत ने 'बुद्धू को बुद्ध का तद्भव या विस्तार' बनाने का प्रयत्न कहा है! (वही)। उन्होंने छायावाद के नामकरण को ग्रहण कर लिया। उल्लेखनीय यह है कि वे छायावाद का अंत 1938 में नहीं मानते। यह सही है कि भाषा और संवेदना का स्वरूप बदल गया हो, पर एक न एक तरह से रोमांटिसिज्म छायावाद के बाद भी जीवित था। सामंती परिवेश में यह स्वाभाविक है। रोमांटिसिज्म को सामंतवाद–विरोधी आंदोलन के रूप में देखना चाहिए और जब तक सामंतवाद है इसकी जरूरत बनी रहेगी।

पंत के संबंध में खासतौर से रेखांकित करने की जरूरत है कि वे जितनी उग्रता से पुनरुत्थानवाद का विरोध करते हैं, दूसरा कोई छायावादी कवि नहीं करता। उनपर प्राचीनतावाद की छाया नहीं पड़ी, जबकि प्रसाद और निराला के साहित्य में पुनरुत्थानवाद के कुछ तत्व थे। औपनिवेशिक माहौल में यह स्वाभाविक है कि राष्ट्रीय भावना के साथ बढ़–चढ़कर अतीत के गौरव के प्रसंग उठें। पंत इस मामले में अपने को अलग रखते हैं। वे 'पल्लव' की भूमिका में लिख चुके थे, 'उस पुरानी गूदड़ी में असंख्य छिद्र, अपार संकीर्णताएं हैं।' उनके लिए भारतीय पुनर्जागरण नवजीवन का स्वर है पुनरुत्थानवाद नहीं। उल्लेखनीय है कि रामचंद्र शुक्ल को छायावादी कवियों में जो कवि सबसे ज्यादा पसंद आया, वे पंत हैं। हजारी प्रसाद द्विवेदी भी पंत के प्रति आचार्य शुक्ल की तरह ही काफी सकारात्मक थे। दोनों

आलोचकों में पंत पर वैचारिक सहमति है।

पंत यह भी कहते हैं कि आध्यात्मिकता की प्राचीन धारणा खोखली, एकांगी और अवास्तविक है। वे पश्चिम के भोगवादी भौतिकवाद की तरह पूर्व के जर्जर अध्यात्मवाद का भी खुलकर विरोध करते हैं।

भारतीय मध्यवर्ग पश्चिम के भौतिकवाद और पूर्व के अध्यात्मवाद के बीच सदा सैंडविच बना रहा है। छायावाद युग के मध्यवर्ग के एक हिस्से में नया युग लाने और 'नए मनुष्य' की अवधारणा को लेकर उत्साह था। पंत ने लिखा, 'अध्यात्मवाद के अस्थिपिंजर में विज्ञान के रूपरंग भरकर नव युग को मूर्त करेंगे।' (वही) छायावादी कवियों ने विज्ञान का कभी विरोध नहीं किया। उन्होंने एकायामी भोगवादी भौतिकवाद का विरोध किया। वे धार्मिक अंधविश्वासों के भी विरोधी थे। पंत कहते हैं, 'पूर्व की प्राचीन सभ्यता एकांगी तत्वालोचन के दुष्परिणामस्वरूप काल्पनिक मुक्ति के फेर में पड़कर जनसमाज की भौतिक उन्नति में बाधक हुई। पश्चिमी सभ्यता भी एकांगी भौतिकवाद के परिणामस्वरूप विनाश के दलदल में फँस गई।' (वही)। पश्चिम और पूर्व की सभ्यताओं के पतन के दौर में विश्वमानवता का पुनर्निर्माण ही 20वीं सदी के पूर्वार्ध के छायावाद सहित अन्य सांस्कृतिक आंदोलनों का मकसद था।

पंत पर एक समय तक प्राचीनता का बोझ रहा है, 'कहां आज वह पूर्ण पुरातन, कहां सुवर्ण का काल?' वे पुनरुत्थानवादी दंभ में भारत के बारे में कह चुके थे, 'प्रथम सभ्यता ज्ञाता, साम ध्वनित गुण गाथा/ जय नव मानवता निर्माता/ सत्य अहिंसा दाता।'(भारत गीत)। इसके अलावा, उनकी 'विश्वात्मा' की धारणा, जो विविधता की उपेक्षा करती है, किसी रहस्य से कम नहीं है। पंत कई साहित्यिक मंजिलें पारकर इस जगह पहुंचे थे। उन्होंने अफ्रीका, एशिया और अमेरिका-ब्रिटेन को एक ही 'विश्वात्मा' में शामिल कर लिया। महादेवी वर्मा के काव्य संसार में कोई परिवर्तन नहीं आया था, जबकि पंत थोड़े समय में काव्य की कई मंजिलें पार कर चुके थे! उन्होंने छायावाद का अतिक्रमण करके यथार्थवाद को अपनाया, फिर वे 'विश्वात्मा' और 'विश्वचैतन्य' की ओर मुड़ गए।

पंत का छायावाद इस अर्थ में विशिष्ट है कि उसमें रीतियुगीन शृंगारिक प्रवृत्तियों के विरोध के अलावा प्राचीन क्लासिकल परंपराओं, संतों और भक्तों के काव्य, भक्ति आंदोलन का भी विरोध है। उन्होंने निराला के खंड काव्य 'तुलसीदास' या 'राम की शक्ति पूजा' जैसी लंबी मिथकीय कविता नहीं लिखी। हालांकि

रवींद्रनाथ ने कबीर और बाउल गान से अपने को जोड़ा था। प्रसाद ने 'कामायनी' में शैव दर्शन का उपयोग किया था। पश्चिमी रोमांटिक कवियों में शेली ने ग्रीक मिथक प्रमथ्यु पर कविता लिखी थी। पंत का भक्ति आंदोलन के विरुद्ध खड़ा हो जाना सराहनीय कदम नहीं कहा जा सकता।

पंत ने छायावाद को रहस्यवाद से जोड़ने का इस तरह विरोध किया, 'मध्ययुगीन संतों की तरह छायावादी कवि आत्मब्रह्म और आत्मपरिष्कार की खोज में न जाकर विश्वात्मा तथा विश्व-जीवन की खोज की ओर अग्रसर हुए।'(वही)। पंत छायावाद की सभी पूर्ववर्ती व्याख्याओं को खारिज करके अपनी एक विशिष्ट व्याख्या रखते हैं और उसके एक विशिष्ट मार्ग की छवि देते हैं।

निराला और पंत का साहित्यिक टकराव सुपरिचित है। लेकिन खड़ी बोली हिंदी काव्य के विकास में पंत का क्या महत्व है, इसपर खुद निराला ने 1924 में एक अच्छी टिप्पणी की है, 'हिंदी में जब से खड़ी बोली का प्रचार हुआ, तब से आज तक उसमें स्वाभाविक कवि का अभाव था। ...खड़ी बोली की जिस कविता का प्रचार किया गया था और कवियों को कितनी गालियाँ खानी पड़ी थीं, उसका स्वाभाविक कवि अब इतने दिनों बाद आया है और वह हिंदी का गौरव-कुसुम श्री सुमित्रानंदन पंत है। ...आपकी कविता कला दिन-पर-दिन उन्नति कर रही है।... 'मौन निमंत्रण' कविता पढ़ लेने पर किसी को आपकी पूर्ण कवित्व-शक्ति पर जरा भी संदेह नहीं रह जाता। खड़ी बोली में प्रथम सफल कविता आप ही कर सके हैं।' निराला की यह टिप्पणी महत्वपूर्ण है, वैसे निराला सहित अन्य सभी छायावादी कवियों ने खड़ी बोली की हिंदी कविता को सौंदर्य प्रदान करने में बड़ी भूमिका निभाई है।

पंत के संबंध में कहा जा सकता है कि वे भले अल्मोड़ा-कालाकांकर की प्राकृतिक गोद में रहते थे, गांव के थे, पर रोमांटिक प्रकृति के अनुरूप गांव के संवेदना-सौंदर्य की ओर आकर्षित न होकर वे एलीट नगरबोध की ओर खिंचे चले आए। उन्होंने 'ग्राम्या' (1940) की रचना की, लेकिन भारतीय गांवों की नकारात्मक चीजों की तरफ उनकी दृष्टि ज्यादा गई। वे इस संग्रह में गांवों को 'स्थिर, परिवर्तन रहित', 'जीवन संघर्ष विरत, प्रगतिपथ के विराम', 'जन मर्यादा का स्रोत शून्य अंधकूप', 'अबोध' और 'युग-युग के विश्वासों के जीर्ण स्तूप' कहते हैं। सुबह-शाम 'महुआ, ताड़ी, गांजा पीने वालों से भरा' बताते हैं। पंत के 'ग्राम देवता' और चिर नीरव रोदन करती 'भारत माता' की हालत ऐसी ही

है। वे बड़ी ऊंचाई से आम आदमी को देखते हैं।

छायावाद युग में गांवों में परिवर्तन की आग पैदा हो चुकी थी। प्रेमचंद के कथा साहित्य में गांव की हलचल के चित्र आ चुके थे। लोक संस्कृति में सब कुछ बुरा न था। ग्रामीणों की सरलता में कई उच्च जीवन मूल्य बचे थे, उनमें जीवन की भूख थी। पंत मैथिलीशरण गुप्त के 'अहा ग्राम जीवन भी क्या है' जैसे काल्पनिक बिंब को तोड़ते हैं, पर अपने एलीट नगरबोध की वजह से ग्रामीण जीवन के मर्म का स्पर्श नहीं कर पाते। इसका अंततः नतीजा है, वे दार्शनिक रहस्यों में फंस जाते हैं। वे इतनी उच्च दार्शनिक प्रेरणाएं हासिल करने लगते हैं कि उन्हें पता नहीं चलता 'कब डूबा मैं ज्योति सिंधु में'! वे 'युग-तम की पर्वत बाधाएं' ढहाकर भी मनोरहस्यों में घूमने लगते हैं-

अविदित पथ, अवचेतन मन-वन
श्लथ मतिरथ, गतिरोध अति गहन
युग-तम की पर्वत बाधाएं
ढहने दो, ढहने दो!

'ग्राम्या' के काल तक छायावाद का अंत मान लिया गया था। उसकी सीमाएं सामने आ गई थीं, हालांकि रोमांटिसिज्म की अंतर्धाराएं नए आधुनिक और क्रांतिकारी रूपों में अनवरुद्ध थीं।

पंत अन्य छायावादी कवियों से इस अर्थ में भी विशिष्ट हैं कि उन्हें 1961 में विदेश यात्रा का सुयोग मिला था। वे मास्को और कुछ पश्चिमी देशों में गए थे। उनका 'लोकायतन' 1964 में छपा। 'छायावाद : पुनर्मूल्यांकन' 1965 में आया। वे सोवियत रूस के कुछ बुद्धिजीवियों द्वारा सराहे गए। उनकी विदेश यात्राओं ने उन्हें देश से कुछ और ऊपर उठाकर विश्व जीवन और अंतश्चैतन्यवाद की ओर अग्रसर कर दिया।

पंत ने रहस्यवाद का विरोध किया

छायावादी कवियों में पंत हैं, जिन्होंने एक समय रहस्यवाद का खुलकर विरोध किया था। आमतौर पर दुनिया के रोमांटिक कवि आधुनिक होते हुए भी जिस तरह आदिमता की ओर आकर्षित थे, उसी तरह उन्हें प्रकृति में बहुत कुछ रहस्यमय लगता था। वे प्रत्यक्ष प्रकृति में ईश्वर की आहट पाते थे। पश्चिम के रोमांटिक कवियों का युग महत्वपूर्ण ऐतिहासिक घटनाओं और संघर्षों से भरा था। वे

आधुनिक युग में प्राचीनता के वैभव के ध्वंस, मानवजाति की हिंसक विखंडता और अति-भौतिकवादी रुझानों के चलते कई विपदाओं की आशंका से घिरे हुए थे। उनके भावजगत में निराशा के भी कुछ तत्व थे। इन स्थितियों में रोमांटिक कवियों का प्रकृति प्रेम जितना बढ़ता गया, इसके भीतर से कई बार ईश्वर से प्रेम भी फूटा जो आध्यात्मिक रहस्यानुभूति की शक्ल में था।

रवींद्रनाथ के काव्य में आध्यात्मिक रहस्यानुभूति सबसे अधिक व्यक्त हो रही थी। यह कोरी रहस्यानुभूति नहीं थी। यह दुनिया में बढ़ते अंध-राष्ट्रवाद का प्रतिपक्ष रच रही थी और अखंडित मानवता का, अर्थात अंतरराष्ट्रीयता का संदेश दे रही थी। पश्चिम में अति-भौतिकवाद की तरफ बढ़ते आकर्षण तथा अंध-राष्ट्रवाद से आक्रांत होने के कारण वहां के बुद्धिजीवियों को एक समय रवींद्रनाथ की 'गीतांजलि' से एक तात्कालिक राहत मिली। इस कृति को 1913 में नोबेल पुरस्कार मिला। इसके तुरंत बाद 1914 में प्रथम विश्व युद्ध शुरू हो गया जो खूंखार पश्चिमी अंध-राष्ट्रवाद का नतीजा था। इस परिवेश में आगामी 8-10 सालों तक रवींद्रनाथ विश्व कवि बने रहे। उन्हें पश्चिम में 'पूर्व के संत' के रूप में देखा गया।

इतिहासकार सव्यसाची भट्टाचार्य ने रवींद्रनाथ का उनके युग के ऐतिहासिक संदर्भ में मूल्यांकन करते हुए कहा है, 'जहां तक पश्चिमी पाठकों का सवाल है, स्पेनी साहित्यिक संसार को छोड़कर उनकी प्रतिष्ठा में जल्दी गिरावट आ गई, हालांकि अपने देश में उनकी भावमूर्ति का क्षय धीरे-धीरे हुआ। सर्वविदित है कि नोबेल पुरस्कार का उल्लास-ज्वर जैसे ही उतरा, पश्चिम का अपने ही निर्माण 'पूर्व के संत' की धारणा से मोहभंग हो गया।' (रवींद्रनाथ टैगोर)। आधुनिकतावादी टामस मान ने 1921 में कहा था, 'रवींद्रनाथ का भव्य चित्र पीला पड़ चुका है। वह एक दुर्बल मानवतावादी प्रेरणा हैं। स्टीफेन ज्विग ने उनको 'यूरोपीय साहित्यिक प्रवृत्ति का शिकार' बताया। फ्रेंज काफ्का की नजर में वे 'विडंबना-भरी सहानुभूति' के पात्र हैं। एजरा पाउंड शुरू में रवींद्रनाथ के प्रशंसक थे, लेकिन बाद में उन्होंने कह दिया, 'उन्हें नोबेल पुरस्कार यूरोपीय लेखकों को लेकर विवाद हो जाने के कारण महज संयोग से मिला।' ऐसे सभी वक्तव्य आधुनिकतावादियों द्वारा रोमांटिसिज्म और मुख्यतः इसकी प्रवृत्ति रहस्यवाद पर हमले थे। टी.एस.इलियट ने इसी दौर में निर्वैयक्तिकता का सिद्धांत दिया था, जो 'रोमांटिसिज्म' का खंडन करता था।

बांग्ला साहित्य में 'कल्लोल' ग्रुप के आधुनिक लेखकों ने रवींद्रनाथ का विरोध 1921–22 में शुरू कर दिया था। इसके पहले 1917 में रूस की नवंबर क्रांति घटित हो चुकी थी। भारत पर इसका प्रभाव पड़ा था। 1920 में कम्युनिस्ट पार्टी की नींव डाल दी गई थी। संभवतः इन घटनाओं के बीच खुद रवींद्रनाथ को अपनी प्रसिद्धि के शिखर पर ही संदेह हो गया था कि इतिहास के पहियों के नीचे उनकी उपलब्धियां एक दिन धूल में मिल जाएंगी!

हिंदी में छायावाद ने एक मोड़ पर रहस्यवाद से पर्याप्त दूरी बना ली। निराला रवींद्रनाथ से प्रभावित थे। उन्होंने उनपर एक आलोचना पुस्तक 'रवींद्र कविता कानन' (1928) लिखी थी। इसके विपरीत, पंत ने छायावाद को रहस्यवाद से जोड़ने का विरोध किया। प्रसाद भी इससे काफी बचे रहे। दरअसल छायावादी कवियों का रहस्यवाद की तरफ जितना झुकाव था, उससे अधिक रहस्यवादी झुकाव छायावादी काव्य की रहस्यमयी व्याख्या करने वाले धार्मिक प्रवृत्ति के हिंदी आलोचकों और शिक्षकों का था। वे कई बार खुद अपना रहस्यवाद छायावादी कविता पर लादते रहे हैं और छायावादी काव्य को एक कुहासे में रखते आए हैं। रहस्यवाद वस्तुत: काल से कालातीत और इतिहास से असीम में छलांग है, जबकि छायावाद का अपने देश–काल और इतिहास से स्पष्ट संबंध है। यदि छायावादी काव्य में रहस्य भावना कहीं–कहीं है भी तो उसके मूल में जीवन की कोई जिज्ञासा है।

महादेवी वर्मा ने रहस्यवाद के अर्थ को एक नया संदर्भ देते हुए यही कहा था, अपनी 'व्यक्त अपूर्णता को अव्यक्त पूर्णता में मिटा देने की इच्छा' रहस्यवाद है। पंत ने एक अलग राह पकड़कर कहा, 'मैं छायावादी काव्य को रहस्यवादी लपेटनों से मुक्त कर उसे नए मूल्य के आलोक में, उस मूल्य की प्रारंभिक अभिव्यक्ति के रूप में देखने के पक्ष में हूँ।' (छायावाद : पुनर्मूल्यांकन) उन्होंने अपनी कविताओं– 'प्रथम रश्मि', 'मौन निमंत्रण' आदि को रहस्यवाद की कोटि में रखे जाने का विरोध किया। दरअसल छायावादी कविता में आए 'अनंत' और 'असीम' इसी सृष्टि के अनंत और असीम हैं। रामचंद्र शुक्ल ने भी अंततः स्वीकार कर लिया था (1935), 'आजकल जितनी कविताएं छायावाद की कही जाती हैं, उनमें से अधिकांश का रहस्यवाद से कोई संबंध नहीं।' आगे पंत के बारे में उनकी टिप्पणी है, 'सुमित्रानंदन पंत की प्रायः सब कविताएं जगत और जीवन के किसी न किसी मार्मिक पक्ष से संबंध रखती हैं।' यह क्लीन चिट है, हालांकि

रामचंद्र शुक्ल को छायावादी कविताओं की प्रमुख विशेषता उनकी अंतर्वस्तु की जगह सिर्फ अभिव्यंजना प्रणाली में नजर आई, जो आचार्य शुक्ल की अपनी सीमा है।

एक जगह के साहित्यिक आंदोलन दूसरी जगहों पर कमोबेश प्रभाव डालते हैं, लेकिन प्रभाव का अर्थ अनुकरण नहीं है। साहित्यिक आंदोलन बंद दरवाजों के भीतर घटित मामले नहीं हैं। पंत मानते हैं, 'हिंदी के भीतर से विकास हो, वह बाहरी प्रभाव आत्मसात न करे, यह स्वस्थ सृष्टि नहीं है। पहिले तो छायावाद न शुद्ध स्वच्छंदतावाद है– जिसे शुक्ल जी ने रोमांटिसिज्म के लिए व्यवहृत किया है– और न हू-ब-हू बांग्ला का अर्थात रवींद्रनाथ का ही अनुकरण है।' (वही)। वे छायावाद की मूल प्रेरणा विश्व विकास की उन ऐतिहासिक शक्तियों को बताते हैं जो अंग्रेजी कवियों और आगे चलकर रवींद्रनाथ के युग में थीं। हालांकि यह भी कहते हैं, 'उस प्रेरणा के स्पर्श को संजोने के लिए भले ही आरंभ में कीट्स, शैली, वर्ड्सवर्थ आदि अंग्रेजी कवियों तथा कवींद्र रवींद्र के अध्ययन से सहायता मिली हो'(वही), पर छायावाद एक स्वतंत्र मामला है!

पंत लिखते हैं, 'रवींद्र ने स्वयं अंग्रेजी कवियों का प्रभाव ग्रहण कर नए काव्य में भारतीय सांस्कृतिक जागरण को वाणी दी तो उसे उपनिषदों के चैतन्य के अतिरिक्त मध्ययुगीन संतों कबीर आदि के रहस्यवाद, आत्म तथा व्यक्तित्ववादी अनुपयोगी तत्वों को भी समेट लिया।' (वही)। पंत छायावाद को उसकी विशिष्टता में देखना चाहते हैं, पर उसकी सांस्कृतिक समावेशिकता और अखंडता को समझना नहीं चाहते। पंत अतीत के प्रति पूर्णतः निषेधात्मक हैं। वे गांधी की तरफ भी निशाना साधते हैं, 'गांधी जी का सत्य-अहिंसा का आंदोलन अपने मूल्यांकन में इतना अस्पष्ट तथा अविकसित था कि उसे मध्ययुगीन सांस्कृतिक-पौराणिक मूल्यों का ही नवीन जागरण कहा जा सकता है।'(वही)। हालांकि वे कुछ अन्य जगहों पर गांधी का महत्व बताते हैं, वे समग्रत: इनके विरोधी नहीं हैं।

पंत अपने युग की कई मूल्यवान चीजों के समानांतर अपनी तरफ से 'अंतरतम मूल्य', 'अंतश्चैतन्य' और 'विश्व चैतन्य' की जो दृष्टि निर्मित करते हैं खासकर मार्क्स, गांधी और श्री अरविंद के बीच झूलते हुए, वह इतिहास से मुक्तावस्था की देन है और खुद एक किस्म का बौद्धिक रहस्यवाद है। यह वस्तुत: एक स्थान-काल निरपेक्ष दर्शन में पर्यटन है।

पंत अंध-राष्ट्रवाद के प्रतिवाद में विश्वमानवतावाद को खड़ा करते हैं। वे खुद कई बार इसकी अभिव्यक्ति आध्यात्मिक बिंबों में करते हैं। नि:संदेह छायावाद युग में एक ऐसी आध्यात्मिकता लोकप्रिय थी, जो मैथिलीशरण गुप्त की धार्मिक आस्था से भिन्न थी। इस बिंदु पर यह द्विवेदी युग से एक स्पष्ट प्रस्थान है, जिसे ध्यान में रखा जाना चाहिए। आधुनिक मध्यवर्ग के उदय के साथ अध्यात्म में आधुनिकता का प्रवेश हो चला था। उसका लक्ष्य था विश्वमानवता। पंत की कविताओं में रहस्यवाद न होते हुए भी विश्वमानवता-उन्मुख आध्यात्मिक तत्व हैं। वे 'पल्लव' में फूलों के हास, ओसकणों के अश्रु, भौरों के मौन गुंजन, बादलों के डैनों और संसार के क्रंदन से लेकर इंद्रधनुष, खद्योतों और शिशुओं के आशा-भरे तोतलेपन तक को जिस गहन भावसूत्र तथा आलोक में देखते हैं वह सृष्टि की अखंडता की आध्यात्मिक अनुभूति है :

सुमन हास में, तुहिन अश्रु में
मौन मुकुल अति गुंजन में
इंद्रधनुष में जलद पंख में
अस्फुट बुदबुद क्रंदन में
खद्योतों के मलिन दीप में
शिशु की स्मिति तुतलेपन में
एक भावना एक रागिनी
एक प्रकाश मिला मन में।

पंत अपने महाकाव्य 'लोकायतन' में भूचेतना के विकास या जिस अंतश्चैतन्य की ओर बढ़ते हैं, उसके बीज 'पल्लव' में हैं। इस संग्रह की कविताओं में मानव चेतना की असीमता से जुड़ी सौंदर्य-भावना है। कहने का अर्थ है, पंत अपने छायावादी दौर में मनुष्य में आत्मा के अग्निकण देख रहे थे, इंद्रधनुष से भरे आकाश में असीम शोभा का अनुभव कर रहे थे और प्रेम की एक विलक्षण ज्योति का भी जिसे आध्यात्मिक ज्योति कहा जा सकता है। यह रूप-रस-गंध आदि के अपने इंद्रियानुभव, अर्थात दृष्टिगोचर संसार का ही एक खास विस्तार है। यह मन को बड़ा करना है जो उस युग में ऐतिहासिक तौर पर घटित हो रहा था। पंत 'मौन', 'अनंत', 'असीम', 'अगोचर', 'आत्मा' जैसे शब्दों का प्रयोग करते रहे हैं। उनकी कविता पंक्ति 'न जाने खद्योतों से कौन मुझे पथ दिखलाता तब मौन' का यहां विस्तार है :

मैं कृतज्ञ हूँ देह तृणों के लघु दोने में
तुम मेरी आत्मा का पावक करती धारण...
मैं उपकृत इंद्रियों रूप रस गंध स्पर्श स्वर
लीला द्वारा खुले अनंत के बाहर-भीतर...
निज असीम शोभाओं में तुम पर न्यौछावर
प्रेम, प्रणत हूँ, मेरे हित तुम बने चराचर
ज्योति, मुग्ध हूँ, तुम उज्ज्वल, उर मुकुर अगोचर

देखा जा सकता है कि पंत अपनी आध्यात्मिकता को न सिर्फ इंद्रियानुभव से परे नहीं ले जाते, बल्कि उसे परंपरागत धार्मिकता से छुटकारा भी दिलाते हैं। उनकी आध्यात्मिकता मनुष्य की नई सांस्कृतिक अस्मिता का हिस्सा है, जिसे वे अपनी काव्य भूमि पर लाते हैं।

आगे चलकर पंत इतिहास-आलोक से रहित विश्व चैतन्य के रहस्यवाद में अपने को कैद कर लेते हैं। हालांकि वे कहते हैं, 'मैंने सदियों से शीर्षासन की मुद्रा में सिर के बल पर खड़े मध्ययुगीन अध्यात्म को पैरों के बल खड़ा करने का नम्र प्रयत्न किया है, ताकि ईश्वर का घर बादलों के ऊपर उस पार न रहकर, इसी धरती पर बसाया जा सके।'(वही)। पंत ने 'लोकायतन' में लोक-अध्यात्म का जो उलझा हुआ दार्शनिक प्रयोग किया, वह न आधुनिकता है और न प्रगतिशीलता है। यही वजह है कि पंत प्रयोगवाद-नई कविता के दौर में साहित्यिक अकेलापन झेलते रहे। उनकी आंखों के सामने ही यह प्रश्न उठ रहा था, 'क्या पंत कवि के रूप में अभी भी जीवित हैं?'

दार्शनिक श्री अरविंद और कवि पंत

श्री अरविंद अपने जीवन में कभी उग्र-राष्ट्रवादी थे, पर वे अंध-राष्ट्रवादी कभी नहीं थे। पंत जिस अरविंद दर्शन से सबसे ज्यादा प्रभावित हुए, उनके कुछ विचारों से परिचित होना चाहिए। पहली बात, अरविंद ने समय-समय पर राष्ट्रवाद के संबंध में जो विचार व्यक्त किए हैं, वे जापान या यूरोपीय देशों को देखकर नहीं बल्कि भारतीय परिप्रेक्ष्य में बने थे। उनका कहना था, 'भारत आध्यात्मिक अनुभव और ज्ञान की सत्ता को पहचानता है, लेकिन अभी उसे आध्यात्मिक अनुभव और ज्ञान की विविधता को पहचानना शेष है।' (अरबिंदो, लेखक विल्फ्रेड ह्यूजरमेयर)। अरविंद द्वारा विविधता की स्वीकृति विचारों की दुनिया में लोकतंत्र का चिह्न है।

वे यहां तक कहते हैं, 'ज्ञात इतिहास की प्रथम भोर, जो अशोक और चंद्रगुप्त-चाणक्य आदि गुप्त शासकों की अद्भुत छवियों के साथ अवतरित हुई, वह मध्यकाल से आधुनिक काल तक अनेक प्रसिद्ध हिंदू और मुस्लिम शख्सियतों के साथ उन्नत सांध्य वेला में पहुंची। जब भारत के अतीत में झांकते हैं, तो यहां विस्मयजनक विविधता को देखकर जो बात हमारे जेहन में दस्तक देती है, वह है भारत की अपरिमित जीवन शक्ति, आनंद भावना और अकल्पनीय रचनात्मक उर्वरता।' (वही)। श्री अरविंद से भिन्न सुमित्रानंदन पंत ने छायावादी दौर में भारत के प्राचीन गौरवपूर्ण प्रसंगों की उपेक्षा की और विविधता को महत्व नहीं दिया।

श्री अरविंद की आध्यात्मिकता में अंध-राष्ट्रवाद के लिए जगह नहीं है। दूसरे विश्व युद्ध के समय हिटलर के विरुद्ध मित्र शक्तियों के युद्ध को श्री अरविंद ने 'मानवता के भविष्य की रक्षा' और 'सभ्यता के बचाव की कोशिश' कहा था। उनका राष्ट्रवाद हिटलर का पक्ष नहीं लेता, क्योंकि वह संकीर्ण सोच से नहीं जन्मा था। उन्होंने लिखा, 'मैं जानता हूं कि मित्र राष्ट्र (अमेरिका, ब्रिटेन और फ्रांस) भी अपनी जीत का दुरुपयोग कर सकते हैं, फिर भी मैं अपनी ऊर्जा उन्हें प्रेषित करूंगा। किसी भी कीमत में परिस्थितियां उससे सौ गुनी भी बुरी नहीं हो सकतीं, जितनी हिटलर के जीतने पर हो जाएंगी।' (वही)। कवि पंत देश-दुनिया की बड़ी घटनाओं पर कभी कुछ नहीं बोले, वे इतिहास-तटस्थ थे। श्री अरविंद के दर्शन से प्रेरित होकर विश्व चैतन्य की बात करते हुए भी उन्होंने उनकी तरह ऐतिहासिक जागरूकता का परिचय नहीं दिया।

काव्यात्मक भटकाव के बावजूद

छायावादी कवियों में पंत सबसे ज्यादा बौद्धिक प्रयोग और परिवर्तन से गुजरे थे। उनमें नव-मानवता के स्वरूप को लेकर द्वंद्व 1942 के बाद शुरू हो गया था। हर नई खोज में भटकन संभव है, खोज में भटकन भी एक रोशनी है। पंत 'स्वर्णकिरण' (1947) में कह रहे थे, 'करें आत्मनिर्माण लोकगण आत्मोज्ज्वल भू मंगल के हित'। वे सामाजिक परिवर्तन को व्यक्ति के स्वतंत्र आत्मनिर्माण के भीतर से देखते थे, अर्थात व्यक्ति बदल जाए तो समाज बदल जाएगा। वे एक जगह कहते हैं, 'सौंदर्य आत्मोन्नयन तथा लोकजीवन की प्रगति का साधन बन सके, यह द्वंद्व मेरे भीतर निरंतर चलता रहता था। मार्क्स के अध्ययन के बाद संपन्न लोकजीवन का स्वप्न मेरी विचारधारा का एक अंग बन गया था। किंतु वह स्वप्न

केवल राजनीतिक-आर्थिक मान्यताओं की वृद्धि तथा भौतिक उपकरणों के विकास द्वारा ही पूर्ण होगा, इसपर मेरा विश्वास उठने लगा था।' (साठ वर्ष : एक रेखांकन)। वे मार्क्सवाद की ओर आकर्षित होकर भी उसके प्रति हमेशा सशंकित थे।

उल्लेखनीय है कि पंत प्रत्यक्ष सामाजिक घटनाओं और यथार्थों की उपेक्षा करते रहे हैं। वे स्वप्नजीवी हो गए थे। वे इस यथार्थ का सामना करना नहीं चाहते थे कि मनुष्य को हमेशा सामाजिक जटिलताओं से मुठभेड़ करते हुए जीना पड़ता है। इसलिए वे प्रगतिशीलता से जुड़ कर भी निराला की न 'तोड़ती पत्थर' जैसी कविता लिख सके और न राष्ट्रीय जागरण से जुड़कर 'जागो फिर एक बार' जैसी कविता।

पंत कभी-कभी इतने नकारवादी हो जाते हैं कि उन्हें 'भारत माता'(1940) ग्रामवासिनी, उदासिनी, तरुतल निवासिनी के साथ-साथ 'विश्व प्रगति से निपट अपरिचित' और 'असभ्य' नजर आती है। यह वह भारत माता नहीं है जिसका वे 'प्रथम सभ्यता दाता' और 'नव मानवता निर्माता' के रूप में कभी अभिनंदन कर चुके थे। पंत एक ऐसी अमूर्त 'दिव्यता', 'विश्व चैतन्य' और 'विश्व मानव प्रकृति' की कल्पना करते हैं जिससे मनुष्य सहज आत्मोन्नयन पा लेगा और अपनी क्षुद्रताओं, विषमताओं, दरिद्रताओं और पशु प्रवृत्तियों से स्वयमेव मुक्त हो जाएगा। वे नहीं देख पाते कि प्रकृति में ईश्वर ही नहीं शैतान भी बसता है। कहना न होगा कि 'मानव जीवन में सौंदर्य' पैदा करना, अर्थात अहिंसा, प्रेम, स्वतंत्रता, मानव एकता, समता या विश्व मानवता की ओर बढ़ना वस्तुत: एक सभ्यतागत विकास या एक सामाजिक मामला है।

एक बड़ा कवि आमतौर पर ऐसे सौंदर्यबोध से जुड़ा होता है जिसका मूल्यबोध से संबंध हो। यदि मूल्यों को लेकर कोई अतिकल्पना या भ्रांति हो तो उसपर आधारित सौंदर्यबोध काव्य संवेदना का सहज अंग नहीं बन पाता। वह लोगों को प्रभावित नहीं कर पाता, उसके ज्ञान के समुद्र में जितनी ऊंची लहरें हों। यही वजह है कि 'युगांत' (1936) के बाद पंत धीरे-धीरे वर्णनात्मकता की ओर लौटते हैं। उनकी वर्णनात्मकता अति-आदर्शवादी विचारधारा और दर्शन से बोझिल है। उदाहरण के तौर पर यह पंक्ति 'बहिरंतर मानव जीवन हो सत्य समन्वित/अंतर्वैभव से हो भौतिक वैभव दीपित' (स्वर्णधूलि)। ऐसे कथनों की जटिलता स्वत: स्पष्ट है।

पंत प्रगतिवाद से अरविंद दर्शन तक लगातार अधिक आत्मोन्मुख ही नहीं होते

गए, अपना काव्य सौंदर्य भी खोते गए। उनका दर्शन पानी में शक्कर की तरह घुल जाने की जगह तेल की तरह तैरता रहा। उनकी परवर्ती कविता का सौंदर्य जब खत्म हो रहा था, नई कविता आंदोलन के कवि एक नया सौदर्यबोध लेकर सामने आ चुके थे। इसकी एक बड़ी वजह यह है कि पंत बार-बार लोक और लोक जीवन की बात करते हुए भी उसका अंग बनकर नहीं, बल्कि उसे एक एलीट ऊंचाई से और बहुत आत्मवादी होकर देख रहे थे।

पंत अपने परवर्ती काव्य संसार में उपलब्धियों से ज्यादा भटकन के शिकार रहे हैं। फिर भी छायावाद ने उनमें अपराजेय अखंड मनुष्यता का जो भाव पैदा किया था, उसकी लौ उनमें जीवन भर बची हुई थी। वे अपने जीवन के 60 वर्ष पूरे होने पर लिखते हैं, 'इस धरती के जीवन के प्रति अपने जीवन को सार्थक रूप से समर्पित करने के संघर्ष में मैं निरंतर अंतरतम में अपने को जागरूक पाता हूँ।... उपसंहार रूप में इतना ही कहने की इच्छा होती है कि अजेय, अपरिमेय क्षमताओं का नाम ही मनुष्य का व्यक्तित्व है।'(वही)। इतना मानना चाहिए कि विश्वमानवता छायावाद का बुनियादी तत्व है, जो रूप बदल-बदलकर पंत के संपूर्ण काव्य में मौजूद रहा है।

पंत की मनोरचना एलीटवर्गीय थी

छायावाद के बारे में कहा जा सकता है कि वह अतीत की भारतीय सामाजिक रूढ़ियों और संकीर्ण पश्चिमी भौतिकवाद के विरुद्ध उच्चतर मानवीय मूल्यों के लिए उठी आवाज है। यह एक ऐसे उदार मध्यवर्ग का दृष्टिकोण है जो समावेशी है। प्रसाद, निराला और महादेवी जिन हिंदी क्षेत्रों के परिवेश से आते हैं, उनसे भिन्न पहाड़ के परिवेश से पंत आते हैं, भले बाद में वे इलाहाबाद में बस गए। वे बचपन के दिनों में 'अल्मोड़े में पिताजी की विशाल सुंदर अट्टालिका में' रहते थे। वे बताते हैं, 'अल्मोड़े में मेरा दूसरा ध्यान अपनी वेश-भूषा की ओर गया। मेरा सुंदर वस्त्र पहनने का शौक बढ़ता गया।... मुख्य बात मेरे मन में पैदा हुई, वह थी व्यक्तित्व के विकास और प्रतिष्ठा की महत्ता।' (वही)। उन्होंने अपने यौवन के दौर में राष्ट्रीय आंदोलन में भाग लिया था और अकेलापन का भी जबर्दस्त अनुभव किया था, 'अकेलापन– भीतर और बाहर केवल अकेलापन, इस भावना ने मुझे बड़े ही गहरे वेग के साथ आक्रांत किया।' (वही) वे कुछ समय बनारस, फिर काफी समय कालाकांकर और एक फिल्म के सिलसिले में कुछ

समय प्रसिद्ध नर्तक उदयशंकर के साथ मद्रास में रहे। पंत की मृत्यु पर उदयशंकर द्वारा स्थापित नृत्य मंडली ने श्रद्धांजलि स्वरूप उनकी एक कविता पर नृत्य प्रस्तुत किया था।

पंत का जीवन लंबे समय तक यात्राओं, अनुभवों और अनिश्चितता से भरा था। 1950 से कई सालों तक उन्होंने आकाशवाणी में परामर्शदाता के ऊँचे पद पर काम किया। 'आकाशवाणी' नाम पंत का दिया हुआ था। देखा जा सकता है कि अन्य छायावादी कवियों से पंत की जीवन यात्रा कुछ भिन्न है। अपनी जीवन यात्रा के निष्कर्ष स्वरूप वे कहते हैं, 'व्यक्ति को अपने भीतर एक नए मानव के रूप में बदलने के साथ ही बाहर से भी एक नवीन सामाजिक प्राणी के रूप में बदलना है, मेरी यह धारणा सशक्त और समृद्ध होती गई।' (वही)। पंत सैद्धांतिक रूप से सामाजिक प्राणी थे, पर वास्तविक रूप में अकेले थे। वे व्यक्ति में विश्वात्मा की प्रतिष्ठा को ही सामाजिक प्राणी होना मानते थे, क्योंकि उन्होंने अपने जीवन या काव्य में इससे कोई भिन्न उदाहरण नहीं दिया। कहा जा सकता है कि बार-बार 'लोक' की बात करते हुए भी पंत की मनोरचना विशिष्टवर्गीय है।

गा, कोकिल बरसा पावक कण

पंत ने सौंदर्य को काफी महत्व दिया है। निराला ने पंत की सराहना करते हुए लिखा है, 'सौंदर्य के सहस्रदल को अपनी प्रतिभा के सूर्य से पंत जी ने पूर्ण प्रस्फुटित कर दिया है।' यह रूढ़ियों को तोड़कर नई मानवीय आशाओं-आकांक्षाओं को प्रस्फुटित करना है। छायावादी सौंदर्य वस्तुतः बाह्य दुनिया के प्रतिकूल यथार्थों की कठिन चोटें सहने वाले उदार मध्यवर्ग की आकांक्षाओं का संसार है। छायावादी कवि अलग-अलग तरह से चोटें सहते हैं, पर उनकी आकांक्षाओं और पीड़ाओं में काफी एकता है। दूसरे छायावादी कवियों से कुछ भिन्नताओं के बावजूद पंत में कई सामान्य छायावादी गुण हैं। वे अन्य छायावादी कवियों की तरह मिथ्या सामाजिक पृथकता का अतिक्रमण करके अपनी वैश्विक भावनात्मक संस्कृति न केवल रचते हैं बल्कि वे इसे किसी कीमत पर खोना नहीं चाहते। वे दूसरे छायावादी कवियों की तरह ही प्रकृति-प्रेमी तथा जागरण और परिवर्तन के कवि हैं। वे दूसरे कवियों की तरह ही नए स्वप्न देखते हैं, 'जन संस्कृति का नव विराट प्रासाद उठेगा भू पर'!

पंत ने 1919 की अपनी प्रसिद्ध कविता 'प्रथम रश्मि' में नवजागरण को एक उपलब्धि के रूप में इस तरह पहचाना था, 'स्पंदन कंपन औ' नव जीवन सीखा जग ने अपनाना/प्रथम-रश्मि का आना रंगिणि तूने कैसे पहचाना?' विश्व में नए जीवन का स्पंदन हुआ, संसार बदलने लगा।

विहग पंत का सर्वाधिक प्रिय प्रतीक है, जो उनकी कविता में बार-बार 'नए' का संदेश देता है। पंत एक कविता में कहते हैं, 'कभी मुझे लगता/ मैं केवल मुक्त विहग हूँ/ प्राणों की डाली पर बैठा गायक खग हूँ।' 'प्रथम रश्मि' कविता में कवि लाक्षणिक ढंग से कहता है, 'तूने ही पहले बहु दर्शिनि! गाया जागृति का गाना'। यह प्रथम रश्मि 'रिनेसां' है, नवजागरण है। वे आगे 'द्रुत झरो जगत के जीर्ण पत्र' कविता (1935) में पुराना राग अलापने की जगह विहग से कहते हैं-

गा, कोकिल, बरसा पावक कण!
नष्ट-भ्रष्ट हो जीर्ण पुरातन,
ध्वंस-भ्रंस जग के जड़ बंधन
पावक-पग धर आवे नूतन,
हो पल्लवित नवल मानवपन!

यह साधारण आह्वान नहीं है, खासकर ऐसे समाज में जिसमें धर्म, जातिवाद और क्षेत्रीयतावाद पर आधारित भेदभाव बड़े पैमाने पर मौजूद हों। देखा गया है, अमीर और मध्यवर्गीय भारतवासी आज भी जितनी कोशिश कर लें, उनके भीतर सामंतवाद का एक न एक बर्बर रूप छिपा होता है और विस्फोट करता रहता है।

छायावाद नवजागरण के बाद आधुनिक युग का दूसरा निर्णायक मोड़ था, जब प्राचीन जड़ बंधनों और आधुनिक औपनिवेशिक अधीनता से मुक्ति की आवाजें उठ रही थीं। व्यक्तिगत स्वाधीनता की चेतना जड़ें पकड़ रही थीं। उपनिवेशवाद से आजादी के लिए सामंती रूढ़ियों और सामाजिक भेदभाव से मुक्त होकर राष्ट्रीय एकता जरूरी थी। छायावादी कवि चाहते हैं कि देश में सामाजिक गतिशीलता आए, राष्ट्रीय एकता पैदा हो। इतना ही नहीं, हर व्यक्ति की अपनी एक गरिमा हो। छायावाद साम्राज्यवाद-विरोधी के साथ-साथ सामंतवाद विरोधी सांस्कृतिक आंदोलन है। यह 'जीर्ण-शीर्ण' को मिटाने की घोषणा पूरे जोर से करता है। यह अलग बात है कि हिंदी प्रदेशों में इस आंदोलन का सामाजिक प्रसार नहीं हो पाया। यह थोड़े-से शिक्षित लोगों की साहित्यिक गतिविधियों तक सीमित रह गया। सारे प्रमुख छायावादी कवि उत्तर प्रदेश के हैं!

पंत अपने समय में 'मानवपन' के एक बड़े सांस्कृतिक प्रवक्ता थे। कहा जा सकता है कि वे इस देश की जीर्ण-शीर्ण व्यवस्था के किसी भी अन्य रोमांटिक कवि से कम विरोधी नहीं थे। आज यह तेवर दुर्लभ है :

द्रुत झरो जगत के जीर्ण पत्र ...
झरें जाति-कुल-वर्ण-पर्ण घन
अंध नीड़ से रूढ़ि रीति छन
व्यक्ति-राष्ट्र-गत राग-द्वेष रण
झरें, मरें विस्मृति में तत्क्षण!

गौर करने की चीज है कि आजकल के पर्यावरणवादियों से भिन्न पंत प्रकृति से अपना प्रबल लगाव रखते हुए राष्ट्रीय-सामाजिक मुद्दे भी उठाते हैं। वे केवल 'प्रदूषण रोको', 'पेड़ लगाओ', 'जल बचाओ', 'प्लास्टिक का व्यवहार न करो' के चर्चा दिलाने वाले नारे लगाकर नहीं रह जाते। इन दिनों आंदोलन भी स्पेशलिस्टों का मामला हो गया है। पंत कहते हैं, व्यक्ति हो या राष्ट्र, वह राग-द्वेष भूल जाए। जाति-कुल का भेद मिट जाए। सभी धर्मों से सामाजिक रूढ़ियां दूर हों। सभी मनुष्य नए स्नेह से भर जाएं। उनकी वेश-भूषा, वाणी और भावनाएं सुंदर हों। पंत ये बातें प्रकृति से संवाद करते हुए कहते हैं, जिसे 'प्रकृति के मानवीकरण' की धारणा से नहीं समझा जा सकता। वे कोकिल से कहते हैं, 'रच मानव के हित नूतन मन'! हमारे देश में एक समय नया मन, नया मिजाज बन रहा था। लोगों का मानवपन बढ़ रहा था, जिसे पंत ने पहचाना।

पंत की 'उच्छ्वास' कविता की एक पंक्ति है, 'कठिन कर्म है, कोमल है मन'। छायावाद युग में अबोधता, कोमलता और सुकुमारता के भीतर से न केवल धार्मिक-क्षेत्रीय संकीर्णताओं, भोगवाद और सामाजिक क्रूरताओं का नकार है, बल्कि नए युग सत्य के प्रति सतत मानवीय जिज्ञासा भी है। हालांकि पंत ने आगे चलकर अपनी अबोधता, कोमलता और सुकुमारता को नए दार्शनिक ज्ञान के दंभ में 'डिनाउंस' कर दिया, जबकि छायावादी युग में मनुष्य या विश्व जीवन के उच्चतर यथार्थ का स्वप्न देखने का यही रास्ता था।

मूल्यकेंद्रिक अंतरराष्ट्रीयतावाद

अंग्रेजी राज के औपनिवेशिक माहौल में यदि छायावाद राष्ट्रीय जागरण को महत्व देता है तो यह स्वाभाविक है, लेकिन छायावाद राष्ट्रीय जागरण तक

सीमित नहीं है। ध्यान में रखने की जरूरत है कि दुनिया भर में रोमांटिसिज्म नवजागरण के बाद आया है। बहुत से सुधारों के परिणामस्वरूप समाज में गतिशीलता आई, मनुष्य में वैयक्तिकता का जन्म हुआ। उसका 'मैं' मुखर हुआ और 'मैं-शैली' अपनाई गई। छायावाद जिन प्रमुख बिंदुओं पर नवजागरण से अपने को अलग करता है उनमें एक है वैयक्तिकता का उदय और दूसरा है मानवतावादी अंतरराष्ट्रीयता का बोध। छायावाद में व्यक्ति और विश्व की अंतःक्रिया एक प्रमुख तत्व है।

पंत एक अनोखे विश्वबोध के कवि के रूप में नजर आते हैं। उनकी 'पल्लव' शीर्षक कविता में इसके बीज हैं, 'विश्व पर विस्मित चितवन डाल, हिलाते अधर प्रवाल'। छायावाद युग की विस्मय-भरी दृष्टि केवल देश पर नहीं, पूरे विश्व पर है। पंत के पल्लव केवल देश को नहीं, बदल रहे विश्व को विस्मय से देखते हैं जिसमें देश है!

पंत ने 'छायावाद : पुनर्मूल्यांकन' में लिखा है, 'उनके युग में राष्ट्रीयता अंतरराष्ट्रीयता में परिणत हो रही थी और विज्ञान भी अपना दान विश्व-संयोजन और नए मूल्यों की खोज के लिए अर्पित कर रहा था।' वे पश्चिमी रोमांटिसिज्म से प्रभावित थे जो भारत के औपनिवेशिक परिवेश से भिन्न स्वतंत्र परिवेश में आया था। गौर करने की चीज है कि अंग्रेज होते हुए भी शेली ने अपनी विश्व चेतना के कारण ही भारत में अंग्रेजी राज का विरोध किया था और इस देश के कृषकों की दशा पर चिंता व्यक्त की थी। पश्चिम का रोमांटिसिज्म अपने राजनीतिक-सामाजिक आशय से मुक्त नहीं है।

पंत श्री अरविंद के दर्शन से प्रभावित होने के कारण एक अलग राह से विश्व चैतन्य की ओर मुड़ते हैं। वे छायावाद के संदर्भ में कहते हैं, 'उस काल की उपलब्धि को विश्वबोध की संगति और विश्व शक्तियों की पृष्ठभूमि में न देखना उस विराट संचरण के प्रति अन्याय करना होगा।' (वही)। पंत की इस विशिष्टता को रेखांकित करने की जरूरत है कि वे देश के राष्ट्रीय जागरण को खास महत्व नहीं देते, जबकि अन्य छायावादी कवियों ने इसे काफी महत्व दिया था, क्योंकि उनके सामने सामंती रूढ़ियों के अलावा साम्राज्यवाद भी एक बड़ा मुद्दा था।

नवजागरण मुख्य रूप से राष्ट्रीय आत्मपहचान का संघर्ष है। छायावाद युग में यह संघर्ष बरकरार है। इसके अलावा, प्रथम विश्व युद्धोत्तर परिवेश में अंध-राष्ट्रवाद के संदर्भ में छायावाद एक मानवतावादी विश्वबोध भी है। अंग्रेजी राज से

संग्राम के बावजूद, वह एक बिंदु पर पश्चिम से 'अपृथकता' है, वह विश्व मानवता है।

नवजागरण के उभार ने 'भारत जननी', 'भारत दुर्दशा' (भारतेंदु हरिश्चंद्र) और 'भारत भारती' (मैथिलीशरण गुप्त) जैसे बिंबों का सिलसिला बनाया, जबकि छायावादी काव्य में ऐसी चीजों के अलावा बार-बार 'विश्व' आया। पंत ने वैश्विक बोध के तहत 'जग' और 'भू जीवन' की बात की, 'जन भू जीवन में चाहो यदि नया संतुलन/नव स्वर संगति/नई प्रगति/उठो, नई मानवता की भू पर विचरो तुम/... गौरव वाहक बनो विश्व में– आत्मजयी बन!' (आस्था)। छायावाद में देशप्रेम और विश्वबोध दोनों उपस्थित हैं।

छायावाद ने राष्ट्रीय जागरण और अंध-राष्ट्रवाद में फर्क किया। इस युग के कवियों ने किसी भी संकुचित दृष्टि में बंधने से इनकार करते हुए अखंड मानवता का पक्ष लिया। यह भी समझने की जरूरत है कि छायावाद का मूल्यकेंद्रिक अंतरराष्ट्रीयतावाद आज के मुनाफाकेंद्रिक भूमंडलीकरण से एक बिलकुल भिन्न मामला था। उस मामले में बीसवीं सदी चढ़ान का संगीत ले आती है, जबकि 21वीं सदी ढलान का शोर है। वर्तमान सदी चमक से भरी होकर भी भयावह है।

मूल्यकेंद्रिक अंतरराष्ट्रीयतावाद की सोच यह है कि विश्व वेदना में तप कर ही मनुष्य अकलुष, उज्ज्वल और कोमल अंतःकरण रच सकता है। पंत सोचते हैं कि आधुनिकीकरण के साथ मनुष्य की एक जरूरत सभ्यता के पुराने दागों से मुक्त एक नूतन मन की है। इसे पाना एक वेदना से गुजरना है। इसलिए वे कहते हैं, 'तप रे मधुर मधुर मन/विश्व वेदना में तप प्रतिपल/जगजीवन की ज्वाला में जल/ बन अकलुष उज्ज्वल और कोमल।' छायावादी वेदना मनुष्य को तोड़ने वाली नहीं, उसे भीतर से बदलने वाली है। पंत अपने काव्य में 'विश्व जीवन' की कल्पना करते हुए 'वेदना' को भी चुनते हैं।

यदि छायावाद को उसके ऐतिहासिक परिप्रेक्ष्य में समझना हो तो लाक्षणिकता, चित्रमयी अभिव्यंजना, मुक्त छंद, रहस्यवाद, प्रकृति का मानवीकरण, सूक्ष्म सौंदर्यान्वेषण, इतिवृत्तात्मकता से विद्रोह जैसी बातों से आगे बढ़कर देश और विश्व दोनों से जुड़े उसके समग्र सांस्कृतिक अभिप्राय को पकड़ना होगा, उसके सामंती-साम्राज्यवादी व्यवस्था से विद्रोह को समझना होगा और उसे समावेशी राष्ट्रीयता तथा विश्वमानवता के उदय के रूप में देखना होगा।

पंत एक ऐसे छायावादी कवि हैं जो दूसरे विश्व युद्ध के दौर में सक्रिय थे। उन्हें अणु बम विज्ञान को अमृत से गरल बनाना लगता था। उन्होंने दूसरे विश्व युद्ध का विरोध किया। वे विश्व शांति के पक्षधर थे। उन्होंने अपनी कविता 'परिवर्तन' (1924) में युद्ध की विनाशलीला का उल्लेख किया था, 'नष्ट-भ्रष्ट साम्राज्य-भूति के मेघाडंबर'। महायुद्ध से आकाश कांप जाते हैं, 'भीषण रण यानों से मंथित उदर गगन का/ उगल रहा संहार अग्नि वमनों का कटु विष'! बहुत कम कवियों ने युद्ध को कविता का विषय बनाया और इसका संहारक रूप दिखाया। दूसरे विश्व युद्ध ने पंत का अंतरराष्ट्रीयतावाद की ओर झुकाव बढ़ा दिया।

विश्व में दुख से बड़ा सच नहीं जन्मा

विश्व में दुख से बड़ा सच नहीं जन्मा। बुद्ध के बाद छायावादी कवियों ने ही दुख को प्रमुखता से महत्व दिया। पंत को निराला तथा कुछ अन्य कवियों की तरह आर्थिक कष्ट का सामना नहीं करना पड़ा था, लेकिन वे संसार के सबसे बड़े सच को पहचान रहे थे। उनकी पहली कृति 'वीणा' में दुख-दर्द के तार हैं, 'करुण क्रंदन करने दो/... उर इच्छा को एक आह बन/झरने दो मां, झरने दो।' उस युग में मनुष्य की इच्छाओं और सामाजिक यथार्थों के बीच टकराव था। छायावादी कवियों ने इच्छाओं और यथार्थों के टकराव से जन्मी पीड़ा को सृजनात्मक ऊर्जा में बदल दिया। उसे मधुर ही नहीं बना लिया, ऊंचे स्वप्नों से भी जोड़ दिया। पंत दिखाते हैं कि दुख के प्रति कल्पनाशील दृष्टि किस तरह मानवतावाद तक पहुंचाती है :

> **जग पीड़ित है अति दुख से**
> **जग पीड़ित है अति सुख से**
> **मानव जग में बंट जाएं**
> **दुख सुख से और सुख दुख से!**

पंत के काव्य का दुख भौतिक दुख-कष्ट के नजदीक है। प्रसाद और निराला की तरह उसमें प्रेम की छिपी वेदना नहीं है। सामान्यत: छायावादियों का प्रेम कठोर भारतीय स्थितियों में मधुर वेदना का रूप लेता है और अंततः मानवीय पीड़ा का रूप धारण कर लेता है। छायावाद की पीड़ा सामंती व्यवस्था को चुनौती के रूप में देखी जाती है। लक्षित किया जा सकता है कि पंत के 'पल्लव' में रोमांटिसिज्म एक निष्क्रिय दुखवाद है, 'अश्रुओं में रहता है हास, हास में अश्रु कणों का भास'।

वे दुनिया के अन्य रोमांटिक कवियों की तरह प्रेम की वेदना से नाता नहीं रखते। उनकी कविता में स्त्री का प्रवेश कम है। यही वजह है कि पंत प्रेम और प्रकृति के कवि कहे जाने की जगह सिर्फ प्रकृति के कवि कहे जाते हैं।

पंत का प्रकृति प्रेम

प्रसाद ने प्रकृति की आंख से मनुष्य को देखा था, निराला ने मनुष्य की आंख से प्रकृति को देखा और पंत ने प्रकृति की आंख से प्रकृति को देखा। सभी छायावादी कवियों ने प्रकृति प्रेम के महत्व को समझा था। प्रकृति प्रेम हमारी संस्कृति में सुधार लाता है, उदार जीवनबोध से जोड़ता है और चित्त को बड़ा बनाता है।

छायावाद युग का प्रकृति प्रेम महज चमत्कृत कर देने वाले सौंदर्य के प्रति सम्मोहन नहीं है, यह खुद रूपांतरित होना है। आज भी एक चिड़िया मरकर रास्ते पर गिरी होती है, देखकर दर्द होता है। आंधी में पेड़ मिट्टी से उखड़कर पड़ा होता है, मन को धक्का लगता है। मनुष्य का यदि प्रकृति के प्रति भावनात्मक लगाव विस्तृत हो, मनुष्य का मनुष्य के साथ भावनात्मक संबंध भी विस्तृत होगा। उत्तर-आधुनिक युग में महज आक्सीजन के लिए प्रकृति संरक्षण को जरूरी माना गया। जलवायु परिवर्तन या प्रदूषण तक पर्यावरणीय समस्या सीमित कर दी गई। ये चिंताएं जरूरी हैं, पर प्रकृति और पर्यावरण के प्रति यहीं तक सीमित दृष्टिकोण को उपयोगितावाद कहा जाएगा। आज की व्यावहारिक चिंताओं को देखते हुए छायावादी कवियों का प्रकृति प्रेम निश्चय ही व्यापक लगता है, क्योंकि वह एक व्यापक सांस्कृतिक रूपांतरण की प्रेरणा देता है।

पंत ने प्रकृति की वस्तुगत सत्ता को गरिमा दी और सबसे ज्यादा प्रेम प्रकृति से किया। उस युग में प्रकृति पर विजय के लिए तरह-तरह से संग्राम छिड़ा हुआ था, विज्ञान विजय यात्रा पर था। प्रकृति का आर्थिक दोहन बढ़ता जा रहा था, नगरीकरण चल रहा था। पंत ने विज्ञान और विकास को नहीं नकारा, लेकिन प्रकृति से प्रेम के महत्व को उजागर करना चाहा। प्रकृति से प्रेम मनुष्य को नैसर्गिक सुख ही प्रदान नहीं करता, यह विस्मय की एक ऐसी दुनिया में ले जाता है जहां मनुष्य अपने को रूढ़ियों से मुक्त कर अपने सौंदर्यबोध का विस्तार करता है। वह एक निर्माणात्मक सोच की ओर बढ़ने का अवसर पाता है। इतना ही नहीं, वह व्यक्ति स्वाधीनता की भी प्रेरणा पाता है। यही वजह है कि दुनिया भर के रोमांटिक

साहित्य में और निश्चय ही छायावाद में प्रकृति एक महत्वपूर्ण विषय है।

छायावाद की एक विशेषता मानी जाती है प्रकृति का मानवीकरण। यह पंत की 'संध्या' कविता में है जिसकी तुलना निराला की 'संध्या सुंदरी' से की जाती है। पंत द्वारा 'संध्या' का चित्र उपस्थित है :

कहो, तुम रूपसि कौन?
व्योम से उतर रही चुपचाप
छिपी निज छाया छवि में आप
सुनहला फैला केश कलाप
मधुर, मंथर, मृदु, मौन

....

लाज से अरुण अरुण सुकपोल
मदिर अधरों की सुरा अमोल—
बने, पावस घन स्वर्ण हिंदोल,
कहो, एकाकिनि, कौन?
मधुर, मंथर तुम मौन!

पंत रूपसि सजकर आ रही सलज्ज संध्या को एकाकिनी पाते हैं। वे यहां निराला की 'संध्या सुंदरी' से कुछ अलग कहना चाहते हैं। एकाकिनी संध्या पंत के एकांत को प्रतिबिंबित करती है। एकांत में भी एक सौंदर्य है। अकेलापन से एकांत अलग चीज है, कवि अपने एकांत से प्रेम करता है।

एक अंग्रेजी कवि ने प्रकृति को 'ईश्वर की भाषा' कहा था, अर्थात प्रकृति आध्यात्मिक जगत में प्रवेश का भी एक मार्ग है। वह सत्य और सौंदर्य का एक बड़ा स्रोत है। पंत एक जगह प्रकृति सौंदर्य में डूबकर कहते हैं, 'वह विजन चांदनी की घाटी/छायी मृदु तरु गंध यहां।' वे प्रकृति के पास काफी देर तक ठहरते हैं, उसे पर्यटक की तरह भागमभाग में नहीं देखते।

पंत द्वारा प्रकृति को महत्व दिया जाना पश्चिमी मानववाद से बाहर आना है, अर्थात मनुष्य ही सबकुछ नहीं है! उन्होंने लिखा है, 'मेरा काव्य भू-जीवन, लोकमंगल और मानव मूल्यों का काव्य है।' वे प्रकृति की प्रकृति का चित्र देते हैं, 'पावस ऋतु थी पर्वत प्रदेश, पल पल परिवर्तित प्रकृति वेश।'

पंत पहाड़ के आदमी थे। वे बहुत सहज भाव से प्रकृति को क्षण-क्षण रंग बदलते देखते थे और उसे महत्व देते थे। उनके काव्य मन पर अल्मोड़ा-

कालाकांकर की स्थानिक छाप सदा बनी रही है, जिस तरह निराला में बैसवाड़े और प्रसाद में बनारस की गूंज है। उनकी पंक्तियां हैं, 'यह है अल्मोड़ा का वसंत, खिल पड़ी निखिल पर्वत पाटी'। आसमान के सौंदर्य के बारे में ऐसा सिर्फ पंत ही लिख सकते थे, 'विहंगम-सा बैठा गिरि पर, सुहाता था विशाल अंबर'! पंत का प्रकृति से प्रबल लगाव स्थानीय जीवन संसार से भी लगाव पैदा करता है। रोमांटिसिज्म की मुख्य प्रवृत्ति वस्तुपरकता न होकर भावपरकता है, लेकिन पंत ने छायावादी कौशल से प्रकृति के उपर्युक्त वस्तुपरक चित्रों में भी नया सौंदर्य भर दिया है।

फिर भी पंत की मुख्य प्रतिश्रुति केवल पहाड़ों से नहीं पूरी धरती से है। 'इस धरती के रोम-रोम में बसी सहज सुंदरता' से लेकर 'आह धरती कितना देती है' तक पंत का विस्तृत प्रकृति प्रेम छायावाद को एक विशिष्ट ऊंचाई देता है। उनका प्रकृति प्रेम उन्हें स्थानीय जीवन संसार के साथ-साथ संपूर्ण विश्वात्मा से जोड़ता है। पंत इस संदर्भ में कहते हैं, 'प्रकृति एक है। मैं आरंभ में उसके बाह्य रूप पर, वानस्पति सौंदर्य पर मुग्ध हुआ था और उसी से प्रेरणा ग्रहण कर मैंने प्रकृति काव्य की रचना की थी। बाद में मुझे प्रकृति के (उस) आंतरिक रूप पर भी दृष्टि मिली, जो मनुष्य तथा मनुष्य जीवन में अधिक पूर्णता से अभिव्यक्त हुआ है।' ('गंधवीथी' की भूमिका)। खुद मनुष्य भी प्रकृति का ही एक अंग है, पंत याद दिलाते हैं। वे प्रकृति तथा सभ्यता के बीच बढ़ते अंतर्विरोध पर चिंता व्यक्त करते हैं। उनका प्रकृति को सुंदर कहते हुए मनुष्य को सुंदरतम कहना बाजार व्यवस्था और मशीनीकरण के युग में नगण्य होते जा रहे मनुष्य की महत्ता के साथ-साथ उसके व्यापक दायित्व की ओर इशारा करना भी है :

सुंदर हैं विहग, सुमन सुंदर
मानव! तुम सबसे सुंदरतम...
यौवन-ज्वाला से वेष्टित तन
मृदु-त्वच सौंदर्य-प्ररोह अंग
न्योछावर जिनपर निखिल प्रकृति
छाया-प्रकाश के रूप-रंग!...
आशाभिलाष, उच्चाकांक्षा
उद्यम अजस्र, विघ्नों पर जय
विश्वास, असद्-सद् का विवेक

दृढ़ श्रद्धा, सत्य–प्रेम अक्षय!
मानव का मानव पर प्रत्यय
परिचय, मानवता का विकास
विज्ञान–ज्ञान का अन्वेषण
सब एक, एक सबमें प्रकाश!

पंत 'मानव' (1935) शीर्षक अपनी उपर्युक्त कविता में प्रकृति के संसार में मनुष्य की श्रेष्ठता का गुणगान करते हैं। मनुष्य में उच्च आशाएं और इच्छाएं ही नहीं होतीं, सद्–असद का विवेक और विघ्नों पर विजय हासिल करने का अटूट आत्मविश्वास भी होता है। यह मनुष्य होने का परिचय है। इसी वजह से वह प्रकृति में सुंदरतम है। पंत यह भी कहते हैं कि मनुष्य मनुष्य नहीं है यदि वह मानवता का विकास नहीं करता।

छायावादी काव्य मनुष्य की चिरंतन महत्ता का काव्य है, यह सबसे ज्यादा पंत के काव्य से स्पष्ट होता है। प्रकृति के साथ उन्होंने मनुष्य को बहुत ज्यादा महत्व दिया। राजनीति ने जब उसे महज एक सामुदायिक संख्या बना दिया है और बाजार ने महज उपभोक्ता, तब पंत का 'मनुष्य' की कैटेगरी को खास महत्व देना आज के समाज के लिए भी एक प्रेरक हो सकता है। वे 'मानव दिव्य स्फुलिंग चिरंतन' से भी आगे बढ़कर कहते हैं– 'हार गई तुम प्रकृति, रच निरूपम मानव कृति'। उन्होंने प्रकृति से मनुष्य का सीधा संबंध जोड़ा और नए युग में उसके महान दायित्व को रेखांकित किया, भले उसे पूरा करने में मनुष्यजाति अब तक असफल हो और विपर्यय घटित हो गया हो। जो हो, पंत ने विश्वास से भर कर कहा था :

मानव दिव्य स्फुलिंग चिरंतन
वह न देह का नश्वर रजकण!
देश काल है उसे न बंधन
मानव का परिचय मानवपन
कोकिल गा, मुकुलित हों दिशि–क्षण!

पश्चिम का रोमांटिसिज्म– साहित्य, दर्शन, कलाओं और नागरिक जीवन जहां भी प्रगट हुआ– वह विज्ञान और बुद्धिवाद को सबकुछ मान लेने के विरोध में था। वह औद्योगिक सभ्यता का एक आवेग भरा मानवीय प्रत्युत्तर था। हमारे देश में बुद्धिवाद और वैज्ञानिक दृष्टि को लेकर चले नवजागरण के बाद छायावाद का जो उभार आया, उसमें प्रकृति प्रेम के साथ मानवता का भी विस्तृत गायन था।

हिंदी के छायावादी कवियों ने मानवता और ज्ञान-विज्ञान में अंतर्विरोध नहीं देखा। उन्होंने मानवता और मनुष्य के भावजगत को समृद्ध करने पर जोर दिया। वे बुद्धिवाद को मानवता के विकास में सहायक बनाना चाहते थे। वे भावनात्मक बुद्धिवाद तथा मानवता-उन्मुख विज्ञान के समर्थक थे।

पंत कहते हैं, 'जिस संक्रांति काल से मानव सभ्यता गुजर रही है, उसके परिणाम हेतु आशावादी बने रहने के लिए विज्ञान ही हमारे पास अमोघ शक्ति और साधन है।' उस जमाने में विज्ञान अपने एक संहारक स्वरूप के बावजूद मानवीय आशाओं का एक बड़ा केंद्र था। छायावादी कवि विज्ञान के विरोधी नहीं थे। वे केवल यह चाहते थे कि वैज्ञानिक-तकनीकी विकास पर्यावरण के विनाश और भावनात्मक दरिद्रता की ओर न ले जाए। आज हम 'तकनीकी समृद्धि और भावनात्मक दरिद्रता का युग्म' देख रहे हैं। इसकी वजह यह है कि लोगों में रोमांटिसिज्म का व्यापक क्षय हुआ है। जलवायु परिवर्तन से जो जितना कम चिंतित है, वह उतना अधिक एंटी-रोमांटिक है!

पंत ही नहीं, छायावाद के अन्य कवियों ने भी जिस प्रकृति प्रेम को महत्व दिया, वह आचार्य शुक्ल के 'देशप्रेम' का प्रतिरूप न था। उनका प्रकृति प्रेम, पर्यावरण प्रेम और संस्कृति से प्रेम की ओर भी ले जा रहा था। वह आत्मपरिष्कार के लिए प्रेरित करता था। वह सौंदर्य का आस्वाद भर नहीं है और न आजकल के पर्यटकों की तरह पैकेज टूर का मामला है। पंत का प्रकृति प्रेम सभ्यता के आधुनिक रास्तों से प्रकृति के विरुद्ध छिड़े एकतरफा युद्ध का मानवीय प्रत्युत्तर है। छायावाद युग की वह लड़ाई आज 'जलवायु परिवर्तन' और 'प्रदूषण' के विरुद्ध एक अंतरराष्ट्रीय संघर्ष का रूप ले चुकी है। इसके चित्र आदिवासियों के साहित्य में भी हैं।

यूरोपीय नवजागरण के एक अग्रदूत फ्रांसिस बेकन ने प्रकृति को 'मानवीय आदेशों का दास' कहा है। वह प्रकृति से विज्ञान के संघर्ष का दौर था। रोमांटिसिज्म ने प्रकृति से द्वंद्व की जगह राग का संदेश दिया और उससे सहचरता स्थापित की। इन दिनों प्रकृति पर विजय का अतिरिक्त लोभ हमारे पर्यावरण को ही नहीं बिगाड़ रहा है, नदियों पर बने बड़े बांध विस्थापन बढ़ा रहे हैं। पहाड़ों पर अनियंत्रित नगरीकरण बादल फटने से भयंकर तबाही ला रहे हैं। वन संपदा और खनिज की लूट मची है। कहा जा सकता है, छायावादियों के संघर्ष की एक धारा विकसित होकर पर्यावरणवादियों के संघर्ष में आ मिली है!

प्रकृति से सिर्फ द्वंद्व नहीं, राग का भी संबंध होना चाहिए, यह सबसे पहले छायावादियों ने महसूस किया था। यह एक प्रमुख बिंदु है, जहाँ छायावाद नवजागरण से एक अलग राह चुनता है। नवजागरण के बुद्धिवाद की एक दिशा उपयोगितावाद है, अर्थात जिसकी उपयोगिता शेष हो गई हो उसे त्याग दो, जैसे बुजुर्ग! यह 'यूज एंड थ्रो' का मामला है। छायावाद ने उपयोगितावाद और इसके प्रमुख स्रोत यांत्रिक बुद्धिवाद का विरोध करते हुए स्पष्ट करना चाहा कि मनुष्य के पास एक कल्पनाशील भावजगत है, जो स्वार्थपरता से ऊपर उठकर प्रेम के बिना बंजर हो जाएगा। छायावादी कवियों का प्रकृति की ओर झुकाव का लक्ष्य मनुष्य के विस्तृत सौंदर्यबोध का संरक्षण करना ही नहीं है, बल्कि उसकी भावनाओं, आकांक्षाओं और परिवर्तन करने की शक्ति को बचाना भी है। इसके अलावा, प्रकृति परिवर्तनशील है, फिर मानव शाश्वत के बंधन में जकड़ा कैसे रहेगा!

पंत ने सौंदर्य को 'चिरंतन जीवन मूल्य' माना और उसे सबसे ज्यादा प्रकृति में देखा। वे अपने लक्ष्य के बारे में लिखते हैं, 'प्राकृतिक सौंदर्य से (मेरा) प्रेम मानव जीवन में सौंदर्य खोजने के महान अनुष्ठान में संलग्न हो गया।... वर्तमान मानव जीवन को अनेक प्रकार की क्षुद्रताओं, विषमताओं, दरिद्रताओं तथा मानसिक दुर्बलताओं–रुग्णताओं तथा अभावों में से खोज निकालकर उसे विश्व प्रकृति के अनुरूप विकसित मानव जीवन में स्थापित करना है, जिससे मनुष्य निष्कलुष प्रकृति के अधिक निकट आकर पृथ्वी पर, पशु–पक्षियों के जीवन को अतिक्रम कर जीवन–ईश्वर का प्रतिनिधि बन सके।' (मैं और मेरा परिवेश) पंत ने कुछ जगहों पर प्रकृति बनाम सभ्यता का बाइनरी खड़ा करने की वजह से सभ्यता के विकास को पूर्णतः नकारात्मक रूप में देखा है। सभ्यता में विकृतियां हैं, पर उसमें मानवता की शक्तियां भी हैं।

पंत के बारे में कहा जा सकता है कि उनका छायावादी चित्त बहुत बड़ा है। उन्होंने संपूर्ण सृष्टि में जिस तरह मानव को सुंदरतम कहा, उसी तरह पृथ्वी का भी जयगान किया। वे अपनी 'पुण्य प्रसू' कविता में इहलौकिकता के एक बड़े पक्षधर के रूप में सामने आते हैं–

ताक रहे हो गगन?
मृत्यु–नीलिमा–गहन गगन?
देखो भू को!

जीव प्रसू को
हरित भरित
पल्लवित मर्मरित
कुंजित गुंजित
कुसुमित
भू को!

व्यक्ति की ऐतिहासिक भूमिका

छायावाद का एक प्रमुख तत्व है आत्मजागरूकता। उसमें जितना महत्व विश्वमानवतावाद, राष्ट्रीय जागरण और प्रकृति का है, उससे कम महत्व व्यक्ति के 'मैं' या वैयक्तिकता का नहीं है। मनुष्य में वैयक्तिकता की सृष्टि का अर्थ है हर किस्म के समूहवाद से बाहर निकल आना, अपनी इच्छाओं के एक संसार का होना, अर्थात 'मैं' का होना और भीड़ के अंग की जगह समाज की एक गरिमापूर्ण इकाई के रूप में प्रतिष्ठा। छायावादी वैयक्तिकता को व्यक्तिवाद नहीं समझ लेना चाहिए, क्योंकि उसका सीधा संबंध समाज से है। सभी छायावादी कवि 'निजी' से ऊपर उठे हुए थे। हालांकि मुक्तिबोध ने पंत की प्रसाद से भिन्नता दिखाते हुए लिखा है, 'पंत जी पर अपने निज का जबर्दस्त बोझ नहीं रहा।' बिना हिचक हम कह सकते हैं कि प्रसाद, निराला और महादेवी पर भी 'निज का बोझ' नहीं है।

छायावादी कविता निजी कविता नहीं है। वह वैयक्तिक अनुभूति पर आधारित और आदर्शवादी जरूर है, पर व्यक्तिवादी नहीं है। छायावाद में व्यक्ति, देश और विश्व लगातार अंतःक्रियाशील हैं। छायावादी वैयक्तिकता वस्तुत: अंतर्वैयक्तिकता है।

वैयक्तिकता और व्यक्तिवाद के बीच मुख्य फर्क यह है कि वैयक्तिकता पारदर्शी होती है, जबकि व्यक्तिवाद एक अंधी गली है। वैयक्तिकता उत्थानशील पूंजीवाद की रचना है, जबकि व्यक्तिवाद पतनशील पूंजीवाद का उत्पादन। छायावादी वैयक्तिकता निर्माणात्मक है, वह सामंती संस्कारों से विद्रोह है। आज मनुष्य की वैयक्तिकता पर खतरा इसी से समझा जा सकता है कि उसको उजाड़ना ही पुनरुत्थानवाद, उपभोक्तावाद और इलेक्ट्रॉनिक मीडिया का मुख्य उद्देश्य है। मनुष्य के पास 'व्यक्ति' नहीं बच पा रहा है। इसलिए समाज धर्म, जाति,

प्रांतीयता-आधारित झुंडों में बदल रहा है। छायावाद युग की वैयक्तिकता आज उत्तर-आधुनिकता के 'मास' या भीड़ में विसर्जित हो रही है। एक तरह से हम इतिहास के सर्वाधिक गैर-रोमांटिक दौर में हैं, जब उपभोक्तावाद ही नहीं, हिंसक सामुदायिक भीड़वाद का भी काफी बोलबाला है।

आज की उपभोक्ता संस्कृति पूरी तरह परजीवी और रोमांटिसिज्म-विरोधी है। उदाहरण के तौर पर अब घुमक्कड़ी या यायावरी नहीं है, 'पैकेज टूर' है। अब फास्ट फूड और फास्ट सेक्स-केंद्रित संस्कृति है। छायावाद ने साम्राज्यवाद-सामंतवाद के साथ-साथ अतिशय भोगवाद का भी विरोध किया था। पंत ने चींटी पर एक कविता लिखते हुए भोगवाद में मनुष्य का चरम पतन लक्षित किया था, 'हा मानव! निद्रा, भय, मैथुनाहार/ये पशु-लिप्साएं चार/हुईं तुम्हें सर्वस्व-सार? धिक मैथुन-आहार यंत्र' (1939)। हम जानते हैं कि मनुष्य में जब तक 'व्यक्ति' बचा था, उसमें अच्छे-बुरे का विवेक और आत्मसंघर्ष भी बचा हुआ था।

छायावादी कवियों को इसका अहसास हो गया था कि भोग-आधारित भौतिक विकास आदमी के अंतर्जगत में कोई परिवर्तन नहीं ला पा रहा है। उलटे, समाज में अनैतिकता, संस्कृतिविहीनता और विषमता बढ़ रही है। इस दौर में 'वस्तुओं' के सीमाहीन विकल्प हैं जो भौतिक प्रगति और स्वाधीनता का आभास देते हैं पर खुशी की जगह उद्विग्नता ही बढ़ाते हैं। सौंदर्य का अर्थ भी सिकुड़ा है। पंत ने सवाल उठाया, 'मानवता की मूर्ति गढ़ोगे तुम संवार कर चाम!'

1938 के बाद छायावाद हिंदी काव्यांदोलन की केंद्रीय धारा नहीं रह गया, पर नए-नए रूप में रोमांटिकता बनी हुई थी। यह हम अज्ञेय, केदारनाथ अग्रवाल, शमशेर, नागार्जुन और मुक्तिबोध ही नहीं इनके बाद की काव्य पीढ़ियों में भी देख सकते हैं। समाज में जब तक सामंतवाद-उपभोक्तावाद के दबाव बने रहेंगे, समाज और साहित्य में नए-नए ढंग से रोमांटिसिज्म मुखर होता रहेगा। व्यक्ति अपने 'स्व' का उद्घोष करता रहेगा, क्योंकि यह जीवन के उच्चतर सच की भूख और परिवर्तन की तीव्र इच्छा की देन है। जहां भी बंधनों से विद्रोह, परिवर्तन के लिए संघर्ष और सौंदर्य की खोज है, वहां रोमांटिसिज्म है। ये चीजें मनुष्य में कभी नहीं मर सकतीं।

पंत ने अपनी रोमांटिक दुनिया को जितनी सुकुमारता से निर्मित किया, उतनी ही निर्ममता से उसे अलविदा कह दिया। 'रूपाभ'-1 के संपादकीय (1938) में छायावाद की हवाई कल्पनाओं पर प्रहार करते हुए उन्होंने लिखा, 'इस युग की कविता स्वप्नों में नहीं पल सकती'। वे प्रगतिवाद के असर में थे जिसका उनके

स्वभाव से मेल न था। हालांकि पंत छायावाद को नकारने के बावजूद, सीमित तौर पर रोमांटिक बने हुए थे। उनका गांधीवाद, मार्क्सवाद और अरविंद दर्शन का वैचारिक मिश्रण तैयार करना और विश्व चैतन्य का सपना देखना एक रोमांटिक परियोजना ही है। निश्चय ही यह इतिहास से विच्छिन्न भाववाद है।

वे ऐसे स्वप्न देखने लगे थे जिनको हवाई कहा जा सकता है। उन्होंने कहीं अपनी वैयक्तिकता सुरक्षित रखी हुई थी। इसलिए गांधी का प्रशंसक होकर भी उन्हें उनकी 'मशीनीकरण' से निस्पृहता और मार्क्स की 'अहिंसा' से निस्पृहता नहीं भायी। मार्क्सवाद से पूरे काल में उनका लगाव भावनात्मक था। उन्हें श्रीअरविंद का 'अतिमन' स्वीकार नहीं था। पंत ने एक के बाद एक कई दर्शनों में छलांग लगाई थी।

छायावाद में विचलन आया, जब वह अनुभव को छोड़कर दर्शन के आश्रय में गया और अनुभूति दर्शन से दब गई। पंत जिस अनुपात में अनुभूति को छोड़कर दर्शन की छांव में गए, उस अनुपात में उनकी सृजनात्मक कल्पनाशीलता की क्षति हुई।

जाति और जेंडर के मुद्दे

छायावाद में जाति और जेंडर प्रथा के मुद्दे उठे थे, जिन्हें 19वीं सदी के नवजागरण की निरंतरता में देखने की जरूरत है। 20वीं सदी में तेजी से समाज बदल रहा था। लिंग और जाति के मामलों में सामाजिक सुधार और स्त्री-दलित अधिकार के लिए आवाज तेज हो गई थी। पंत धार्मिक रूढ़ियों और जाति भेदभाव के विरोधी थे। उनकी आध्यात्मिकता कर्मकांड-प्रधान धार्मिक व्यवस्था से मुक्त थी। पंत ने लिखा है, 'मैंने विभिन्न धर्मों, संस्कृतियों तथा जातियों-वर्गों में बंटे लोगों को अपनी काव्य चेतना के प्रांगण में आमंत्रित कर उनको एक-दूसरे के पास लाने का प्रयत्न किया है।'(मुक्ताभ)। छायावाद युग के राष्ट्रीय आंदोलन में धार्मिक सुधार, स्त्री मुक्ति और अछूतों के अधिकार कम महत्वपूर्ण मुद्दे नहीं थे। पंत 'नवीन सांस्कृतिक हृदय' और 'सामूहिक मुक्ति' की आवश्यकता पर जोर दे रहे थे, हालांकि हिंदी प्रदेश काफी पिछड़ी औद्योगिक-सामाजिक दशा में थे।

फिर भी सामाजिक यथार्थों के दबाव ने छायावाद के उदात्त सौंदर्यबोध को स्त्री और दलित मुक्ति से जोड़ा। भारत में रोमांटिसिज्म उस धार्मिक-सामाजिक व्यवस्था से टकराए बिना अपनी अर्थवत्ता नहीं पा सकता था, जिसमें दलित और स्त्री हजारों साल से मौन यातना सहते आ रहे थे। उनकी मुक्ति राष्ट्रीय मुक्ति का अविच्छिन्न हिस्सा थी। प्रसाद, निराला, पंत और महादेवी- इन सभी

छायावादी कवियों ने दलितों और स्त्रियों से संबंधित सवाल अपनी-अपनी सीमा में उठाए हैं।

छायावाद एक विश्वबोध होकर भी राष्ट्रीय मुक्ति चेतना लेकर चल रहा था, जिसमें स्त्रियों और दलितों की मुक्ति शामिल है। छायावाद का एक अपना देश है, देश के लोग हैं। यह सही है कि सभी छायावादी कवि स्त्री और दलित दोनों के प्रति समान रूप से संवेदनशील नहीं हैं। दलित के प्रति निराला बेहद संवेदनशील हैं। उनके छायावाद में 'ब्राह्मणवाद' की कटु आलोचना है। पंत 'ग्राम्या' (1940) में वर्ण व्यवस्था के विरोध में सिर्फ इतना कह पा रहे थे– 'जाति वर्ण की, श्रेणि वर्ग की तोड़ भित्तियां दुर्धर, युग युग के बंदीगृह से मानवता निकली बाहर।' कहा जा सकता है कि छायावाद आमतौर पर मध्यवर्गीय उदारवाद है, जिसमें निराला का स्वर अधिक क्रांतिकारी है।

हिंदी पट्टी में छायावाद तब आया, जब वस्तुतः यथार्थवाद का युग भी आ चुका था। प्रेमचंद और छायावाद के बीच बर्लिन की दीवार नहीं है। एक ही युग में छायावाद के साथ यथार्थवादी साहित्य भी रचा जा रहा था। स्वाभाविक है कि छायावादी अनुभव में यथार्थवाद की खिड़कियां खुलें। छायावाद का स्पष्ट संबंध राष्ट्रीय स्वाधीनता आंदोलन के विभिन्न रूपों से है। इसलिए आश्चर्यजनक नहीं है यदि प्रगतिवाद की घोषणा से पहले ही तेजी से उभर रहे नए सामाजिक यथार्थों के दबाव में प्रसाद के उपन्यास 'कंकाल' और 'तितली' आए। 'कामायनी' में भी कुछ यथार्थवादी स्थल हैं। निराला की कविताएं– 'अधिवास', 'विधवा', पंचवटी प्रसंग', 'सरोज स्मृति' आदि ऐसी ही हैं। उनके 'परिमल' काव्य-संग्रह में 'जुही की कली', 'विधवा' और 'बादल राग' का एकसाथ होना छायावाद की बहुआयामिता है। छायावादी कवियों में सौंदर्य की तीव्र वासना है, लेकिन यह सामाजिक रूढ़ियों और संकीर्णताओं से मुक्ति का ही एक रूप है। स्पष्ट है कि एक पिछड़े-गुलाम देश में रोमांटिक सौंदर्यबोध के सिर्फ वे ही स्रोत नहीं हो सकते, जो विकसित और आजाद यूरोपीय देशों में थे।

हमें भूलना नहीं चाहिए कि भारत के रोमांटिसिज्म की पृष्ठभूमि में एक खास ऐतिहासिक घटना है, जो यूरोपीय रोमांटिसिज्म की पृष्ठभूमि में नहीं है। वह है रूस की नवंबर क्रांति (1917)। इसने प्रायः सभी छायावादी कवियों को अप्रत्यक्ष रूप से प्रभावित किया, किसी को कम किसी को ज्यादा। इसलिए छायावाद की अवधारणा एकरेखीय नहीं है। उसे किसी खास कवि के मत तक

सीमित नहीं रखा जा सकता।

पंत सौंदर्य से लोकमंगल तक की यात्रा करनेवाले अनोखे प्रकृति पुत्र हैं। फिर भी वे मानव का नया मन रचने की अमूर्त धारणाओं तक अपने को सीमित नहीं रखते। वे प्रगतिवाद के असर में आगे चलकर बाहरी सामाजिक विषमताओं को मिटाकर समाजवादी विश्व की मांग भी जोर-शोर से उठाते हैं, भले संघर्ष की जगह अंतश्चैतन्य की राह से। उनके छायावादी काव्य में लक्षित किया जा सकता है कि जिस तरह सौंदर्य और नैतिकता के बीच संबंध है, सौंदर्य और विषमताबोध के बीच भी संबंध है। जिस तरह प्रसाद ('कंकाल' उपन्यास, 'मधुआ' कहानी) तथा निराला ('अधिवास', 'तोड़ती पत्थर' कविताएं) अपने काव्य सौंदर्य का संबंध विषमताबोध से स्थापित करते हैं, पंत भी छायावादी सौंदर्यबोध को सामाजिक यथार्थों से जोड़ते हैं। उनकी दृष्टि धोबियों और चमारों पर पड़ती है, हालांकि वे इनके नृत्य का सौंदर्यांकन अपने वर्ण-संस्कारों से मुक्त होकर नहीं कर पाते। इस मामले में निराला से उनकी कोई तुलना नहीं है, निराला ने अपने को दलितों से एकात्म कर लिया था।

पंत 'चमारों का नाच' में कहते हैं, 'ये समाज के नीच अधम जन/नाच-कूद कर बहलाते मन/वर्णों के पद दलित चरण से/मिटा रहे निज कसक औ' कुढ़न। कर उच्छृंखलता उद्धतपन!' पंत की दृष्टि जब लोक संस्कृति के दलित कला-रूपों की ओर जाती है, उनका छायावादी आभिजात्य असहज हो जाता है।

छायावादी कवियों के विश्वबोध में समाजवादी क्रांति के आदर्श भाववादी स्तर पर प्रवेश कर चुके थे। पंत 'आः धरती कितना देती है' में अपने संकल्प व्यक्त करते हैं— 'रत्न प्रसविनी है वसुधा, अब समझ सका हूँ/इसमें सच्ची समता के दाने बोने हैं/इसमें जन की क्षमता के दाने बोने हैं/इसमें मानव ममता के दाने बोने हैं।' पंत प्रेम के साथ सामाजिक समता की बात करते हैं।

उनके मन में एक बदली दुनिया देखने की जबर्दस्त आकांक्षा है। प्रकृति नीड़ से लेकर मार्क्सवाद तक छलांगें लगाता उनका मन परिवर्तन की उत्कंठा से भरा रहता है। उन्होंने प्रगतिवाद के असर में कहा था, 'जागो श्रमिको बनो सचेतन, भू के अधिकारी हैं श्रम जन'। पर क्रांति के ऐसे आह्वान क्रांति के बाहर रहकर किए गए अमूर्त आह्वान हैं। कहना न होगा कि छायावादी काव्य में समाजवादी क्रांति की धारणा आदर्शवादी है। इसके बावजूद, पंत के काव्य में देखा जा सकता है कि उसमें एक नए मानव भविष्य की आकांक्षा है। पंत कहते हैं, 'अविरत सुख

भी उत्पीड़न'। वे सुखी लोगों से दुख में हिस्सेदारी का आह्वान करते हैं।

छायावादी कवियों की नजर में दुख भी उतना ही जरूरी है जितना सुख, क्योंकि अधिक सुख आदमी को अमानवीय बनाता है। दुख मानवीय बनाता है। दुख से ही प्रेम और करुणा पैदा होते हैं। इसलिए पंत की आदर्शवादी भविष्य कल्पना है, 'दुख-सुख की निशा-दिवा में/सोता-जगता जग जीवन।' पंत देश-काल के बंधन से मुक्त एक विस्तृत मानवपन में विश्व की समस्याओं का समाधान देखते हैं। उन्हें आगे चलकर यहां तक लगा था, 'कला रुचि और सौंदर्यबोध से भी अधिक महत्वपूर्ण है नवीन भाव चैतन्य, नवीन सामाजिकता तथा नवीन मानवता का बोध।' उनकी दृष्टि में समाजवाद मानवता का एक नया प्रयोग था। आगे चलकर 'लोकायतन' में समाजवाद का स्थान विश्व चैतन्य ने ले लिया।

छायावाद की भूमिका स्त्री के संदर्भ में अपेक्षाकृत अधिक विद्रोह भरी है। नवजागरण और छायावाद का संबंध स्त्री-मुक्ति के प्रश्न पर अधिक स्पष्ट है। छायावाद ने स्त्री को रीतिकालीन शृंगार के कीचड़ से बाहर निकाला। पूजा की वस्तु बना देने की जगह उसने स्त्री के आत्मसम्मान और उसकी वैयक्तिकता के लिए संघर्ष किया।

20वीं सदी के आरंभिक दशकों में शृंगारकालीन सामंती दृष्टि, खासकर स्त्री को 'वस्तु' समझने के दृष्टिकोण का विरोध तीव्र होता जा रहा था। स्त्री भारतीय जागरण की एक बड़ी राष्ट्रीय संभावना और मानवता के चरम गुणों के रूप में प्रतीकीकृत की जा रही थी। पंत ने लिखा, 'छायावादी नारी में भारतीय जागरण का नैतिक बल ही नहीं, उसमें विश्व मानवी का व्यापक सहानुभूतिपूर्ण स्वस्थ स्नेह संवेदन भी है। वह घर की देहरी लांघकर..., देह-बोध के परदे से बाहर निकलकर मध्ययुगीन काम-लाज का गुंठन मुख से हटाकर, सामाजिक दायित्व के प्रति जाग्रत होकर स्त्री स्वातंत्र्य के राजपथ पर नए शील के चरण धरकर आगे बढ़ती है। छायावाद का प्रणय निवेदन स्वस्थ स्वाभाविक राग-भावना का द्योतक प्रेम-प्रगीत है। वह राधा-माधव के वेस्टनों में निम्न प्रवृत्तियों का उच्छृंखल शृंगार-सम्मत संचारी-व्यभिचारी भावों द्वारा व्यक्त रति-निमंत्रण नहीं है।'(छायावाद : पुनर्मूल्यांकन)।

छायावाद में वेदना से भरी प्रेम की अनुभूति का एक बड़ा अर्थ है। हम पाते हैं पंत अपने छायावादी काव्य में स्त्री-पुरुष प्रेम को जगह नहीं देते और व्यवहारतः स्त्री को लज्जा के साथ उपस्थित करते हैं। प्रसाद 'कामायनी' में स्त्री

की लज्जा पर सवाल दागते हैं। पंत 'भावी पत्नी के प्रति' कविता में स्त्री का चित्र इस रूप में रखते हैं :

लाज में लिपटी उषा समान
प्रिये, प्राणों के प्राण
लाज की छुईमुई सी म्लान
प्रिये, प्राणों की प्राण!

पंत एक समय युवती से कतराते हुए कहते थे, 'छोड़ द्रुमों की मृदु छाया/तोड़ प्रकृति से भी माया/बाले, तेरे बाल-जाल में कैसे उलझा लूं लोचन?' (1918)। पंत पर स्त्री-संबंधी दृष्टिकोण में हुए आधुनिक परिवर्तनों का प्रभाव कम पड़ा है। उनके मन में स्त्री की पुरानी क्लासिकल प्रतिमूर्ति ज्यादा स्थापित है। पंत का छायावाद प्रकृति में रमा, पर स्त्री क्षेत्र में अधिक प्रवेश न कर सका।

कालिदास के 'अभिज्ञान शाकुंतलम्' को पढ़कर खासकर जर्मन साहित्य जगत बहुत आह्लादित था। इस कृति की शकुंतला को यूरोप में 'प्रकृति कन्या' कहा गया। 'अभिज्ञान शाकुंतलम्' के अंग्रेजी रूप से जर्मन भाषा में अनुवाद 1791 में हुआ था जिसे पढ़कर महान जर्मन कवि गेटे बहुत उच्छ्वसित थे। बहुत संभव है, यूरोपीय रोमांटिसिज्म की एक प्रेरणा कालिदास रहे हों, क्योंकि उस समय सांस्कृतिक दीवारें टूट रही थीं और विचारों की आवाजाही बढ़ गई थी। यूरोप में 'शकुंतला' नाटक खूब खेले गए और लोकप्रिय हुए। पंत ने अंग्रेजी रोमांटिक कवियों के अलावा कालिदास के प्रभाव को स्वीकार किया है। हालांकि अनुसंधानों में पाया गया है कि कालिदास की उपर्युक्त कृति के यूरोपीय भाषाओं के अनुवाद में स्त्री देह के प्राकृतिक सौंदर्य का वैसा स्वच्छंद यौनोत्तेजक वर्णन नहीं है, जैसा कालिदास ने किया है। विक्टोरियाई आदर्शवाद की छाया में माना गया कि जितना भी मनोहर काव्य हो, भद्र यूरोपीय पाठकों को स्त्री देह का ऐसा खुला वर्णन स्वीकार नहीं है। इतना ही नहीं, प्राच्यवादी दृष्टि से यह भी बताया गया है कि ऐसा खुला वर्णन सिर्फ निम्न एशियाई रुचि का चिह्न है!

पंत स्त्री देह को लेकर द्विवेदीयुगीन आदर्शवाद और स्वच्छंदतावाद के बीच फंसे हुए थे। वे स्त्री को ज्यादा विषय नहीं बनाते, पर संभवतः कालिदास के प्रभाव में कुछ जगहों पर स्त्री मन के साथ स्त्री देह का ऐसा वर्णन करते हैं, 'तुम मुग्धा थी अति भावप्रवण, उकसे थे अंबियों से उरोज/ चंचल, प्रगल्भ, हँसमुख, उदार/ मैं सजल-तुम्हें था रहा खोज' (1935)। वह 'ग्राम युवती' का सौंदर्य चित्र

खींचते समय कमाल कर देते हैं-'वह नमित दृष्टि से देख उरोजों के युग घट/ हँसती खल खल अबला चंचल'!(1940)। छायावादी काव्य में स्त्री द्विवेदीयुगीन समझ की तरह सामान्यतः अबला नहीं है।

पंत की कविताओं में स्त्री अंततः एक निर्वाक दृश्य है। निराला की 'तोड़ती पतथर' में स्त्री दृढ़ता से कवि को पलटकर देखती है, 'देखा मुझे उस दृष्टि से/ जो मार खा रोई नहीं'। सामान्यतः छायावाद में स्त्री को गरिमा के साथ देखा गया है और उसका कद ऊंचा है। वह दया की पात्र नहीं है। वह प्रेम करती है, भले इसकी उपलब्धि पीड़ा हो।

पंत की कविताओं में प्रेम का आवेग नहीं है और न ही इसकी सृजनात्मक वेदना है। लगता है, उनके नवजाग्रत 'मानव' में स्त्री शामिल नहीं है। वह शैशव, संकोच और सरलता से भरी एक सौंदर्य-मूर्ति भर है, किसी रहस्य में छिपी। पंत कहते हैं, 'सरल शैशव की सुखद सुधि सी वही/ बालिका मेरी मनोरम मित्र थी।' उनकी स्त्री बाल्यावस्था की स्मृति में टिकी रह गई मित्रता की मूर्ति थी जो प्रेम की मूर्ति में नहीं बदली। 'भावी पत्नी के प्रति' में स्त्री के शैशव और लज्जा का महिमामंडन है, वह एक 'चिर गूढ़ प्रणय आख्यान' है। पंत अविवाहित थे। उन्होंने स्त्री को प्राय: द्विवेदीयुगीन मर्यादावाद के भीतर रखकर देखा। उनकी उदार दृष्टि स्त्री को 'देवी! माँ! सहचरि! प्राण!' से आगे बढ़कर आत्मसचेत संघर्षरत स्त्री के रूप में उपस्थित नहीं कर सकी। पंत स्त्री-पुरुष प्रेम का आदर्शीकरण करते हैं :

तुम्हारे छूने में था प्राण
संग में पावन गंगा स्नान
तुम्हारी वाणी में कल्याण
त्रिवेणी की लहरों का गान।

लोकायतन का पंखहीन स्वप्न

पंत ने 'पल्लव' के प्रवेश में लिखा था, 'हमारे विचार अपने ही समय के चरखे में कते-बुने, अपनी ही इच्छा के रंग में रंगे वस्त्र चाहते हैं, चाहे वे मोटे और खुरदरे ही क्यों न हों। इसी में हमारे वाणिज्य-व्यवसाय, कला-कौशल की कुशल-क्षेम है, कल्याण है।' वे रोमांटिसिज्म को कविता से आगे बढ़कर जीवन की उदार भूमि पर देखते हैं। प्रश्न उठता है कि पंत आगे चलकर भाषा, संवेदना और विचार की भूमि पर किस तरह विकास करते हैं। देखा जा सकता है कि वे धीरे-धीरे कवि

से अधिक चिंतक होते गए। यह 'लोकायतन' में अधिक स्पष्ट रूप से उभरता है। इसमें संदेह नहीं कि वही कवि अच्छा काव्य देता है जो भाषा-शिल्प, संवेदना और जीवन दृष्टि के स्तर पर अपने को निरंतर तोड़े और विकसित करे। पंत ने अपने को बार-बार तोड़ा, पर वे अंततः कहां पहुंचे?

पंत में अपने स्वतंत्र देश की नई स्थितियों को देखकर जितना अधिक बौद्धिक असंतोष था, उनके स्वप्न उतने बढ़-चढ़ कर थे। उनके काव्य जीवन की सबसे बड़ी दुर्घटना है उनका दर्शन की गलियों में भटक जाना। वे गीति से 'लोकायतन' महाकाव्य (1964) की ओर बढ़े। महाकाव्य प्रथमतः आधुनिक युग की विधा नहीं है। प्रसाद की महाकाव्यात्मक संवेदना ने दर्शन का बोझ एक दीर्घ कथासूत्र के कारण संभाल लिया, पंत कई वजहों से नहीं संभाल पाए।

दूसरे, महाकाव्य की एक मांग है दार्शनिक पूर्णतावाद। पंत को 'नया मनुष्य', 'विश्वमुखी राग' और 'स्वर्ग को धरती पर उतारने के लिए' एक कृत्रिम पूर्णतावाद का सहारा लेना पड़ा। वे मनुष्य और प्रकृति में सुंदरतम की खोज से, जो गांधी युग की मांग थी, श्री अरविंद के प्रभाव में मनुष्य में ईश्वरता की खोज की ओर उन्मुख हो गए।

पंत श्री अरविंद की वैचारिक शरण में जाते हैं जो एक समय उग्र-राष्ट्रवादी थे और बाद में 'विश्वचैतन्य' के आध्यात्मिक प्रवक्ता बन गए थे। हालांकि पंत उनकी तरफ पर्याप्त दार्शनिक झुकाव के बावजूद अपनी स्थिति स्पष्ट करते हुए कहते हैं, 'मेरे और श्री अरविंद के दृष्टिकोण में बहुत बड़ा अंतर भी है। मेरी दृष्टि में अंतश्चैतन्य तथा अंतर्बोध की दृष्टि से भी जीवन सत्य का ही सर्वोपरि मूल्य है।... मेरा मन दर्शन से अधिक महत्व जीवन के सहज बोध को ही देता रहा है।' (छायावाद : पुनर्मूल्यांकन)। वास्तविकता यह है कि पंत जीवन की वास्तविक समस्याओं को उठाकर भी कृत्रिम दार्शनिक समाधान की तरफ जाते रहे हैं। उनका 'जीवन के सहज बोध' से नाता टूटता रहा है।

पंत की काव्य यात्रा के कई मोड़ और पड़ाव हैं। वे अंतिम मोड़ पर 'लोकायतन' देते हैं जो उनकी एक महत्वाकांक्षी कृति है जो नेहरू के काल में आती है और एक गहरे असंतोष से आती है। इस कृति में वे पहली बार प्राचीन मिथकीय और ऐतिहासिक चरित्रों को चुनते हैं। वे उस अतीत में जाते हैं जिसकी गुदड़ी में एक समय उन्होंने अनेक छेद देखे थे। वे मार्क्स और गांधी को भी चुनते हैं। उनके महाकाव्य में बिखरे कथा प्रसंगों, दार्शनिक उक्तियों, पुनरुक्तियों और रूढ़

शब्दावलियों को लेकर भले विश्वमानवता का संदेश है, पर यह संदेश बहुत कमजोर ढंग से उपस्थित है। वे उलझे रास्तों पर चलते हुए यह संदेश देते हैं।

'लोकायतन' का अर्थ है पृथ्वी पर प्रयत्न करके लोक का स्थान बनाना, विश्व के लोगों का उत्थान। इसे विश्व लोकतंत्र की कल्पना कह सकते हैं। पंत 1936 में कह रहे थे, 'खो गई स्वर्ग की स्वर्ण किरण/छू जग जीवन का अंधकार'। फ्रांसीसी क्रांति के तुरंत बाद फ्रांस में फिर स्वेच्छाचारी शासन स्थापित हो गया था। वर्डस्वर्थ तथा कई अन्य रोमांटिक कवि 'स्वर्ग की रक्षा' का रूपक दे रहे थे और अपनी वेदना व्यक्त कर रहे थे। भारत में छायावाद का समय बीतने पर भी बंधुत्व, स्वतंत्रता तथा समानता के अधिकारों के लिए लड़ाई जारी थी। यह छायावादोत्तर साहित्य में रोमांटिकता को त्यागे बिना नए आधुनिक रूपों में व्यक्त हो रही थी। पंत प्रगतिवाद में छलांग लगाते हैं, पर उनका काव्य संवेदना और शिल्प के स्तर पर कोई नई छाप नहीं छोड़ पाता। वह इतिवृत्तात्मकता की तरफ लौट जाता है। 'लोकायतन' में एक महत्वाकांक्षी परियोजना के साथ वे एक बार फिर उभरने के लिए जोर लगाते हैं, पर सफल नहीं हो पाते। इस महाकाव्य में कई कथा प्रसंग हैं, पर इनके बीच कोई कथा सूत्र नहीं है और न समस्याओं को गहरी संवेदना और नए सौंदर्य के साथ उपस्थित किया गया है। उनके महाकाव्य में विचारों और चिंताओं का एक लंबा सिलसिला है, जो अमूर्त ढंग से विश्व लोकतंत्र के स्वप्न तक पहुँचाता है। पंत का लक्ष्य है स्वच्छ अंतर्जीवन निर्मित कर विश्व को उत्कर्ष की ओर ले जाना :

उस भू का करना रूपांतर निर्मित कर सित अंतर्जीवन
सम दिग् भव संकट अतिक्रम कर धरने मानव को ऊर्ध्वचरण।

पंत 'लोकायतन' में भारत चिंता भी करते हैं 'जाति पांति मृत रूढ़ि रीति से श्री–हत'। वे 'लोकायतन' में देश के लोगों की दशा का बयान करते हैं, 'पले अंधविश्वासों में गत, बने कूपमंडूक सनातन' और 'पर निंदा ही रुचि का भोजन, कलह स्वभाव कुटिल मति भूषण'। 60 के दशक के साहित्य में जब मोहभंग और बौद्धिक आक्रोश चरम पर पहुंच रहा था, पंत उसमें आदर्शवादी तरीके से हिस्सा ले रहे थे। पंत उपर्युक्त समस्याएं रखने के साथ समाधान देते हैं :

देश जाति के ऊपर उठ जन मन को
मानवता करनी धरती पर स्थापित

मनुज प्रीति कर व्यक्ति मुक्ति हित अर्जित
लोक साम्य रख विश्व ऐक्य के आश्रित।

पंत नव-संस्कृति पर आधारित 'जन-भू कुटुंब' की कल्पना करते हैं। वे पृथ्वी पर सबसे बड़ा संकट यह देखते हैं कि मनुष्यजाति में एकता नहीं है! उनकी चिंताएं निश्चय ही वास्तविक हैं, भले समाधान काल्पनिक हों। वे उद्वेलित होकर उस संस्कृति को धिक्कारते हैं जिसमें युवक-युवतियां मुक्त होकर 'प्रेमार्पण' नहीं कर सकते, वयस्क लोग 'जन मंगल श्रम' में रत नहीं हैं, सौंदर्य से प्रेम नहीं है, लोग 'भौतिक वैभव के मद' से भरे हैं, शोषक-शोषित में 'विभक्त (समस्त) भू-प्रांगण' है, लोग वायुयान से उड़ रहे हैं लेकिन उनका अंतर्मन 'प्रस्तर युग का जड़ पाहन' है। सभी लोग 'जाति-पांति में-देशों में-वर्ण-श्रेणियों में विभक्त' हैं। पंत सबसे ज्यादा चिंतित सांस्कृतिक पतन को लेकर हैं, जो पश्चिम और पूर्व दोनों जगह पर है। वे संसार में हर तरफ घृणा देखते हैं, 'घृणा घृणा से नहीं मरेगी, बल प्रयोग पशु साधन निर्दय'। 'लोकायतन' का केंद्रीय लक्ष्य है 'मनुज चेतना का हो अनघ विकास'। पंत कहीं वर्णनात्मक और कहीं लाक्षणिक शैली में वर्तमान भारतीय यथार्थों के साथ पहली बार अतीत की कई उज्ज्वल स्मृतियों को भी उठाते हैं, हालांकि संभावना केवल गांधी, मार्क्स और श्री अरविंद के घुलेमिले दर्शन में देखते हैं।

'लोकायतन' में शिव आते हैं, राम कथा आती है, कृष्ण आदि देवता आते हैं, वाल्मीकि-व्यास आते हैं। पंत अतीत में जाने लगते हैं, 'अपनी लीला से विमुग्ध कर जन-जन का मन/ अब भी मौन निकुंजों से वंशी ध्वनि छन कर/ ज्योत्सना में पुलकित करती रहती भू का मन।' उनके महाकाव्य में इतिहास प्रसंगों के अलावा मिथक आते हैं, जो कवि के अध्यात्म को खड़ा करते हैं। इस कृति में सबकुछ है, पर सब गड्डमड्ड है। पंत एक नूतन मन से प्रकृति, देश और विश्व को देखते-देखते अंततः एक ऐसी दार्शनिक जगह पहुंच जाते हैं जहां उनके स्वप्न की कोमलता समाप्त हो जाती है और पाठक से जरा भी आंतरिकता स्थापित नहीं हो पाती। संभवतः यही वजह है कि पंत का 'लोकायतन' प्रसाद की 'कामायनी' की तरह पाठकों के मन को छू नहीं सका।

पंत की चिंताओं, उद्देश्य तथा लोककल्याण की भावना में आमतौर पर एक सचाई है, भले वे दार्शनिक भूलभुलैये में फँस गए हों। उन्होंने देश-दुनिया की बुनियादी समस्याओं की एक हद तक सही पहचान की है। उनकी पूर्व और

पश्चिम से आधुनिक रिश्ते के संबंध में यह धारणा सही है, 'पूर्व की प्राचीन सभ्यता... काल्पनिक मुक्ति के फेरे में पड़ी हुई है, पश्चिमी सभ्यता एकांगी भौतिकवाद के कारण विनाश की दलदल में है।' पंत पूर्व और पश्चिम दोनों के आधुनिक पतन के दौर में विश्वमानवता का पुनर्निर्माण करना चाहते हैं। वे 'भारत गीत' के अपने एक पुराने भाववाद 'प्रथम सभ्यता ज्ञाता' से बाहर निकल चुके थे। वे किसी पुनरुत्थानवादी शोक में भी नहीं फँसते हैं, 'कहां आज वह पूर्ण पुरातन, वह सुवर्ण का काल'। बल्कि वे एक समय तो 'द्रुत झरो जगत के जीर्ण पत्र' के गायक हो चुके थे।

सुमित्रानंदन पंत का श्रेष्ठ काव्य समय छायावाद है। इसी दौर में उनकी सौंदर्य दृष्टि और कल्पनाशीलता उत्कर्ष पाती है। वे स्मृति में बस जाने वाली कविताएं रचते हैं। उन्होंने एक समय हिंदी क्षेत्र की विडंबनाओं तथा कूपमंडूकता की आलोचना की, हालांकि अंततः जो समाधान दिया वह कृत्रिम है। फिर भी इतना स्वीकार करना होगा कि पंत की छायावादी कविताओं और 'लोकायतन' दोनों जगहों पर उनके स्वप्न का संबंध व्यक्ति चेतना के उदात्तीकरण और विश्वमानवता से है।

कहा जा सकता है कि हर छायावादी कवि ने एक न एक बिंदु पर अकेलेपन का अनुभव किया। पंत के स्वप्न जितने ऊँचे थे, अपने पिछड़े हिंदी समाज में वे अंततः अपने को उतना अधिक अकेला पा रहे थे। उन्होंने अपने अकेलेपन की बार–बार चर्चा की है। वे अपने जीवन के अंतिम समय ज्यादा अकेले थे और स्थानीय आक्रमणों से घिरे हुए थे। एक युग का अंत हो चुका था!

महादेवी : छायावाद की स्त्री आवाज

हिंदी में अपने महान साहित्यकारों का स्मरण करने की परंपरा कमजोर है, क्योंकि इसके लिए खुद को थोड़ा भूलना पड़ता है। हम कह सकते हैं कि महादेवी हमारे लिए आज भी अत्यंत महत्वपूर्ण हैं। उनका काव्य स्त्री मुक्ति और छायावाद दोनों को एक नया अर्थ देता है।

काव्य की दुनिया में महादेवी का प्रवेश तब हुआ जब प्रसाद, निराला और पंत अपने साहित्यिक उत्कर्ष पर थे। वे शुरू से एक अनोखा स्त्री-मन लेकर छायावाद में आईं। उस समय निर्मित हो रहे 'भारतीय राष्ट्र' में स्त्री की जगह को लेकर उनमें कैसी बेचैनी थी, वे केंद्र और हाशिया दोनों को एक साथ कैसे मुखर कर रही थीं, उनकी विश्ववेदना में स्त्री की आवाज किस तरह शामिल हुई, वे अंधेरे में सुबह की आहट सुन रही थीं या रात्रि की नीरवता में डूबी हुई थीं, उन्होंने छायावाद और अपने जीवन काल की सामाजिक घटनाओं को किस दृष्टि से देखा– आज ऐसे कई प्रश्न जरूरी हो उठे हैं।

महादेवी वर्मा को केंद्र में रखकर बहुत कुछ लिखा गया हो, पर उनपर ठोस आलोचनात्मक चिंतन उस तरह नहीं आ पाया, जिस तरह प्रसाद और निराला पर आया। इसी तरह कई आलोचक पहले कबीर, तुलसी और जायसी पर काफी लिख जाते थे, मीरा हाशिए पर रह जाती थीं। रामचंद्र शुक्ल के छायावाद-संबंधी विचारों का विरोध करते हुए भी, नंददुलारे वाजपेयी ने छायावाद की 'बृहत्त्रयी' बनाकर इस काव्यधारा से महादेवी को बाहर निकाल रखा था। वे हिंदी आलोचना के लिए मीरा से कम बड़ी चुनौती नहीं रही हैं। दरअसल छायावादी आंदोलन को एक स्त्री के रूप में महादेवी ने उसी तरह व्यापकता दी थी, जिस तरह भक्ति आंदोलन को मीरा ने दी थी।

रामचंद्र शुक्ल के सामने स्पष्ट नहीं था कि महादेवी की काव्य-अनुभूतियां

'कहां तक वास्तविक अनुभूतियां हैं और कहां तक अनुभूतियों की रमणीय कल्पना है।' अगर वे सौंदर्यात्मक कल्पना ही हों, तब भी कहना चाहिए कि हिंदी क्षेत्र की एक स्त्री कल्पना करने का साहस कर रही थी। यह एक बड़ी बात इसलिए है कि इसी क्षेत्र में दो दशक पहले राजेंद्रबाला घोष को अपनी कहानी 'दुलाईवाली' बंगमहिला के नाम से छपानी पड़ी थी। वे अपना नाम तक देने का साहस नहीं कर पाई थीं। सवाल है, एक कठोर पुरुष-वर्चस्व वाले समाज में क्या स्त्री कल्पना कर सकती है? महादेवी की सृजनात्मक कल्पना पुरुष-वर्चस्व का प्रतिरोध है। उनकी आवाज सबसे पहले स्त्री के लिए है, 'तू न अपनी छांह को अपने लिए कारा बनाना/ जाग तुझको दूर जाना!'

हम जानते हैं कि पुरुष-वर्चस्व वाले भारतीय परिवार में स्त्री-कल्पनाशीलता के बंध्याकरण के सैकड़ों उपाय हैं या स्त्री-कल्पना साधारणतः पश्चिमी बाजार सभ्यता का उपनिवेश बन जाती है। महादेवी दोनों चुनौतियों के सामने खड़ी हुईं। यही वजह है कि उनकी कल्पना ने उनके दुख को याचक नहीं दाता बना दिया!

क्या पुरुष और स्त्री कभी एक ही तरह से कल्पना कर सकते थे? क्या निराला के 'बादल' और महादेवी की 'बदली' कभी एक हो सकते थे? 'झूम-झूम मृद गरज-गरज घनघोर' (निराला) और 'मैं नीर भरी दुख की बदली' (महादेवी) का फर्क समझना कठिन नहीं है। महादेवी वर्मा की 'बदली' भारतीय स्त्री की आत्मकथा बन जाती है, 'विस्तृत नभ का कोई कोना/ मेरा न कभी अपना होना/ परिचय इतना इतिहास यही/ उमड़ी कल थी मिट आज चली।' आम भारतीय स्त्री की कोई 'स्वानुभूति' इससे अधिक मार्मिक नहीं हो सकती।

विरुद्धों में सामंजस्य

छायावाद के उदय की पृष्ठभूमि में बुद्धिवाद, औद्योगिक सभ्यता और उपयोगितावाद की बढ़ गई प्रधानता है। बुद्धिवाद विज्ञान के बल पर एक ऐसे मोड़ पर खड़ा हो गया, जहां वह प्रकृति पर विजय के दंभ से भरा था। वह मनुष्य के भावजगत को नष्ट कर रहा था और भौतिक सुखवाद का आकर्षण बढ़ा रहा था। हमारे देश में वह अंग्रेजी राज का तर्क बनाता था और औपनिवेशिक बुद्धिवाद था।

महादेवी वर्मा ने बुद्धि को पर्याप्त न मानकर भावना पर भी जोर दिया। वे कहती हैं, 'मनुष्य के पास दो ही उपाय हैं— बुद्धि का विकास और भावना का परिष्कार। केवल बौद्धिक निरूपण जीवन के मूल तत्वों की व्याख्या कर सकता है, उसका

परिष्कार नहीं जो जीवन के सर्वतोमुखी विकास के लिए अपेक्षित है। केवल भावना मानव जीवन को गति दे सकती है, दिशा नहीं।' (महादेवी साहित्य समग्र-3)। छायावादी कवियों का लक्ष्य 'बुद्धि प्रसूत चिंतन' और विज्ञान को छोड़ देना नहीं था, बल्कि बुद्धि पक्ष के साथ-साथ भावना या संवेदना पक्ष को भी साथ रखना था। वह विरुद्धों में सामंजस्य का युग था। आज का युग उत्थानशील बुद्धि और संवेदना दोनों का शत्रु बना हुआ है। ऐसे दौर में महादेवी सहित सभी छायावादी कवियों को फिर से समझने की जरूरत बढ़ गई है।

महादेवी को कई व्यक्ति रहस्यवादी सिद्ध करने में लगे रहते हैं, जबकि उन्होंने स्पष्ट कहा है, 'मेरे संपूर्ण मानसिक विकास में उस बुद्धि प्रसूत चिंतन का विशेष महत्व है, जो जीवन की बाह्य व्यवस्थाओं के अध्ययन में गति पाता रहा है।' (वही) यह जरूर है कि वे बुद्धि प्रसूत चिंतन के आधुनिक विकास और प्रकृति तथा मानवीय भावजगत के संरक्षण दोनों पर जोर देती हैं। वे कहती हैं, 'केवल भारतवर्ष का मानचित्र बांटकर जिस प्रकार राष्ट्रीय भावना जाग्रत करना संभव नहीं है, केवल शतरंज के मोहरे की तरह व्यक्तियों को हटा-बढ़ाकर जैसे जन भावना का विकास कठिन है, केवल वैज्ञानिक दृष्टिकोण से जीवन की गहराई और विस्तार नाप लेना भी वैसा ही दुस्तर कार्य है। इसी से प्रत्येक युग के निर्माता को यथार्थ द्रष्टा ही नहीं स्वप्न द्रष्टा भी होना पड़ता है।' (वही) प्रसाद की 'कामायनी' में श्रद्धा अपने पुत्र मानव को इड़ा (बुद्धि) के पास छोड़ती है। महादेवी भी बुद्धि और संवेदना के अंतर्विरोध को मिटा देना चाहती हैं, जिसका एक परवर्ती रूप 'ज्ञानात्मक संवेदना' है!

महादेवी मनुष्य की अंत:शक्ति, अंतर्जगत के विकास और मनोबल पर इतना जोर इसलिए देती हैं कि जब बाहरी भौतिक व्यवस्था सर्वथा प्रतिकूल हो, मनुष्य अपने अंतर्जगत की शक्ति से ही उस व्यवस्था से संघर्ष करते हुए जी सकता है, क्योंकि उसके अंत:करण में मनुष्यजाति के हजारों साल के इतिहास की शक्तियां छिपी रहती हैं। मनुष्य में बड़े स्वप्न तभी बचे होते हैं जब उसकी संवेदना, ज्ञान परंपराएं और कल्पनाशक्ति बची हो।

छायावाद का लक्ष्य अखंड मानवता है

हिंदी साहित्य में छायावाद के नए युग का आरंभ 20वीं सदी के खासकर दूसरे दशक से हुआ था। इसकी पृष्ठभूमि में प्रथम विश्वयुद्ध (1914-20) था जिसका

प्रेरक अंध-राष्ट्रवाद था। इसकी प्रतिक्रिया में संसार में विश्वमानवता की लहर उठी। ठीक इसी समय की एक दूसरी ऐतिहासिक घटना रूस की नवंबर क्रांति (1917) है, जिसने शोषितों, खासकर श्रमिकों की ओर ध्यान आकर्षित किया। पश्चिम के दीर्घ स्त्री मुक्ति-आंदोलन का ही नतीजा है कि इंग्लैंड में 1918 में और फ्रांस में 1920 में स्त्रियों को मताधिकार मिला। भारत की महत्वपूर्ण घटना है, अंग्रेजी राज के विरुद्ध गांधी के नेतृत्व में 1920-22 का सत्याग्रह। स्मरण रखना होगा कि इन विश्व-आलोड़नों का छायावाद या 'इंडियन रोमांटिसिज्म' पर प्रभाव पड़ा था। इसका यह अर्थ है कि छायावादी अनुभूति के साथ कल्पना एक ठोस ऐतिहासिक जमीन पर आकार ले रही थी। महादेवी कहती हैं, 'कल्पना के संबंध में यह स्मरण रखना उचित है कि वह स्वप्न से अधिक ठोस धरती चाहती है।' (वही)।

महादेवी वर्मा अपने 'छायावाद' शीर्षक निबंध में अपने युग के काव्य का बुनियादी लक्ष्य बताती हैं, 'पिछले अनेक वर्षों की विषम परिस्थितियों ने हमारे जीवन को छिन्न-भिन्न कर डाला है। ...उसे सामंजस्य की ओर ले चलना है।'(वही) हम छायावाद युग के बरअक्स आज के युग को देख सकते हैं, जब हर तरफ खंड-खंड पाखंड के दृश्य हैं। दुनिया में प्रेम, बौद्धिक स्वतंत्रता और सृजनशीलता के साथ जीना मुहाल है। हर प्रांत में इन चीजों के अलावा मानवता को रौंदते अनगिनत झुंड हैं। महादेवी की नजरों में छायावाद की केंद्रीय आकांक्षा है अखंड मानवता, जो निश्चय ही कई बार रहस्यमय बिंबों में सामने आती है। जैसे उनकी एक कविता में वसंत ऋतु की रात का सौंदर्य महज प्रकृति का मानवीकरण लगता है, जबकि वह नए आधुनिक विश्व का स्वप्न है।

हम पाते हैं कि प्रसाद को उषा और संध्या प्रिय हो, महादेवी ज्यादातर अंधेरे को विषय बनाती हैं, क्योंकि स्त्रियों के जीवन में अंधेरा ज्यादा है, भले उसमें 'वेदना के अग्निकण', 'रात के उर में दिवस की चाह का शर' या 'वसंत रजनी' का स्वप्न हो :

धीरे-धीरे उतर क्षितिज से
आ वसंत रजनी!...
पुलकित स्वप्नों की रोमावलि
कर में ही स्मृतियों की अंजलि
मलयानिल का चल दुकूल अलि

चिर छाया-सी श्याम, विश्व को
आ अभिसार बनी
सकुचती आ वसंत-रजनी!

छायावाद आधुनिक युग की एक ऐसी विश्वदृष्टि है जो धर्म, जाति, देश-प्रांत के आधार पर बने बंद दायरों से विद्रोह है। महादेवी कहती हैं, 'भिन्न परिस्थिति होने पर भी हम हृदय से एक हैं। यही कारण है कि दो मनुष्यों के देश, काल, समाज आदि में समुद्र के तटों जैसे अंतर होने पर भी वे एक-दूसरे के हृदयगत भावों को समझने में समर्थ हो सकते हैं। ...जिस प्रकार वीणा के तारों के भिन्न स्वरों में एक प्रकार की एकता होती है, जो उन्हें एक साथ मिलकर चलने की और अपने साम्य से संगीत की सृष्टि करने की क्षमता देती है, उसी प्रकार मानव हृदयों में भी एकता छिपी हुई है।' (वही)। कहा जा सकता है कि वैश्वीकरण के युग में धर्म, जाति, प्रांतीयता आदि के आधार पर मनुष्य-मनुष्य के बीच दूरी सबसे ज्यादा बढ़ी है, जबकि छायावाद युग में एक भिन्न चरित्र का अंतरराष्ट्रीयतावाद था। महादेवी का हृदय अपने देश के बारे में सोचते हुए भी विश्वमानवता की पीड़ा से एकाकार होता था, 'तेरे गीतों के पंखों पर उड़ चले विश्व के स्वप्न दीन'!

महादेवी छायावाद के संबंध में जो कहती हैं, उससे इस साहित्यिक आंदोलन के कई आयाम स्पष्ट होते हैं, 'छायावाद का विस्तार विस्मित कर देता है तो विविधता कौतूहल का आधार बनती है। उसमें पौराणिक गाथाएं बोलती हैं और साधारण दृष्टांत कथाएं मुखर हैं। अतीत का गौरव गाता है और वर्तमान विकृतियों से क्रंदन का स्वर मंडराता है। कृषक, श्रमजीवी आदि का श्रम निमंत्रण देता है और आर्त्त नारी की व्यथा पुकारती है। शापमुक्त पाषाणी (अहल्या) के समान जड़ता से छूटी हुई प्रकृति सबको अपने जीवित होने की सूचना देने को भटकती है और भारतीयता से प्रकाशित जातीयता उदात्त-अनुदात्त स्वरों में अलख जगाती है।' (वही)।

उनके कथन में छायावाद को एक बड़ी जमीन से देखने की कोशिश है। भारतीयता को अंतरराष्ट्रीय हलचलों से प्रेरित विश्व वेदना से जोड़ते हुए भी उन्होंने बताया कि देश के प्राचीन गौरव का बोध, अतीत के मिथक, वर्तमान सामाजिक विकृतियों को लेकर चिंता, कृषक-श्रमजीवी वर्गों का उदय, स्त्री जागरण और प्रकृति से प्रेम किस तरह भारतीयता के अर्थ को विस्तार देते हैं।

इतना ही नहीं, महादेवी अपने युग की राष्ट्रीयता के उदात्त और अनुदात्त दोनों

रूपों की चर्चा करती हैं। उनकी दृष्टि में राष्ट्रीयता के उदात्त रूप से तात्पर्य है– राष्ट्र का उदार, समावेशी और सेकुलर रूप। अनुदात्त रूप से तात्पर्य है उसका कट्टर, बहिष्कारपरक तथा अंध–धार्मिक रूप। निःसंदेह छायावाद की प्रधान विचारधारा मानवतावाद है। इसलिए महादेवी राष्ट्रवाद के उन कट्टर हिंदू–मुस्लिम धार्मिक रूपों को समर्थन नहीं देतीं, जो उस समय भारतीय राष्ट्रीयता में जहर घोल रहे थे।

रहस्यवाद है धार्मिक–सामाजिक रूढ़ियों से विद्रोह

महादेवी मनुष्य जीवन और सृष्टि के बाहर किसी रहस्यात्मक शक्ति में आस्था नहीं रखती थीं। उनकी कविताओं में आत्मा और परमात्मा का मिलन खोजकर उन्हें रहस्यवादी कहा गया, जबकि उनका संपूर्ण जीवन जिजीविषा, रचनाशीलता और परिवर्तन की सोच से भरा है।

महादेवी वर्मा से अधिक रहस्यवादी वे आलोचक और शिक्षक रहे हैं, जो उनकी हर कविता में अलौकिक अनुभूति ढूंढ़ते थे। छायावाद युग में रहस्यवाद पर हुई कमजोर चर्चाओं ने भी भ्रांतियाँ फैला रखी थीं, जबकि महादेवी ने उन घटाटोपों के बीच स्पष्ट कहा, 'हृदय की सीमा एक असीमता में अपनी ही अभिव्यक्ति चाहती है।' उनके लिए रहस्यवाद 'अपनी व्यक्त अपूर्णता को अव्यक्त पूर्णता में मिटा देने की इच्छा' है। महादेवी के काव्य में रहस्यवाद की जगह रहस्यमय भावना है जिसका संबंध भेदभाव से मुक्त एक परिपूर्ण मानवतावाद से है। यह परिपूर्ण मानवतावाद ही वह असीमता है जिसे छूने की इच्छा का नाम रहस्यवाद है। महादेवी का रहस्यवाद एक लौकिक अनुभूति है, इंद्रियातीत घटना नहीं।

महादेवी विस्मय के साथ अपने भीतर जिस प्रेम, वेदना और मधुरता का अनुभव करती हैं या महान स्वप्न देखती हैं, उसका संबंध किसी आध्यात्मिक जगत से न होकर इहलौकिकता से है। दरअसल प्रत्यक्ष दृश्यों के बीच से मन कई बार 'नूतन' की खोज में इन दृश्य रूपों से बाहर निकलना चाहता है। वह दुख–कष्ट के बीच ऐसे आनंद की खोज में होता है, जिसके 'डिटेल्स' स्पष्ट नहीं होते। महादेवी रिक्तता से भरे आधुनिक जीवन के लिए प्रेम, विस्मय और आनंद की ऐसी ही खोज में थीं।

कौन तुम मेरे हृदय में?
मधुरता भरता अलक्षित
कौन प्यासे लोचनों में

घुमड़ फिर भरता अपरिमित?
स्वर्ण स्वप्नों का चितेरा
नींद के सूने निलय में
कौन तुम मेरे हृदय में?

छायावाद का रहस्यवाद वस्तुत: एक तरह का आदर्शवाद है, बल्कि इस रहस्यवाद को परिपूर्ण मानवता-उन्मुख आदर्शवाद की ऐसी रहस्यमयी भावना समझना चाहिए जो अस्पष्ट होती है। जिन रहस्यवादी इच्छाओं का कल्पना से मिलन हुआ है, वे उदात्त जरूर हैं पर कृत्रिम नहीं हैं। एक खास ऐतिहासिक दौर में जब दुनिया की मानवता समस्त विभीषिकाओं के बीच अपने उदार लक्ष्यों और रास्तों की तलाश कर रही थी, नए सपने देखे जा रहे थे, कवियों-दार्शनिकों की अभिव्यक्ति में एक रहस्यमय धुंधलापन आ जाना स्वाभाविक है। देखा जा सकता है कि विश्व भर में रहस्यवाद समाज के भेदभावों, वर्जनाओं और जकड़नों के प्रतिरोध की एक आध्यात्मिक शैली रही है। इसका लक्ष्य रहा है प्रेम की स्वतंत्रता का उद्घोष। उपनिषदकार हों, ईसाई रहस्यवादी हों, सूफी हों या कबीर जैसे कवि हों– ये दुनिया से भागने वाले नहीं इसे भीतर से बदलने की उद्दाम आकांक्षा रखने वाले, सभी तरह के भेदभावों-रूढ़ियों के विरोधी, कलाप्रेमी और भावप्रवण विद्रोही थे। उन्होंने अपने समय के सत्ता विमर्शों को चुनौती देने के लिए जोखिम उठाए थे।

महादेवी को एक नई दुनिया चाहिए थी, जिसके लिए उनके दौर में लोग संघर्ष करने, पीड़ा सहने तथा मिटने के लिए तैयार थे। उनकी इन पंक्तियों को इसी रोशनी में देखने की जरूरत है, 'जब असीम से हो जाएगा मेरी लघु सीमा का मेल / देखोगे तुम देव, अमरता खेलेगी मिटने का खेल', अर्थात दुनिया बदलने के लिए बलिदानों का तांता लग जाएगा। महादेवी के युग में बड़े स्वप्नों के लिए मर मिटने वाले लोग थे। वे अन्यत्र कहती हैं :

चाहता है यह पागल प्यार
अनोखा एक नया संसार।...
करते हों आलोक जहां बुझ-बुझकर कोमल प्राण
जलने में विश्राम जहां मिटने में हो निर्वाण
वेदना मधु मदिरा की धार
अनोखा एक नया संसार।

महादेवी के पहले कविता संग्रह 'नीहार' (1930) में स्पष्ट हो चुका था कि

उनका अश्रु रोने-गाने का मामला नहीं है, वह एक नए संसार के लिए तड़प है, 'करें दृग आँसू का व्यापार/ अनोखा एक नया संसार।' वर्तमान संसार असह्य है, इसलिए एक नया संसार चाहिए। वर्तमान संसार में सीमाएँ हैं, बंधन हैं। इसलिए कुछ अनोखे, कुछ सीमाहीन और बंधनहीन की आकांक्षा है– 'जहाँ सपने हों पहरेदार/अनोखा एक नया संसार।' नए संसार में मनुष्य की आंखों में बड़े सपने होंगे।

छायावाद युग आज की तरह भोगवाद और स्वार्थ– समझौतों का जमाना नहीं था। वह त्याग, भावात्मक एकता और आत्मबलिदान का जमाना था- 'करते हों, आलोक जहां बुझ-बुझ कर कोमल प्राण।' यह सारा कुछ मनुष्य की आजादी के लिए है, जिसके भीतर स्त्री की आजादी की पुकार भी है। महादेवी स्त्री के लिए बना दी गई सीमाओं को मानने के लिए तैयार नहीं थीं। वे एक जगह कहती हैं, 'धूलि के कण में नभ की चाह' है! वे वस्तुतः समस्त मनुष्यता को सीमाओं से मुक्त करना चाहती थीं। इसलिए असीम उन्हें आकर्षित करता था और बार-बार एक चुनौती फेंकता था जिसे रहस्यवाद समझ लिया गया। उनकी कविता में जो रहस्यमय है वह उनके युग की ही कोई उलझन, इच्छा और अनिश्चयता है। वे 'नीरजा' में कहती हैं :

तुम्हें बांध पाती सपने में
तो चिर जीवन-प्यास बुझा लेती
उस छोटे क्षण में!...
मधुर राग बन विश्व सुलाती
सौरभ बन कण कण बस जाती
भरती मैं संसृति का क्रंदन
हँस जर्जर जीवन अपने में...
सबकी सीमा बन सागर सी
हो असीम आलोक लहर सी
तारोंमय आकाश छिपा
रखती चंचल तारक अपने में!

महादेवी का 'प्रिय' या 'तुम' आखिर कौन है? वह अलौकिक सत्ता न होकर असीम मानवता है। असीम मानवता मनुष्य जाति को बार-बार सीमाओं, बंधनों और पीड़ाओं-क्रंदन से मुक्त करने की प्रेरणा देती है। महादेवी के मूल्यांकन में

रहस्यवादी अतिरेक इतने ज्यादा हैं कि उनकी कविता के स्त्री-मुहावरे अव्याख्यायित रह ही गए, उनके असीम को भी ठीक से नहीं समझा गया। वे अपने गीत 'जाग बेसुध जाग' में सोयी यशोधरा के संदर्भ में कहती हैं, 'सुन जगाती है उसी सिद्धार्थ की पद-चाप, करुणा के दुलारे जाग'। उनकी एक पंक्ति है, 'जाग-जाग सुकेशिनी री।'

महादेवी राष्ट्रीय जागरण के युग की लेखिका हैं। वे संसार भर का क्रंदन अपने में भर लेने के साथ कण-कण में सौरभ बनकर बिखर जाने की बात कहती हैं। वे हर परंपरावादी जर्जरता पर हँसती हैं जो एक प्रहार है और एक 'असीम आलोक लहर' की कामना करती हैं। कहना न होगा कि महादेवी का 'असीम' आंखें बंद करने पर नहीं आंख खोलने पर दिखता है।

महादेवी बुद्धिवाद के युग में जिस अध्यात्म की जरूरत का अनुभव करती हैं, 'वह किसी रूढ़ि, धर्म या संप्रदायगत न होकर सूक्ष्म सत्ता की परिभाषा है।'(वही) उनके अध्यात्म में एक सामाजिक व्यंजकता है। उनकी कविता में 'शून्य', 'मिटना', 'सूनापन' शब्द बार-बार आए हैं। वे कहती हैं, 'कन-कन बिखरा है निर्मम, मेरे मानस का सूनापन!' यदि कुछ आशामय है, क्रीड़ामय है, कोई संगीत है, तो वह दूर है— 'गूंजता उर में न जाने दूर के संगीत-सा क्या!' निश्चय ही नए संसार में स्त्री के चेहरे पर भय नहीं हँसी हो, यह महादेवी के युग का एक बड़ा स्वप्न था। हमें लौकिक-अलौकिक से अधिक उनके 'अश्रु' और 'हास' को समझना होगा— 'भरे हुए अब तक फूलों में/मेरे आंसू उनके हास'। यह यथार्थ और आदर्श की अंतःक्रीड़ा है। उनके काव्य में प्रलय से विनाश नहीं एक नई सृष्टि का जन्म होता है और निराशा से आशा फूटती है। महादेवी दृढ़ संकल्प वाली हैं। वे हारना नहीं चाहतीं, 'अन्य होंगे चरण हारे/और है जो लौटने दे शूल को संकल्प सारे।' यह मनुष्य की अंतःशक्ति है।

महादेवी का 'मैं' यदि यथार्थ की अभिव्यंजना करता है, तो उनका 'तुम' या 'वह' दिवास्वप्न की। उनके काव्य में यथार्थ और आदर्श के दिवास्वप्न लौकिक अनुभूति के ही दो किनारे हैं।

महादेवी का राष्ट्रवाद

छायावाद औपनिवेशिक भारत में घटित हो रहा था। इसलिए महादेवी के छायावादी काव्य में विश्व वेदना के साथ राष्ट्रीय आवाज स्वाभाविक है। उन्होंने

कुछ भी राजनीतिक भाषा में नहीं लिखा, पर एक साहित्यकार के रूप में उन्होंने अपने युग के अन्य कवियों की तरह अंग्रेजी राज में पराधीनता का दर्द झेला था। उनके चिंतन में 'रैशनलिज्म' के साथ 'नेशनलिज्म' के तत्व हैं। आखिर उनका मन राजनीतिक रूप से भी स्वच्छंदता की आकांक्षा क्यों नहीं रखे और साम्राज्यवाद पर प्रहार क्यों न करे। वे एक महान देशप्रेमी ही नहीं, उदार राष्ट्रवादी भी थीं। उनकी भाषा निश्चय ही विशिष्ट है, 'शृंखलाएं ताप से उर के गलेंगी'! मनुष्य की वेदना में इतना ताप है कि उसके हृदय की ज्वाला से बेड़ियाँ गल जाएंगी। यह रोमांटिक दृष्टिकोण हो, पर ब्रिटिश जुल्मों के दौर की आवाज है। अपनी एक कविता में वे भारत पर मर मिटने की बात कहती हैं। उनकी दृष्टि में भारत एक ऐसा देश है, जो निर्माण के दौर में हँसता रहता है और क्रोध के समय प्रलय कर देता है। वे राष्ट्रीय भावावेग के साथ एक जगह कहती हैं– 'वंदिनी जननी! तुझे हम मुक्त कर देंगे!'

अंग्रेज प्रशासक जॉन स्ट्रेची (1823–1907) से लेकर ब्रिटिश प्रधानमंत्री विंस्टन चर्चिल (1874–1965) तक अंग्रेज दृढ़ता से मानते थे कि भारत में न 'भारतीय राष्ट्र' जैसी कोई चीज है और न 'भारत के लोग' बोलकर कोई यथार्थ है। स्ट्रेची ने कहा था, 'यह असंभव है कि पंजाब, बंगाल, मद्रास और पश्चिमी प्रांत के लोग कभी महान भारतीय राष्ट्र के सूत्र से बंध सकें।'(इंडिया : अ हिस्ट्री, जॉन की)। क्या आज की स्थितियों को देखते हुए यह एक सत्य कथन है?

महादेवी मानती हैं, 'भारतीय संस्कृति विविधतामयी है, क्योंकि भारत की प्रकृति अनंतरूपा है। वह समन्वयवादिनी है, क्योंकि प्रकृति सबको स्वीकृति देती है।' (महादेवी साहित्य समग्र–3)। उनके युग में देश में समावेशी राष्ट्रीय भावना न केवल फैलने लगी थी, बल्कि राष्ट्रीय आंदोलनों के आगे बढ़ने के साथ वह मजबूत भी होने लगी थी। उन्हें लगता था, 'भारत सारी विविधता को संभाल लेगा, उसी प्रकार जैसे एक सूत्र अनेक वर्ण के फूलों को संवार लेता है।' (वही) यह एक बड़ा विश्वास है जो उस युग में निर्मित हो रहा था।

राष्ट्रीय एकता में एक बड़ी बाधा धार्मिक राष्ट्रवाद है। छायावाद के सामने यह मामला था। उस युग के कवियों ने इसका अपनी–अपनी तरह से सामना किया।

महादेवी अंध–राष्ट्रवाद के विरोध में हैं। इसका एक रूप धार्मिक राष्ट्रवाद है जिसमें वस्तुत: न धर्म होता है और न सच्ची राष्ट्रीय भावना होती है। धर्म के नाम पर सिर्फ शोर और विद्वेष की आग होती है, जो समाज के एलीट वर्गों की धार्मिक पाखंड के बल पर सत्ता हासिल करने की महत्वाकांक्षाओं की देन है।

महादेवी धार्मिक थीं, पर वे ईश्वर की आराधना को एक वैयक्तिक विषय मानती थीं। वे बाहरी पूजा-अर्चना को महत्व नहीं देतीं, 'मैं किसी कर्मकांड में विश्वास नहीं करती।' महादेवी अपनी आत्मा को ही मंदिर मानती हैं, 'क्या पूजा क्या अर्चन रे'! वे जब धर्म को दिखावा की जगह आंतरिक अनुभूति के रूप में देख रही थीं, निश्चित रूप से धार्मिक राष्ट्रवाद का एक भावनात्मक प्रतिपक्ष रच रही थीं। उनका लक्ष्य 'धार्मिक संरक्षणवाद' और 'भिन्नता' के अंग्रेजी षड्यंत्र का विरोध करना था। महादेवी मंदिर में बिना किसी प्रभापूर्ण दिखावे या बिना आम शोर-शराबे और शंख-घड़ियाल के दीपक के चुपचाप नीरव जलने की कल्पना करती हैं। वे कहती हैं– देखो, दिन के हास्यास्पद शोर-शराबे के बाद रात में उनका 'देवता' कितना अकेला है, कोई नहीं है उसके पास। उसके अकेलेपन में दीप के चुपचाप जलने का एक अर्थ है। दीपक में जीवन के आंगन (अजिर) की रिक्तता को गला देने की अनोखी क्षमता है। यह एक दिग्भ्रांत समय है, हर ओर तूफान छाया है और देश बौद्धिक मूर्च्छा से गुजर रहा है। इस समय ज्योति की आराधना करने वाले हर व्यक्ति को रात में नई सुबह होने तक प्रति पल जागते रहना होगा। धार्मिक शोर की जगह सच्ची भावना की जरूरत है। शोर में तो सिर्फ शोर होता है!

यह मंदिर का दीप इसे नीरव जलने दो
रजत शंख घड़ियाल स्वर्ण वंशी– वीणा स्वर...
जब था कल कंठों का मेला
विहँसे उपल तिमिर था खेला
अब मंदिर में इष्ट अकेला
इसे अजिर का शून्य गलाने को गलने दो
झंझा है दिग्भ्रांत रात की मूर्च्छा गहरी
आज पुजारी बने, ज्योति का यह लघु प्रहरी
जब तक लौटे दिन की हलचल
तब तक यह जागेगा प्रति पल

महादेवी को 'राष्ट्र' की विडंबनाओं का बोध था, 'हमारा वर्तमान समाज जाति-प्रजाति, समता-विषमता में विभाजित है। हमारा धर्म अंधविश्वास से ग्रसित है। हमारी राजनीति स्वार्थ से विभाजित है। हम केवल विभाजित ही विभाजित हैं।'(वही) उनके लिए 'राष्ट्र की एकता का अर्थ है– देश की

भावनाओं, आकांक्षाओं और हितों की एकता। उनका भरोसा युवा पीढ़ियों पर है, 'किसी युग का सबसे बड़ा वसंत उसका तारुण्य है, उसकी नई पीढ़ी है।' उन्हें युवक-युवतियां रूढ़िग्रस्त अतीत के बोझ से कम लदे दिखते थे। दरअसल नई पीढ़ी में पुराने स्वभाव और लक्ष्यों से भिन्न कुछ नया चुनने का गहरा उत्साह रहता है। महादेवी ने ऐसे युवाओं को देखकर ही तूफान के बीच अपनी मानवतावादी आस्था की लौ कभी बुझने नहीं दी।

महादेवी की एक खास निर्भयता का जिक्र जरूरी है। बद्रीनाथ यात्रा पर एक रचना है– 'सूई दो रानी डोरा दो रानी'। इसमें उन्होंने मंदिर की आलोचना की, 'मंदिर अपनी प्रसिद्धि के अनुरूप नहीं है और भीतरी द्वारों पर कठघरे लगाकर भगवान को भी बंधन में डाल दिया गया है। द्वारपाल उन्हीं को प्रवेश देते थे, जो वेशभूषा से संभ्रांत जान पड़ते थे।' महादेवी के निकट स्वतंत्रता का एक गहरा अर्थ है।

छायावाद जिस युग में आया था, पूरा देश स्वतंत्रता आंदोलन से गूंज रहा था। हजारों लोग जेल जा रहे थे। बहुत से लोग गोलियां खा रहे थे। जिस समय आंदोलन चल रहा था, कुछ राजनीतिक शक्तियां हिंदू और मुसलमान को आपस में लड़ा रही थीं। गांधी ऐसे भारत का स्वप्न देख रहे थे, जिसमें सभी धर्मों के लोग मिलकर रहें। महादेवी 'देश-गीत' में कहती हैं, 'तेरे मंदिर तेरी मस्जिद गुरुद्वारे चर्च सभी तेरे/ सब कंठों में वंदन तेरा हर स्वर में अभिनंदन तेरे।' महादेवी के लिए 'भारत माता' का अर्थ भारत की मित्रता-प्रेमी जनता है, 'मित्र हम सबके, किसी को द्वेष से हमने न ताका'। यह महादेवी का समावेशी राष्ट्रवाद है, जो बहिष्कारपरक राष्ट्रवाद से भिन्न है।

महादेवी की साम्राज्यवाद-विरोधी राष्ट्रीय भावना की पहली खूबी यह है कि वह अंध-राष्ट्रवाद से दूर है। दूसरी खूबी यह है कि उसमें 'दूसरे' की गहरी चिंता है। उसमें 'पर' की भावना नहीं है, 'अ-पर' का बोध है। तीसरी खूबी यह है कि उसमें भोगवाद की जगह त्याग और सादगी की प्रधानता है। चौथी और सबसे बड़ी खूबी यह है कि उनकी राष्ट्रीय भावना मानवतावाद की बुनियाद पर खड़ी होने के कारण सामाजिक भेदभाव और विद्वेष से मुक्त है।

महादेवी युद्ध-पिपासु राष्ट्रवाद की जगह शांतिप्रिय राष्ट्रवाद से जुड़ी हैं। वे इस बात के लिए चिंतित रहती हैं कि जब 'प्रत्येक राष्ट्र हिंसक जंतु की तरह... दूसरे राष्ट्र की जीवन भर की संचित संस्कृति को निगल जाने पर तुला है... (तब) बालकों को अपने अंचल की छाया में छिपाए और बड़ों को वात्सल्य से आर्द्र

करती हुई माताएं तथा आने वाली आपत्ति की आहट सुनकर मुरझाई हुई स्नेहमयी पत्नियाँ क्या सोच रही हैं।' (महादेवी साहित्य समग्र-3)। वे चाहती हैं कि स्त्रियां भी अंध-राष्ट्रवाद और युद्ध को लेकर कुछ सोचें, सचेत हों। उन्हें चिंता है कि हिंसाप्रिय राष्ट्रों की स्त्रियां अपने स्नेह, करुणा, दया जैसे गुणों को खो रही हैं।

छायावाद में अंध-राष्ट्रवाद का विरोध स्वाभाविक है, क्योंकि राष्ट्रीय भावना की महत्ता को समाहित करते हुए वह हमेशा विश्व मानवता को छूता है। स्वतंत्रता पाने के बाद महादेवी ने एक दीक्षांत भाषण में कहा था, 'हमारी यह जो मानवता है, मानवीय तत्व है, यह जो स्नेह का तत्व है, जिसने हमारे यहां करुणा के दो-दो महान धर्मों को जन्म दिया, जिस संस्कृति ने इस भारत के पुरुषार्थ को, राम के रूप में उपस्थित किया, जिसने इसके निर्वेद को बुद्ध के रूप में उपस्थित किया, उसके पास अनंत संभावनाएँ हैं।' (वही)। यह महादेवी की आस्था है।

महादेवी का सामाजिक सक्रियतावाद

महादेवी का जीवन आज के लेखकों के लिए सामाजिक सक्रियतावाद के संदर्भ में एक विशेष उदाहरण है। उन्होंने 1918 में सुभद्रा कुमारी चौहान की अध्यक्षता में इलाहाबाद में ही एक कवयित्री सम्मेलन का आयोजन किया था। वे कहती थीं, 'अपने सृजन से साहित्यकार स्वयं भी बनता है'। सृजन से लेखक में नए संवेदन, नए सौंदर्यबोध का उदय होता है। इसके अलावा, उन्होंने यह प्रश्न भी उठाया कि क्या साहित्य का उद्देश्य निजी आनंद है। वे कहती हैं, 'साहित्य का लक्ष्य राजनीतिक लक्ष्य से एकाकार हो सकेगा और इस ऐक्य से साहित्य के मूल्यों की और वृद्धि हो सकेगी– ये सभी प्रश्न सामयिक हैं और हमारे चिंतन से कोई न कोई समाधान चाहते हैं।' (वही)। महादेवी स्पष्ट जवाब नहीं देतीं, पर उनका ही नहीं अन्य छायावादी कवियों का साहित्य भी उनके युग के राजनीतिक-सामाजिक मुद्दों से तटस्थ नहीं है।

महादेवी को लगता था, 'हमारे दर्शन, साहित्य आदि विविध साधनों से प्राप्त संस्कार हमें परिवेश के प्रति उदार बनाने का ही लक्ष्य रखते हैं।' (अपनी बात)। क्या आज भी यह कहा जा सकता है? वे अपने साहित्यिक लेखन के अलावा स्वाधीनता आंदोलन में सहयोग देती थीं। उन्होंने 1942 के आंदोलन में विद्रोहियों के परिवार वालों की सहायता की थी। इन चीजों के अलावा महादेवी रचनात्मक कार्यों से जुड़ी थीं। वे लड़कियों की शिक्षा के लिए तत्पर थीं। उन्होंने इलाहाबाद

में 'साहित्यकार संसद' की स्थापना की थी। नैनीताल में एक कुटीर 'मीरा मंदिर' बनाया। सभी लेखकों को वे एक साहित्यिक महापरिवार के सदस्य के रूप में देखती थीं। निराला को राखी बांधती थीं। उनके बुनियादी रुझान सामाजिक थे। उनमें क्रांतिकारी बड़बोलापन न था, पर उनका जीवन एक क्रांति से कम न था।

उनके राष्ट्रवाद में 1942 का बंगाल का अकाल है, जब उन्होंने 'बंगदर्शन' शीर्षक से एक पुस्तिका छपाई और इसके पैसे से बंगाल के अकाल पीड़ितों के लिए सामग्री भेजी। उनके राष्ट्रवाद में बंगाल 'पर' नहीं है। उन्होंने 'बंग भू शत वंदना' (1943) कविता में अकाल का चित्र खींचा :

अंक में झेला कठिन अभिशाप का अंगार पहला
ज्वाल के अभिषेक से तूने किया शृंगार पहला
अस्थियों की ढेरियाँ हैं
जंबुकों (शृगालों) की फेरियाँ हैं
मरण केवल मरण क्या संकल्प तेरे बोलते हैं?
भेंट में तू आज अपनी शक्तियों की चेतना ले!

महादेवी ने बंगाल के अकाल के संबंध में अमर्त्य सेन से काफी पहले लिखा था, 'यह तो मनुष्य के स्वार्थ की शिला पर उसके ही प्रयत्न और बुद्धि द्वारा निर्मित नरक है।' बुद्धि और स्वार्थपरता के मिलन का नतीजा हमेशा तबाही है।

आपातकाल के दौर में जब बहुत से बड़े लेखक चुप थे, हिंदुस्तानी अकादमी के सभागार में महादेवी ने खुलकर अपना विरोध प्रकट किया– 'आज सारा देश कारागार हो गया है और सबकी जबान पर ताले लगे हुए हैं। निराला जी होते तो ऐसी स्थिति कतई नहीं सह पाते।' महादेवी एक क्षण भी स्वतंत्रता के बाहर साँस नहीं ले सकती थीं। पता नहीं क्यों अधिकांश हिंदी लेखकों के बीच से यह निर्भय सक्रियता धीरे-धीरे बाजार के तराजू पर चढ़ती गई। महादेवी का 'एक्टिविज्म' रहस्यवाद का अनायास विखंडन कर देता है। यह एक स्त्री का एक्टिविज्म है, भय से बाहर निकल चुकी स्त्री का। वह साहित्यिक लेखन ही क्या, जो लेखक को भय और लोभ से बाहर न निकाले!

मातृत्व स्त्री की अंतिम मंजिल नहीं है

महादेवी वर्मा ने 'शृंखला की कड़ियां' (1942) की भूमिका में लिखा है, 'अन्याय के प्रति मैं स्वभाव से असहिष्णु हूँ...।' उनके मन में पुरुष-वर्चस्व के

प्रति आक्रोश है, 'भारतीय पुरुष जैसे अपने मनोरंजन के लिए रंग-बिरंगे पक्षी पाल लेता है, उपयोग के लिए गाय-घोड़े पाल लेता है, उसी प्रकार वह एक स्त्री को भी पालता है तथा अपने पालित पशु-पक्षियों के समान ही उसके शरीर और मन पर अपना अधिकार समझता है।' वे रीतिकालीन शृंगारिकता का विरोध करती हैं, 'रीतिकाल की सौंदर्य-भावना स्थूल और यथार्थ एकांगी था।' सभी छायावादी कवियों ने स्त्री के आत्मसम्मान के प्रश्न पर रीतिकालीन सौंदर्यबोध को चुनौती दी। महादेवी की 'शृंखला की कड़ियां' की टिप्पणियां 1931 से लिखी जा रही थीं। अपनी पहली टिप्पणी में उन्होंने स्त्री को लेकर सवाल किया था, 'यह जाति सो रही है या मृतक हो चुकी है, जिसकी जागृति स्वप्न मात्र है'?

छायावाद का एक प्रमुख तत्व है वैयक्तिकता, जो व्यक्तिवाद से भिन्न मामला है। महादेवी को अपनी वैयक्तिकता अर्जित करने के लिए न जाने कितनी बार सत्याग्रह करना पड़ा। स्त्री के लिए जो कुछ कठिन है, उन्होंने उसे साहस से चुना। वे कहती हैं, 'आप कल्पना कीजिए कि समाज में संघर्ष, परिवार से संघर्ष और एक प्रकार से सारी व्यवस्था से संघर्ष। उसके बीच में पढ़ना है, उसके बीच में लिखना है।' (मैं और मेरा परिवेश)। महादेवी हार माने बिना लिखती ही नहीं रहीं, उनका कठोर हिंदी समाज में 'वैयक्तिकता' अर्जित करना और इसके साथ उनका सामाजिक सक्रियतावाद आज की स्त्रियों के लिए एक उदाहरण है।

प्रसाद का आंसू स्मृति से जन्मा हो, महादेवी का अश्रु स्त्री के सीमाबद्ध जीवन का बिंब है। उसका यथार्थ है, 'अश्रु चुनता दिवस इसका/अश्रु गिनती रात'। पंत जब स्त्री को मां, सहचरि और प्राण के साथ 'देबि' बता रहे थे, निराला जब महादेवी को 'स्फूर्ति, चेतना, रचना की प्रतिमा कल्याणी' कह रहे थे, खुद महादेवी 'देवि' और 'कल्याणी' की धुंध से बाहर निकलकर स्त्री होने के दर्द का तल्ख अनुभव कर रही थीं। वे कहती हैं, 'रात सी नीरव कथा तम सी अगम मेरी कहानी'!

महादेवी को पढ़ना इस सभ्यता के एक मौन अंधेरे को पढ़ना है। उनके लिए यह संसार कैसा है-- 'शूल भरा जग, धूल भरा नभ!' संसार बाधाओं-विपत्तियों से भरा है। बाहर छाए धुंध के कारण रास्ता नहीं सूझ रहा है। फिर भी महादेवी स्त्री को 'अबला जीवन हाय तुम्हारी यही कहानी' से बाहर निकलकर देखती हैं। एक गहरी जिज्ञासा है-- 'कौन तम के पार रे कह?'

महादेवी एक विद्रोही स्त्री थीं। उनके मन में एक बार बौद्ध भिक्षुणी बनने की

इच्छा जन्मी, क्योंकि हिंदुओं में पर्याप्त करुणा नहीं मिली। यह भी महादेवी का विद्रोह था कि उन्होंने अपने बाल विवाह को नहीं माना, पति के घर जाने से मना कर दिया। उन्होंने अपनी साहित्यिक यात्रा के बारे में लिखा है, 'आप आज से साठ वर्ष पहले की कल्पना कीजिए, जब पंद्रह-सोलह साल की लड़की कहती है कि वह गृहस्थ नहीं होगी, वह भिक्षु होगी। कल्पना कीजिए उसने कितना कष्ट, कितना संघर्ष झेला होगा।' इस पृष्ठभूमि में उन्होंने लेखन, स्वाधीनता संग्राम और स्त्री-शिक्षा में हिस्सा लिया। वे बेधड़क पुरुष के क्षेत्रों में गईं। उन्हें कोई निजी दुख नहीं था, पर उनके भीतर एक स्त्री अंधेरे में लगातार रो रही थी।

स्त्री और पुरुष के बीच कोई शाश्वत भिन्नता नहीं है। राष्ट्रीय आंदोलन के दौर में स्त्री अपने को स्त्री से अधिक मनुष्य के रूप में देखे जाने और व्यक्ति की हैसियत से दुनिया को देखने की स्वतंत्रता मांग रही थी। स्वतंत्रता संग्राम के भीतर अनगिनत स्वतंत्रताओं के लिए लड़ाइयां छिड़ चुकी थीं। महादेवी स्वतंत्रता के प्रचलित पुरुष-केंद्रित अर्थ और राष्ट्रवाद की संकुचित परिधि को चुनौती देने से नहीं हिचकीं। क्योंकि न स्त्री प्रश्न एक देश का मामला था और न मनुष्य-मनुष्य को बाँटकर सामाजिक भिन्नता पैदा करने का दुश्चक्र ब्रिटिश भेदनीति तक सीमित था।

दरअसल महादेवी का संपूर्ण काव्य स्त्री की आत्मकथा है। यह राष्ट्रीय भावना और स्त्री स्वाधीनता के बीच एक संवाद है। एक खास बिंदु पर यह व्यक्ति और विश्व के बीच मानवतावादी अंतःक्रीड़ा है।

महादेवी ने स्त्री पक्ष से लिखा, 'राष्ट्रीय आंदोलन में भाग लेने वाली महिलाओं ने आधुनिकता को राष्ट्रीय जागृति के रूप में देखा। ...इस उथल-पुथल के युग में स्त्री ने जो दिया, वह अभूतपूर्व होने के साथ-साथ उसकी शक्ति का प्रमाण भी था। ...संघर्ष की कला लेकर तो मनुष्य उत्पन्न ही हुआ है, उसे यह सीखने कहीं जाना नहीं पड़ता। यदि वास्तव में मनुष्य ने इतने युगों में कुछ सीखा है तो वह जीने की कला कही जा सकती है।' (महादेवी साहित्य समग्र-3)। कहना न होगा कि महादेवी की 'जीने की कला' बड़े स्तर पर प्रायोजित 'आर्ट ऑफ लिविंग' से अधिक व्यापक मामला है।

छायावाद ने 'दूसरे' की पीड़ा की साझेदारी में अपनी खुशी का विस्तार देखा है। इस काव्यांदोलन ने वर्तमान संसार में एक नया संसार बनाने का स्वप्न देखा। भारत के सांस्कृतिक इतिहास में छायावाद महान स्वप्न देखने का सबसे बड़ा युग है।

महादेवी मातृत्व को स्त्री के लिए सम्मान की चीज मानते हुए भी इसे उसकी अंतिम मंजिल नहीं समझतीं। वे स्त्री के संबंध में राष्ट्रवादी धारणाओं का अतिक्रमण करती हैं। कहती हैं, 'चिर सजग आंखें उनींदी आज कैसा व्यस्त बाना/ जाग तुझको दूर जाना।' निश्चय ही एक अस्त-व्यस्त, कोलाहल भरे संसार में यह दूर जाना अनंत और कालातीत में छलांग लगाना नहीं है। यह स्त्री के स्वतंत्रता के लंबे सफर पर निकलने का मामला है। बाजार द्वारा स्त्रियों के लिए निर्मित की जा रही कृत्रिम इच्छाओं के संदर्भ में यह पंक्ति एक गहरा संकेत देती है, 'पंथ की बाधा बनेंगे तितलियों के पर रंगीले।' महादेवी को आधुनिक महिलाओं का शृंगार की तरफ बढ़ रहा आकर्षण उसकी दुर्बलता का चिह्न लगता है, 'शृंगार के इतने संख्यातीत उपकरण, रूप को स्थिर रखने के इतने कृत्रिम साधन, आकर्षित करने के उपहास-योग्य प्रयास क्या इस विषय में संदेह का स्थान रहने देते हैं?' (वही)। इसलिए महादेवी कहती हैं, 'मैं लगाती चल रही नित/मोतियों की हार और चिनगारियों का एक मेला।' स्त्री के अश्रुओं में चिनगारियां हैं, यहां मोती का अभिप्राय अश्रु है!

यह जानकर विस्मय हो सकता है कि स्त्री विमर्श के दौर में 'संवेदना' के समानांतर जो 'स्वानुभूति' शब्द चर्चा में आया, उसका पहला प्रयोग महादेवी ने किया था। उन्होंने 'शृंखला की कड़ियां' में लिखा, 'पुरुष के लिए नारीत्व अनुमान है, परंतु नारी के लिए अनुभव।... कोमलता और भावुकता ऐसी लौह शृंखलाएं हैं जो देखने और सुनने में ही कोमल जान पड़ती हैं पहनने में नहीं...।' वे 'स्वानुभूति' से इनकार नहीं करते हुए 'संवेदना' की जरूरत बताती हैं। संवेदना स्वानुभूति को सभी वंचित वर्गों की पीड़ा से जोड़ती है। इसलिए महादेवी कहती है, 'सब बुझे दीपक जला लूं'!

एक कठोर सामंती समाज में लीक पर न चलने वाली स्त्री अकेलेपन का अनुभव करती है। महादेवी का दीपक एक है और अकेला है। यह दीपक स्त्री का अकेला 'आत्म' है, 'धूप-सा तन दीप-सी मैं!... तम जलधि में नेह का मोती रचूँगी सीप-सी मैं!' महादेवी की स्त्री विद्रोही, स्वाभिमानी सृजनकर्ता और अकेली है। उसके अकेलेपन में सृजन की उद्दाम लालसा है। महादेवी नहीं चाहतीं कि उनका दीपक भभक-भभक कर जले। वह उग्रवाद नहीं चाहतीं। वह ऐसी मोमबत्ती होना भी नहीं चाहतीं, जो दोनों सिरों से जलती है। इतनी स्पीड उन्हें पसंद नहीं है। प्रसाद कहते हैं, 'उठ-उठ री लघु-लघु लोल लहर'। महादेवी कहती

हैं, 'मधुर-मधुर मेरे दीपक जल'। और मधुर-मधुर जलकर 'दे प्रकाश सा सिंधु अपरिमित'। स्त्री जागरण सर्वत्र प्रकाश फैलाए! महादेवी में विचारों की कमी नहीं है, पर एक शालीनता है, जो बुरी चीज नहीं है।

इसी कविता में एक अन्य आह्वान है, 'सौरभ फैला विपुल धूप बन।' महादेवी का दीपक स्त्री का अस्तित्व है, सृष्टि और समाज के प्रति सचेत स्त्री का। एक जगह उन्होंने कहा, 'मृदुल मोम-सा घुल रे मृदु तन।' यह मृदु तन किसका है— पुरुष या स्त्री का? स्त्री स्वतंत्रता के रास्ते पर निकलती है, उसमें सुरक्षा की लालसा नहीं है। महादेवी कहती हैं, 'पंथ रहने दो अपरिचित, प्राण रहने दो अकेला।' सबके साथ जीवन जीती, सबकी सेवा करती, प्रिय पर मर मिट जाती स्त्री दुनिया में फिर भी कितनी अकेली होती है!

गौर करने की चीज है कि महादेवी की कविताओं में कुछ रहस्यमय हो, पर गद्य में सबकुछ स्पष्ट है और दोनों के बीच निश्चय ही वैचारिक दूरी नहीं है। यह धारणा गलत है कि उनका काव्य छायावादी है और गद्य छायावाद से इतर कुछ। उस युग का लेखक इतना विभाजित न था।

महादेवी के रेखाचित्रों में सबसे ज्यादा स्त्री चरित्र हैं— रामा, बिंदा, सबिया, लछमा, भक्तिन आदि। उनके रेखाचित्र समाज के गरीब, अछूत और वंचित व्यक्तियों के हैं। वे महापुरुषों के पीछे नहीं दौड़ीं। इसके अलावा, उनके पास पशु-पक्षियों का एक आत्मीय घरेलू संसार है, जो उन्हें 'मानववाद' की संकीर्णता से मुक्त करता है।

सवाल है, हम महादेवी की पीड़ा को कैसे पढ़ें। यह बड़ी आकांक्षाओं और कठोर यथार्थों की टकराहट से जन्मी पीड़ा है। महादेवी अपने दुख-पीड़ा से टूटती नहीं हैं, बल्कि उसे अपनी शक्ति बना लेती हैं, 'है तुझे अंगार शय्या पर मधुर कलियां बिछाना'! कहने की जरूरत है कि महादेवी की काव्य-भाषा के स्त्री-वैशिष्ट्य को सुनना होगा।

पेरिस ओलंपिक में अरशाद नदीम के भाला फेंकने की प्रतियोगिता में स्वर्ण पा जाने तथा नीरज चोपड़ा के पिछड़कर रजत पाने पर जब नीरज की मां से पूछा गया कि उन्हें कैसा लगा, उन्होंने जवाब दिया कि वह तो अरशाद नदीम की भी मां है! एक स्त्री ही इस तरह सोच सकती है।

सैकड़ों साल बाद हिंदी क्षेत्र में महादेवी जैसी स्त्री सधे शब्दों में बोल रही थी और बोल-बोल कर, खुलकर इतना हँस रही थी। रामविलास शर्मा की एक

टिप्पणी है, 'मुझे लगा कि वह बात-बात पर हँसती हैं और बिना बात के भी हँसती हैं। मैं कभी किसी स्त्री की हँसी से इतना हतप्रभ नहीं हुआ।' समाज को स्त्री का ज्यादा हँसना विचलित करता है!

महादेवी वर्मा ने स्त्री से की जाने वाली हर पुरुषसत्तात्मक अपेक्षा को चुनौती दी। वह अपनी हँसी में जितनी खुली हुई थीं, अपने अश्रु में उतनी ही मौन थीं। स्त्री का मौन भी एक प्रतिवाद है। हालांकि पश्चिमी स्त्रीवादियों ने स्त्रियों के मौन की आलोचना की है और इसे शक्तिहीनता और अकर्मण्यता का प्रमाण बताया है। यह भी कहा गया है कि जिनके पास जबान नहीं होती, वे इतिहास को नहीं बदल सकते। महादेवी वर्मा कहना चाहती हैं, एक स्त्री अपनी वेदना और मौन को भी एक सृजनात्मक अस्त्र में बदल सकती है। एक विदेशी अनुसंधानकर्ता का निष्कर्ष है कि मौन कई बार शक्तिसंपन्न के विरुद्ध सुरक्षा का हथियार बना है। यह अकर्मण्यता के विपरीत है। यह पुरुष-भाषा से एक अलग रूप है। निश्चय ही स्त्री हजारों साल से अपनी वेदना और मौन के भीतर से ही लड़ती आई है। उसके जीवन में मौन और अश्रु का सैकड़ों साल से एक बड़ा स्थान रहा है और कई जगहों पर आज भी है। महादेवी की कविताओं में स्त्री की वेदना और मौन का सौंदर्य है। वे भाषा की सरहद पर वर्चस्व के हर रूप के विरुद्ध अपना अनंत अहिंसक युद्ध छेड़े रहती हैं।

महादेवी स्त्री पक्ष से बोलते हुए केवल स्त्री विमर्श तक नहीं रुकतीं। आज के कई साहित्यकार अपने सामुदायिक वृत्त के बाहर निकलना नहीं चाहते, जबकि महादेवी स्वानुभव से बाहर निकलकर कहती हैं, 'अलि मैं कण-कण को जान चली/ सबका क्रंदन पहचान चली'! सबका क्रंदन पहचानने के लिए एक बड़ी सोच चाहिए। महादेवी को संपूर्ण मनुष्यजाति और सृष्टि के क्रंदन की चिंता है, 'सब आंखों के आंसू उजले/सबके सपनों में सत्य पला'। महादेवी ने भारतीय स्त्री की वेदना के साथ सभी मनुष्यों की वेदना के यथार्थ को विषय बनाया और सभी के मंगल के बारे में सोचा।

इधर संकुचित राष्ट्रवाद ने विमर्शों को प्रभावित किया है। निजी या स्थानीय स्वार्थ सर्वोपरि हो उठा है। अब कोई देश आश्रयप्रार्थी विस्थापितों को अपने इलाके में घुसने देना नहीं चाहता। हर देश में, हर प्रांत में तरह-तरह की 'भीतरी-बाहरी', 'हम-वे' की धारणाएं बन रही हैं। अंध-राष्ट्रवाद से जुड़ी चीजें ही इन दिनों लोकप्रिय हैं। महादेवी के युग की सोच भिन्न थी। वे दीप के

आलोक में आंधी का गान गाती हैं :

सब बुझे दीपक जला लूं
घिर रहा तम आज
दीपक रागिनी अपनी जगा लूं
क्षितिज–कारा तोड़कर अब
गा उठी उन्मुक्त आंधी
अब घटाओं में न रुकती
लास तन्मय तड़ित बांधी
धूल की इस बीन पर मैं
तार हर तृण का मिला लूं।

महादेवी विशेषकर झिलमिलाती रात की कवयित्री हैं। स्त्रियों पर सबसे अधिक अत्याचार रात में होता है। महादेवी की रात स्त्री के अश्रु–मेघों से भरी है, 'मुस्करा दी दामिनी में सांवली बरसात मेरी'। स्त्री में 'नीर भरी दुख की बदली' है, तो उसमें चमकती–गरजती दामिनी भी है!

यौन हिंसा के विरुद्ध 1975–76 में यूरोपीय देशों में स्त्रियों ने 'रात पर दखल' नाम से एक आंदोलन शुरू किया था। स्त्रियों द्वारा साहस से घर से बाहर निकलकर रात 12 बजे से नगर के सार्वजनिक स्थलों पर प्रदर्शन होता रहा है। स्त्री अब मौन नहीं है, मुखर है। 2012 में दिल्ली के गैंगरेप के प्रतिवाद में 'रात पर दखल' के आंदोलन में स्त्रियां घरों से निकली थीं। 2024 में कोलकाता में निकलीं। महादेवी के अश्रु–घन में मुस्कुराती दामिनी स्त्रियों की चीख है।

महादेवी को पढ़ना आसान नहीं है। उनकी कविताओं को रहस्यवाद की भाषा की जगह जैसे ही हम स्त्री की भाषा के रूप में पढ़ना शुरू करते हैं, अर्थ बदलने लगता है। महादेवी की कविताओं में जो दुख है, वह एक तरफ संपूर्ण विश्व का है, दूसरी तरफ भारतीय स्त्री का है। हम महादेवी को पढ़कर जानते हैं कि एक स्त्री जीवन को कैसे देखती है तथा पशु–पक्षी और पर्यावरण से कैसे प्यार करती है।

महादेवी सोचती हैं, ईश्वर पीड़ाहीन है। इसलिए वे उसे भी चुनौती देती हैं, 'पर शेष नहीं होगी यह, मेरे प्राणों की क्रीड़ा/ तुमको पीड़ा में ढूंढ़ा, तुममें ढूंढूंगी पीड़ा।' ध्यान में रखना होगा कि स्त्री–देह को केंद्र में रखकर चल रहे बाजार के स्त्री विमर्श और स्त्री की सामाजिक पीड़ाओं को केंद्र में रखकर चले साहित्यिक स्त्री विमर्श में फर्क है।

दुख दुनिया का सबसे बड़ा यथार्थ है। यह संपूर्ण छायावादी साहित्य के केंद्र में है। दुख के संबंध में महादेवी कहती हैं, 'दुख मेरे निकट जीवन का ऐसा काव्य है, जो सारे संसार को एक सूत्र में बांधने की क्षमता रखता है। हमारे असंख्य सुख हमें चाहे मनुष्यता की पहली सीढ़ी तक भी न पहुंचा सकें, किंतु हमारा एक बूंद आंसू भी जीवन को अधिक मधुर अधिक उर्वर बनाए बिना नहीं गिर सकता।' महादेवी ने देखा था कि अधिक सुख किस तरह आदमी को अमानवीय बनाता है!

सच्चे कलाकार को गुलामी असह्य होती है

महादेवी वर्मा ने 'चांद' के विदुषी अंक (1935) के अपने संपादकीय में लिखा है, 'विद्वानों का यह मत कि स्त्रियां श्रेष्ठ कलाकार नहीं हो सकतीं, निरर्थक ही नहीं अनुचित भी है।' वे चाहती थीं कि हिंदी क्षेत्र की स्त्रियां रसोई कला से ऊपर उठें। उन्होंने काव्य रचना के अलावा खुद स्त्री और प्रकृति से जुड़े सुंदर चित्र बनाए जो 'दीपशिखा' और 'यामा' में उनकी कविताओं के साथ छपे हैं। उनके चित्रों में आंख से जो दिखता है, उसकी जगह मन में जो दिखता है वह आंका गया है। अधिकांश चित्रों में ऐसी स्त्री का बिंब है, जिसकी वेदना सुलग कर ज्योति में बदल रही है!

दुनिया की सभी भाषाओं में रोमांटिसिज्म ने साहित्य और कलाओं के अंतःसंबंध को मजबूत बनाया है। काव्य, चित्र और संगीत की निकटता छायावाद की सामान्य प्रवृत्ति है। खासकर संगीत, चित्र, स्थापत्य, मूर्ति, नाटक और फिल्म के संसार में रोमांटिक युग ने स्वच्छंद कल्पना के नए द्वार खोले थे। हिंदी के सभी छायावादी कवि सौंदर्य-प्रेमी होने के साथ कला-प्रेमी थे। प्रसाद ने काव्य को श्रेष्ठ कला के रूप में देखा था, हालांकि संगीत और नाटक से भी उन्होंने अपने को जोड़ा। 'स्कंदगुप्त' की देवसेना के लिए संगीत एक जीवन दर्शन है। पंत ने कुछ समय प्रख्यात नृत्याचार्य उदयशंकर के कलाकारों के दल के साथ काम किया था, वे उनके साथ मद्रास गए थे। छायावाद ने कलाओं का महत्व प्रतिपादित किया, पर हिंदी समाज और हिंदी परिवारों ने कलाओं का दिल खोलकर स्वागत नहीं किया।

महादेवी वर्मा ने व्यावसायिक मीडिया में स्त्रियों को यौनिक वस्तु बनाकर छपने वाले चित्रों का विरोध किया था— 'युवती का चित्र देना कोई दोष नहीं है, परंतु

उसके पीछे जो एक पाशविक मनोवृत्ति छिपी है, उसे अमंगलमयी कहना चाहिए।' आजकल के विज्ञापनों में स्त्री बड़े पैमाने पर एक यौनिक वस्तु के रूप में प्रदर्शित होती है। महादेवी ने 'कलाओं को जीवन संगिनी' कहा, पर 20वीं सदी के ग्लैमर-भरे मनोरंजन उद्योग ने हिंदी क्षेत्र के लोगों के सौंदर्यबोध को जितना बिगाड़ा, किसी अन्य भारतीय भाषा में ऐसा सांस्कृतिक विध्वंस घटित नहीं हुआ।

आज रवींद्रनाथ को जिस तरह बंगालियों के घर-घर में गाया जाता है, हिंदी क्षेत्र में प्रसाद, निराला, पंत और महादेवी गाए नहीं जाते, लोग सेलेब्रिटी के दीवाने हैं! वे बॉलीवुड की फ़िल्मों और पॉप गानों के पीछे दौड़ते हैं। इसके अलावा हिंदी क्षेत्रों में साहित्यकारों का सम्मान नहीं है। सरकारें हिंदी के महान साहित्यकारों को नहीं पूछतीं, इनके स्मारक खो गए। यह दिल को कचोटने वाली बात है।

दूसरी तरफ, इस युग के सारे व्यावसायिक कलाकार विकृत रुचि के गुलाम हैं। उन्होंने हिंदी क्षेत्र का बड़े पैमाने पर बौद्धिक सतहीकरण किया। उन्हें अधिक पैसा चाहिए। उनके पास करोड़ों की संपत्ति है, पर अरबों चाहिए!

1920-30 के दशक में अवनींद्रनाथ ठाकुर शांतिनिकेतन में चित्रकला के शिक्षक थे। वे विद्यार्थियों को कला की शिक्षा देते हुए बताते थे, पिंजरा खोलकर खरगोश को मुक्त कर दो। जब वह छूट कर भागे, ठीक उस समय उसकी मुक्ति की भंगिमा मन से पकड़कर कागज पर आंकना। उनका कहना था, स्वतंत्रता को आंको!

छायावाद ने सिखाया था, कला की अर्थवत्ता बाजार और सत्ता-केंद्रों द्वारा पोषित विकृत रुचियों से मुक्ति में हैं। हमारे जीवन की अर्थवत्ता भी ऐसी ही मुक्ति में है।

□□